利他性の人間学

実験社会心理学からの回答

C. ダニエル・バトソン

菊池章夫・二宮克美 共訳

新曜社

C. Daniel Batson
ALTRUISM IN HUMANS, First Edition

Copyright © 2011 by Oxford University Press Inc. All rights reserved.
Altruism in Humans, First Edition was originally published in English in 2010.
This translation is published by arrangement with Oxford University Press.

はじめに

　人間の生活における利他性の役割は何だろうか。この疑問に答えるには、利他性——自分自身よりも他の誰かのために役立とうとする欲求——が、はたして人間に存在するのかどうかをまず知らねばならない。利他性の存在については、何世紀にもわたって、しばしばホットな議論がされてきた。熱心に議論された理由の第1は、もし利他性が存在するならば、それはたいへん重要な意味をもっているからである。その存在はわれわれに、自分のエネルギーをどう方向づけるべきかを教えてくれるだけでなく、人間のすることのすべては、たとえそれが高貴で無私無欲のように見えるものであっても、実際には自分の利益に向けられているのではないかという、人間性についての根本的な疑問にも答えてくれる。

　人間の条件について考察する人は、しばしば、われわれの行動すべての根底には自己利益があると結論する。博学でウイットにも富んでいたラ・ロシュフコー公爵は、「まったく私欲のない愛といえども、結局のところ一種の取引であり、何とかして、自分自身への愛が勝利者となることがもくろまれている」（『箴言集』82, 1691）といっている。彼以前にも以後にも、多くの哲学者と科学者がこれと同じ結論に達してきた。もし彼らが正しいとするならば、われわれは人間性についてのこの事実を認識することが大切である。そうすれば、利他性というとりとめもない夢によって、非生産的な感傷と社会的改革への無意味な努力に引き込まれるのを避けることができる。

　しかし、彼らが正しくないと考える理由がある。私は、人間には利他性が存在するということを示したい。こう主張することには、利他的な動機づけの理論を概観し、この理論の中心的な見解を直接に検証した証拠を検討し、これに関係する問題にかかわる証拠を見直し、概念的レベル、実際的レベルの双方でこの理論のもつ意味を考察することが含まれている。

　私は、利他性が存在すると主張するだけでなく、利他性が人間がかかわる出来事の重要な力であるという証拠も示したい。実際、証拠の示すところでは、

利他性は、これまで認められてきた以上に広範囲に存在し、かつ強力なものである。この重要性を認識することに失敗したために、人びとの行動の理由や、どこにわれわれの幸福があるのかの理解が十分でなかったのである。またそれは、より良い対人関係、より思いやりのある人間的な社会を作り上げていく努力も、不十分なものにしてきた。

多くの人びとが、とりわけ宗教的伝統のなかで、われわれは利他的であるべきだと説いてきた。私は、この論点には、少なくとも直接的にはかかわらない。科学者として私の関心は、どうであるかにあって、どうあるべきかにはない。哲学者は私の目的が記述的であって、規範的ではないというであろう。もちろん、「すべき」ことと「ある」こととが完全に無関係であるということはない。われわれに期待できるのは、自分の能力の範囲内で仕事をすることだけである。

証拠をどこに求めるか

利他性をめぐってホットな議論がなされる2番目の理由は、その存在についての明確な証拠が容易には見出せないことにある。利他性の存在を支持する者は、ヒロイズム、救助、自己犠牲のような劇的な例に訴えることが多い。こういう例は、われわれが自分自身についてだけでなく、他者にも配慮できるという可能性を浮き彫りにする。しかし、たとえ感動的な英雄的助力の例であっても、利他性の明確で信頼できる証拠とはならない。ラ・ロシュフコーが指摘したように、英雄や聖者が「何とかして」自己の利益になるように行動したという可能性は残るのである。

ホロコーストから逃れようとしている人たちに、自分の生命を危険にさらしてまで隠れ家を提供した人、世界貿易センターが攻撃された後、他者を安全な場所に誘導している最中に命を落とした消防士、サメの群がる海中から負傷した子どもを助け上げた人、こういう人びとの動機を詳細に検討するのは、品の良くないことのように見える。しかし、人間が利他的に動機づけられるかどうかを本当に知りたいのであれば、詳細な検討が欠かせない。そしてそうした検討をしてみると、たとえ英雄や聖者であっても、他者のために善い行動をしたのは、利他的な動機づけ以外の別の理由からであったかもしれないことを認めなくてはならない。おそらくは彼らは、「何もしなかった」という気持ちを持

ちつづけて生きていくことを避けるためには、そうせざるを得ないと感じたのかもしれない。自分自身を善い人間として見る——あるいはそう他者から見られる——という報酬を求めたのかもしれない。想像されるこれからの生活における報酬を求めたのかもしれない。さらには、はっきりした目的など無しに、状況の圧力に反応しただけなのかもしれない。「これ以外のことができたんだろうか？」というのは、見知らぬ人を助けるのになぜ生命と身体を危険にさらしたのかを聞かれた救助隊員の一般的な反応である。この反応には謙虚さが反映されているかもしれないが、その時、他の選択の余地などないと思われた状況への、正確な表現でもあるだろう。

　私が主張したい利他的な動機づけは、英雄や聖者だけのものではない。こうした動機づけは、例外的なものでも異常なものでもない。むしろこれから論じるように、利他性はわれわれのほぼ全員にしばしば訪れてくる動機づけの状態なのである。その起源はまだ完全にはわかっていないが、私は少なくもその一部は、人間の両親が自分たちの子どもを育てる際の養育性の衝動にあると考えている。この衝動は、われわれの進化の歴史の中で強力に選択されてきた。この衝動なしには、われわれの種はずっと昔に消滅してしまったことであろう。おそらくは、養育性に基礎づけられた利他性がわれわれの生活の織物にあまりにも完全に織り込まれているために、そしてそれがあまりにも当たり前で自然であるために、その重要性に気づかなかったのである。利他性がともかく存在するとしても、それはまれであり普通でないものだと仮定するならば、それを大いなる自己犠牲の行動という、極端な経験に求めがちになる。それを、あなたや私のような人びとの日常経験として考えそうもない。私は、人間生活で利他性が演じる役割についての明確な証拠を見出すことができるのは、日常の経験であると主張したい。しかしこのことの証拠は、単純な観察だけではとらえることはできない。

実験を用いる

　利他性の存在とその重要性とは、他者の利益のために行動する可能性のある動機を分離できるように注意深くデザインされた実験を用いて、普通の人びとの反応を観察することによって、いちばん明確にすることができると私は信じ

ている。こうした実験は、人間の動機づけの本質についての実験室的な研究の伝統から出てきたもので、社会心理学でこれまで 70 年以上にわたって開発されてきた。実験室での社会心理学の研究は人工的で、実験参加者をだまして行うものであることから、利他性研究に用いるにはふさわしくないと思われるかも知れない。しかしながら、きちんと問題点を整理した上でなら、私の考えるところでは、十分に計画された一見欺瞞的な実験室実験が、利他性についての（肯定・否定双方の）証拠を発掘する理想的なやり方であることが明らかになるだろう。こうした実験は、次の二つの方法よりも、より明確な証拠を提供する可能性をもっている。(a) 自然観察——人間（英雄的な人間も含めて）あるいは他の種についての観察、あるいは、(b) 理論的な演繹——自然選択の理論や合理的選択の理論のような強力な理論からの演繹も含む。

　英雄的な行為の背後にある動機や理論的な可能性について、安楽椅子に座って思索するのは楽しいし、広く行われていることである。これまで数十年にわたって、こういう思索が人間の利他性についての数多くの著書と論文とを生み出してきた。しかしこうした思索は、利他性の存在と、人間生活において利他性が演じている役割についての疑問に、十分な答えを与えてはくれなかった。答えが与えられなかったのは、この問いに答えられないからである。利他性の存在と役割についての疑問は、可能性についての疑問ではなく、事実についての疑問である。それは、「こうあるはずだ」とか「こうあるべきだ」ということについての疑問ではなく、「現にどうであるか」についての疑問なのである。注意深く統制されたやり方で「現にどうである」かを見ること——人びとが他の人の利益になるようにいつ行動するのか、もっと重要なのは、なぜ行動するのか——が、満足のいく答えを手にする唯一の方法である。こうした疑問に応じるのに実験を用いるのは、決してやさしいやり方ではないし、いちばん評判の良い方法というわけでもない。しかし、もし思索や可能性を超えて答えを見出そうとするのであれば、実験はベストなやり方なのである。

　しかしながら、答えを探し求める前に、われわれが何を求めているのかをよりはっきりと理解しなければならない。この目的のために、本書の第 I 部では利他的な動機づけの理論について述べる。そして第 II 部では、利他性の存在についての実証的な証拠を要約して示す。終わりに第 III 部では、人間生活における利他性の役割について考察する。

読　者

　あなたが本を書いているということを同僚——あるいは出版社——が知ったときの最初の質問の一つは、「読者は誰なの？」ということである。本書が利他性についての本であることから、それを認めるのはいささかはばかられるのだが、私は基本的には自分自身のためにこの本を書いた。利他性についての本を読み、それについて考え、それを研究して30年以上になる。私は、自分の考えたことや収集した実証的な証拠が自分をどこに連れて行ってくれたのかを、年老いて訳が分からなくなる前に記録しておきたいと思った。その目的は、できるだけ完全で正確な記録を提供することである。もちろん記録を詳細なものにすれば、理想と現実とのギャップが明らかになるという、痛みを伴う利点もある。こういう点も隠したり体裁よくまとめたりせずに、すべてをそのままにして、将来の研究に委ねることにした。

　主に自分自身のために書いたとはいっても、他の方々が私の肩越しにこの本を読むことに関心をもってくださるよう、こころから望んでいる。そのために、本書を広い範囲の読者——社会心理学の同僚、大学院生、学部の上級生だけでなく、ほかの専門分野（哲学・生物学・経済学・社会学・人類学・神学、さらにはビジネス・法律・看護・医療・聖職などの応用分野）で利他性に関心をもっている人びとにも、読みやすいものになるよう努力した。もちろん、人間生活における利他性の役割に興味をもつのは、狭い専門分野の人びとに限られたことではない。そこで、専門家ではない読者をも念頭において本書を書いた。利他性はやさしいトピックではない。そこには、多くの概念的に微妙な問題、複雑極まりない推論、実証的なデータを求めての挑戦があり、過度に単純化したやり方ではこうしたことに有効に対応はできない。とは言うものの、混乱のままでも対応はできない。本書を通じて、私はできる限り明確で単刀直入であろうと努力したが、一方で複雑さを避けることもしなかった。

　自分自身のために書いたことの一つの意味は、その過程でそれが役立つと気づいた他の人びとの数多くの仕事を、自分のこころ覚えのために——そして読者に伝えるために——引用したことである。引用の大半は括弧でくくってあるので、脇道を飛ばして読んでしまいたい読者の妨げにはならないであろう。ま

た、意見の食い違いや同意できない点がある場合には、それをはっきりさせるようにしたし、なぜ自分がこの立場をとるのかを、できるだけ明確に述べるようにもした。本書を通じて明らかになることだが、自分が賛成できない考えや研究から多くのことを教えられてきた。逆に、こうした立場の人びとにとっても、私の考えと研究の一端が役立つことを願っている。

　前著『利他性への疑問』（1991）をご存知の読者に、本書がそれとどういう関係にあるのかを説明したい。第1に、この2冊はどちらも共感－利他性仮説（共感的な配慮が利他的な動機づけを生み出すという主張）に焦点を合わせているが、そこには重要な概念的違いがある。今回は共感－利他性仮説をさらに詳細に展開し、人間の利他性についてのより包括的な理論の基礎を述べた（1-3章）。そこには共感的配慮の先行要因についての、公式化の改定が含まれている（2章）。第2に、前著のときに入手できた共感－利他性仮説を検証するためにデザインされた研究は、今回も同様に検討されているが、多くの新しい研究がつけ加えられている。仮説を検証する研究の全体は、現在では膨大なものになっているので、5章でその結果を要約して示し、付録にそれらの骨子と評価を示した。第3に、前著以降、共感－利他性仮説に対してのいくつかの重要な挑戦がなされているが、本書で初めてこれらの挑戦に関係する研究の検討がなされている（6章）。第4に、近年ではこの種の研究は共感によって誘発された利他性の存在についての問題を超えて、この存在の理論的で実際的な意味づけの考察に移ってきている。こうした研究は7-9章で検討されている。最後に、前著は、焦点を狭く共感－利他性仮説を検証するようにデザインされた実験社会心理学の研究に絞っていた。本書もこうした研究が中心であることは同じだが、本書の視点はより広く、哲学・神経科学・進化生物学・霊長類学・行動経済学・社会学・人類学などの近年の研究にも注意が向けられている。

謝　辞

　ほぼ15年にわたって本書の仕事をつづけてきたので、多くの同僚、学生、友人たちから貴重なものを得た。そのことにこころから感謝したい。ここにお名前を掲げるが、それは彼らのさまざまな貢献に正当に報いるものではない。（さらにはお名前を掲げたからといって、彼らが筆者の結論に同意していると

いうわけではない。）そして疑いもなく、このリストに載せるべき方々の全部を思い出すことはできなかった。この点については、お詫びしたい。こうした条件つきで、以下の方々にこころからの感謝を表する。ナディア・アーマド、モニカ・ビエルナト、ジェイムス・ブレアー、ジャック・ブレム、サラ・ブロスナン、ステファニー・ブラウン、シュー・カーター、ボブ・チャルディーニ、ナンシー・コリンズ、マーク・デイヴィス、カレン・ドーソン、ジーン・デセテイ、フランス・ドゥ・ヴァール、ナンシー・アイゼンバーグ、ジャコブ・エクランド、ニック・エプレイ、アーネスト・フェラー、ジム・フルツ、ローウェル・ガートナー、アダム・ガリンスキー、オムリ・ギラス、マリア・ギバート、エディ・ハーモン・ジョーズ、グリット・ヘイン、トム・インセル、クラウス・ラム、メル・ラーナー、デイヴィト・リシュナー、サム・マックファーランド、ヘイディ・メイボン、ジョス・メイ、マリオ・ミクリンサー、ジェーソン・ミッシェル、ルイス・オセア、ロウ・ペナー、アリシア・ペレツ・アルベニス、ジャン・ピリアヴィン、ステファン・ポスト、ダニエル・ポヴィネリ、ステファニー・プレストン、アダム・パウエル、ピータ・リチャーソン、デイヴ・シュローダー、フィル・シェイヴァー、ロウラ・ショー、ジョーン・シルク、タニア・シンガー、ウオルター・シノット・アームストロング、エリオット・ソーバー、スティーブ・スティッチ、エリック・ストックス、カーステン・スツーバー、ミシェル・トマセロ、ジョアン・タン、フェリックス・ワーネッケン、キャロライン・ザーン-ワックスラー。

　特別の感謝をジャック・ドヴィデオ、マーサ・ナスバウム、マシュー・リカードに。原稿全体について、洞察力に富んだ、きわめて有益なコメントをくださったことに。オックスフォード大学出版局のロリ・ハンデルマンとアビー・グロスにも、出版に至るまでの過程全体を通じての熱意、激励、支持に、特別の感謝を捧げる。10年にわたって、私の利他性についての研究は、国立科学財団の援助を受けた。本書への支援についていえば、ベンの助力なしには本書は完成できなかったであろう。終わりに、わが妻ジュディに、そのスタートからゴールまでの関与──何度もお酒を飲みながら利他性について話し合ってくれたこと、予備実験の参加者としての並はずれた洞察力、データ収集での注意力と献身的な助力、各章の原稿についてのコメント、編集のスキル、さらには全体的な我慢づよさ、理解力、そして援助──に、こころから感謝したい。これ以上のことを、誰が望むだろうか。

目　次

はじめに　i
　証拠をどこに求めるか　ii
　実験を用いる　iii
　読　者　v
　謝　辞　vi

第Ⅰ部　利他的動機づけの一理論

1　共感-利他性仮説　3
　共感的配慮　3
　利他的動機づけ　17
　共感的配慮が利他的動機づけを作り出す　31
　共感的配慮が利他的動機づけを作り出すのはなぜか　32
　先行要因と結果　35

2　共感的配慮の先行要因　37
　援助を必要としている者として他者を知覚すること　37
　他者の福利を尊重する　49
　他者の福利の尊重と共感的配慮とを親の養育性と結びつける　57
　人間の利他性についての新しい（実際には古い）進化論的な見解　68
　共感的配慮の仲介役としての個人差　71
　7つの共感に関連した状態に戻って考える　74

3　共感によって誘発された利他性の行動的帰結　77
　利他的な動機づけによって引き起こされるコスト-利益分析　77
　援助への利己的な動機によって刺激されたコスト-利益分析との比較　80
　共感-援助行動関係の証拠　87
　共感-利他性仮説に代わる利己的な仮説　94

共感的配慮によって作り出された動機づけが利他的か利己的かを決めるのに、そこで可能な行動の独自の構成を用いる　99
要約と結論　108

第Ⅱ部　実証的証拠

4　実験の出番　113
英雄的な援助の事例　113
事例では十分でないのはなぜか　120
より適切な証拠を求めて　123
実験の長所　125
共感 - 利他性仮説を検証する2つの実験例　133
利他性についての実験的研究の限界　146

5　共感 - 利他性仮説を検証する　153
嫌悪 - 喚起の低減　154
共感 - 特定的な罰　159
共感 - 特定的な報酬　169
順次的な検証と多元的な利己的動機　182
結　論　187

6　2つのさらなる挑戦　189
物理的な逃げは心理的な逃げとなるのか　189
共感によって誘発された援助行動が生じるのは自他の融合のためか　205
試みの結論　226

第Ⅲ部　活躍する利他性

7　共感によって誘発された利他性の利益　231
よりいっそう敏感で、不安定さの少ない援助　231
攻撃を少なくする　234
葛藤状況で協力と思いやりを増加させる　239
スティグマ化された集団への態度——その集団に代わっての行動——の改

善　252
もっと肯定的な密接な関係　258
利他的な援助者へのよりよい健康　263
結　論　267

8　共感によって誘発された利他性の不利益　269
共感によって誘発された利他性は援助を必要としている相手に害を与えられる　269
共感によって誘発された利他性は自己的な関心によって覆され得る　273
共感回避：利他的な動機づけを避ける利己的な動機づけ　275
共感によって誘発された利他性は、ある種の必要によっては喚起されにくい　277
共感によって誘発された利他性は不道徳な行為を引き起こすことができる　281
共感によって誘発された利他性は共益の脅威となることができる　285
共感によって誘発された利他性は健康に害を与えられる　296
結　論　297

9　向社会的動機の多元性、そしてより人間的な社会に向けて　299
価値ある状態を入手し、あるいは維持する目標指向的な力としての動機　303
なぜ他者のために：4つの回答　307
向社会的動機の対立と協力　325
結　論　330

要約と結論　331
その理論　332
その証拠　334
その意味するところ　338
前を向いて　339

訳者あとがき　343

付録A　交差分割的独立変数、従属変数および共感−利他性仮説を
　　　　利己的な代替仮説と対比させて検証できる競合する予測　347
付録B　嫌悪−喚起−低減仮説の検証　353
付録C　共感−特定的−罰仮説の社会的−評価バージョンの検証　359
付録D　共感−特定的−罰仮説の自己−評価バージョンの検証　363
付録E　一般的な共感−特定的−報酬仮説の検証　367
付録F　共感−特定的−報酬仮説の共感的−喜びバージョンの検証　371
付録G　共感−特定的−報酬仮説の否定的−状態−緩和バージョンの検証　375

文献　381
事項索引　420

装幀＝虎尾　隆

第Ⅰ部
利他的動機づけの一理論

　第Ⅰ部では、利他的動機づけの一つの理論（a theory of altruistic motivation）を示す。最初に2つ指摘しなくてはならないことがある。まず、このタイトルには不定冠詞が付けられているということは強調するに値する。私が提示する理論は利他的動機づけの一つの源、共感的配慮に特定されている。これ以外の源もあるだろう。もっとも多く示唆されるこれ以外の源としては、ときに利他的パーソナリティと呼ばれる個人的な傾性がある（Oliner & Oliner, 1988）。現在の理論を推進するために、これらの、あるいは他の源にもとづく利他的動機づけの理論——あるいは共感に基礎を置くほかの理論であっても——の提案は、私のおおいに歓迎するところである。

　第2に、ここで示す理論の基本的なアイデアは、私独自のものではない。共感的配慮と利他性との関係については、早くは社会心理学者のデニス・クレブス（Krebs, 1975）と発達心理学者のマーティン・ホフマン（Hoffman, 1976）によって、もっと早くはウイリアム・マクドゥーガル（McDougall, 1908）によって、さらに古くは哲学者デイヴィッド・ヒューム（Hume, 1740/1896）とアダム・スミス（Smith, 1759/1853）によって提案されていた。いうまでもなく、以下で述べる特定の理論的公式化を支持したりその正当性を主張したりすることは、私だけの責任においてなされることである。

　ここで提案する理論は全体として一貫したものだが、それを3つの章に分けて示す。1章では、この理論の中心部分である共感−利他性仮説を提示し、詳細に説明する。2章と3章では、この中心部分を前後しながら分析を展開する。共感的配慮を感じる必要条件と十分条件を2章で考察する。利他的な動機づけを経験することの行動的な帰結を3章で考察する。共感−利他性関係の中心部分、先行要因、その帰結の関係が、現在の利他的動機づけの理論を構成している。この中心部分、その先行要因、その帰結の関係の詳細も、この理論を実証的に検証するための概念的枠組みを提供するものであるが、それは第Ⅱ部で述べる。そこから出てくることの意味づけについては第Ⅲ部で論じる。

共感 − 利他性仮説 1

　共感的配慮は利他的な動機づけを生み出す。これが共感 − 利他性仮説で、これから述べる理論の中心的な命題である。この一見単純な仮説を理解するには、「共感的配慮」「利他的な動機づけ」、さらには「生み出す」という言葉についても、それぞれがどういう意味なのかを知ることが欠かせない。長年にわたって、共感と利他性という用語は数多くの異なった心理的状態を示すものとして用いられてきている。こうした用語がどう定義されるかによって、共感によって誘発された利他性が存在するという主張は、きわめて重要なものとも、あるいは瑣末なものともなる。そのため、話を始めるに当たって、こうした用語の用いられ方をはっきりさせることと、ここでの用法を他の一般的な用法と区別することが大切になる。

共感的配慮

　ここでの用法では共感的感情という用語は、ある他者の福利についての知覚によって引き起こされ、それと適合している他者指向的な感情を示すものとして用いる。共感的配慮、あるいはその短縮形である共感は、援助を必要としているある他者の福利についての知覚によって引き起こされ、それと適合している他者指向的な感情を示すものとして用いる。この用法を明確にするには、4つのポイントを説明するのが役に立つであろう。第1は「適合する」で、これは感情の特定の内容を指すものではなく、誘発性を指す——知覚された他者の福利が肯定的なものである時には肯定的な、否定的なものである時には否定的な誘発性となる。たとえば、取り乱したり恐れたりしている人について、悲しいとか気の毒だとか感じる——あるいは、良きサマリア人（「ルカ伝」10：33）のように、意識を失った路上強盗の犠牲者に同情を感じるのは、適合的である

だろう。第2に、共感的感情についてのここでの定義は、他者の幸運に対して共感を感じること（Smith, Keating, & Stotland, 1989; Stotland, 1969）を含むほどに広いが、共感的感情のすべてが利他的な動機づけを生み出すとは仮定されておらず、共感的配慮が感じられるのは、他者に援助が必要であると知覚された場合に限られる。この知覚なしには、行動変化を起こす推進力とはならない。

　第3に、定義によって、共感的配慮は他とは別の単一の感情ではなく、全体としての布置を含んでいる。そこには、同情、憐れみ、思いやり、優しさ、悲哀、悲しさ、うろたえ、苦痛、配慮、悲嘆の感情が含まれている。第4に、共感的配慮は他者に対する感情にかかわるという意味で他者指向的な感情である——他者に対する同情、憐れみ、気の毒さ、苦痛、配慮の感情である。同情や憐れみの感情は本来的に他者指向的であるけれども、何かよくないことが直接わが身に起きたときのように、誰かに向けられているのではない悲哀や苦痛、配慮をわれわれは感じることができる。これらの感情の他者指向的なものも自己指向的なものもどちらも、悲哀や悲しみ、取り乱しや苦痛、配慮や悲嘆の感情として述べられるであろう。このような広い用いられ方は混乱を招く。適切な心理学的な区別は、用いられる感情のラベルによってではなく、その感情の焦点に誰の福利があるかによってなされる。他者に悲しみや苦痛、配慮を感じているのだろうか、あるいは、そう感じるのは自分自身に振りかかってきたことの結果として——おそらくは、他者が苦しんでいるのを見る経験を含めて——なのだろうか。

　私が共感の配慮と呼ぶ、他者が援助を必要としていることを知覚したことへの他者指向的な感情的反応は、これまでしばしば別の名前で呼ばれてきた。それは、「哀れみ」と「同情」（Blum, 1980; Goetz, Keltner, & Simon-Thomas, 2010; Hume, 1740/1853; Nussbaum, 2001; Smith, 1759/1853）、「優しさの感情」（McDougall, 1908）、「真の同情」（Becker, 1931）、「同情的苦痛」（Hoffman, 1981a, 1981b, 2000）、そして単に「同情」（Bain, 1899; Blum, 1980; Darwall, 1998; Darwin, 1871; de Waal, 1996; Eisenberg & Strayer, 1987; Gruen & Mendelsohn, 1986; Heider, 1958; Preston & de Waal, 2002b; Wispé, 1986, 1991）などである。さらには、「反応的感情」（Davis, 1994）、「反応的共感」（Stephan & Finlay, 1999）とも呼ばれてきている。共感 – 利他性仮説の核心は他者指向的な感情であって、特定のラベルの問題ではない。もし誰かがこの感情的反応を別の名前で呼ぶことを選んだとしても、反対を唱

える理由はない。

　しかしながら、共感的配慮とこれと関連した、それぞれが共感と呼ばれてきている数多くの心理的状態とを区別することが重要である。少なくとも7つの、他のそのような状態がある。

共感という用語の7つの別の用法

　一つの例を挙げると、この区別がはっきりするだろう。友人とランチをいっしょにしていると考えてみよう。彼女は落ち着かない感じで、目を空に迷わせ、あまり話そうとせず、少し気落ちしているように見える。だんだんには話し始めたが、そのうちに泣き始めた。彼女の説明では、レイオフ（一時解雇）で仕事を失ったことを知らされたばかりだという。怒りを感じてはいない、でも傷ついた——そして少し怖い——と彼女はいう。あなたは気の毒だと感じ、それをことばにする。さらにあなたは、自分の職場でも、雇用削減がささやかれていることを思い出す。友人がこんなにふさいでいるのを見ていると、こちらも不安で落ち着きがなくなる。それと同時にあなたは、ほっとした気持ちにもなる——「よかった、私じゃなくて」。

　援助を必要としている人の福利の知覚によって引き起こされ、それと適合的な他者指向的な感情として定義される共感的配慮は、このランチでの会話の特定の一部分——友人を気の毒に感じる——にしか適用されない。しかし共感という用語は、少なくもこの例のほかの7つの側面にも適用されてきた。

1. 他者の内的状態を、その考えと感情を含めて知ること

　何人かの臨床家と研究者が、他者の内的状態を知ることを共感と呼んでいる（たとえば、Brothers, 1898; Damasio, 2002; de Waal, 1996; Dymond, 1950; Freud, 1922; Kohler, 1929; Levenson & Ruef, 1992; Preston & de Waal, 2002b; Wispé, 1986）。このような内的状態を知ることを、他の研究者は「共感的であること」（Rogers, 1975）、「認知的共感」（Eslinger, 1998; Zahn-Waxler, Robinson, & Emde, 1992）、「正確な共感」（Truax & Carkuff, 1967）、「共感的正確さ」（Ickes, 1993）などと呼んできた。このほかにも、「理解」（Becker, 1931）、「社会的知覚の正確さ」（Cronbach, 1955）、「正確に知覚すること」（Levenson & Ruef, 1992）あるいは「感情的役割取得」（Davis, 1994）などともいわれている。他者の考えや感情を知ることは、霊長類

と人間の「心の理論」研究の焦点であった（たとえば、Adams, 2001; Goldman, 1993; Gordon, 1995; Meltzoff & Decety, 2003; O'Connell, 1995; Povinelli, Bering, & Giambrone, 2000; Premack & Woodruff, 1978; Ravenscroft, 1998; Tomasello & Call, 1997)。

相手が考えたり感じたりしていることを確かめるのは、特にその手がかりが制限されているときには、ときとして難しいことになる。ここでの例では、友人の内的状態について知るのは比較的やさしいように思われる。友人が説明してくれれば、相手の心の中にあること——仕事を失ったこと——を知っていると確信がもてるだろう。友人が言ったこと、そしておそらくは彼女の振る舞い方から、友人がどう感じているか——傷ついて怖がっている——についてあなたは知っていると考えるだろう。もちろん、少なくもそのニュアンスについては間違っていることもあるだろう。

他者の考えと感情についての正確な知識をもつことが、共感−利他性仮説が主張するように、利他的な動機づけを生み出す他者中心的な情動的反応の必要条件であるように思われる。しかし、そうではない。友人の考えと感情についてまったく間違っている場合（ここでの例では当てはまらないであろうが）であっても、気の毒だという感情を彼女にもつことは、共感的配慮を経験することである。共感的配慮の感情に必要なのは、他者の状況について自分が知っていると思うことであって、それはこの感情が、他者が援助を必要としているという知覚にもとづいているからである。しかしながら、この知覚が正確である必要はない。さらには、この知覚が他者自身の内的状態についての知覚とマッチしていることさえ——これは共感的正確さの研究（たとえば、Ickes, 1993）で正確さを決める基準として用いられることが多い——必要とはしない。（この研究では、他者が自分の内的状態について正確に同定することに失敗する可能性は無視されがちである——Thomas & Fletcher, 1997 を参照。ここでの例で、あなたの友人は怒っていないというのは、果たして本当なのだろうか。）他者の内的状態についての間違った知覚をもとにして、本当の共感的配慮を経験することは可能なのである。もちろん、間違った知覚にもとづいた配慮に促された行動は、たとえ利他的に動機づけられた行動であっても、見当違いのものになりがちである。

他者の必要を正確に知覚している場合に、援助を必要としている相手により役立つであろうことは確かである。したがって、基本的な関心がクライエントを助けることにある臨床家が、クライエントへの他者指向的な感情よりも、ク

ライエントの感情の正確な知覚を強調しているのは、驚くにあたらない（Kohut, 1959; Rogers, 1975; Wiesenfeld, Whitman, & Malatesta, 1984）。同じことが、医師についてもいえる（MacLean, 1967）。

2. 観察された他者の姿勢をとること、あるいは神経反応の採用

多くの辞書が、共感を、観察された他者の姿勢や表情を採用することと定義している。心理学者の中では、他者の姿勢をとることは「運動的マネ」（Bavelas, Black, Lemery, & Mullet, 1987; Dimberg, Thunberg, & Elmehed, 2000; Hoffman, 2000）、「生理学的同情」（Ribot, 1911）、「模倣」（Allport, 1937; Becker, 1931; Lipps, 1903; Meltzoff & Moore, 1997; Titchener, 1909, さらに Murphy, 1947 も参照）などと呼ばれることが多い。哲学者のゴードン（Gordon, 1995）は、「表情的共感」という用語を用いている。

プレストンとドゥ－ヴァール（Preston & de Waal, 2002b）は彼らのいう共感の統合理論を提案しているが、この理論は運動的な活動のマネよりも、神経的な表現のマネに焦点を合わせている。彼らの理論は、知覚－活動モデル（perception-actionmodel, PAM）をもとにしたものである。このモデルによれば、ある状況において他者を知覚することは自動的に、この他者の神経的状態とマッチした状態をもたらすが、それは知覚と活動とが部分的に同じ神経回路に依存しているからである。神経的表現がマッチした結果（これはマッチした運動的活動も意識も生み出さなくてもよい）、他者が感じていることを感じるようになり、このことによって他者の内的状態が理解される。（PAM はさらに、Prinz, 1987, 1997 の研究を基礎としている。しかし、知覚と活動とのつながりについてのプリンツのオリジナルの記述は、プレストンとドゥ－ヴァールがいうよりも、はるかに自動的なものではない。）その後ドゥ－ヴァール（2006, 2008, 2009）は、PAM をロシアの人形のメタファーをもちいて説明し、ロシア人形のセットのように、知覚－活動的なマネを基礎とした感情的共鳴（次の３項を参照）が中心部分にあり、これが共感的配慮を含めてより複雑な共感過程全体の基礎となっていると主張している。

> 他者の情動状態の知覚は、自動的に共通表象を喚起し、観察者にマッチした情動状態を作り出す。この認知が増すにつれて、状態マッチングはより複雑なかたちへと発展し、他者への配慮と視点取得をも含むようになる。（de Waal, 2008,

p. 279)

　プレストンとドゥ-ヴァールの PAM は興味深い提案であり、社会的知覚——特に他者の情動状態についての知覚——における反応のマッチングと模倣の役割が、この 50 年にわたって低く評価されてきたというのは大いにあり得ることである（しかし、Chartrand & Bargh, 1999; Dimberg et al., 2000; Hoffman, 2000; Niedenthal, 2007; Öhman, 2002; Vaughan & Lanzetta, 1981 を参照）。同時に、神経的反応のマッチングあるいは運動的なマネのいずれもが、すべての共感的感情の統合的な源であるという指摘は、特に人間では、その役割をかなり過大評価しているように思われる。知覚による神経的な表現が常に、そして自動的に、感情を引き起こすわけではない。マッチングがあろうがなかろうがそうであるし（de Vignemont & Singer, 2005; Singer & Lamm, 2009）、他者の状態についての情動的反応が知覚的な手がかりや、他者の状態への共通反応を必要とすることもない（Danziger, Faillenot, & Peyron, 2009; Lamm, Meltzoff, & Decety, 2010）。自分自身の感情の神経的な表現と他者の知覚にもとづく感情とが、お互いに関連してはいるものの、別々のものであることについての証拠が積み重ねられてきている（Morrison & Downing, 2007; Zaki, Ochsner, Hanelin, Wager, & Mackey, 2007）。そして、他者の苦境への理解と反応におけるミラーニューロンの役割についての主張には、ますます疑問が投げかけられてきている（Decety, 2010a; Hickok, 2008; Jacob, 2008）。

　運動のレベルでは、人間も他の種も、他者の行動のすべてをマネることはない。張り綱の上でバランスをとっている人を見れば、自分も緊張したり体をひねったりしているのに気づくというのは、よくある経験である。それに逆らうことはできない。しかし、他者が書類をファイルしているのを見ても、その行動をマネしようとする傾向はほとんどない。自動的なマネ以上の何かが、マネする行動とマネしない行動の選択にかかわっているはずである（この点についての議論は、Lakin & Chartrand, 2003; Tamir, Robinson, Clore, Martin, & Whitaker, 2004; Zentall, 2003 を参照）。張り綱を渡っている人の行動をコピーするというより、定まらないパットをラインに戻そうとして胴をよじる場合のように、われわれはその行動を統制したり修正したりしようとしていると考えることができる。

　さらに、マネは、それが起きる場合には、これまで仮定されてきたように反

応的でも自動的でもないことが見出されてきている。メルツォフとムーア（Meltzoff & Moore, 1997）はマネあるいは模倣が、幼児であっても、積極的な目標指向的な過程であることについての多くの証拠を示している。そして大人では、マネは高度のコミュニケーション的な機能をもつことが多い。バヴェラスほか（Bavelas, Black, Lemery, & Mullett, 1986）のことばによれば、「あなたが感じていることがわかる」というのは、「仲間感情」や相手への支持を伝えようとしているのである（Buck & Ginsburg, 1991 も参照）。自動的なマネというより、情動の並行的な身体的表出は、より統制された、高次の、他者の情動を認知しラベル化する過程の一部なのかもしれない（Niedenthal, 2007; Niedenthal, Winkielman, Mondillon, & Vermeulen, 2009）。

　他者の内的状態についての手がかりをもたらすものを反応のマッチングあるいはマネだけに頼るのではなく、人間はその相手がさまざまな状況で考え、感じることを推測するのに、記憶や一般的な知識を使うこともできる（Singer, Seymour, O'Doherty, Kaube, Dolan, & Frith, 2004; Tomasello, 1999）。擬人化の問題が持ち上がるのは、まさに、われわれ人間が、他の種についてさえそういう推測をする能力——そして傾向——をもっているからである。そしてすでに言及したように、われわれは他者の内的状態について知るのに、他者との直接のコミュニケーションに頼ることができる。あなたの友人は、何を考え、感じているかを話してくれる。

　神経的な表現をマッチさせたり他者の姿勢をマネすることは、共感的配慮を感じるのを促進させることがあるが、これはその必要条件でも十分条件でもない。あなたの友人の涙に、あなたも泣くかもしれない。しかし、彼女の神経的な状態とのマッチングや泣くのをマネすることが、あなたが彼女を気の毒に感じるために必要だとはいえそうにない。もっとありそうなのは、友人の涙がどんなに気持が動揺しているかを教えてくれたということであり、そしてあなたも泣いたのは、友人がそんなにも動揺しているのを気の毒に思ったからで、彼女が泣いたからだけではないということである。

3. 他者の感じるように感じるようになる

　他者が感じているのと同じ情動を感じるようになることというのが、辞典に共通する共感の定義である。そしてこれは、哲学者（Darwall, 1998; Goldman, 1992; Nichols, 2001; Sober & Wilson, 1998）、神経科学者（Damasio, 2003; Decety &

Chaminade, 2003; Eslinger, 1998)、そして心理学者（Barnett, 1987; Berger, 1962; Eisenberg & Strayer, 1987; Englis, Vaughan, & Lanzetta, 1982; Feshbach & Roe, 1968; Freud, 1922; Gruen & Mendelsohn, 1986; Preston & de Waal, 2002b; Stotland, 1969）によって用いられている定義である。この定義を使う人びとはしばしば、共感を感じる人は正確に同じ情動である必要はなく、類似した情動にすぎないといって、条件を緩和している（たとえば、Eisenberg, 2000; Hoffman, 2000）。しかし、ある情動が十分に類似しているかどうかを決めるのは何なのかについては、まったく明確にされていない。

共感という用語のこの用法で鍵となるのは、情動のマッチングだけではなく、情動のキャッチングもそうである（Hatfield, Cacioppo, & Rapson, 1994）。マッチングとキャッチングの証拠を手に入れるには、他者とほぼ同じ時にほぼ同じ強さの生理的反応をしている——レヴェンソンとルーフ（Levenson & Ruef, 1992）が「共有された生理」と呼ぶもの——という以上のことが必要である。相手の情動とのマッチというよりも、観察者の生理は質的に異なる情動を反映することもあり得る。相手の情動の状態にとらわれるというよりも、観察者の生理は共通の状況（おそらくは相手の情動的状態が注意を引きつけた）への並行した反応を反映することもあり得る。

スコットランドの啓蒙期の哲学では、他者が感じているように感じるようになることは、共感ではなく「同情」と呼ばれていた（Hume, 1740/1896; Smith, 1759/1853）。啓蒙期の哲学の影響を受けた科学者たち——心理学者も——は、この状態を「同情」と呼ぶのが一般的であった（Allport, 1924; Cooley, 1902; Darwin, 1871; McDougall, 1908; Mead, 1934; Spencer, 1870; Wundt, 1897）。これに加えて、この状態は「仲間感情」（Hume, 1740/1896; Smith, 1759/1853）、「情動的同一視」（Freud, 1922）、「情動的感染」（Becker, 1931; de Waal, 2009, 2010; Hatfield et al., 1994; Heider, 1958）、「情動的共鳴」（Thompson, 1987）、「感情的反響」（Davis, 1985）、「情動的回路の知覚的に誘発された共鳴」（Panksepp, 1986）、「共感的苦痛」（Hoffman, 1981b）、「感情的共感」（Zahn-Waxler et al., 1992）、「並行的感情」（Davis, 1994）、「並行的共感」（Stephan & Finlay, 1999）、「自動的な情動的共感」（Hodges & Wegner, 1997）などと呼ばれてきた。

共感の発達的起源についての研究の中でよく引用されるのがサギとホフマン（Sagi & Hoffman, 1976）であるが、この研究では生後1～2日の赤ん坊に、テープ録音された他の赤ん坊の声、人工的な泣き声、音声なしのいずれかを提示し

た。他の赤ん坊の泣き声を提示された赤ん坊は、人工的な泣き声や音声なしの場合よりも、泣くことが有意に多かった。サギとホフマン（1976, p. 176）は——これ以降、多くの他の研究者が——、この違いを、生得的な「初期的な共感的苦痛反応」の証拠として、言い替えると、新生児が他者の感情状態をキャッチしそれとマッチングしている証拠だと解釈した。マーチンとクラーク（Martin & Clark, 1982）はこの結果を再現して（ただし、サギとホフマンが報告している性差については再現されなかった）、もっと詳細な証拠を報告した。マーチンとクラークは、(a) 自分自身の泣き声 (b) 年長の子どもの泣き声 (c) チンパンジーの赤ん坊の泣き声の録音について、赤ん坊の泣きに差がないことを見出した。

　この研究結果を、生得的な初期的な共感的苦痛反応と解釈するのはまだ早いと思われる。他の赤ん坊の泣き声に応じての泣きについては、これとは別の明快な説明があるが、この説明が文献の中で認識されることはほとんどなかった（ただし、Dondi, Simion, & Caltran, 1999 を参照）。たとえば、こうした泣きは、食べ物や快適さを手にする機会を増すための生得的な競争的反応であるかもしれない（Soltis, 2004; Zeifman, 2001）。（サギとホフマンの研究で、赤ん坊は授乳時間の1時間から1時間半前にテストされていた。）これと似たような研究を、巣にいるひな鳥について行ったと考えてみよう。このときには、1羽のひな鳥がピーピーと鳴き・口をあけるとそれが急速に他のひな鳥に拡がるのを、初期的な共感的苦痛反応とは解釈しないだろう。こうした反応は、競争的なものとして解釈するだろう。2番目の別の解釈は、他の赤ん坊の苦痛の泣きが警戒や恐怖を引き起こすというものである。3番目は、おそらく、他の赤ん坊の泣きに応じての泣きは、他者の行動を模倣しようとする生得的な一般的能力あるいは傾性を反映しているという解釈である（Meltzoff & Moore, 1997）。もしそうだとすると、これは他者の苦痛の感情に対する反応ではなくて、他者の泣きの行動への反応であるに過ぎないのかもしれない。赤ん坊の反応的泣きを初期的共感であるとする解釈は、私が思うに、他の解釈の可能性を十分に考慮することなしに、あまりに性急に受け入れられてしまっている。

　他者の感情を感じるようになることは、共感的配慮へのステップとなることがある。しかしこのステップは、必要でも十分でもないことは研究が示すとおりである（Batson, Early, & Salvarani, 1997）。あなたの友人に話を戻すと、彼女を気の毒に思うのに、自分も傷ついたり怖がったりする必要はない。友人の心

が傷つき、怖がっているのを知るだけでよい。確かに、他者の感じているように感じることが、自分自身の情動状態に注意を向けさせてしまうとすれば、実際には共感的配慮の感情を抑制してしまうことが起こり得る（Mikulincer, Gillath, Halevy, Avihou, Avidan, & Eshkoli, 2001）。荒れた天候で飛行機に乗っていたほかの乗客が神経質になっているのを見れば、こちらも神経質になるだろう。もしこのときに自分が神経質になっていることに注意を向けたとすると、ほかの乗客の感情を気になどしそうにない。この種の情動的な感染は、利他的な動機づけを生み出すと主張されている共感的な配慮とは全く別のものである。

4. 他者の状況を直観したり、そこに自分を投影したりする

友人の話に耳を傾けているときには、自分が仕事を失ったと話したばかりの若い女性だったらどうなのだろうかと問いかけるであろう。想像上で、他者の状況に自分自身を投影することは、リップス（Lipps, 1903）が「Einfühlung（感情移入）」とした心理的状態のことで、これにティチェナー（Titchener, 1909）は、英語のエンパシー（empathy 共感）という新語を当てた。この状態はまた、「投影的共感」（Becker, 1931; Scheler, 1913/1970）、「想像的投影」（Goldman, 1992）、「再現的共感」（Stueber, 2006）とも呼ばれてきた。当初この意味での共感は、ある特定の人物、より多くの場合は特定の生命のない対象の様子——風の吹き荒れる丘の中腹にあるねじれた枯れ木のような——を、芸術家が想像する行為を記述することを意味するものであった。

この美的な投影としての共感の最初の定義は多くの辞書に見られ、最近のシミュレーションについての哲学的な議論でも、こころの理論（複数のこころの理論）に代わるものとして出てきている（Stueber, 2006）。しかし現在の心理学では、投影が共感を意味することはまれである。それにもかかわらずウィスペ（Wispé, 1968）は、こうした投影を同情と共感の分析に含めていて、それを「美的共感」と呼んでいる。

他者の状況に自分を直観したり投影したりすることは、他者が考えたり感じたりしていることについての生きいきとした感覚をわれわれに与えてくれるであろうし、このことから、他者指向的な共感的配慮の感情の発生がうながされるであろう。しかし、他者の状態が起こったことや話されたことからはっきりしているときには、投影は必要ではない。そして、他者の状態がはっきりしない場合には、投影は他者の状態についてまったく正確さを欠いた解釈をすると

いうリスクを冒すことになる。とくにこのことは、自他の違いについて正確な理解をもっていない場合に起きることである（Neyer, Banse, & Asendorpf, 1999 を参照）。

5. 他者がどう考え、感じているかを想像する

仕事を失ったと話したばかりの若い女性であったならどう感じるだろうかと想像するというより、あなたの友人が現にどう考え、感じているかを想像するかもしれない。友人の考えていること、感じていることを想像するのは、彼女が話したことやしたことだけをもとにしてではなく、友人の性格、価値観、欲求についてのあなたの知識を基にしてもできることである。視点取得のこの特定の様式を、ストットランド（Stotland, 1969）は「彼を想像する」視点といっている。もっと一般的にいうと、これは「他者を想像する」視点と呼ばれてきたものである（Batson, Early, & Salvarani, 1997）。

ウィスペ（Wispé, 1968）は、他者が感じていることを想像することを、上で述べた美的共感から区別するために「心理的共感」と呼んだ。デイヴィス（Davis, 1994）は同じことを、「認知的役割取得」あるいは「認知的共感」と呼んでいる。ダーウォール（Darwall, 1998）は「原同情的共感」と呼び、リーガンとトッテン（Regan & Totten, 1975）は単に共感と呼んでいるし、ナスバウム（Nussbaum, 2001）も同じである。アドルフス（Adolphs, 1999）は共感と「投影」の両方で、ルビーとデセティ（Ruby & Decety, 2004）は共感と「視点取得」の両方でこれを呼んでいる。

治療的な視点からの知覚分析では、バレット－レナード（Barrett-Lennard, 1981）が「共感的な注意的セット」を採用して——「その中に感じ取るプロセスであって、人物Aが人物Bの感情と経験に深い応答的なやり方で自分をオープンにし、しかも人物Bは自分とは違った他の自己であるという意識を失わない」と述べている（p. 92）。この問題は、他者の感情と思考についてわれわれが作り上げた観念の問題であるだけでなく、この観念によってわれわれが影響を受けるということでもある。それは「応答的な知り方」（Barrett-Lennard, 1981, p. 92）のプロセスであり、このプロセスの中でわれわれは、その状況から影響を受ける他者のあり方に敏感になるのである。

他者がどう考え、感じているかを想像してくださいという教示は、実験室実験の参加者に共感的配慮の感情を引き起こすために用いられてきている

(Batson, 1991 を参照。その研究動向は、Davis, 1994 にある)。しかしこの他者をイメージする視点は、それが引き起こす共感的配慮と混同したり、同じものと思ったりしてはならず、それぞれが別のものであることには明快な証拠がある (Coke, Batson, & McDavis, 1978)。

6. 他者の立場でどう考え、感じるかを想像する

アダム・スミス (Smith, 1759/1853) は、他者がその状況をどう考えたり感じたりしているかを想像する行為を、「想像の中で立場を変えること」として、生きいきと言及している。ミード (Mead, 1934) はそれをあるときには「役割取得」と呼び、ほかのときには共感と呼んでいる。ベッカー (Becker, 1931) はこれに、「マイム的感覚 (mimpathizing)」という新語を当てた。コフート (Kohut, 1959) は「代理的内省」、ポヴィネリ (Povinelli, 1993) は「認知的共感」、ダーウォール (Darwall, 1998) は「投影的共感」あるいは「シミュレーション」と呼んだ (Goldman, 1992; Nickerson, 1999; Van Boven & Lowenstein, 2003 も参照)。ニコルス (Nichols, 2001) は「視点取得」と呼んでいる。ピアジェ派の伝統では、他者の立場ならどう考えるだろうかを想像することは、「視点取得」、「役割取得」あるいは「脱中心化」と呼ばれてきている (Piaget, 1932/1965; Epley, Keysar, Van Boven, & Gilovich, 2004; Krebs & Russell, 1981; Steins & Wicklund, 1996)。

ストットランド (Stotland, 1969) は、この状態と前に述べた「他者を想像する」視点とを区別して、「自分を想像する」視点と呼んでいる。自分を想像する視点を採用することは、自分自身を他者の状況に投影する行為とある意味で似たものである (上の概念4)。しかし、この2つの概念は全く別々の文脈 (一方は美的な、他方は対人的な) で、それぞれが独立に開発されてきているので、別々に扱うのがベストのように思われる。ここでは、もし自分が他者だったらどう感じるかというよりも、もっとはっきりと自分が考えていること・感じていることに向けられている。

「自分を想像する」と「他者を想像する」視点取得の様式は、そうでないことが研究上の証拠として示されているにもかかわらず、混同されたり、等価なものとして扱われたりしてきている。ある人が苦痛を感じているときに、この人が何を考え、感じているかを想像することは共感的配慮の感情を刺激できる。この状況で自分だったらどう考え、感じるだろうかを想像する場合にも、同じように共感的配慮の感情が起き得る。しかし、共感的配慮を刺激することに加

えて、「自分を想像する」視点では自己指向的な苦痛の感情が引き起こされがちであるが、「他者を想像する」視点ではそうしたことはない（Batson, Early, & Salvarani, 1997; Batson, Lishner et al., 2003; Jackson, Brunet, Meltzoff, & Decety, 2006; Lamm, Batson, & Decety, 2007; Stotland, 1969）。

　他者の状況が馴染みのないものだったり、はっきりしないものだったりした場合には、あなたがその状況で感じると思われることは、他者の苦境についての理解に役に立ち、おそらくはその基本的な基礎となるものであろう。しかしもう一度繰り返すと、他者があなたと違っている場合には、あなたがどう考え・感じるかに集中することは、誤解をする可能性がある（Hygge, 1976; Jarymowicz, 1992）。そしてもし、他者の状況が馴染み深いものだったり明快だったりすれば、その状況であなたがどう考え、感じるかを想像することは、実際には共感的配慮の感情を抑制する可能性がある（Nickerson, 1999）。友人が職を失ったのを話しているのを聞いている際には、自分が職を失ったらどう感じるかを考えることは、あなたを自己配慮的にさせ、不安と動揺を感じさせ——そして、友人とくらべるとラッキーだったと感じさせることになる。こうした反応は、共感的配慮の感情をにぶらせることが多い。

7. 他者の苦しみや悩みに立ち会って苦痛を感じる

　他者の苦痛に立ち会ったことから生じる苦痛の状態——友人が混乱しているのを見ることから引き起こされる不安と動揺——は、さまざまな名前で呼ばれてきている。「同情的痛み」（McDougall, 1908）、「促進的緊張」（Hornstein, 1982）、「観察したことによって引き起こされた不快喚起」（Piliavin, Dovidio, Gaertner & Clark, 1981）、「共感的苦痛」（Hoffman, 1981b）、「個人的苦痛」（Batson, 1987）、そして共感（Krebs, 1975）がそれである。

　この状態は、他者のための苦痛（共感的配慮の一様式）あるいは他者としての苦痛（上の概念3）の感情を伴ってはいない。それが伴っているのは、他者の状態によって苦痛を感じることである。残念なことには、のための・としての・によっての区別が、現在の共感の神経イメージ的研究で考慮されることはまれであり、結果の意味を明確でないものにしている。

　自己指向的な苦痛を他者指向的な（共感的）苦痛と区別することが大切であることは、子どもを虐待するリスクの高い両親が、幼児が泣いているのを見ることで苦痛を感じるとしばしば報告しているという事実によって、強調される。

このリスクの低い両親では、苦痛が増すよりも、他者指向的な共感的感情——同情と哀れみ——が増していた（Milner, Halsey & Fultz, 1995）。

ここから引き出せること

　共感という用語が適用されてきた7つの心理的状態を挙げてきたが、それには2つの理由がある。その第1は、問題の複雑さを確認することで、混乱を少なくしたいからである。共感という用語がある一つの対象についてのものであって、誰もがこの対象が何であるかについて一致しているのであれば、ことは簡単である。残念なことには、多くの心理学用語と同じように、そうではないのである。共感も同情（共感ともっともしばしば対照させられてきた用語）も、実にさまざまなしかたで用いられてきている。まったくのところ、驚くべきほどの一貫性をもって、正確には同じ状態を、ある学者は共感と名づけ、他の学者は同情と名づけてきた。この用語の自分の用法がベストであるとする主張（例えば、Wispé, 1986）が繰り返しなされているにもかかわらず、ある名づけの仕組みがほかのそれより優れているという明確な理由は——歴史的にも論理的にも——、私の知る限りではないのである。

　こうした事情の下では、ここでなしうる最善のやり方は、とり上げる現象がそれぞれ別のものであることを認め、自分の採用する名づけの仕組みを明確なものにし、それを一貫して使うことであると思う。したがって、私は共感的配慮と共感という用語を、最初に述べた他者指向的な情動を指すものとしてとっておきたい。これ以外の7つの状態に私がつけた名前は、(1) 他者の内的状態を知ること　(2) 他者の姿勢を採用すること（運動的マネ）あるいは他者の神経的反応とのマッチング　(3) 他者が感じるように感じること　(4) 他者の状況に自分を投影すること　(5)「他者を想像する」視点を採用すること（視点取得）(6) 自分を想像する視点を採用すること　(7) 代理的に個人的苦痛を感じること　である。

　このような7つの現象を挙げた第2の理由は、こうした現象のそれぞれが、利他的な動機づけの源だとされている共感的配慮と、どう結びついているかを考えるためである。すでに書いたように、こうした現象の多くは認知的あるいは知覚的な状態であって、それは共感的配慮の先行要因あるいは促進要因である可能性が高い（概念1, 2, 4, 5, 6）。7つの中の2つは情動的な状態であって、

他者の感じていることを感じること（概念3）と、他者の苦しみに立ち会ったことの結果として個人的苦痛を感じること（概念7）がそれである。他者の感じていることを感じるのは共感的配慮へのステップとなり、そこから利他的な動機づけへとつながっていく可能性がある。それはまた、自己注視的な注意へとつながり、その結果として他者指向的な感情が抑制されることにもなる。個人的な苦痛を感じることは、利他性へのステップとはならないことが多い。それとは逆に、それは自分自身の苦痛を和らげるような利己的な動機づけを引き起こすことが多くなる。

共感周辺の感情群のさまざまな状態の間で区別をすることは、ときには微妙な問題になるが、こうした状態のそれぞれが存在することには、ほとんど疑いはないことと思われる。このような感情の大半は馴染み深い経験である。そうはいっても、馴染み深いからといってその重要性を無視すべきではない。それによって他者の気がかりなことや願望を理解することができるプロセスがあることは、きわめて注目すべきことであり、それはこのプロセスが引き起こすことのできる情動の範囲なのである。哲学者のデイヴィッド・ヒュームのような偉大な思索者は、こうしたプロセスがすべての社会的知覚と相互作用の基礎となっていることを示唆している。共感的なプロセスは確かに、われわれの社会的本質のカギとなる要素なのである。

利他的動機づけ

利他性は、少なくも共感の概念と同じように、とらえどころのない概念である。「はじめに」で私は、利他性をおおざっぱに、自分自身の利益よりも他の誰かの利益となるようにしたいという欲求であるとした。もっと公式的な言い方では、利他性という言い方で私は、他者の福利を増すという最終目標を伴う動機づけの状態のことを指している（利他性という用語の初期の使い方の歴史については、Dixon, 2008 を参照）。利他性は利己性と並置できる用語であって、利己性とは、自分自身の福利を増すという最終目標を伴う動機づけの状態のことである。このそれぞれの定義には、3つのカギとなる語法がある。

1. 「…動機づけの状態…」

ここで考えている動機づけのタイプは、単なる動因あるいは衝動——内部からの一押し——ではなく、目標指向的な力である (Lewin, 1938)。目標指向的動機づけは次の4つの特徴をもっている。(a) 個人は経験的な世界の中に、ある想像した変化が起きることを願っている（この願望と想像上の変化のどちらも意識的なものである必要はない）。これが目標ということの意味である。(b) ある強さの力が存在し、個人を目標に向けて引きよせる。(c) 障壁が目標への直接的な接近を妨げた場合には、これとは別のルートが探されるであろう。(d) 目標が達成されたときには力は失われる。この種の目標指向的な動機づけは、多くの動物の種の行動レパートリーの中には見られない。目標を設定し追求することには、高等哺乳類にみられる発達した大脳の新皮質と結びついた、高いレベルの知覚的・認知的プロセスが必要とされる (MacLean, 1990; Tomasello, 1999)。

利他性と利己性とを傾性としてではなく、状態として定義したことに注意してもらいたい。マレー (Murray, 1938) ではなくレヴィン (Lewin, 1938, 1951) のいうように、ここで問題としている動機は、ある状況での心理学的な力であって、それは達成要求や親和要求のようなパーソナリティの相対的に安定した側面ではない。私は「動機」あるいは「動機づけ」という用語を、傾性のことではなく、このような状況的な力を意味するものとして用いていく。したがって、利他主義者や利己主義者の話はせず、利他性と利己性について語るつもりである。私が知りたいのは、利他性が大半の人間の動機づけのレパートリーの中にあるのかどうかということである。

2. 「…最終目標を伴う…」

最終目標は目的そのものであって、他のある目標を達するための道具的手段ではまったくない。ある目標がほかの目標を達するための道具的な手段であるとして、そこに障壁が生じたとすると、最終目標のための別のルートが探されるが、それはこれまでの道具的な目標を無視するようなルートであろう。道具的な目標は達せられなくても最終目標が達成されれば、動機づけ的な力は消失してしまうだろう。しかし、もし目標が最終的なものである場合には、こうしたやり方でそれを無視することはできない (Lewin, 1938)。注意してもらいたいのは、ここでいう最終的と道具的という用語は、現在の状況での手段−目的

関係であって、最終的というのは最初の原因とか最終の原因とかいったメタファーとしての意味でいっているのではないことである。道具的目標と最終的目標の双方は、意図せざる結果とは区別すべきもので、行動のこうした結果は——予見されたものであれ予見されなかったものであれ——行動の目標ではない。それぞれの最終目標は、明確な目標指向的な動機を規定する。

3.「…他者の福利を増す…」あるいは「…自分自身の福利を増す…」

この語法はこの順に、利他的・利己的な動機づけの特定の最終目標を同定している。他者の福利を増すことが最終目標となるのは、ある個人が、(a) 他者の世界でのある望ましい変化を想像し (b) この変化に向けて自分を動かす力を経験し (c) この変化を目的自体とした場合に起きることである。自分自身の福利の増進が最終目標であるのは、ある個人が、(a) 自分自身の世界である望ましい変化を想像し (b) この変化に向けて自分を動かす力を体験し (c) この変化を目的自体としたときに、起きることである。

利他性も利己性も、ここで定義されているように、ともに共通するところをたくさんもっている。どちらも目標指向的な動機であり、この動機の最終目標にかかわりをもち、そしてそれぞれがある人の福利の増加を最終目標としている。こうした共通の特徴は、決定的な違いを明らかにする文脈を提供してくれる。それは、誰の福利が最終目標なのか、それは他者なのか・自分自身なのかということである。

利他性の存在についてよく聞かれる議論の一つは、論理的にいって、他者の福利を増すことは最終目標になり得ないというものである。この議論は次のようになる。もし他者の福利を増すように動機づけられることができたとすると、この求められる目標を入手することに関心がもたれることになり、そうすることで快が経験されることになろう。こうなると、このように明らかに利他性である場合でも、その最終目標は自分自身の福利であることになろう。

哲学者たちは、この議論は、心理的快楽主義を持ち出しており、欠陥があることを示してきている。彼らの指摘では、ここでは2つの別々の自己の意味と2つの別々の快楽主義の様式との間で混乱があるという。自己については、ここでの意味は、行為者としての自己ではなく（欲求をもっているのは誰なのだろうか）、対象としての自己——そして他者——である（誰の福利が求められているのか）。快楽主義については、心理的快楽主義の強い様式は、個人的な

快を手にすることが何時もいつも人間の行動の最終目標となっていると主張されるが、弱い様式では、目標が達成されたときには何時も快がもたらされると主張する。この弱い様式では、ある行動の最終目標が自分の利益となることよりも他者の利益となることである可能性と矛盾しない。ここで得られる快は目的そのものではなくて、目的に到達したことの結果として手にするものであり得る。強い様式の心理的快楽主義では、利他性の可能性とは矛盾する。しかしこの様式であると明言するということは、利他的な動機づけが存在しないこと（論理的に存在しえないことではなく）を主張することである。このことの確認は、それが本当であるか・ないかという事実の問題である（Kitcher, 2010; MacIntyre, 1967; そしてこの哲学的議論の検討は、Milo, 1973）。弱い様式の快楽主義を受け入れることはできるし、私も同じ意見である。そして他者の福利を増すことを最終目標とする動機づけ——すなわち利他的な動機づけ——の存在を主張できるのである。

こうした定義のもつ8つの意味

多くの定義がそうであるように、利他性と利己性とのこうした定義も、一見しただけではわからない意味がそこに含まれている。そのいくつかはここで述べられたことから引き出され、あるものは述べられなかったことから引き出される。

1. 利他性と利己性との区別は質的なものであって、量的なものではない。利他的な動機づけを利己的な動機づけから区別するのは、最終目標であって、動機の強さ——あるいは利他的・利己的な動機の相対的強さ——ではない。
2. 一つの動機が、利他的でも利己的でもあるということはあり得ない。自己と他者との双方のために利益を求めることは、2つの最終目標を意味していて（自己と他者とが別々のものとして知覚されている限りで）、このそれぞれの最終目標が、新しい目標指向的な動機を規定する。
3. 一人の個人の内部で、利他的と利己的双方の動機が同時に存在することはあり得ることである。個人が同時に一つ以上の最終目標を持つことはできるし、一つ以上の動機についても同じである。つまり、個人は一つ以上の望ましい状態を追及することができる。（「最終的」というのは抽象的意味でないこと

を思い起こされたい。）利他的と利己的双方の目標が存在するとして、そのそれぞれがほぼ同じような魅力をもっていて、その方向が違っている場合（たとえば、一方に引かれる行動が他方から遠ざからせる場合）には、この個人は動機的な葛藤を経験する。

4. ここで定義したように、利他性と利己性とが適用されるのは目標指向的な領域だけである。何の目標ももたずに、反射的あるいは自動的に行動する場合には、その結果が他者あるいは自分に利するものであっても、この行動は利他的あるいは利己的に動機づけられたものではない。

5. 利他的に動機づけられていてもそれを知らないことはあり得るし、利己的に動機づけられていてもそれを知らないでいることもあり得ることである。また実際には利己的であっても、自分の動機を利他的なものと信じていること、あるいはその逆も起こり得ることである。このことは、われわれが自分の本当の動機を何時もいつも知ってはいない——あるいは報告してはいない——からである（Nisbett & Wilson, 1977）。われわれは目標を持っていてもそれを知らないかもしれないし、自分の目標 A を実際には B として、間違って信じているかもしれない。自己報告を、特に他者の利益になるための動機のような価値負荷的な動機の場合には、その人の動機を明らかにするものとして信頼することはできない。

6. 利他的・利己的のいずれでもない動機で、他者に利するような動機があるかもしれない。たとえば、ある人が正義の原理を支持することを最終目標とすることはあるに違いない。この動機は、この人に不正義を正す行動をとらせるように導くことができる。そう行動することで、他者の利益となり、同時に自己の利益ともなるであろう。しかし、この利益は意図せざる結果であって、最終目標ではない。そして、最終目標が他者あるいは自分に利するもののいずれでもないとすると、ここでの定義によれば、動機も利他的と利己的のいずれでもないことになる。

7. 利他的と利己的な動機の双方とも、さまざまな行動を引き起こすことができるし、まったく行動が起きないこともある。動機は目標指向的な力である。ある力が行動を導くかどうかは、この状況で利用できる行動の選択肢とその時点でのほかの動機的力の存在によることである。

8. すでに定義したように、利他的な動機は自己犠牲を伴う必要はない。他者の福利を増すという最終目標を追求することは、自己にあるコストを伴う可

能性があるが、しかしそうでない可能性もある。この目標追求が自己利益さえ伴うことがあるが、この自己利益を得ることが他者の利益となることの意図せざる結果である（最終目標ではない）という場合には、この動機は依然として利他的なものである。

　ある学者たちは、利他性には当然ながら自己犠牲が必要であるとしている。彼らは、他者の利益となるように行動した場合のコストがきわめて高く、生命を失う可能性さえある利他性の事例を引用している。こうした学者たちは明らかに、このような事例では自己へのコストが報酬を上回るはずなので、援助者の目標は自己利益的なものとはなり得ないと信じている。

　利他性を定義する際に自己犠牲をそこに含めることについては、少なくも2つの問題がある。第1には、このことが動機という重要な問題から結果へと注意を移させてしまうことである。こういう行動をとった人には死をかけてまでという意図がなかったとしても、ことが制御できなくなってしまったらどうなのだろうか。この動機づけは利他的なものだろうか。悲嘆にくれている友人を抱きしめて慰めるようなコストのかからない場合はどうなのだろうか。ここには自己犠牲は伴っていないけれども、最終目標はこの場合にも友人の福利を増すことにある。利他性と利己性とを区別するには、結果ではなく、目標を用いなければならない。

　第2は、自己犠牲をもとにした定義は、他者の利益のためのコストが増すにつれて、ある種の自己利益が増していく可能性を見落としていることである。英雄や殉教者、聖者であることのコストはたいへん大きなものだが、予期される報酬もまた大きい。こうした2つの問題を避けるには、利他性を自己へのコストによってではなく、他者への利益によって定義するのがベストなやり方だと考えている。

利他性という用語についてのほかの4つの用法

　利他性という用語は、ここでの概念化と区別されるべき、4つの他の用いられ方がされてきた。

1. 動機ではなく援助行動として

ある研究者たちは、動機の問題は置いておいて、利他性を単に援助行動——すなわち、他者の利益になるような行動——と同じものとしてきた。利他性についてのこの定義は、発達心理学者、特に社会的学習理論の視点から子どもを研究する人びとによって繰り返し用いられてきている（研究動向は、Rushton, 1980 を参照）。こうした定義を採用するのは行動主義の影響を反映していることが多く、この立場では目標指向的な動機は、観察できない内的状態についての非科学的な思弁であるとして除かれる。その代わりに、観察可能な行動と反応の古典的およびオペラント的な条件づけに目が向けられている（このアプローチの洗練された例は、Aronfreed, 1968 を参照）。この定義を採用するのは、動機を研究する際の方法的な挑戦を避けたいためでもあろう。動機を評定するよりも、行動を評定するほうがずっとやさしいことである。しかしこれは、研究の方略を採用するに際しての貧弱な正当化に過ぎない。これはクルマのキーを探すのに、そこはキーを落とした場所ではないのに探しやすいからといって、街灯の下で探している酔っ払いの方略を思い起こさせる。

利他性と援助行動とを同じものだとするやり方は、進化生物学者の間でも一般的であって、彼らは利他性という用語を系統発生上のきわめて広い範囲——社会性昆虫から人間まで——に適用してきた（Alexander, 1987; Dawkins, 1976; Hamilton, 1964; Trivers, 1971, 1985; Wilson, 1975）。このアプローチを説明するために、リドレイとドーキンス（Ridley & Dawkins, 1981）の利他性の定義を考えてみよう。

> 進化理論では、利他性は他者の利益のために行われる自己犠牲を意味している。日常の話では、利他性という用語は主観的な意図を含むものとして使われている。…われわれは動物が感情や意図をもっていることを否定はしないが、その観察可能な側面に集中することで、動物行動の理解にいっそうの進歩がみられる。われわれが利他性のような用語をとにかくも用いようとするならば、それをその効果によって定義するので、動物の意図についての考察にふけったりはしない。利他的な行動とは、他の有機体の生存のチャンス（これを生殖的成功というのを好む者もいるだろう）を利他的に行動する者の負担によって増加させるような効果をもつ行動のことである。…これはつまり、植物、あるいは遺伝子のような疑いなく無意識的な存在にも、原理的に利他性を示すことが可能である

ということである。(pp. 19-20, 傍点は原著)

　この定義でのリドレイとドーキンスの明快さには讚嘆の気持ちを禁じ得ない。しかし彼らが提案するようなやり方でこの用語を使うとすれば、それは念力という用語をリモコンでテレビのチャンネルを変えることを含めて用いるのとほとんど同じだとしか思えない。このように定義された念力について多くの証拠を見つけることはできるが、通常定義される念力の存在という、もっと興味深い疑問は残されたままである。そしてまた、援助行動がいつでも他者に利することへ向けての最終目標であるかどうかという興味深い疑問も残されたままである。

　問題をはっきりさせるために、ソーバーとウイルソン (Sober & Wilson, 1998) は進化的な利他性と心理的な利他性とを区別している。進化的な利他性とは、その生殖的な適応度——その遺伝子を次の世代に受け継がせる可能性——を低下させる有機体の行動のことをいい、それは一つあるいはそれ以上の他の有機体の生殖的な適応度と関連をもっている（たとえば、Ridley & Dawkins, 1981 の生殖的成功）。心理的利他性は、他者の福利を増すことを最終目標とする動機づけの状態を指している（すなわち、私が定義した利他性）。ソーバーとウイルソンが指摘しているところでは、この2つの概念の間には必然的な関係はない。進化的な利他性は心理的利他性を生み出すのに、必要なものでも十分なものでもない。

　私はかつて一度だけ、ドーキンス (1979) が、馬に虫歯を引き起こす遺伝的な選択——あるいは対立遺伝子——は、彼の進化的な定義によれば利他的であるという、挑発的で周到な意見を聞いたことがある。ドーキンスの論理では、この対立遺伝子をもつ馬は生草を効果的に食べることができず、結果としてほかの馬に多くの草を残すので、このあわれな馬の相対的な生殖的適応度は低下する。これと同じような議論は、人間の臭い息についてもいえよう。臭い息を作り出す対立遺伝子は、進化的な利他性の一例として考えることができる。というのは、もしも臭い息をしている人が結婚相手と出会うことが少ないとすれば、そのためにその遺伝子が次の世代に受け継がれることも少なくなるからである。

　私がこの用語を使うときには、利他性は馬の虫歯や人間の臭い息のことではない。それは他者の利益を増そうとする目標指向的な動機づけあるいは意図

――ソーバーとウイルソンの心理的利他性――を指している。哲学の世界では、フィリップ・キッチャー（Kitcher, 1998）が、「われわれにとっての利他性とは、ダーウイン一派が流通させている生殖作用で測られるようなものではない。…そのことのすべてには、行為者の意図が伴っている」(p. 283) といっている。

進化生物学者たちは、なぜ利他性として、自身の生殖的成功を低下させる行動に言及することを選んだのだろうか。その理由は完全には明らかになってはいないが、結果ははっきりしている。意図的であれたまたまであれ、この用語のこうした用法は、この用語の心理的意味を利用したものである。そのことから生物学者でない人びとは、包括的適応度（Hamilton, 1964）、互恵的利他性（Trivers, 1971, 1985）、あるいは集団的選択（Sober & Wilson, 1998）の存在についての進化論的な議論が、心理的利他性の存在についての議論に取り組んだものだと考えるようになった。そんなことはないのである。ある環境の下で、そしてある種について、こうした進化過程が存在する可能性はある。しかしこのことを知っても、心理的な利他性の存在については何も教えてはくれない。本書で定義した意味での利己性と利他性とは、こうした進化過程のあるなしにかかわらず、存在し得ると考えられる。

残念なことには、それを支えている動機づけが利他的か利己的かに関心をもつことなしに、利他性が援助行動だとする用法が、進化生物学者や比較心理学者の間では主流となっている（たとえば、de Waal, 2008 の「指向的な利他性」の概念を参照）。実例を挙げると、実験室のネズミはときに苦痛状態にある他のネズミを助けようとすることがあるが、これはネズミの利他性の証拠であるとされてきた。空中にぶら下げられている他のネズミを降ろすのにバーを押すこと（Rice & Gainer, 1962）、タンクの水におぼれているネズミを救うこと（Rice, 1965）はいずれも本当のことである。また、迷路で他のネズミがショックを与えられないほうの通路を選ぶことも本当である（Evans & Braud, 1969）。さらには、別のネズミにショックが与えられる場合には、食物を入手できるバー押し反応を抑えることもある（Church, 1959; Greene, 1969）。しかしながら、適切な比較条件を追加しての研究デザインでは、ネズミの援助行動は不快刺激（ほかのネズミの悲鳴）を回避する欲求の産物であって、特にこのことは鋭敏化（ある刺激の先行刺激に敏感になること）と条件づけの後でははっきりしており、こうしたことはほかのネズミの福利についての生得的あるいは獲得的な関心によるものではないことが明らかになっている（Lavery & Foley, 1963; Lucke &

Batson, 1980)。これと同様に、アカゲザルが見たり聞いたりできるほかのサルに与えられるショックを妨げるように反応することにも見られ、これがサルの利他性の証拠とされてきた (de Waal, 2008, 2009; Masserman, Wechkin, & Terris, 1964; Miller, 1967; Miller, Banks, & Ogawa, 1963; Wechkin, Masserman, & Terris, 1964)。しかしこれらも、不快刺激の回避・鋭敏化・条件づけによって、容易にこうした結果を説明できる。

その底にある動機が利他的か利己的かは気にせずに、利他性を援助行動を指すとする使い方は、フェールとゼンダー (Fehr & Zehnder, 2009) が指摘するように、行動経済学者の間でも主流である。たとえばフェールとゲクター (Fehr & Gächter, 2002) は、他者から与えられた金銭的な損失に対して、自分に金銭的なコストがかかっても、相手の儲けを減らして仕返しをすることを見出して、「利他的な罰」といっている。幸いなことには、何人かの行動経済学者たちが、援助行動のいくつかの様式の底にあるであろう動機に目を向けようとし始めている (たとえば、Fehr & Fischbacher, 2004; Harbaugh, Mayr, & Burghart, 2007; Ribar & Wilhelm, 2002)。

2. 道徳的に行動することとして

利他性についてのこれとは別の用法は、援助的な行為の特定のセット（何らかの善さの基準あるいは道徳性に見合うもの）に焦点をあてるものである。この用法も発達心理学者の間、特に道徳的発達を研究する発達心理学者の間で一般的である（たとえば、Eisenberg, 1986, 1991, 2000; Hoffman, 1987, 1989, 2000）。利他性と道徳性とのつながりは、この2つを自己利益に対して並置させることが基礎になっているように見える（たとえば、Mansbridge, 1990）。自己利益は自分本位と同じものとされることが多いが、それはまた、しばしば不道徳性そのものと考えられている (Campbell, 1975; Wallach & Wallach, 1983)。利他性は自己の利益よりも他者の利益にかかわるものとして定義されるのが一般的である——そして私もそう定義した。もし自己利益が道徳的でなく、利他性が自己利益的でないとすれば、利他性が道徳的であると結論するのが論理的であるように思われるかもしれない。しかしながら、この論理には欠陥がある。自己利益が道徳的でないことと等しいかどうかは別として、——ロールズ (Rawls, 1971) とそれ以外の多くの人びとがこの等式に挑戦してきた——、A（自己利益）がB（道徳）でなく、C（利他性）がAでないということは、CがBであ

ることを意味しない。リンゴはバナナでなく、チェリーがリンゴでないということは、チェリーがバナナであることを意味しない。

私が定義した利他的な動機づけは、道徳的なもの（スコットランド派の哲学者であるデイヴィッド・ヒューム（Hume, 1740/1896）とアダム・スミス（Smith, 1759/1853）が定義したように）、道徳とは無関係なもの（イマニュエル・カント（Kant, 1785/1889）による定義）、不道徳的なもの（エイン・ランド（Rand, 1964）による定義）と考えることができる。これと同様に、助けることの利己的な動機もまた道徳的か道徳と無関係か、あるいは不道徳的であり得るのである。

多くの場合、道徳的な行為はその結果をもとにして判断される。空腹な人に食事を与える、ホームレスの人に家を提供する、おぼれている人を救助する、病んでいる人を慰める。こうした行為は、それを支えている動機と関係なしに、道徳的に善いものと判断されることが多い（そうではないとするのが、Kant, 1785/1889）。こうした善さは、その底にある動機の性質に疑問をいだかせるかもしれない――それはやはり利他的なのであろうか――が、この疑問への答えはここからは出てこない。動機的な概念を道徳的な概念とはっきりと区別しておくためには、私が思うには、道徳的な用語である「自分本位でない」と「自分本位」とを、利他性と利己性との同意語として使うのは避けるのが賢明である。第Ⅲ部で見ることになるが、利他性は必ずしも善いものではない。ときには、自分自身の道徳的原理に反する行為をとらせることができる。

3. 外的報酬よりも内的報酬を得るための援助行動として

利他性のあと2つの用法は、他者のために利する動機づけの問題に向けられている。しかし、利他的な動機づけを利己的な動機づけに代わるものとして扱うのではなく、こうしたアプローチでは、利他性は利己性の特殊な様式として扱われている。社会心理学者の間で一般的である第3のアプローチは、利他性を、自分に利するための一つの手段として他者に利すること――自己利益が外的にもたらされるよりも内的にもたらされる限りで――を含むしかたで定義している。

たとえば、チャルディーニとその同僚ほか（Cialdini, Baumann & Kenrick, 1981; Cialdini, Darby, & Vincent, 1973; Cialdini & Kenrick, 1976）は、大人になるまでに「利他性が…自己報酬として作用するようになる」内在化プロセスについ

て述べている (Cialdini et al., 1981, p. 215)。バー-タルとその同僚 (Bar-Tal, 1976; Bar-Tal, Sharabany, & Raviv, 1982) もまた、利他性について自己報酬——「自己満足の感情と…自尊感情の…高揚」に焦点を当てている (Bar-Tal et al., 1982, p. 387)。彼らにとって利他性とは、(a) 外的な権威への服従ではなく、自己選択的なものとして、(b) 外的な強化ではなく自己強化として、なされる援助行動である。シュワルツとその同僚 (Schwartz, 1977; Schwartz & Howard, 1982) は、利他性を個人的規範によって動機づけられるものとして、それを「自己執行的な制裁と報酬を背景とする、自分自身の内在化された価値から出てくる状況特定的な行動への期待」と定義した (Schwartz & Howard, 1982, p. 329)。グルセック (Grusec, 1981) は利他性を、「他者に対する考慮の発達であり、すでに外的な監視にはよらないもの」と定義した (p. 65)。その代わりに、内在化された価値に依存するとしている (Grusec, 1991 も参照)。スタウブ (Staub, 1978, 1979) もこれと似た、より詳細な見解を示している。

> 向社会的な行為は、物質的あるいは社会的な報酬を手にするためではなく、他者の利益となるようにと意図されていた場合に、利他的と判断できる。しかし、利他的な向社会的行為は、内的な報酬（とこうした報酬の期待）と共感的な強化の経験とが結びついていることが多い。(1987, p. 10)

ここで見た見解のどれをとっても、私が用いている用語の意味での利他性を述べたものではない。というのは、こうした見解では、最終目標がなんらかのかたちの自己利益的なものだからである。その結果として、こうしたやり方でこの用語を使う人びとが提示する「利他性」についての実証的証拠のかなりの部分は、私が定義している利他性が存在するのかという疑問への確たる回答を出せないものとなっている。利他性を例示しているというよりも、これらの証拠は、いくつかの微妙でとらえにくい、物質的でない、他者の利益となるような利己的動機づけの記録として役立つだけである。

4. 苦痛の立会者として生じる不快喚起を低減するためにその相手に利するようにすることとして

最後の選択肢は、利他性を、他者の苦痛に立ち会うことから生じる自分自身の苦痛を低減させるために他者の利益を増すようにする動機づけとするもので

ある。他者の苦痛を低減するように行動することが代理的な個人的苦痛を低下させる欲求によって動機づけられているとするこの考えは、西洋の思想史の中で長い歴史をもっている。それはトーマス・アクィナス（Aquinas, 1270/1917）、トーマス・ホッブス（Hobbes, 1651）、バーナード・マンデヴィル（Mandeville, 1714/1732）、そしてウイリアム・マクドゥーガル（McDougall, 1908）によって表明されている。しかし、これらの思想家の誰一人として、この動機づけが利他的であると考えた人はいなかった。

　この考えのもっともよく知られた現代的な表明は、ジェーン・ピリアヴィンとアーヴィング・ピリアヴィン（Piliavin & Piliavin, 1973）が最初に開発し、後にピリアヴィンたち（Piliavin, Dovidio, Gaertner, & Clark, 1981, 1982; Dovidio, Piliavin, Gaetner Schroeder, & Clark, 1991; Schroeder, Penner, Dovidio, & Piliavin, 1995 も参照）が改定した喚起‐低減モデルである。この著者たちは喚起‐低減モデルを利他性と呼ばずに、注意深く「立会者介入」あるいは「緊急介入」と呼んでいるにもかかわらず、それは他の研究者によって利他的な動機づけの説明としてしばしば用いられてきた（たとえば、Karylowski, 1982）。ピリアヴィンのモデルの中心は次の 2 つの命題に要約される。

　（a）一般的にいって、緊急の出来事をたまたま見たことによってもたらされ、その緊急の出来事に帰属される情動的喚起は、それが増すにつれてより不快なものになり、このことから立会者はそれを低減させるように動機づけられる。

　（b）立会者は、この喚起をより速く、完全に低減させるような反応を選択し、そのプロセスにおいて、正味のコスト（コスト引く報酬）ができるだけ少なくなるようにしようとする（Piliavin, et al., 1982, p. 281）。

　立会者が自分の不快な喚起を低減しようとする一つの方法は、相手の苦痛を和らげる——すなわち援助する——ことである。というのはこうすることで、立会者自身の苦痛の原因となっている刺激を取り去ることができるからである。

　嫌悪‐喚起の低減としての利他性のテーマの別バージョンが、ホーンスタイン（Hornstein, 1976, 1978, 1982）、レイコフスキー（Reykowski, 1982）、それにラーナー（Lerner, 1970）によって提案されている。ホーンスタインは、ある他者が援助を必要としている場合——特に相手が認知的に自己と「彼らに」や「彼らが」ではなく、「われわれに」や「われわれが」として結びついている場合——には、「促進的緊張」の状態を経験するという。この状態は、「ほぼ相手た

ちが自分自身であるかのように、そうした他者の必要（脚注）によって引き起こされるものである」（1982, p. 230, 傍点は原著）。こうした状態が一度引き起こされると、この緊張を低減させるような動機づけが生じる。

> ある環境では、人間は他者を「彼ら」としてではなく、「われわれ」として経験する。このことが起きると、一人の人の苦境がその仲間の緊張の源となるようなつながりができあがる。この緊張の緩和を求める中で、仲間のわれわれ集団を援助することによって、緊張の低下を求める。…他者のために行動することで、自己利益が満足され、緊張も低下する。(Hornstein, 1978, p. 189)

レイコフスキー（1982）は、他者に利するような動機づけの源について、これとは全く別のことを提案しているが、この場合にも自分自身の嫌悪的な緊張状態の低減にかかわっている。「ある対象の現実の状態あるいは可能な状態についての情報と、その通常のあるいは望ましい状態についての基準の間の完全な食い違いは、動機を引き起こすであろう」（p. 361）。このことから、他者の福利についての現在の状態と期待される状態あるいは理想的な状態との間で食い違いが知覚されると、この落ち着きをなくさせる不一致を少なくするような動機づけを経験するであろう。レイコフスキーはこれを「内発的な向社会的動機づけ」と呼んでいる。

ラーナー（1970）の公正世界仮説では、レイコフスキーと同じような見解に到達するが、それはより特定的なものである。ラーナーの示唆するところでは、われわれの大半は公正世界——人びとは自分に値する物を手に入れ、手に入れたものに値する世界——を信じており、罪がないのに苦しむ犠牲者が存在することは、この信念と矛盾している。この矛盾から生じる嫌悪感を低下させるために、われわれはこの犠牲者を助ける——あるいは貶める——だろう。

こうした喚起-低減的なアプローチに従えば、援助者になる可能性のある人の最終目標は、自分自身の不快な喚起あるいは緊張を低下させることである。他者の福利を増進することは、この利己的な目標の道具的な手段であるに過ぎない。ここでは、私の定義したような利他的な動機づけには、誰も触れていな

（注）心身の欠乏状態である need のこと。「要求」という訳が専門家の間では使われているが、本書ではわかりやすさを考えて「必要」にした。ただし、要求状態感情のように、主として生理的な意味で使われているいくつかの場合には、「要求」を用いている。（訳者）

い。

　まとめてみると、生物学、霊長類学、行動経済学、発達心理学、社会心理学——これに加えて人類学、社会学、政治科学——での膨大な文献の大半で、利他性のデータだといっているものはわれわれの役に立ちそうもないものである。こうした文献では、われわれの関心の対象である動機問題に立ち向かうことを目指しているものさえまれである。

共感的配慮が利他的動機づけを作り出す

　こうして「共感的配慮」と「利他的動機づけ」という用語を解明してきたことで、われわれは共感－利他性仮説に戻ることができる。この仮説では、援助を必要としている他者の福利を知覚することから引き起こされ、これと適合する他者指向的な感情（すなわち共感的配慮）が、共感－誘導的な必要が取り除かれることによって、この人の福利が増すことを最終目標とするような動機づけの状態（すなわち利他的な動機づけ）を作り出す。この援助を必要としている相手に共感を感じれば感じるほど、その必要が取り除かれるという動機づけを強くもつようになる。最初に述べたように、この仮説は、共感的配慮だけが利他的な動機づけの唯一の源であるとはいっていない。むしろそれは、共感的配慮は利他的な動機づけの一つの源であって、これ以外の源については議論の余地が残されている。共感－利他性仮説を図にすると図 1.1 のようになる。

共感的配慮 → 利他的動機づけ

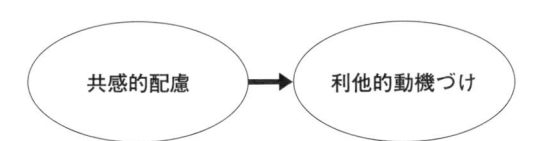

図 1.1　共感－利他性仮説：共感的配慮が利他的動機づけを作り出す

　この簡単な図を見る際には、この図が弱い様式の共感－利他性仮説よりも、その強い様式を描いていることに注意してもらいたい。強い様式では、共感的配慮が利他的な動機づけを作り出すだけでなく、共感によって作り出されるすべての動機づけが利他的なものであることが主張されている。これに対して弱い様式では、共感的配慮はこれ以外の形の動機づけ——すなわち利己的動機づ

けや道徳的動機づけ——も作り出すことが主張されている。ここで強い様式を中心にとり上げるのは、この様式が論理的あるいは心理的に優れているからではなく、第1に、この様式のほうがはっきりした予測が立てやすいこと、第2には、これまでの共感‐利他性仮説を検証するためにデザインされた研究は、この様式についてのものであったことが理由である。

　共感‐利他性仮説の強い様式のように、共感的配慮が利他的動機づけだけを作り出すと主張することは、個人が共感的配慮を感じるのは利他的に動機づけられたときだけであると主張することではない。この個人は、共感とは別の原因から生じた利己的な動機も経験するかもしれない。共感的配慮を作り出すのに、したがって利他的な動機を作り出すのに必要な条件として次章で確認されるような状況は、利己的な動機づけをも作り出しやすいものである。援助を必要としている他者を知覚することは、利他性を作り出す共感的配慮にとっての一つの必要条件である。しかし、この必要の知覚は援助することについての社会的報酬や自己報酬を得ようとする欲求を引き起こすし、これと同じように援助に失敗した場合の社会的・自己的な罰を避けようとする欲求をも引き起こす。共感的配慮によって作り出される利己的動機と利他的動機とは、明らかに違ったもので、それはこのそれぞれが違った最終目標をもっているからだが、しかしこの2つが同時に起きる可能性はある。さらには、こうした動機の間で目標が共有されればそれだけ、その大きさは合計されて大きなものになる。

共感的配慮が利他的動機づけを作り出すのはなぜか

　共感‐利他性仮説は説明的というよりも記述的なものである。それは共感的配慮が利他的な動機づけを作り出すことを述べてはいるが、それがなぜなのかという理由は示してくれない。共感的配慮に導くようになる先行要因を確認することは次章でおこなうが、このことによってなぜ共感的配慮が利他的な動機づけを作り出すのかという疑問にいくらかの光が当てられることになる。さらには、情動と動機、特に目標指向的な動機づけとの間の一般的な関係を考えることから、この問題にさらに光が当てられる。人間はなぜ、共感的情動を含めての情動をもっているのだろうか。この情動はどのような機能（あるいは複数の機能）をもっているのだろうか。私は、情動が（進化的な機能とは別のもの

としての）2つの基本的な機能——情報機能と増幅機能——をもっていると示唆したい（Batson, Shaw, & Oleson, 1992 を参照）。

情動の情報機能

　情動とは一般的にいって、自分の価値づけた状態との関係で何らかの変化が生じたことを経験する際に感じるものである。価値づけた状態というのは、選択可能なものとの関係で選択されたもののことである。価値づけた状態（たとえば、目標の達成）を手にすることができたとすると、幸福が感じられる。入手に失敗する（たとえば、目標の達成に失敗する）と、悲しくなる。特別に価値を置いている状態を手にした場合には、単に幸福を感じるのではなく、大得意になる。この情動と価値づけた状態との関係についていうと、ある出来事についての情動的な反応の質と強さとは、自分がこの出来事に価値を置いているかどうか、またその程度はどのくらいかによって違ったものになる。

　ときには、自分が価値を置いているある状態について、それを意識していなかったり、ごまかされていたりすることがある。ただ幸福だというよりも大得意を感じている場合には、考えていた以上に自分が新しい状態を高く評価していることがわかる（もちろんわれわれは、たとえばドラッグのような別の原因からの喚起を誤って自分の情動的反応に帰属させるという間違いをしでかす場合もある—— Schachter, 1964）。この章の最初に示した例に戻ると、仕事を失ったばかりの友人にあなたが気の毒だという感情をもつのは、あなたがどれくらい友人の福利に価値を置いているかを反映している。自分も不安になったり落ち着かなくなったりしていると知るのは、自分の福利にも価値を置いていることを告げている。これが情動の情報的機能である。（神経生理学との関連をも考慮した情報的機能のより発展した見方に、ダマシオの身体標識仮説がある。Damasio, 1994, 1999, 2003 を参照。これに関係する実証的研究は、Batson, Engel, & Fridell, 1999; Gottfried, O'Doherty, & Dolan, 2003; Naqvi, Shiv, & Bechara 2006; Sanfey, Rilling, Aronson, Nystrom, & Cohen, 2003）。

情動の増幅機能

　多くの情動（その全部ではないが）は、知覚された要求（必要）についての

反応として起きる。要求-状態的な情動には、恐怖・不安・予期・思慕などの感情が含まれる。こうした情動は、われわれが現在の状態と望んでいる状態との間でマイナスの差を知覚した際——価値づけられたある状態が現在の状態ではないか、現在手にしている価値ある状態を失うかも知れないと知覚した場合——に起きる。さらには、情動と動機とは部分的に、同じ生理機能を用いる。つまり、情動を経験することに伴う神経的・身体的システムの多くは、要求（必要）に対応しての有機体の活動にもかかわっている（Buck, 1985; Damasio, 1994, 2003）。この結果、情動の生理学的な喚起要素は、知覚された要求を解消する目標指向的な動機づけの強度を増すことができる。このことからいえるのは、情動が潜在的なエネルギー（潜在的な動機づけ）を運動的なエネルギー（現実の動機づけ）に変えることを助けるということである。これが情動の増幅機能である（Tomkins, 1982 も参照）。（動機づけを増幅させる要求-状態情動は、幸福や悲しみのような価値づけられた状態を手にしたり失ったりする場合に起きる目的-状態情動とは区別すべきである。目的-状態情動は情報的機能を果たすが、目標指向的な動機づけを拡張したりはしない。よりくわしくは9章とBatson, et al., 1992を参照。）

　情動のこうした2つの機能が共感-利他性関係に見出される。第1に、共感的配慮を、援助を必要としている相手の福利の知覚によって引き起こされ、またこの知覚と適合している他者指向的な情動であるとした定義は、この要求-状況な情動の情報機能を反映している。共感的配慮の強さは、他者の福利——特に他者の必要が取り除かれること——に置いている価値の総量についての情報を提供する。第2には、利他性を他者の福利の増加を増すことを最終目標とする動機づけの状態とする定義は、増幅機能を反映している。共感的配慮は、共感を感じている相手についての知覚された必要を解消することを目的とする欲求を活性化させる。つまり、共感的配慮の感情は利他的な動機づけを作り出すのである。

　こうして本書で提案されている共感-利他的関係は、知覚された必要、あるいは観察されたものと望ましいもの（価値づけられたもの）との間のズレによって生じる、情動の一般的な増幅機能の特殊な場合ということができる。利他的な動機づけを作り出す共感的配慮の場合が特殊だというのは、この配慮が他者についてのものであって、自分自身についてのものではないからである。

先行要因と結果

　いまや、共感‐利他性仮説についての視野を広げるときである。第1には、共感的配慮の心理学的な先行要因について考える必要がある。われわれが援助を必要としている他者に何時もいつも共感的配慮を感じているわけではないことははっきりしている。どのような条件下で、そうなるのだろうか。この疑問が2章でとり上げられる。第2に、利他的動機づけを経験したことの心理学的な結果を考えなくてはいけない。利他的な動機づけが何時もいつも他者に利するような行動を導くわけではないことは、すでに指摘したことである。それでは何時そうなるのか。ほかの可能性はないのか。こうした疑問は3章で取り上げる。この点についての答えは、共感的配慮によって引き起こされた動機づけが、共感‐利他性仮説が主張するように、利他的なものかどうかを実証的に検証するための概念的な枠組みを与える。実証的な検証は第Ⅱ部で考察する。

共感的配慮の先行要因 2

　共感‐利他性仮説が主張するように、共感的配慮が利他性を生み出すのだとすれば、共感的配慮を作り出すのは何なのだろうか。1章で述べたランチでの経験を思い返してみよう。あなたが友人に気の毒だという気持ちをもったのは、何が原因だったのだろうか。第1に、彼女は職を失ったばかりで、気持ちが傷つき怖がっていた。第2には、彼女はあなたの親友で、彼女に何が起きるか、彼女がどう感じるかにあなたは気を配っていた。もっと一般的にいうと、日常生活では、次の2つのことが、共感的配慮を感じるのに必要な条件となっていると思われる。(a) 他者を援助を必要としている者として知覚すること (b) 他者の福利を尊重すること。この2つの先行要因の間の関係を図2.1に、掛け算記号をつけて示しておいた。このことは、それぞれの先行要因についてあるレベルが必要なこと、それぞれが閾値を超えた場合には、共感的配慮の大きさはこの2つの先行要因の強さによって決まることが示されている。このようにして、この2つの要因は、ともに共感的配慮への因果関係の通路をなしている。2つの先行要因の相対的な重さとそれぞれの要因の効果が直線的なものか、──よりありそうなことは──それが漸近線に近づくように減速されるのかは、まだ特定されていない。

援助を必要としている者として他者を知覚すること

　1章では、それが正確にどういう意味かをいわずに、援助を必要としている者として他者を知覚する話をした。ここでは、もっと正確な話をすることにしよう。相手のこのような必要を知覚することは、ウエルビーイング（幸福・安寧）の1つあるいはいくつかの次元について、他者の現在の状態とその他者にとって望ましい状態との間にマイナスの差を知覚することにかかわっている。

ウエルビーイングの次元には、身体的な痛み・否定的な感情・不安・ストレス・危険・病気などのないことと、身体的な快・肯定的感情・満足・安全などがあることが含まれている。

ここで話題にしているウエルビーイングにおけるマイナスのズレは、援助を必要としている相手についてのことであって、共感的配慮を感じるこちら側の問題ではない。しかし、ここで問題としている知覚は、共感を感じるこちら側のことであって、援助を必要としている相手のことではない。ときには、自分自身が援助を必要としていると知覚していて、相手はそうではないということがある。こうした相手は共感的配慮を感じることはない――援助を必要としているという間違った知覚自体を援助の必要であると考えたときは別である。これとは別に、自分自身は援助を必要としているとは知覚しておらず、相手がそう知覚をしているということがある。この際の相手は、十分に共感的配慮を感じる可能性がある。

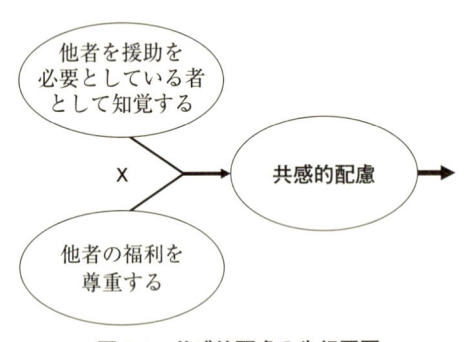

図 2.1 共感的配慮の先行要因

援助の必要の知覚は、2つの状況的要因の閾値関数であるように見える。第1には、現にあることと望ましいこととのズレ（事実上あるいは見かけ上の）に注意しなければならない（Clark & Word, 1972, 1974; Latané & Darley, 1970）。第2には、注意は援助を必要としている相手に向けられるべきであって、自分や環境の別の側面に向けられるべきものではない（Aderman & Berkowitz, 1983; Gibbons & Wicklund, 1982; Mathews & Canon, 1975; Milgram, 1970; Weiner, 1976; Wicklund, 1975）。この条件の双方は、他者の必要を知覚するためには、同時に満たされなくてはならない。

しかしながら、この条件が満たされることは、必要の知覚を保証することに

はならない。これに加えて、認知的・状況的な要因——他の立会者によって間違った状況の解釈が与えられる（「誰もびっくりしていないよ。あの叫び声は苦痛の叫びじゃなくて、遊びだよ」）——が、知覚者に軽視させたり、はっきりした必要のあることを否定させたりすることが起きる（Latané & Darley, 1970）。この追加的な要因は、あいまいな状況での必要の知覚を促進する働きをすることもある。こうした要因の1つは、1章で述べたように、自分自身を他者の立場に置いてみることである。自分が他者の状況に置かれたとしたらと考えて、相手の必要を経験し、それに気づくことになるかもしれない。

相手の必要が知覚されたとして、この知覚の大きさはさまざまであり得る。この大きさは、次の3つの要因の関数であるように思われる。(a) ズレが知覚されるウエルビーイングの次元の数 (b) それぞれのズレの大きさ (c) 援助を求めている人の全体的なウエルビーイングにとっての、こうした次元のそれぞれでの知覚された重要性。

共感的配慮には責任のないことの認知が必要か

ワイナー（Weiner, 1980）とナスバウム（Nussbaum, 2001）はどちらも、相手が援助を必要としていることを知覚するのに加えて、こちらが共感的配慮（同情・憐れみ・思いやり）を感じる前に、相手にはこの必要の原因について責任がないことの知覚も必要であると強く主張している。彼らにとっては、必要の知覚と責任のないことの知覚とは、2つの別々の先行要因である。しかし、ナスバウムが記しているように、われわれは自分が特に気にかけている相手には、たとえその苦難を相手自らがもたらした場合でも、容易に同情を感じる。ナスバウムはこうした事例を、われわれは自分の子どものような相手の場合には、相手が責任をとることができない人生の段階にあると考えると示唆することで、対処しようと試みている。しかし彼女は、われわれが特に気にかけている大人——親友・恋人・配偶者、きょうだい、両親——に、たとえ彼らが自ら苦難をもたらした場合でも、同情を感じる事例を考慮していない。このことを除外するのは、重要な問題と思われる（ジョン・デイ（Deigh, 2004）への回答でナスバウム（2004）は、責任を考えることなしの同情を認めて自分の立場を変えているが、相手がその必要の原因となっていることを知っていても、愛する相手に同情を感じる事例を扱ってはいない。）

ここでは別の分析を提案したい。むしろ必要なのは、2つの先行要因を分けて考えないことで、責任がどう知覚されているかは、われわれの必要の知覚に影響を与えるはずである。一般的にいってわれわれは、自分自身で苦難を背負い込んだ人は、当然の報いを得ていると感じるのではないか。もしそうだとすれば、そしてもしわれわれがまた、人びとは彼らに値するものを手に入れるべきであると信じているとするならば (Lerner, 1970)、彼らの現状についてのわれわれの知覚と彼らにとって望ましいと思う状態との間にはズレはなくなる。この場合には、援助の必要は知覚されない。しかし当然の報いというのは、われわれが気にかけている相手の状態を評価する際に用いる唯一のウエルビーイングの次元ではない。当然さの次元ではズレはなくとも、それ以外の次元でのズレが別の必要の知覚を——そして共感的配慮を——もたらすかもしれないのである。

傷つきやすさ

必要の一様式で、特に注意を向けるべきなのは「傷つきやすさ」である。現にあることと望ましいこととの間に特別に当面はズレがない場合であっても、他の人がこうしたズレをもつ傷つきやすさがあると知覚することはあり得ることで、この場合にはこのこと自体が必要の1つの様式になる。

傷つきやすさの知覚は、他者が相対的に無防備で危険を意識していないと見た場合に、特に起きることである。たとえば、幼い子どもが楽しげに園庭を横切って走っているのを見たり、この子が穏やかにベッドで眠っているのを見たりしたときのあなたの反応を考えてみよう。子犬がこれと同じような状況にあるときのあなたの反応はどうだろうか。ここには当面、明確な必要は見られない。しかし、幼児の——あるいは子犬の——傷つきやすさは、やさしさ・温かさ・思いやりといった共感的感情の引き金となる力をもっている。しかし、傷つきやすさだけでは同情や憐れみの感情の引き金とはならない。こうした後者の共感的な感情には、差し迫った必要の存在が必要なように思われる (Dijker, 2001; Lishner, 2003)。

共感的配慮が援助の必要の知覚を要するという証拠

なにごとも常識に挑戦して、1960年代に何人かの心理学者が、共感的配慮には援助の必要の知覚が必要であることを示す研究を行っている。バーガー（Berger, 1962）は人びとに、相手がある課題をしているのを見させた。人びとは視覚的なシグナルをオンにすると、この相手は電気ショックが与えられる（電気ショック条件）か・与えられない（ショック無し条件）かのいずれかになると信じ込まされている。さらには、この相手は視覚的シグナルで腕をピクッと動かすか（運動条件）か・そうでない（運動なし条件）かである。この実験の参加者全員は、自分自身は実験中にショックを与えられることはないと話されている。

バーガーは、第1に、環境での痛みを伴う刺激（ショック）と苦痛の反応（運動）の双方が、観察者が相手は痛みを経験していると推測する（すなわち援助の必要）のに必要なことであると推論した。彼は第2に、もしこの実験の参加者が、ショックそのものについての恐怖や不安の感情ではなく、相手に共感的配慮を感じていたとすれば、相手が痛みを経験していると推測できたときだけに、相手を見ることで生理的な反応を示すはずであると推論した。このことからバーガーは、ショック／運動条件の参加者だけが生理的喚起の増加を示すであろうが、それは彼らだけがこうした推測ができるからであるとした。これ以外の3つの条件の参加者では、痛みがないと推測するには別の情報が必要である。

結果は予測された通りであった。他者が援助を必要としていると知覚された場合に、共感的配慮が感じられる、そして、ショック／運動条件の参加者はほかの3つの条件の参加者よりも、相手を観察している間に、より生理的喚起（生理的喚起は皮膚電気伝導度で測定された）を示す、という仮説に見合った結果が得られた。バーガーは、共感的な喚起が知覚された必要への反応として起きると結論した。これ以後の研究はこの結論を支持するものになっている（Bandura & Rosenthal, 1966; Craig & Lowery, 1969; Craig & Wood, 1969）。その後にハイギー（Hygge, 1976）は、引き起こされた生理的喚起（ここでも皮膚電気伝導度で測定）が相手が経験させられると信じさせられていることへの反応であって、参加者が相手の状況で自分たちが経験すると予想したことへの反応では

ないという考えを検証し、それを支持する結果を見出している（Lamm et al., 2010 も参照）。

　こうした研究での結果が、プレストンとドゥ-ヴァール（Preston & de Waal, 2002b）の知覚-行為モデル（PAM）のような自動的な運動のマネや共感的情動の神経的反応のマッチングの考えとは合致しないことに、注意することが大切である。こうした研究での生理的反応は、視覚的に知覚されたことへの自動的な反応ではない。これとは違って、この反応は相手の経験についての認知的解釈によるものであることは明らかである。それは必要の知覚への反応なのである。

　バーガー（1962）、ハイギー（1976）、それ以外のいま見たような研究は、他者が援助を必要としていると知覚する際には生理的に反応することを示している。ストットランド（Stotland, 1969）は、次の2つのアイデアを支持するような一連の実験を報告している。(a) この反応は他者指向的な共感的配慮を反映している、(b) 視点取得は共感的配慮を増す力をもっている。ストットランドは実験の参加者たちに、痛みを伴う熱処理療法を経験していると信じている男性の相手を注視させた。この男性がどう感じているか（他者を想像する条件）か、自分がこの男性の立場だったらどう感じるか（自分を想像する条件）かのどちらかで想像することを求められた参加者は、相手の動きを注視するようにいわれた参加者（観察条件）よりも、より多くの生理的喚起（血管収縮と掌部発汗で測定）を示し、より多く情動を感じたと報告した。こうした参加者は、想像条件の参加者で熱処理療法は痛くはないと信じ込まされていた者たちよりも、より多くの生理的喚起を示し、より多くの情動を感じたと報告した。

　1章でした「他者を想像する」視点と「自分を想像する」視点との区別と同じように、視点取得の2つの様式での情動的効果は、生理的測度と自己報告の測度のいずれについても、同じではなかった。相手が受けているのは痛みを伴う熱処理療法だと考えて観察している参加者の中で、「他者を想像する」ように教示を受けた者は、より多くの血管の収縮を示した。ストットランド（1969）は、これは参加者が「この瞬間にモデルが感じていると知覚した感情に反応した」(p. 296) 結果であると解釈している。「自分を想像」させられた参加者は、掌部の発汗がより多く、緊張と神経質の感情をより感じたと報告しているが、ストットランドはこれを、情動反応がより自己指向的で、「モデルの経験とはそれほど結びついていない」(p. 297) と解釈している。こうして、

「他者を想像する」教示は相対的に純粋な共感的感情を引き起こしているように見え、「自分を想像する」教示はより個人的な苦痛を引き起こしているように見える（同様の結果は、Batson, Early, & Salvarani, 1997）。

他者が援助を必要としていると誰が知覚できるのか

必要とされる認知能力

　驚くべきことだが、援助を求めている他者を知覚するのは、おそらくは人間独自のスキルであろう。もしそうだとすれば、そしてもしこの知覚が共感的配慮に必要な先行要因であるとすると、共感的配慮と共感によって誘発された利他性とは、これまた人間独自なものということになる。他者を援助が必要な者として知覚するのに必要な認知能力を考えてみよう。第1には、他者を物理的な対象とは質的に異なったものとしてだけでなく、自分自身を含めて他の生き物とは別の生き物として、見分けなくてはならない。この認識は正常な子どもの生活の最初の1年で起きるようである（Hoffman, 1975, 2000）。これと同じことは人間以外の霊長類の発達の初期に起きるし——おそらくは高等哺乳類の発達でも、同じである（Tomasello, 1999）。

　第2に、他者が価値・目標・感情をもっていることを知ることが欠かせない。トマセロ（Tomasello, 1999）はこのことを、他者を生き物であるだけではなく、意図をもった行動の主体であることを理解することとして語っている。ホフマン（Hoffman, 1987, 2000）は、他者が感情と内的状態をもっていることの意識であるという。ポヴィネリ（Povinelli & Bering, 2002; Povinelli et al., 2000）は、意図の推測を伴った2次的な心的状態であるとした。トマセロ（1999）は、この能力が正常な子どもでは約9～12か月で現れる証拠を示している。ホフマン（2000）はこれより少し遅れて、18～24か月であるという（Bretherton, McNew, & Beeghly-Smith, 1981; Dunn & Kendrick, 1982; Kagan, 2000; Meltzoff, 1995; Thompson, 1987 も参照）。この年齢の範囲内で、赤ん坊は最初に自分が目標・意図・欲求・感情をもっていることを知り始める。それから間もなく、おそらくは人間特有の順応力のために、他の人間を「自分と似ているが、自分とは別の」存在として理解することができるようになり（Tomasello, 1999）——赤ん坊は他者も目標・意図・欲求・感情をもっているのを知り始めるのである。この認識とともに、赤ん坊は他者を単に行動するものとして見るのではなく、目

的をもって行動し、障壁を迂回し、望む目標に達するために別の行動をとったりする存在として見るようになる。(他者の中に欲求や感情を見出すことは、前部島と連合神経細胞皮質にあるフォン・エコノモ神経細胞の発達と関係したことであろう―― Allman, Watson, Tetreault & Hakeem, 2005; Craig, 2005 も参照。) 赤ん坊は最初はこの知覚を拡大して適用し、それを人間だけでなく、オモチャや機械にまで当てはめようとすることが多い。しかし時がたつと、経験が知覚を鋭いものにする。

誰がこの能力をもっているのか

トマセロ (1999) もポヴィネリほか (2000) も、当時の証拠から、意図をもち、意図的な行動主体として他者を見る能力は人間に限られている (おそらくは人間に育てられた霊長類も) と結論している。これ以外の霊長類は、随伴する刺激 - 反応関係を理解し般化する能力と他者の行動を予測する能力 (もしこちらが相手を蹴ったら、相手はおそらくはお返しの蹴りをする) をもっているけれども、チンパンジーであっても内的な媒介過程――感情・欲求・目標・意図――を推測する能力 (相手は蹴られたくはない) は欠けているように見え、このことが、なぜ定められた刺激 - 反応のつながりが起きるのかを説明する。人間はこの2つの能力をもっている。

トマセロ (1999) はさらに、他者を意図的な行動主体として知覚する能力は、文化的学習と文化的進化の基礎であることを示唆している。このことは人間に、次のようなことを可能にする。(a) 他者を観察することで世界の扱い方を学ぶこと (b) 他者から目標指向的な方略を学ぶこと (c) こうした方略を創造的に改変できること (d) 改善されていることを知り、それを保持していくことができること。仮にこうしたことの全部が本当であるとすれば、他者を意図をもった行動主体として認識する能力は、人類にとって本当に偉大な一歩であるといえる。さらには、人間だけがこの能力をもっているとすれば、ここから、他の種ではなくて人間だけが、共感的配慮とそれが作り出す利他的動機づけとを経験できることになる。他者を、価値・目標・欲求・感情を伴い、意識をもつ、意図的な行動の主体として認識することは、ウエルビーイングのいろいろな次元でのズレを知覚するのに必要な条件である。というのは、この認識なしには、他者のウエルビーイングへの関心は成り立たないからである。援助の必要の知覚がないとすれば、共感的配慮もないのである。

ここで論じた能力が人間固有のものであるという主張については、注意深くなるべきである。このような主張は、しばしば誤りであることが証明されてきた。実際、トマセロは最近、チンパンジーには他者を意識をもった、意図的な行動主体であると見る能力を欠いているという主張を引っ込めている（Call & Tomasello, 2008; Tomasello, Call, & Hare, 2003）。もっともポヴィネリはそうではない（Penn, Holyoak & Povinelli, 2008; Povinelli & Vonk, 2003）。トマセロは現在では、食物についての争いのような、自然環境でいつも出会う状況をモデル化した実験では、少なくも人間に育てられたチンパンジーは、目標や意図をもったものとして他者を理解しているという証拠が提供されていると論じている。コールとトマセロ（Call & Tomasello, 2008）は、チンパンジーが行動的な規則（たとえそれが環境 − 随伴的な行動規則であっても）に依存していると論じることでは、新しいデータは説明できないと主張している。

　しかしながら、こうしたデータは、新しい実験におけるチンパンジーが抽象的で随伴的な行為 − 結果関係についての学習した知識を適用しているとすれば、説明できると思われる（「もし彼の前にある食べ物に手を伸ばせば、彼はそれをつかんで食べるだろう。しかし、彼が頭をそらしていれば、こうしたことは起きない。」「行為 A も行為 B も結果 C を生み出すとして、彼女が A を選んだとすれば、A は C を生み出すより良い方法であろう」）。こうした知識を使うことは広い範囲の哺乳類で起きていて、この場合には他者の目標や意図を推測する必要はなく、必要なのは随伴的な行為 − 結果関係についての蓋然的な知識だけである。要するに、より近年の実験データでも、チンパンジーが意図を推測しているということを明確に示した証拠はないのである。人間だけが他者を意図的な行動主体として見るのかどうかという疑問は、依然として解けないままである（Call & Tomasello, 2008; Penn et al., 2008）。

　フランス・ドゥ−ヴァール（de Waal, 1996）は、われわれがある状況で示す行動と同じような行動を他の動物が示したときには、この動物の行動はわれわれと同様な複雑な心理的プロセスの産物であるという考えに反対することは難しいことを示す素的な例をあげている。私自身を含めて多くの愛犬家たちは、イヌの罪悪感のことはよく知っている。シベリアン・ハスキーのマンゴーは、新聞や雑誌、本などを食いちぎってくしゃくしゃにした後で、怒られたり罰を与えられたりはしていないのに、こうした罪悪感を示す。マンゴーの飼い主は、マンゴーがこうした行為が悪いこと、一人ぼっちにされたことの腹いせにこう

した行為をしてしまったことを知っていると考えている。動物行動のコンサルタントであるピーター・ヴォルマー（Vollmer, 1977）は、マンゴーがあたかも腹いせや罪悪感を感じているかのように行動しているにもかかわらず、その行動は学習された随伴性の行為 − 結果関係の産物であることを簡単な例で示している。マンゴーを連れて家の外に出て、ヴォルマーは飼い主に新聞をくしゃくしゃにさせた。マンゴーは家に帰り、飼い主は 15 分間外にいた。飼い主が戻ってきたときに、マンゴーは自分自身がくしゃくしゃにしたときのように、罪悪感を感じたような行動を示した。ヴァールのいい方では、「マンゴーが理解したように見える唯一のことは、事実＋飼い主＝トラブル」（1996, pp. 107-108）だという。ここからわれわれは、行動が状況的な手がかりと学習歴という背景から取り出されたときには、行動のつながりを支えている心理的過程があると誤解してしまいがちになる（Sapolsky, 2010 には別の素的な例がある）。

　ここでの目的からすると、人間以外の種が意図を推測するのか、あるいは単に随伴性の行為 − 結果関係の知識を用いて、あたかも意図を推測しているかのように行動しているだけなのかという現に行われている論争は、次のような問題点を提起している。それは、共感的配慮と利他性についての証拠を手に入れるには、他者の苦痛の叫びへのある動物の反応（たとえそれがこの叫びを止める意図をもった反応であっても）を観察するだけでは十分ではないということである。他者の苦境が不快な刺激あるいは危険への条件づけの手がかり以上のものであることの証拠を手に入れなくてはならない。このことは、1 章で述べたハツカネズミ・ネズミ・サルなどに「利他性」の証拠があると主張する研究で見られたことであるし（Langford, Crager, Shehzad, Smith, Sotocinal, Levenstadt, Chanda, Levitin, & Mogil, 2006 も参照）、一頭のチンパンジーが争いの敗者を慰めることを示した研究（de Waal, 1996, 2008; Romero, Castellanos, & de Waal, 2010）、他者が食物を手にするのを助けるとした研究（Warneken, Hare, Melis, Hanus, & Tomasello, 2007, 実験3）も同様である。こうした場合には、必要の知覚、他者指向的な情動、必要を満足させるような目標指向的な欲求が必要である。

霊長類・ゾウ・イルカ・イヌではどうか
　何人かの霊長類学者は、少なくも人間以外の霊長類の一部で、他者の感情や意図についての感受性の存在の証拠——そして共感と利他性の証拠——があると信じている（de Waal, 1996, 2008, 2009; de Waal, Leimgruber, & Greenberg, 2008;

Goodall, 1990; Kohler, 1927; Povinelli, 1993; Preston & de Waal, 2002a; これと反対の証拠は、Brosnan, Silk, Henrich, Mareno, Lambeth, & Schapiro, 2009; Jensen, Hare, Call, & Tomasello, 2006; Povinelli & Bering, 2002; Povinelli et al., 2000; Silk, Brosnan, Vonk, Henrich, Povinelli, Richardson, Lambeth, Mascaro, & Schapiro, 2005; Vonk, Brosnan, Silk, Henrich, Richardson, Lambeth, Schapiro, & Povinelli, 2008; Warneken, & Tomasello, 2006 Warneken et al., 2007 も参照)。ほかの専門家がゾウについて同様の主張をしている（Bates et al., 2008; de Waal, 1996; Moss, 2000; Poole, 1997)。イルカとクジラについて同様の主張がある（Caldwell & Caldwell, 1966; Connor & Norris, 1982; Hindley, 1985; McIntyre, 1974; Trivers, 1985, pp. 382-386. しかし、Wilson, 1975, pp. 474-475 も参照）。偉大な愛犬家であったダーウイン（Darwin, 1871, p. 104）は、傷ついた主人や病気のイヌの友だちの顔をやさしくなめるときに、この感受性を見ることができたと考えている（しかし、Macpherson & Roberts, 2006 を参照）。

そうは言っても、現にある証拠を注意深く調べてみると、援助を必要としている他者への人間以外の動物の反応のもっとも感動的で興味深い例であっても、他者が援助を必要としているという意識――共感的情動と利他的な動機づけはもちろん――と同じものを示し得ていないことは明らかである。有名な1996年のビンティ・ジュア（シカゴ郊外のブルックフィールド動物園の8歳の雌のゴリラ）の事例を考えてみよう。彼女は、霊長類の囲いに落ちて意識を失った3歳の男の子を救い出し、やさしく抱えて、無傷のままに動物園のスタッフに手渡した。ジョアン・シルク（Silk, 2009）の説明では、

> 何人かは、この出来事を、ビンティ・ジュアが、この子どもの福利についての憐れみと配慮によって動機づけられていると論じて、類人猿の共感と同情の証拠として引用している（Preston & de Waal, 2002)。しかしながら、これとは別の事実を考えに入れる必要がある。ビンティ・ジュアは、自分の母親から拒絶された後で、人間の手によって育てられた。ビンティ・ジュア自身が子どもを無視してしまう母親になることを心配して、動物園のスタッフはオペラント訓練法を用いて、適切な母親としてのスキルの発達をうながした。彼女が訓練を受けたことの一つに、人形に似た対象を取ってきて、動物園の担当者が点検できるように、それを囲いの前面に持ってくるというのがあった。(pp. 275-276)

ビンティ・ジュアは、子どもの必要とそれ見合った行為とを知覚していたのだろうか。あるいはそれは、自分の子どもが生まれるのに先だって受けた訓練から般化した反応だったのだろうか。われわれがこのことについて知っているとは思えない。マンゴーについて見たように、状況的な手がかりや学習の歴史の文脈から切り離されたエピソードは、容易に読み違えられてしまう。

　文脈について多くを知らない場合に、必要を知覚する条件（すなわち、意識をもち意図的な、欲求と感情を伴った行動主体として他者を理解すること）を満足させるように見える人間以外の動物の例はたくさんある。ドゥ・ヴァール (de Waal, 2008) が「目標的な援助行動」と呼んだのがそれである。ドゥ・ヴァール (1996, p. 83) の示した1つの例は、オットー・アダンによる2頭のチンパンジーのクロムとジャッキー（アーンヘム動物園）についての興味深い観察である。クロムは年長の雌で、水を入れたゴム・タイヤを、10分間も引いたり押したりしていた。このタイヤは、登り枠から伸びた水平な丸太の上に吊り下げられている。残念なことには、水の入ったタイヤの前面には6本の重いタイヤがぶら下がっていて、クロムの、丸太から水の入ったタイヤを外す仕事は一向に進まない。7歳の雄のジャッキーはクロムが年下の者として目をかけてきた相手だが、クロムのタイヤとの格闘が失敗し、最後にはあきらめてしまうのを見ている。クロムが去ってしまうとジャッキーがやってきて、タイヤを一つ一つ丸太から外して、それを水の入ったタイヤを取り出せるようになるまでつづける。ジャッキーはそのタイヤをまっすぐにクロムのところへ運んできて、クロムは手で水をすくって飲み始める。ジャッキーの行動は、クロムの必要を知覚して（すなわち、ジャッキーはクロムが水をほしがっているのにそれを手にしていないことを知っている）、その必要に見合った行動をしたと考えないと、説明がつかない。

　2番目の例は、年老いて経験を積んだオスのピグミー・チンパンジーのカコウエットが、必要の予測ができたことを示唆している。サン・ディエゴ動物園のピグミー・チンパンジーの囲いをめぐる堀は、清掃のため定期的に空にされる。ある日、番人が気づかないうちに、何頭かのチンパンジーが空堀に入り込み、出られなくなってしまった。堀を水で満たすために、番人がバルブを開けようとしたときに、カコウエットが窓のところに来て叫び声をあげたり腕を振ったりして番人に警告し、惨事を避けようとした (de Waal, 2006, p. 71)。

　こうした例は確かに興味深く示唆的ではあるが、われわれには文脈の知識が

欠けているために、チンパンジーやピグミー・チンパンジー、あるいはそのほかの種が、この2つの例で他者の必要を知覚する条件を満足させていると主張することに大きなウエイトを置くのは、おそらくは賢明ではないであろう。あるいはこれ以外に引用するに足る例があるかもしれない。傷ついたり病気になったりした群れのメンバーを助ける努力をしたゾウ（Moss, 2000; Poole, 1997）、群れの仲間や人間でさえも、守ったり救ったりするイルカやクジラ（Caldwell, & Caldwell, 1966; Connor & Norris, 1982）の例がある。現在のところ、こうした主張を確認するのに十分な実験的な証拠は得られていない。いま言える最小限のことは、この重要な可能性についての判断は差し控えておくのが賢明だろうということである。幸いなことには、われわれは人間の利他性の分析に先立って、人間以外の援助の必要の知覚の問題に片をつける必要はない。正常な人間の子どもの大半が2歳の年齢で、必要を知覚できることについてはほとんど疑いがない。子どもたちは、他者が意識をもち、目標指向的であることを理解している。このことができないことが自閉症の中心的な特徴であると考えられている（Allman et al., 2005, Gillberg, 1992; Klin, 2000; Tomasello, 1999）。

他者の福利を尊重する

　トマセロが確認した2つの能力、すなわち(a) 他者を独自な、生活体として認識すること(b) 他者を意識をもち、意図的な行動主体として認識することの2つが、他者を援助を必要としている（ウエルビーイングの一つあるいは複数の次元での欠損がある）者として知覚することを可能にする。しかし共感的配慮を感じるには、さらに必要なことがあり、それは他者が援助を必要としているかどうか、またこの必要が他者の生活にどんな影響を与えているのかについて、注意を向けることである。正常な人間では、1歳から3歳の間で、他者の福利に価値を置く能力が出てくることが明らかになっている（Hoffman, 1975, 2000; Rheingold, 1982; Thompson, 1987; Zahn-Waxler, Radke-Yarrow, & King, 1979; Zahn-Waxler, Radke-Yarrow, Wagner, & Chapman, 1992）。この点で発達に失敗した場合には、精神病質や社会病質を問題にすることになる（Anderson, Bechara, Damasio, Tranel, & Damasio, 1999; Damasio, 1994. なお、Blair, 2004, 2007 も参照）。

他者の福利を尊重しなければならないのはなぜだろうか（特に相手が血縁でない場合にも）。こうした相手の福利の尊重は、自然選択の原理に反することではないのか。それは、合理的選択理論の中心的な原理である自分自身の福利を排他的に守ることへの関心——ナンバー・ワンになることを意識した——ではないのか。われわれは、他者の福利を尊重するように導くのは何かを、より詳細に考察してみる必要がある。

　すべての人間生活を、さらには全人類の福利を尊重するといったリップ・サービスはよく聞かれることである（Monroe, 1996）。しかしわれわれの多くは、別々の個人の福利に別々の価値を置いている。ある相手の福利にきわめて高い価値を置くかと思うと、ある相手の福利にはまったくわずかの価値しか置かず、ときにはまったく価値を認めない。競争相手のような相手には、その福利についてマイナスの価値を与えさえするのである。

　援助を必要としていると知覚した相手の福利に価値を置いていない場合には、この必要によってこの相手がどんな影響を受けているかを考えることは、相手の行動を統制する手段としてこのことを考える場合を除いては、ほとんどなくなる。このときには知覚された必要は、共感的配慮——それ以外のどんな情動でも——を感じることの基礎とはならない。われわれは他者の必要が何であるかを理解はするが、それを気にはしない。これは冷静な指向あるいは客観的指向と呼ばれるべきものであろう。

　相手の福利に否定的な価値を置いている場合には（この場合にはその相手が嫌いだったり競争相手だったりするだろう）、その相手が援助を必要としていると知覚することは、他者指向的な感情（共感的配慮と呼んでいる感情と適合する感情）とは全く別の感情が生まれることになる。この相手の苦難にわれわれは快を感じるし、シャーデンフロイデと呼ばれる意地の悪い喜びさえ感じることになる（James, 1890; Lanzetta & Englis, 1989; Singer, Seymour, O'Doherty, Stephan, Dolan, & Frith, 2006; Zillmann & Cantor, 1977）。この場合には、相手の置かれた状況についてのその相手の欲求や感情をきちんと意識してはいるが、このことについての他者指向的な価値評価はしないのである。その代わりに、この相手の福利についてのわれわれの評価は正反対なものになる。これは敵意的指向と呼ばれるべきものであろう。

　相手の福利に肯定的な価値を置いている場合には、その相手が自分の生活でこの出来事によってどんな影響を受けているのかを考えるであろうし、こうし

た出来事について他者指向的な価値評価をするであろう。他者指向的な価値評価とは、他者の福利（ウエルビーイング）の知覚と適合する評価のことである。肯定的な価値は、この相手に快、満足、安全、安心などをもたらすと考えられる出来事に置かれた価値のことであり、否定的な価値は、相手に痛み、悲しみ、不満足、危険、落胆などをもたらすと考えられる出来事に置かれた価値のことである。こうした価値づけは、われわれ自身の福利に影響する出来事へのわれわれの反応と同じように、相手の福利に影響を与える出来事に対して生きいきとした反応を作り出すだけでなく、警戒心をも作り出す。われわれは自然に、相手の視点を取り、こうした出来事について相手がどう考え・感じているかを想像するようになる。こうして相手の福利は、われわれ自身の価値構造の一部となるのである。これは同情的指向と呼ばれるものであろう。

価値づけの代わりに類似性ではいけないのか

　他者の福利に価値を置くことが共感的配慮の基本的な先行要因であると、すべての人が考えているわけではない。多くの人びとが、その代わりに知覚された類似性を中心に考えている。たとえばナスバウム（Nussbaum, 2001）は、アリストテレスの『修辞論』（Aristotle, 1932）での憐れみの分析にふれている。彼女の示唆するところでは、アリストテレスにとっては、自分の可能性が援助を必要としている相手の可能性と似ているという知覚者の信念が、憐れみを経験することの必要条件であるという。アリストテレスの議論は、同じ苦境についての自分自身の傷つきやすさが、他者の苦境の現実を評価する（すなわち、必要を知覚する）のに欠かせないとされる。（心理学者の間で見られるこれと似た見解は、Davis, 1994, pp. 13-15; Gruen & Mendelsohn, 1986; Houston, 1990 を参照）。しかしナスバウムはアリストテレスから離れて、知覚された類似性は重要であるが、それは自分自身の傷つきやすさを認識することが、他者の苦境を明らかなものにし、可能性として、自分の価値構造と適合しているためであると論じている。こうしてナスバウムは、価値づけがより重要であるとしている。類似性は必ずしも必要ではないが、このことが他者の苦境について知りそれに気を配る可能性を増すのかもしれない（特に Nussbaum, 2001 の 6 章を参照）。

　ここでは私の分析はナスバウム（2001）と同じであって、類似性は必要であるとは考えない。他者が意識をもつと考えられているとすれば、他者を援助を

必要としていると知覚し、他者の福利を尊重することが、知覚する側が他者の苦境の現実を評価し、共感的配慮を感じることの十分条件であることになる。閉ざされた空間で恐怖や不安を感じない人であっても、自分が心にかけている（尊重している）閉所恐怖症の相手のことを感じることができる。この相手の不快感や苦痛についてのこちら側の意識（必要の知覚）は、同情や憐れみの強い共感的な感情を引き起こすに十分なものである。

　私が共感的配慮の先行要因としての知覚された類似性の重要性に疑問を投げかけるのは、驚きかもしれない。結局のところ、私やそのほかの人びとは、実験への参加者に共感的配慮を引き起こすのに、知覚された類似性を実験的に操作してきている（たとえば、Batson, Duncan, Ackerman, Buckley, & Birch, 1981; Krebs, 1975; Stotland, 1969）。しかしながら実証的な証拠をくわしく見てみると、共感的配慮についてのこのような類似性の操作の効果は、知覚された類似性そのものによるのではなく、好み（これが他者の福利への価値づけに反映される）のような知覚された類似性の結果によるということが示唆される（Batson, Lishner, Cook, & Sawyer, 2005; Batson, Turk, Shaw, & Klein, 1995; Lishner, 2003）。たとえば、バトソンとタークほか（Batson, Turk et al., 1995, 実験1と2）では、類似性の実験的な操作は仲間の福利の価値づけを増すことが見出されている。彼らはまた、仲間が援助を必要としている場合には、共感的配慮の感情は、知覚された類似性よりも、この増加した価値づけと結びついていることを見出した。

　これまでで共感的配慮に類似性が与える効果をもっとも直接に検証した研究の中で、バトソンとリシュナーほか（2005）は、女子の学部学生が、大変な脚のケガでリハビリを受けている40歳の洋服屋の事務員に対して、同じリハビリを受けている同じ大学の女子学生に対してよりも、より多くの共感的配慮の感情を報告していることを見出している。このことは、女子大生たちが事務員よりもこの学生のほうが自分自身に似ていると考えているにもかかわらず、そうなのである。類似性の効果を検証した2番目の研究で、より極端な検証がバトソンとリシュナーほか（2005）によって行われている。この結果では、同じリハビリを受けている子どもやイヌへの共感的配慮が、この場合にも実験の参加者は大学生を自分自身により類似したものと考えていたにもかかわらず、同じリハビリを受けている大学生についてよりも、有意に多かったことを見出している。（類似性は共感的配慮を促進するが、その必要条件ではないことを示した別の証拠は、Batson, Sympson, Hindman, Decruz, Todd, Weeks, Jennings, & Burris, 1996;

Hodges, 2005; Hodges, Kiel, Kramer, Veach, & Villanueva, 2010; Hygge, 1976 を参照)。

視点取得ではいけないのか

　私が視点取得よりも他者の福利の尊重を重視するのは、さらに驚きかもしれない。実験室での研究では、視点取得が共感的配慮を増すことができるという多くの証拠があり(たとえば、Coke et al., 1978; Stotland, 1969; Toi & Batson, 1982)、クジラへの配慮についてさえこのことが証明されている(Shelton & Rogers, 1981)。そしてまた、行動の自然の流れでは、自己教示(たとえば、「彼女が何をやり遂げようとしているか、想像してみよう!」)を含めての視点取得の教示によって、共感は増す可能性がある。そうだとすると、価値づけではなく視点取得が、より基本的な構成概念であるように思われる。私は長いこと、その通りだと考えていた。共感−利他性仮説の議論では、(a)他者を援助を必要としていると認知すること(b)他者の視点を採用することを共感的配慮の2つの先行要因と考えてきた(Batson, 1987, 1991; Batson & Shaw, 1991a)。今回の公式化では、これは明らかに違う。なぜこうした変化が生じたのか。

　それには3つの理由がある。第1は、他者の視点を採用しても——他者が置かれた状況(援助の必要を伴う状況を含めて)でどう考え、どう感じているかを能動的に想像できる——、依然として相対的にわずかの共感しか感じないことがあることが、現在では明らかになっていることがある。このことは、他者の福利に価値を置かなかったり、否定的な価値を認めたりした場合や、他者に対して冷静な、あるいは敵意的な指向をもった場合に起こり得ることである。たとえば、バトソンとポリカーポウほか(Batson, Polycarpou, Harmon-Jones, Imhoff, Mitchener, Bednar, Klein, & Highberger, 1997)は、死刑判決を受けた確信的な殺人犯の視点を取るよう導かれた参加者は、死刑囚の視点を取るように導かれなかった参加者にくらべて、より多くの共感的配慮を報告したが、参加者が援助を必要としている未知の人の視点を取った研究で典型的に報告されるよりも、ずっとわずかの共感しか報告しないことを見出した。バトソンとエクランドほか(Batson, Eklund, Chermok, Hoyt, & Ortiz, 2007)は、クルマをぶつけられた若者について、この若者の福利を高く価値づけるよう導かれた参加者よりも、それを低く価値づけるよう導かれた参加者のほうが、少ない共感的配慮の感情を報告することを見出している。この価値づけの効果は、この若者の視点

を取った者についても見られている。

　第2に現在では、他者の視点を取るように教示されなくとも、援助を必要としている相手に共感的配慮を感じることができることが明らかになっている。大半の人びとは、反感をもっている場合は別として、自然に他の人びと——まったく未知の人であっても——の福利に適度の価値を置いている。もちろん精神病質者はこの規則のはっきりした例外であるが、こうした人びとは人口の小さな比率しか占めていない。この適度の価値づけの結果、研究の参加者が視点取得の教示を与えられていない場合に、未知の相手を汚点のない正当な必要をもつ者と教えられると、他者の視点を取るような教示を与えられた参加者の報告よりも、わずか下のレベルの共感的配慮を報告するのが一般的である（Batson, Eklund et al., 2007）。こうした状況では、他者の視点を取ることで共感的配慮が増すという言い方よりも、客観的な視点を取ることで共感的配慮が減少するという言い方のほうが、正確であるように思われる。冷静な指向ではなく、適度の同情的指向が責任を果たさないように見える。

　第3に、バトソンとタークほか（Batson, Turk et al., 1995, 実験4）では、参加者が援助を必要としている人に共感的配慮を感じていると（間違った生理的フィードバックによって）教えられた場合には、その人の福利についての価値づけが増すことが見出されている。1章の終わりで概観した価値と情動の結びつきと同じく、ここでの参加者は、自分の共感的な情動についての意識から価値づけへと、後戻りの推測をしているように見え（「彼女に共感的配慮を感じているのならば、彼女の福利を高く評価しなくては」）、このことは参加者たちが価値づけが共感に欠かせないと考えていることを示している。重要なことは、必要が満たされてしまうと、共感的配慮は姿を消してしまうが、価値づけは依然として残ることであり、これは価値づけの持続的な性質を反映している。

　こうした3つの理由で、(a) 他者を援助を必要としているものとして知覚すること (b) 他者の福利を尊重することが、共感的配慮の2つのカギとなる先行要因であると考えるのが、いまの段階ではベストであると思う。毎日の生活の流れの中では、視点取得は他者の福利の尊重を受けての後続部分であり、図2.1の価値づけから必要の知覚との合流点に至る斜めの線上にある。この示唆を支持するように、バトソンとエクルンドほか（2007, 実験2）は、他者の福利を尊重することが増せば、自動的に他者を想像する視点を取るようになり、その結果として共感的配慮が増すようになることを見出している。

視点取得が後続部分であるという位置づけは、なぜ視点取得が援助を必要としている相手への共感的配慮を効果的に生み出せるのかを説明してくれる。事前の価値づけがない場合でさえも、視点取得は価値づけの方向を活性化する。共感を導くのに視点取得の教示を用いることは、価値づけに頼るよりも、通常は良い研究方略であるのは確かである。他者の福利を尊重するのは、親密で持続的な関係（たとえば、家族関係や友人関係）で起きやすいことである。というのは、こうした関係は進行しているものであり、過去と未来を持つことから、そこからは共感的配慮から生まれたのではない多くの動機が出てくる。他者に利するように動機づけられるのは、過去の利益に報いるためであったり、将来のお返しを促すためであったり、さらには責任のある立場にいることを予想してであったりする。こうした後から加わった動機の存在は、共感が作り出す動機づけの性質——利他的か利己的か——を決めることをわかり難いものにする。

　こうした動機づけの混乱があるので、実験室で共感的配慮を導くには、価値づけよりも視点取得の教示を用いるほうが適切であるように思われる。それと同時に、実験室の外の生活では、共感的配慮を導くのにこうした教示は必ずしも必要ではないことを知っておくことが大切である。他者の福利を尊重することが同情的な指向を作り出すが、このことには当然のことながら、他者が出来事についてどう考え、感じているかを想像すること——視点取得——が伴っていて、これには知覚された必要が伴い、結果として共感的配慮が引き起こされることになる。

内発的な価値づけ、外発的な価値づけでなく

　共感的配慮を引き起こす他者の福利の価値づけのタイプは、外発的あるいは道具的価値づけではなく、内発的あるいは最終的価値づけと呼ばれてきたものである（Rokeach, 1973）。他者は、彼が提供できるものの故に価値があるとされるのではなく、彼自身として尊重される。

　他者を知覚する際に、相手の必要の状態に外発的に価値を置いている場合には、懸念、不安、恐怖、悲しみなどを感じることができるが、こうした情動は自己指向的なもの——他者の窮状がわれわれ自身の福利についてもつかかわりから出てくる——でありがちである。木曜にはできるといっていたクルマの整備工がカゼをひいて、金曜まではだめだと聞いた時には、頭にきてしまうかも

しれない。しかし自分が正直だとすれば、頭にきたのはほぼ完全に（たとえ完全にではなくとも）自分のクルマを手にするのが遅れることについてであると認めるだろう。そして、整備工が経験している不快感と困難さはほとんど考えない——そしてほとんど感じない——だろう。

　これとは対照的に、自分が内発的に価値を置いている相手が病気になった場合には、その人への同情、憐れみ、不安、悲しみなどが引き起こされるだろう。他者の福利が自分自身の価値構造に組み込まれているために、この状況から相手がどういう影響を受けているのかを想像して——自発的な視点取得——、共感的配慮を感じることになる。情動的な反応を引き起こしたのは、自分自身についての脅威ではなく、相手の福利についての脅威である。

　こうしたことはもちろん、他者の福利を内発的に価値づけることができるということを前提としている。われわれが他者（たとえきわめて親密な相手であっても）の福利を外発的に価値づけられることについては、あまり疑問の余地はない。母親が病気になって幼い子の気持ちが混乱しているのは、この子自身の福利に影響が及ぶためであるかもしれない（Knafo, Zahn-Waxler, Van Hulle, Robinson, & Rhee, 2008; Zahn-Waxler, Radke-Yarrow et al., 1992）。配偶者が病気になったり傷ついたりすれば、大人でも同じであろう。他者についての外発的価値づけは、密接な関係の相互依存的理論の分析の基礎にあり、この分析はそれぞれの個人は、相手が自分自身のウエルビーイングにとって必要な程度に応じてこの関係を評価すると仮定している（Berscheid, 1983; Kelley, 1979）。

　われわれは果たして他者の福利を内発的に価値づけられるのだろうか。それはできると考える理由がある。第1に、外発的な価値づけと内発的な価値づけとは、相互に排他的なものではないということに注目することが重要である。かつては外発的に価値づけられたものが、時間の経過とともに、機能的に自律し、それ自身として価値づけられたものとなる（Allport, 1937）。このことは、外発的な価値づけの知覚が内発的な価値づけの知覚を弱めてしまうということはあるにせよ、本当のことである。（こうした知覚の弱体化を反映して、整備工がカゼを引いたと聞いたとき、私のクルマが工場に入っていなかったならば、おそらく整備工により多くの共感的配慮の感情をもっただろう——Aronson & Carlsmith, 1963; Lepper, 1983 を参照）。別の用語を使えば、ここで他者の福利についての内発的価値づけと呼んでいるのは、思いやり、愛情を示すこと、親密であることである。

他者に高い価値を置いたり、気遣ったり、愛したりする場合——たとえば、母親が自分の子どもを愛する場合——には、長引く別離は心痛や悲しみの感情が、再会には温かさと喜びの感情が引き起こされやすい。知覚された類似性・親近性・魅力などのような認知的過程は、愛情に影響を与える力をもっている。しかしながら、その基本的な性格は、感情的で評価的であるように思われる。これと関連している、より一般的な概念である態度や情緒と同じように、愛情は相手に対する相対的に持続する価値を伴っているが、そうはいっても、愛情にも終わりがあることはいうまでもない。愛情は情動であると考えられることが多いが、愛情は価値づけの一様式と考えたほうが適切であろう。愛する人の福利への脅威は、共感的配慮を含めての広い範囲の情動を引き起こすのである。

他者の福利の尊重と共感的配慮とを親の養育性と結びつける

　親が子どもに価値を置いて気遣うのには、遺伝的な基礎があることは確かであろう（Bell, 2001; Bowlby, 1969; Hoffman, 1981a）。これほど確かではないが興味深いのは、子どもについて親が気遣うことの遺伝的基礎が、他者の福利を内発的に尊重すること、そして人間の共感によって誘発された利他性のすべての生物学的基層であろうということである。

　今日では、親の養育性が共感によって誘発された利他性の進化的な起源であるということはほとんど注目されていないが、一世紀前には繰り返し言及されていた。当時、心理学者はダーウイン（Darwin, 1871）の影響を強く受けていたが、彼は親と子の間の感情の基礎とする内発的な愛情について述べ、それを「重要な情動である同情のすべて」（p. 308）と結びつけた。親の養育性が共感的配慮と利他的動機づけとの源であるという示唆は、心理学の外で霊長類学者のフランス・ドゥ・ヴァール（de Waal, 1996）と哲学者のエリオット・ソーバー、それに生物学者の D. S. ウイルソン（Wilson, 1998）によって、最近もう一度問題にされている。

　やさしさと憐れみの感情は、それが見知らぬ人についてのものであっても、哺乳類の親が傷つきやすく、依存的な子どもに気遣いを示す強力な衝動に基礎があるといえるのだろうか。哺乳類の親が幼い子の福利に関心——絶えることないケンカ、疲労困憊、個人的な安全についてのリスクさえ我慢するほどの関

心——をもたないとしたら、こうした種は早々に死に絶えてしまうことは確かなように思われる（Bartels & Zeki, 2004; Bell, 2001; Hoffman, 1981a; MacLean, 1990; Taylor, 2002; Zahn-Waxler & Rade-Yarrow, 1990 も参照）。

マクドゥーガルの親本能とやさしさの情動

ウイリアム・マクドゥーガル（McDougall, 1908）は、親の養育性が共感によって誘発された利他性（相手が未知の人であっても）の基礎であるとする、現在までのところもっとも組織的な議論を展開している。彼は「親本能」について述べ、これを本能全体の中でもっとも強力であるとし、「やさしさの情動」と結びついているとしている。マクドゥーガルは本能を自動的で反射的な反応とは考えていない。彼にとっては、すべての本能は認知的・感情的・動機づけ的な要因をもっている。認知的・動機づけ的な要因は経験と学習によって変化させられるが、感情要因はそうではない。この感情的要因が本能の性格を規定している。やさしさの情動が、親本能の性格を規定している。マクドゥーガル（1908）によれば、この本能は、

> 基本的には子どもに身体的な保護を（特に腕で子どもを抱くことで）与える。そして、この基本的な衝動は、その適用される範囲が果てしもなく拡張されても、頑張りつづける。…やさしさの情動と保護的な衝動とは、自分自身の子どもに対して即時に、強力に引き起こされる準備ができていることは疑いがない。というのは、自分の子どもについて、強力に組織化された複雑な感情がわき起こるからである。しかし、どの子どもの苦痛に対しても、この本能が強い者のなかに、この反応がきわめて強く喚起される。…これと同じ種類の本能の拡張がなされ、どんな幼い動物を見ても、特に苦痛を感じているのを見ると、この情動が引き起こされることになる。…これと同じように方向づけられたやり方で、（敵対的感情を抱いていない）どの大人の苦痛にも、この情動が引き起こされる。(pp. 61–63)

マクドゥーガルのやさしさの情動は、明らかにここで用いてきた用語でいう共感的なものである。そして、共感‐利他性仮説と一致して、マクドゥーガルはやさしさの情動によって引き起こされた動機づけは利他的なものであると確

信していた。

> 育てたり保護したりするこの情動とその衝動から、寛容さ、感謝、愛情、憐れみ、本当の博愛心、そしてあらゆる種類の利他的行為が生み出される。この中に、これらの主要な、本当に基本的なルーツがあり、それなしにはこれらはあり得ないであろう。(McDougall, 1908, p. 61)

こうしてマクドゥーガルにとっては、やさしい共感的な感情と利他的な動機づけとが、人間の親本能のカギとなる要因であり、それはよその子どもに般化されるだけでなく、援助を必要としている大人にも般化される。

こうしたアイデアを受け入れるのに、急ぎすぎてはいけない。多くの哺乳類は、やさしさと共感的な感情に必要な、前部前頭葉の皮質構造と認知能力とを欠いている。そうであるのに、こうした種は親としての気遣いを示している。マクドゥーガルにとっては、人間の親としての養育性は、(a) 他者の内的状態についての推測 (b) 必要の知覚 (c) 内発的な価値づけ (d) 共感的配慮、(e) 利他的な動機づけ を含んでいる。マクドゥーガルが正しいとすると、人間の親本能は看護、他の種類の食物の提供、保護、若者の扶養など——人間以外の哺乳類の大半における親の気遣いを特徴づけている活動——を越えて広がっていくと考えられる。そこには、子どもの欲求や感情についての推測を基礎にした子どもへの感情が含まれている(「お腹すいて泣いてるの、それともオシメかな」、「この子は花火が好きじゃないの。音が大きすぎるのね」)。ここにはまた、自分と他者についての独自性と、おそらくは非類似性についての明確な認知が含まれている。親は子どもの必要が、親の必要とはまったく別のものかもしれないことを知らなければならない。また、必要を処理する子どもの能力が、親のそれとは大変に違っている可能性も知らなくてはならない。

人間がその親本能の中心的部分を先祖から受け継いできたことは疑いのないところで、人間以外の哺乳類とそれを共有している。しかし人間では、この本能はより自動的でない、より順応性のあるものとなっている。やさしさの情動（共感的配慮）を基礎にした親の気遣いは、より原始的で変化のきかない刺激－反応の回路と置き換えられたものではない。親の気遣いはこうした回路を補い、そこで必要とされた柔軟性を増してきたのである (Bell, 2001; Damasio, 2002; MacLean, 1990; Sober, 1991; Sober & Wilson, 1998; Taylor, 2002; Zahn-Waxler & Radke-

Yarrow, 1990)。

　親本能の基礎にやさしさの情動を置くマクドゥーガルの考えは、愛着理論の研究者たちが「養育行動システム」と呼ぶものを、動物行動学的に基礎づけしようとする立場とはまったく違っている。こうした動物行動学的な視点のために、愛着理論の立場では、養育行動を、先を見越した、認知的に可変的で、情動に仲介されたものとして見るよりも、手がかりを基礎とした反応的なものとして考えることになった（Bowlby, 1969; George & Solomon, 1999 を参照。しかしまた、Bell, 2001 も参照）。マクドゥーガルの他者指向的なやさしさの情動を中心にする考えは、ドゥ-ヴァール（de Waal, 2009）の考えとも大きく異なっていて、ドゥ-ヴァールは親本能を情動的感染と感情的な共鳴に基づくものとしている。

　さらには、マクドゥーガルにとっては、人間の親本能とそれに結びついたやさしさの情動は、親子関係をはるかに超えてその適用範囲が広がっていくものである。学習と経験を基にした認知的般化を通して、この本能と情動とは、内発的に他者の福利を尊重する場合のすべてではないが多くの場合にはたらくようになり、その結果としての共感的配慮と利他的動機づけにおいても同様である。女性も男性も、血縁でない相手――見知らぬ相手でも――の福利について――自分の子どもについてと同じ程度ではないにしても――同じように気遣うことができる。これに加えて、親本能とこれに結びついたやさしさの情動とは、子どもをもった者に限られはしない。そしてそれは若い年齢から作用するはずのものである。こうした考えは本当だろうか。最近の研究ではそのことがあり得ることが示唆されているが、しかし確認には遠いのである。

親の気遣いと共感的配慮の神経生理学

　最初に、親の気遣いと共感的配慮、利他性に関係する脳の部位の神経生理学に目を向けた研究がある。現在のところ行われた研究の数は限られているけれども、神経生理学的な研究からいくらかの光が見え、一般的な考察が可能となっている。

　ポール・マクリーン（MacLean, 1990）は、人間の脳を 3 層構造からなるとし、「3 つの脳が 1 つに」なった階層を構成しているという。もっとも古いのは、進化的に古爬虫類（あるいはプロトレプチリアン）の脳で、われわれはこれを

爬虫類と哺乳類とで共有している。次は古哺乳類の脳（大脳周辺系を含む）で、哺乳類の全部と共有している。もっと最近のものは、新哺乳類の脳（前頭部と前頭前部の皮質）で、これは高等な哺乳類だけに見られ、人間ではこの部分が最大の比率を占めている。マクリーン（1990）によれば、この脳のそれぞれは「独自の知能、独自の主観性、独自の時間と空間の感覚、独自の記憶・運動・そのほかの機能をもっている」（p. 9）。このそれぞれはほぼ独立に作動しているが、完全に自律的ではない。この3つの脳は相互に噛み合っていっしょに機能している。マクリーンによれば、親の気遣い、遊び、社会的つながり——「共感と利他性の人間的な感覚の進化をうながすように機能する」（1990, p. 520）——が、このすべては新哺乳類の前頭部皮質と古哺乳類の大脳周辺系の一部分との相互関係から出てくるという。

さらに詳しいレベルでいうと、アントニオ・ダマシオとハンナ・ダマシオは、脳の障害をもっている患者についての研究がもつ、共感の神経生理学的意味をスケッチしている。情動の表出に伴う大脳辺縁系領域に加えて（MacLean, 1990）、アントニオ・ダマシオは「心的状態のメタ表示における脳の領域は、共感の過程にとって重要なもので、それは…頭頂の連合皮質領域と前頭前部皮質領域を含んでいる」と提案している（2002, p. 269; さらに、Decety & Chaminade, 2003; Eslinger, 1998; Immordino-Yang, McCall, Damasio, & Damasio, 2009; Kim, Kim, Kim, Jeong, Park, Son, Song, & Ki, 2009; Lamm, Batson, & Decety, 2007; Ruby & Decety, 2004 も参照）。同じように、ハンナ・ダマシオもこう結論している。

> 前頭前部のある部分に、対人関係に関連する社会行動のある側面を学習し維持することにとって重要なシステムがある。このシステムが壊れた後では、共感、さらには困惑・罪悪感・プライド・利他性のような感情は引き起こされなくなり、個人的・社会的な決定ができなくなる。…
>
> 　こうした患者から失われた順応的な対人関係行動のあるものが、実際に前頭前部の構成要素を含む神経システムの中に事前にセットされている可能性があり、実際その可能性が高い。…前頭前部の皮質のこうした部分なしには、共感、それと他の順応的な社会行動は、損なわれてしまう。（2002, pp. 281-282）

行動観察の結果は、共感的配慮の神経生理学についてのこうした示唆とまっ

たく一致している。また、この結果は、人間の親本能の正常な展開のために、子どもの内的状態と必要に注意を向けている大脳の皮質過程が、目標指向的な動機づけを作り出す中脳に基づく反応傾向と相互に作用しあうという、神経生理学的な証拠とも一致している（Damasio, 1994; MacLean, 1990）。

アントニオ・ダマシオ（1994, 1999, 2003）が繰り返し指摘しているのは、行動を導くのに――より自動的な刺激-反応パターン（彼のいい方では「調整メカニズム」）を頼りにするよりも――情動と目標指向的な動機とを頼りにすることの利点の一つは、この情動と動機とが広い範囲の環境条件、事情、出来事に順応できることである。こうした柔軟性は、人間の子どもを気遣う場合にはきわめて望ましいことであろう。情動がもたらすこの柔軟性を例示するために、共感的配慮とはまったく違った情動、怒りを取り上げて考えてみよう。攻撃的な反応は多くの動物の種で起きるものだが、われわれが怒りと呼ぶ情動に似たものを経験していそうにはない。しかしながら人間では、攻撃的反応は怒りの感情によって刺激され、強められ、般化される。怒りの感情は、他者の意図についての評価を含めて、状況の評価の産物である。同じように、やさしさや共感の感情は、より柔軟で順応的な親の気遣いをもたらす。この場合の気遣いは、単に苦痛の手がかりについての反射あるいは反応的なものではなく、特定の状況で求められている子どもの福利を高めるという目標に指向されたものである。この柔軟性には、必要の予期やその防止が含まれているが、このことは電気のコンセントにピンを差し込むのを避けさせる必要のような――進化的にいってごく新しい必要も含まれている。

ベル（Bell, 2001）もこれと似た結論に達していて、人間の親の養育システムは「赤ん坊の必要に向けられていて」（p. 220）、そのために相対的に洗練された認知過程に基づいているという。これと同時に、彼はこのシステムが「異なった情動の論理に従っている脳の古い部位に位置づいている情動的過程」と結びついていることを認めている（Bell, 2001, p. 216）。ベルはこの洗練された柔軟な養育システムが人間だけでなく、人間以外の霊長類にも見られると仮定している。前にも述べたように、トマセロ（Tomasello, 1999; Call & Tomasello, 2008）やポヴィネリほか（Povinelli et al., 2000, Penn et al., 2008）はこの仮定の判断を保留する理由を示している。

人間の親の気遣いについてのこの記述と一致する（しかし結論的に支持するほどには確かではない）結果が、バーテルスとゼキ（Bartels & Zeki, 2004）によ

って見出されている。自分の子どもの写真を見ている母親は、ほかの子ども（年齢は同じ）の写真を見る場合とくらべて、中脳の導管周辺のグレイ領域（PAG）の活性化がみられ、そこは人間を含めて、哺乳類の母親行動に伴うことが知られている。彼らはまた、高次の認知と情動（特に肯定的でやさしさの感情）と結びついた大脳皮質の領域の活性化が高まり、同時に目標指向的な活動——内側の島、背部と前面の大脳の連合神経線維、大脳皮質、側面の眼窩‐前部皮質——にも同じことが見られることを見出した。これらの領域の最初の3つは、どれも情動および動機づけと結びついていて、中脳の導管周辺のグレイ領域（PAG）と直接的な関係があることが知られている（神経解剖学の関連する分析についての情報は、Allman et al., 2005; Craig, 2005 を参照）。

親の気遣いの神経化学

シェリー・タイラー（Taylor, 2002）は「気配り本能」が存在すると提案した。この本能はマクドゥーガルの親本能とよく似たものだが、タイラーはマクドゥーガルの本を参照してはいない。彼女の示唆したところでは、子どもに気配りして養育し、多岐にわたる愛着の絆を作り上げようとする本能（すなわち、「気配りと世話」の本能）は、「社会の至るところに見られるさまざまな様式の気配り」（Taylor, 2002, p. 158）の基礎をなしている。彼女はまた、この本能はその神経化学的基礎を、神経ペプチド・ホルモンのオキシトシンと内生的なオピオイト・ペプチド（EOPs）にあると示唆している。オキシトシンが性交中や誕生の際、看護のときだけでなく、これ以外の親和的な経験でも放出されていることについていくつかの証拠があるが、タイラーは、それは限られており、散発的であると認めている（たとえば、Turner, Altemus, Enos, Cooper, & McGuinness, 1999 のデータを参照。また、Bell, 2001; Panksepp, 1998 ではこうしたデータの検討がされている。Taylor, 2002 も同様である）。より最近では、フェルドマンとウェラーほか（Feldman, Weller, Zagoory-Sharon, & Levine, 2007）が、母親のプラズマ・オキシトシンのレベルと、赤ん坊について考えることやその福利に気を配ることを含めて、母‐子の絆の認知的および行動的側面との間につながりのあることを報告している。

オキシトシンの研究は確かに興味あるものである。こうした研究から、オキシトシンが、共感によって誘発された利他性を含めて、親の気遣いとそれ以外の様式の気遣いとの間の神経化学的なつながりをもたらすと考えられるかもし

れない。しかしこうした研究は複雑なものでもあり、結果は一貫性を欠き、明確でもない。オキシトシンが母親の気遣いと社会的愛着とを結びつけていることは、ある種の哺乳類では見出されているが、他の種ではそうではない——ときには、密接な関係にある種でもそうではない。たとえば、クマネズミには結びつきがみられるが、ハツカネズミではそうではない (Carter, 1998; Insel, 2000; Kendrick, 2000; Nelson & Panksepp, 1998; Olazábal & Young, 2006)。そしてバソプレシン（オキシトシンではなく）が、少なくもある哺乳類の種で、親の気遣いとつがいのきずなの基礎にある可能性がある (Curtis & Wang, 2003; Insel, 1997, 2002)。オキシトシンの研究から得られた知識の大半は、人間での親の気遣いと愛着について神経化学的基礎があることを強く主張するには、まだ早すぎることを示唆している（たとえば、Carter, 1998; Donaldson & Young, 2008; Insel, 2000, 2002; Panksepp, 1998)。インセル (Insel, 2000) は次のように要約している。

> 入手できるデータは、研究に取り上げられた人間以外の動物において、オキシトシンが母親行動とのつがいのきずなの形成にとって決定的なものであるという仮説を支持するものとなっている。人間はオキシトシンをもち、脳にはオキシトシンの受容器が備えられているが、しかし人間の愛着における神経ペプチドの役割は、推測にすぎないままに残されている。(p. 176)

人間のオキシトシンについてのこれまでの数年間の研究から得られた証拠は、きわめて憶測的なものからきわめて示唆的なものへと局面を一変させてきたが、現在でも結論を下すには早すぎるのである。

やさしさの感情と養育的な気遣いの般化についての証拠

子孫を越えての般化についてはどうなのだろうか。マクドゥーガル (McDougall, 1908) は、人間の親本能の一部として出てきたやさしさの感情と養育的な気遣いとを、われわれは見知らぬ大人やほかの種（特にペット）まで、広い範囲の他者に広げることができると主張した。ここから示唆されることは、われわれが認知的な般化を通じて、子孫でない者の立場を「採用」し、そこから相手の必要について、共感的配慮と利他的な動機づけを引き起こすことを可能にするということである (Batson, 1987; Hoffman, 1981a)。こうした般化が成

り立つというのは信じがたいことのように見えるし、ベーム（Boehm, 1999）が論じたように、自然選択の理論とも矛盾する。

　しかしながら、遺伝的に定められた親の気遣いが、子孫に限って効果が発揮されると考える必要はないと認識することが重要である。インセル（2002）は、「ネズミの母親は自分の仔に献身と保護とを示すだろうが、母親としての行動を選択的にするわけではなく、同じレベルの気遣いを巣の中にいる関係のない仔にも与える」（p. 255）と指摘した。おそらくは、ネズミの巣の中に自分のではない仔がいることは極めてまれなことなので、より区別的な母親反応を作り出すような強力な選択的な圧力がなかったのであろう。他の哺乳類では、他の親の仔を養育するのはまれなことではない。ここで議論している異種間の子育てと協力的な養育とは、人間を含めて広い範囲の霊長類、そしてゾウやイヌ類（オオカミとイヌ）・齧歯類・多くの鳥類、そしてもちろん社会性の昆虫で見られる（Hrdy, 2009）。

　われわれ自身のような相互に依存し合い、協力し合っている種では、自然選択は般化された親の養育性を許容しただけでなく、遺伝的に定められた養育的な衝動を自分の子どもを超えて広げていくことに、実際に選択的な利益があったのであろう。小さな、緊密に寄り合った狩猟者－採集者の群れに加えられた選択的な圧力のために、われわれの社会的行動への遺伝的な傾向が進化してきたと考えられる（Caporeal, Dawes, Orbell, & van de Kragt, 1989; Hrdy, 1999, 2009; Kelly, 1995）。自分の子どもへの養育的な気遣いをもたらす衝動が自分の幼いきょうだいを含めるように般化し（Dunn & Kendrick, 1982; Hrdy, 2009）、他の群れのメンバーの子どもへと般化し、群れの他の大人についても気遣うことへと般化することが、われわれの遺伝子の生存の可能性を高めたと思われる（Sober & Wilson, 1998）。そして、人間の養育的な衝動が手がかりを基にした刺激－反応パターンに依存しなくなり、やさしさや共感的配慮といった認知を基にした他者指向的な情動に依存するようになるのに応じて、この衝動の般化が起こりやすくなったといえる。

　現代社会では、やさしさに満ちた気遣いがベビー・シッターによって、デイ・ケア・センターの職員によって、養家の両親によって、ペットの飼い主によってなされていることを考えると、こうした般化はたしかなものに思われる。幼い子どもから人びと、ペット、縫いぐるみの動物、そして人形への――ペットから家族のメンバーへの――、やさしさに満ちた養育的な気遣いを見ること

ができる (Hoffman, 1981a; Zahn-Waxler & Radke-Yarrow, 1990)。明らかに、やさしさと養育的な感情を感じているのは母親だけでなく、両親によって、女性によって、大人たちによっても感じられている。2歳という早い段階で、両方のジェンダーの子どもたちがこの感情をもっている。親本能は深く、広く拡がっている——それが正常に現われるには、養育を受けることが必要であるように見えるけれども (Harlow, Harlow, Dodsworth, & Arling, 1966; Hrdy, 2009)。

般化についてのこうした見通しと一致して、親の養育性が大人の友人関係や愛情関係で役割を演じているという見解が出されている。カーチスとワン (Curtis & Wang, 2003) は、この10年以上にわたる、一夫一婦制の草原ハタネズミのつがいのきずな形成におけるオキシトシンの役割についての研究を振り返って (非一夫一婦制の低湿地ハタネズミとの対比で)、次のようにいっている。

> つがいのきずなの形成の源の一つの可能性は、つがいのきずな形成的な種では母親との絆が形成されるメカニズム (あるいは複数のメカニズム) が取り込まれているということである。この可能性は次のような観察によっても支持される。性的に未熟なオスの草原ハタネズミであっても、仔ネズミの前では母親タイプの行動を示すし、草原ハタネズミの母親は、低湿地ハタネズミの母親よりも、かなり多くの親としての気遣いを示すのである。(p. 51)

グレウエンとガードラーほか (Grewen, Girdler, Amico, & Light, 2005) は、ロマンティックな関係における親密さ (相手を支持することに反映される) と相手と温かい接触をもつ前後でのプラズマ・オキシトシンのレベルとの間の結びつきについて報告している。この結びつきは、男性、女性の双方で見られる。

プラズマ・オキシトシンが増加するという証拠は、人間とイヌとの密接な接触経験でも報告されている (Odendaal & Meintjes, 2003)。そして、オキシトシンの注入 (鼻から) が競走場面——最終通告ゲーム——での男性の未知の人に対する寛容さを増すことが報告されている (Zak, Stanton, & Ahmadi, 2007)。ザクほか (Zak et al., 2007) は寛容さの増加を、共感的な情動へのオキシトシンの効果によって媒介されたものと考えている。終わりにバラザとザク (Barraza & Zak, 2009) は、脳の悪性腫瘍の終末期にある2歳の息子の状態について述べている父親のインタビューのビデオ (その子の病院でのシーンを含む) を見た後

で、UCLAの大学生は共感的配慮の感情をもったと報告したと同時に、プラズマ・オキシトシンの増加も示したことを見出した。

話題を神経化学から神経生理学に転じると、シンガーほか（Singer et al., 2004）は、女性が恋人が痛みを伴う電気的刺激を受けさせられていると教えられた後には（痛みを伴わない対照条件に比べて）、前部島と嘴状前帯状皮質の活性化が高まることを見出している。バルテルスとゼキ（Bartels & Zeki, 2000）は、参加者が自分の恋人の写真を見ている場合と友人の写真を見ている場合を比較すると、前者で同じ皮質領域（しかし中脳の異なる諸領域）の多くで活性化が高まることを見出している。ジャクソンほか（Jackson et al., 2006）の見出したところでは、よく知らない他者が痛みを伴う状況に置かれているのを想像した参加者が、同じような活性化を示した（対照条件は痛みを伴わない）。終わりに、ラムほか（Lamm et al., 2007）の報告では、未知の患者が痛みを伴う治療を受けているのを見た参加者では、内側前帯状皮質の活性化が共感的配慮の自己報告とプラスの関係にあった。2つの研究をまとめると、自分の子どもの写真を見た母親で活性化されたのと同じ領域（あるいは密接に結びついた領域）（Bartels & Zeki, 2004）が、愛している相手の苦痛のサインに接したり、未知の他者が苦痛を感じているのを見たりしたときにも――そのことを想像したときであっても――活性化された（Immordino-Yang et al., 2009; Kim et al., 2009）。

般化された親の養育性という考えと一致する結果がバトソンとリシュナーほか（Batson, Lishner et al., 2005）によって見出されている。それによれば、子どもやイヌ、仔犬が援助を必要としている場合には、同じ大学生の仲間が全く同じ必要をもっている場合よりも、より多くの共感的配慮が生じやすい。またリシュナーとオシヤほか（Lishner, Oceja, Stocks, & Zaspel, 2008）は、援助を求めている大人への共感的配慮は、この大人が子どもらしい顔や声のときに高まるという。

こうして、親の養育性が人間の他者の福利の内発的な尊重と、共感によって誘発された利他性との生物学的な基層となるという考えと一致した証拠が、広い範囲にわたって得られている。結論的とはいえないまでも、現にある証拠は次のような考えが妥当であることを支持している。すなわち、次の4つの進化的な発達の基礎には、自分自身の福利への気遣いの道具的な手段としてというだけでなく、自分の子孫や子孫でない者の双方の福利自体を目的として気遣う人間の能力があるということである。その第1の発達は、哺乳類における親の

養育性の進化である（ベルやマクドゥーガル）。第2は、他者を意識をもつ、意図的な行動者として見る能力と、そこから他者の必要（それがとらえ難いものであっても）を知る能力の進化であって、この能力は人間とおそらくは少数の他の種で見られるものである（ポヴィネリほか、トマセロ）。第3は、親の養育性の重要な構成要因としてのやさしさと共感的情動の進化である（ベル、ダーウィン、マクドゥーガル）。第4は認知的能力の進化で、この能力が他者の福利を尊重し、やさしさと共感的な感情を自分の子ども以外の相手に及ぼすような般化を作り出すのである（マクドゥーガル）。

　こうした分析が正しいとすれば、他者の福利を内発的に尊重することは自然選択の原理に反することにならないかという、以前に提起した疑問に答えることになる。自然選択の原理に反することにはならない、これが答えである。親の養育性はこの原理と完全に一致している。しかしながら、他者の福利を内発的に尊重することは、自分自身の福利だけに排他的に関心があるとする標準版の合理的選択理論の中心的な見解に、明らかに反している。人間が他者の福利を内発的に尊重できるとすれば、すべての人間の行動は自分の福利を最大化しようとすることに向けてなされるという合理的選択の理論は、徹底的に改められなければならない（9章を参照。また、Batson & Ahmad, 2009a も参照）。

人間の利他性についての新しい（実際には古い）進化論的な見解

　般化された親の養育性は、包括的適応度（血縁選択）が利他性の遺伝的基礎であるとする進化論的な生物学者の考え（Hamilton, 1964）とは、全く別のものであることを記しておく必要がある。前者は、特定化された、特殊な順応性——本能——であるが、これに対して後者は、一般的な原理である。子どもに気遣う遺伝的な衝動は、明らかに包括的適応度の範囲内のものである。平均的にいって、子どもの変異性の遺伝子（人間の間での遺伝子の違いは1％以下である）の半分は自分自身のものであるので、子どもに気遣うことは自分の変異性の遺伝子が生きのびていく可能性を高め、包括的な適応度が高められることになる。しかしながら、子どもを育てることは自分の遺伝子を次の世代に伝える遠回りの方法ではない。包括的適応度のアイデアが向けられるのは遠回りの方法に対してである。子どもたちは、次の世代での自分の遺伝子なのである。

この結果、親の気遣いはハミルトン（1964）が包括的適応度の概念を用いて解こうとした問題（進化論的な利他性と見える問題）には何も答えないことになる。

　1章で示した、ソーバーとウイルソン（Sober & Wilson, 1998）による進化的な利他性と心理的な利他性との区別を思い出してみよう。子どもへの気遣いは進化的な利己性であって、進化的な利他性ではない。つまりこれは、自分自身の個体的な生殖適応度を増すやり方で有機体が行動する場合である。こうした理由から、包括的適応度の例を持ち出す際に、進化論的な生物学者たちはきょうだいやさらに遠い血縁の者への気遣いには注意を向けるけれども、決して子どもについての親の気遣いには触れないのである。（親の気遣いは「親の投資」──自分の時間やエネルギーの使用を最小にして子どもの生存を保証することについて、自分が有利になるように両親の間で競争すること──というトピックで議論されることが多い。Buss & Kenrick, 1998; Trivers, 1972 を参照）。

　特に高等な哺乳類では、包括的適応度の効果よりも生殖的適応度への親の養育性の効果のほうにより注意が向けられており、直接的で、率直な扱い方がされている。高等哺乳類の子どもが誕生後のかなりの間自活することができないことから、両親に気遣いを提供させるメカニズムを発達させる強力な選択的圧力がかかる。きょうだいやもっと遠い血縁の子に気遣う衝動──包括的適応度に帰されることの多い行動──が、強力な選択的圧力を受けるかどうかは、ほとんどわかっていない。

　社会性の昆虫できょうだいへの気遣いの衝動が遺伝的に決定されている例を集めることができるが、この際には姉妹が遺伝子の4分の3を共有していて、この姉妹自身は不妊である（Hamilton, 1964；しかしこれを疑問とする Wilson, 2005; Wilson & Wilson, 2007 も参照）。また同じ衝動について、無毛のモグラネズミや不妊の労働カーストをもつ哺乳類で、そのような衝動のはっきりした例が集められている（Sherman, Jarvis, & Alexander, 1991）。しかし人間については、ハミルトン（1964）が仮定した類の血縁度を基礎にした遺伝的な衝動の例は、明確なものというにはほど遠い（Campbell, 1975 と Batson, 2010 を参照）。それを支持するものとしてよく引用されるデータ（たとえば、Burnstein, Crandall, & Kitayama, 1994; Essock-Vitale & McGuire, 1980）は、容易にほかの説明ができたり、包括的適応度を般化された親の養育性としても、少なくも矛盾はないが（特に、Korchmaros & Kenny, 2001 を参照）、それ以上のものではない。

正常に発達した個体はそれぞれ子どもを作る可能性をもっていて、自分の遺伝子を直接に次の世代にゆだねることができるわれわれのような種では、血縁的に見合った他者を援助する間接的なやりかたを用いる遺伝的な選択がなされる可能性はありそうにない。血縁を助けるのは、社会的規範や文化的習俗——文化的進化——の産物である可能性が高い（Campbell, 1975; Richerson & Boyd, 2005）。これとは対照的に、人間では強力な遺伝的に決定された親の気遣い衝動——マクドゥーガルの親本能——の存在を疑うことは難しいし、共感的配慮——マクドゥーガルのやさしさの情動——がこの衝動の表出において重要な役を演じていることを信じるに足る理由がある。親本能は強力であるが柔軟性に富んでいる。それはある種の環境では無効とされることさえある（極端な場合には、育児放棄、幼児殺しさえ起こる—— Hrdy, 1999; Soltis, 2004; Zeifman, 2001）。さらには、子孫を超えて般化することができると信じる十分な理由もある。

　人間の利他性の遺伝的基礎について考えようとするならば、多くの人が明らかにそう考えているように、包括的適応度（Hamilton, 1964）や互恵的利他性（Trivers, 1971, 1985）、あるいはこの２つの組み合わせ（たとえば、Brown & Brown, 2006）に向けての遺伝的に決定された衝動に注目するのではなく——あるいは、社会性、協力、信頼、連帯の形成へ向けての遺伝的に決定された衝動に注目する（Caporeal et al., 1989; de Waal, 1996; Frank, 2003; Sober & Wilson, 1998）のでもなく、遺伝的に確定された親本能（McDougall, 1908）に柔軟性をつけ加えるように出現した、やさしさと共感的な感情の認知的般化に注目するほうが、——論理的にも経験的にも——いっそうしっかりとした基盤の上に立つことになると思われる。

　包括的適応度、互恵的利他性、集団的選択の考えは、自然選択と利他性の遺伝的基礎についての最近の思想において主流となってきた。親の養育性が人間の利他性の遺伝的基礎である可能性については、ほとんど無視されてきている。ソーバーとウイルソン（Sober & Wilson, 1998）の進化的な利他性と心理的な利他性の区別を使えば、おそらくは親の養育性のような過程（これは進化的な利他性としてみることはできない）が心理的利他性にとって重要であると再認識することができるであろう。ソーバーとウイルソン（1998）が心理的利他性の例として親の養育性を考察してその著書を終えているのは、明らかに偶然の一致ではないのである。

共感的配慮の仲介役としての個人差

　ここでの共感的配慮の先行要因の分析は、2つの要因——他者を援助を必要としている者として知覚することと他者の福利を尊重すること——に焦点を合わせてきた。そこでは個人差は考慮しなかった。共感的な感情の強さが個人差的な要素によって影響されると考えられる——そのある部分は遺伝的に決定されているかもしれない（Emde, Plomin, Robinson, Corley, DeFries, Fulker, Reznick, Campos, Kagan, & Zahn-Waxler, 1992; Knafo et al., 2008）——が、そう考慮はしなかったのである。個人差の要素を考慮しなかったのは、個人差は必要の知覚と共感的配慮の直接的な先行要因ではなく、その効果の仲介役（モデレーター）であるとするのが適切であると考えたからである。

資質的な共感か

　しかし、「共感を経験する特定の資質はないのだろうか」と質問する人がいるかもしれない。こうした資質を測定する数多くの自己報告式の質問紙の測度が開発されている——広く使われているものとしては、デイヴィス（Davis, 1983）の対人反応性指標（IRI）とメーラビアンとエプスタイン（Mehrabian & Epstein, 1972）の情動的共感の質問紙測度（QMEE）がある。しかしながら私の考えるところでは、こうした測度の妥当性には疑問がある。これらの質問紙は、たとえば「私は自分よりも運の悪い人びとに、やさしさと配慮の感情をもつことが多い」（デイヴィスのIRIでの共感的配慮尺度の項目から）かどうかと問うている。これに対して、確かにそうであるから「まったくそのとおり」と答える人がいるし、そうでないのにそうであると信じていて、同じ答えをする人もいる。そうであると信じたいからである。あるいは、そうだと他の人に信じてもらいたいからである。「そうだ」と答えるこうした理由のそれぞれは、一定の事情の下では、援助を求めている相手への援助を増すことと結びついている可能性が高い。しかし、最初の理由（自分に当てはまる）だけが、共感的配慮を経験する資質の妥当な指標となるものである。このために、共感−利他性仮説に従えば、この最初の理由だけが援助しようとする利他的な動機づけと

関連しているはずである。

デイヴィスの共感的配慮尺度の得点が、共感的配慮の報告とさまざまな状況での援助行動の両方とプラスの相関関係にあるという多くの証拠がある（それについての議論は、Davis, 1994 を参照）——そしておそらくは、この感情の経験と結びついた脳領域での活動の増加についても証拠がある（たとえば、Singer et al., 2004; この他に、Decety, 2010b; Vul, Harris, Winkielman, & Pashler, 2009 も参照）。しかしながら、妥当性についての懸念と一致して、共感的配慮尺度とこれ以外の資質的共感性の測度が、利他的な動機づけではなく、自分を利他的であると見たいという利己的な欲求と結びついているという証拠もある（Archer, Diaz-Loving, Gollwitzer, Davis, & Foushee, 1981; Batson, Bolen, Cross, & Neuringer-Benefiel, 1986）。

アイゼンバーグとその同僚たち（Carlo, Eisenberg, Troyer, Switzer, & Speer, 1991; Eisenberg, Miller, Schaller, Fabes, Fultz, Shell, & Shea, 1989）は、共感的配慮の得点が援助の利他的な動機ではなく、利己的な動機と結びついているという主張に挑戦しているが、彼らの挑戦の基礎そのものに問題がある。彼らの挑戦は2つの研究をもとにしている。そのそれぞれで、参加者はむしろステレオタイプ的な援助の必要（一つの研究では、ケガをした2人の子どもをもつシングル・マザー／別の研究では、最近暴行を受け、それをフラッシュ・バックしている若い女性）に対して、あまりコストのかからない援助をする機会が与えられた。こうした援助機会の性質を考えると、ここでの援助行動が相手の必要を満たしてあげたいという利他的な欲求によって動機づけられているのか、規範がそうすべきだと命じているのに援助しなかった場合の社会的非難と自己的な非難とを避けようとする利己的な欲求によるのかを知ることは難しい。アイゼンバーグとその同僚たちは、この基本的な区別を可能とするような議論はまったくしていない（Carlo et al., 1991, p. 450; Eisenberg, Miller, et al., 1989, p. 62 を参照）。

自己報告式の質問紙の測度の妥当性に疑いをもつことは、共感の経験について個人差が影響を与えることに疑いをもつことではない。こうした効果は明らかに存在する。同じ状況で、より共感を感じる人もいるし、より少なく感じる人もいる。私の疑問は、現に存在する自己報告式の質問紙がこうした差異を妥当に反映しているかどうかにある。こうした質問紙への反応には、社会的望ましさや肯定的な自己呈示などの多くの問題がある。

資質的な共感の個人差を測定するのに自己報告を用いるよりも効果的なやり方は、特定の状況の中で共感的反応の資質的な仲介要因を評定することである。こうした仲介要因には、一般的な情動性と情動の調整とが含まれる（Davis, Luce, & Kraus, 1994; Eisenberg, Fabes, Murphy, Karbon, Maszk, Smith, O'Boyle, & Suh, 1994; Eisenberg, Losoya, & Spinrad, 2003; Wiesenfeld et al., 1984）。さらには愛着のスタイル（社会的関係を避けることの不安と欲求のレベル—— Mikulincer et al., 2001; Mikulincer & Shaver, 2003; Mikulincer, Shaver, Gillath,& Nitzberg, 2005）がある。これ以外にも、これと似たものがあることは疑いがない。

ジェンダー差はどうか

　ジェンダーが共感的配慮の先行要因として重要であるということは、これまでも指摘されてきた。特に、男性よりも女性が共感を感じやすいことが示唆されている（de Waal, 2009; Hoffman, 1977）。しかしこの主張を支持する証拠はそう強力なものではなく、その多くは共感の自己報告式の測度（Eisenberg & Lennon, 1983）、あるいはジェンダーにふさわしい配慮の表出（Zahn-Waxler, Robinson, & Emde, 1992）に限られている。こうした反応は、共感的な情動を感じたり表出したりすることについての期待や知覚的な望ましさのジェンダー差を反映していることが多い。
　第Ⅱ部で検討する研究では、男性がしばしば共感的配慮を経験できるとする多くの証拠が示されている。にもかかわらず、共感の経験を仲介する本当のジェンダー差がある可能性は残っている。一般的にいって、女性が男性よりも情動的であり、少なくも情動を表出しやすいといういくつかの証拠はある（Buck, 1984; Eisenberg et al., 1994; Zahn-Waxler, Cole, Welsh, & Fox, 1995）。ザーン－ワックスラーほか（Zahn-Waxler, Robinson, & Emde, 1992）は、マクドゥーガル（McDougall, 1908）を想い起こさせるやり方で、考えられる共感的配慮のジェンダー差を親の養育性のジェンダー差に結びつけさえしている。「共感のジェンダー差の起源についての生物学に基礎を置く説明は、女性の出産と子育ての役割に合致しているであろう。幼児の生存と成長のためには、共感的な養護が欠かせない」（Zahn-Waxler et al., 1992, p. 1045）。言うまでもなく、ジェンダーによる共感的配慮の仲介は、社会化と文化もまた反映する可能性がある。
　ここでの理論にとって極めて重要なことは、共感－利他性仮説（5・6章に

要約されている）を検証することを試みた研究のどれからも、共感 - 利他性関係がジェンダーによって異なるという証拠は出てきていないことである。たとえ女性が共感的配慮の経験をしやすいということがあるにせよ、共感的な感情がいったん引き起こされると、女性も男性も——少なくも子どもを超えて般化される場合には——同じような動機づけの結果を示している。

7つの共感に関連した状態に戻って考える

　これまでの分析では共感的配慮の2つの先行要因をとり上げてきたが、ここでは1章で議論した7つの共感に関連した状態に戻って、そのそれぞれが2つの先行要因とどう関係しているのかを検討してみるのが役立つであろう。概念2・3そして4——他者の姿勢をとる（運動的マネ）・他者が感じるように感じる・自分を他者の状況に投影する——は、他者の考え、感じていることを知る（概念1）別々の方略である。こうして、このそれぞれの方略は、援助を必要としている他者を知覚するのに影響を与えているはずである。概念3と4では、以前に特定した条件のもとでは、他者の視点を採用すること（概念5）がうながされ、これは他者の福利を尊重することの結果であり、実験でその代用として用いられたりする。この最初の4つの状態はどれも、他者の福利を尊重することに直接の影響を与えない。

　行動の自然の流れでは、他者の視点を採用する（概念5）のは他者の福利を尊重することの結果であって、その先行要因ではないことを示唆しておいた。しかしながら、事前にこの価値づけ（他者の福利の尊重）がなくとも、教示を通して直接に他者の考えや感情を想像すること（すなわち、他者を想像する視点）は導入できる。この場合には、これは——必要の知覚と相まって——共感的配慮の感情を引き起こすはずである。

　概念6は、他者の立場に立って、他者がどう考えどう感じているかを想像すること（すなわち、自分を想像する視点）だが、これは援助を求めている他者の知覚に影響を与える。このことは特に、(a) 他者の必要についてはっきりとした独自の手がかりがなく (b) 状況に対するこちらの反応と相手の反応とが似ていると信じる理由がある場合——あるいは違っていると予測できる場合——に起こりやすくなる。これに加えて、特に相手の置かれた状況が自己にと

って脅威でない場合には、自分をイメージする視点を採用することが、他者を想像する視点（概念5）へのステップとなる可能性がある。

　概念7の代理的に個人的苦痛を感じることは、共感的配慮のどちらの先行要因にも影響しない。むしろこれは、援助を必要としている者として他者を知覚することで引き起こされる自己指向的な情動であって、共感とともに経験され得る情動である。個人的苦痛を感じることは、自分自身の苦痛を低下させようとする利己的な動機づけを作り出しやすい。

　要約すると、共感的配慮は2つの要因（援助を必要としていると他者を知覚する・他者の福利を尊重する）の自然の結果として考えられる。このために、図2.1にはこの2つの先行要因だけを示した。1章で議論したこれ以外の共感に関連する状態は、援助を必要としていると他者を知覚することへの効果を通して、間接的に共感的配慮に寄与することができる（概念1・2・3・4そして6）。いずれも他者の福利を尊重すること（価値づけ）の先行要因ではないが、概念5は価値づけの重要な帰結に言及しており、実験において、価値づけの代用として——他者の視点の採用——用いられてきた。共感に関連する2つの状態（概念4と6）は、他者の視点を採用させるようにし、そこから共感的配慮が増すことになる。親の養育性はこの問題の元型であり、内発的な価値づけを自分自身を超えて他者に、そして見知らぬ人にさえ、拡げていく人間の能力の遺伝的な基礎を提供するものである。

共感によって誘発された利他性の行動的帰結 3

　共感的配慮を感じたとしよう。そうすると、何をするだろうか。共感‐利他性仮説のいうところでは、共感的配慮の感情は利他的な動機づけを作り出す——この動機づけは、共感を感じる相手の福利の増進を最終的な目標とする。相手が援助を必要としていることを知覚することで共感的配慮が引き起こされると、共感によって誘発された利他性の目標はより正確に限定されたもの——共感を引き起こした相手の援助の必要を除去すること——になる。相手の必要を取り除くように援助するという目標に向けての行動ははっきりしているように思われるが、利他的に動機づけられた人の反応は一つではない。共感によって誘発された利他性は、少なくも3つの可能な行動——援助する・他人に援助してもらう・何もしない——がある。この中の一つ以上が考慮の対象となる場合には、図3.1に示したように、その中の一つを選ぶのは利他的な動機づけによるだけでなく、この動機づけで行動する衝動によって引き起こされるコスト‐利益分析の結果でもある。

利他的な動機づけによって引き起こされるコスト‐利益分析

　どの目標指向的な動機でも同じだが、利他性は自動的に行動を作り出すわけではない。利他性が作り出すのは、ある目標を達成しようとする欲求である。この欲求を行動に移す前に、利他的に動機づけられた人は、自分の選ぶことのできる行為に必要なコストとそこから得られる利益とをハカリにかけることになる。この分析に含まれるコストと利益は、さまざまな様式——触知できる・できない、ただちに・長い時間をかけて——をとるであろうし、ハカリへのかけ方もさまざまである。

```
     ┌─────────────┐
  ──→│ 利他的動機づけ │\
     └─────────────┘ \        ┌──────────────┐
                      \       │  援助する     │
                   X   ──────→│  あるいは     │
                      /       │ 他人に援助してもらう│
     ┌─────────────┐ /        │  あるいは     │
     │ 可能な行動に  │/         │  何もしない   │
     │ついてのコスト─│          └──────────────┘
     │  利益分析    │
     └─────────────┘
```

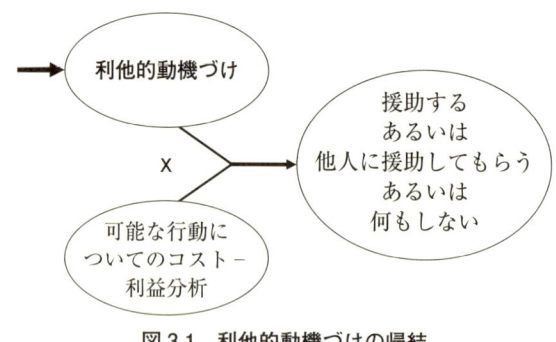

図3.1　利他的動機づけの帰結

　共感を感じた相手の必要を除くのに2つの行動（援助する・他の誰かに援助してもらう）があるとすると、この2つにはそれぞれ共感によって誘発された利他性の目標を達成するという利益が伴っている。このことから、それぞれの行動への利益の大きさは、利他的な動機づけの大きさの関数になる。それぞれのコストの大きさは、この行動と結びついていると知覚されるさまざまなコストの合計になる。

　原理的にいって、1つ以上の目標指向的な動機を経験している場合に、ある行動でこうした動機の目標の1つを達成できるが、ほかの動機の目標は達成することができないとすると、両立できない目標を達成することができないことは、この行動に結びついたコストである。コストの大きさは、手に入れられなかった目標に達しようとした動機的な力の大きさの関数である。利他的な動機づけにこれを当てはめてみると、痛みあるいは痛みのリスク、時間や金銭的損失などが伴うかたちで援助行動に自己へのコストが伴う場合には（たいていそうである）、援助を考えることは、こうしたコストを避けるという動機づけを引き起こすことになりやすい（Piliavin, Piliavin, & Rodin, 1975）。援助行動のコストは、こうした利己的な動機のそれぞれの大きさの関数になる。自分以外の他の誰かに援助してもらう場合には、こうしたコストは伴わない。その代わりに、他の誰かが本当に援助するか確かでないというコストが伴っており、もしそうであるならば、援助することが効果的であることが示される必要がある。コストには、『ソフィーの選択』（Styron, 1979）にある子どもを死なせるか、いっしょに死ぬかを選ぶという恐ろしい選択がまさにそうであるように、相対立する利他的な動機も含まれている。

この論理は第3の可能な行動——何もしない——にも、援助と結びついたコストと利益とを逆転することで適用することができる。利他的に動機づけられた者は、何もしないことで、共感的に喚起された必要を除くという目標を達成することができず、そのことがコストになる。これと同時に、援助行動に伴うコストを引き受けることはないから、それが利益になる。自分に可能なすべての行動を考えた後で、相対的に最大の利益（利益引くコスト）を生むものが、この場合になされることである。

　利他的な動機づけにコスト−利益分析が伴うと示唆するのは矛盾しているように見える。結局のところ、この分析の目標は明らかに利己的なものであって、利他的な動機が自己にとって最小のコストを引き受けるかたちで扱われている。しかしながら、利己的な目標が存在することは、相手の必要を取り除こうとする動機づけがもはや利他的でないことを意味するものではない。このことが意味しているのは、この動機によって行動することが利己的な動機をも引き起こすであろうということだけである。こうした利己的な動機が存在することは、利他的な動機と行動との関係を複雑にするということはあるにしても、利他的な動機を否認したり堕落させたりするものではない。おぼれている誰かを救おうとして氷のような水中に飛び込むという利他的な衝動にかられても、自分の生命のことを考える利己的な恐怖におそわれて、結局は何もしないかもしれない。この何もしないことには、動機が存在していないということではない。それはまた、救助しようという衝動が利他的なものでないということも意味しない。

　ここでの3種の可能な行動についてのコスト−利益分析は、利他的動機づけの行動的な帰結をどうしようもなくあいまいなものにするように見えるかもしれない。特に、こうした行動のそれぞれ——援助する・他人に援助してもらう・何もしない——が利己的な動機によっても同じようにもたらされ得ることを認めなくてはならないとしたら、このことはなおさら言えることである。利他的な動機づけがこれ・あれ・それのどれを引き起こすことができ、利己的な動機づけもまた同じだとしたら、われわれはいまどの動機の状態にあるのか——そのどちらかであるとして——を、どうしたら知ることができるのだろうか。

　この問題をめぐる状況は、見かけほど期待の持てないものではない。利他的な動機づけと結びついた可能な行動のそれぞれについてのコスト−利益分析は、

実のところきわめて情報豊かなものである。いかに情報豊かであるかを理解するには、共感によって誘発された利他性に刺激された分析と、援助が必要と知覚した相手を援助することにつながるさまざまな利己的動機に刺激されたコスト–利益分析とを、比較する必要がある。

援助への利己的な動機によって刺激されたコスト–利益分析との比較

援助を必要としている相手を助けるように導く可能性のある3種の利己的な動機の一般的なクラス——報酬の追求・罰の回避・嫌悪的な喚起の低減——については、多くの証拠が集められている（Batson, 1987, 1991, 1998, 研究動向の一部については、Dovidio, Piliavin, Schroeder, & Penner, 2006 を参照）。3種のクラスはそれぞれ、コスト–利益分析で考察される可能な行動の独自の構成をもっている。さらには、部分的に重なり合いはあるが、それぞれの利己的な動機づけのクラスの可能な行動の構成は、共感によって誘発された利他性の構成とは異なっている。

報酬の追求

他者が援助を必要としていると見た場合に、われわれの中に援助行動からもたらされる物質的・社会的・自己的な報酬（たとえば「ウオーム・グロー（心地よい満足）」— Harbaugh et al., 2007）を得ようとする利己的な欲求が引き起こされるとすると、実行可能な反応は2つしかないように思われる。もし報酬を得たいのであれば、何らかのやり方で援助を試みなくてはならない。もう1つは、何もしないと決め、報酬をあきらめることである。

援助に対する報酬は援助者だけに与えられるので、報酬を得たい場合には、自分で援助をする必要がある。別の人に援助してもらう場合には、その他人の援助行動を自分の功績にして、間接的に援助をしたと主張する（「私が彼女にボランティアに行くように言ったんだ」）ことができなければ、報酬という目的に到達できない。それと同時に、援助が有効でなくても、援助に対する多くの社会的・自己的報酬を手にすることができる。チャリティへの献金に賞賛の言葉を与える前に、その献金がうまく使われていることについて知らねばなら

ないなどとは言わないのが普通である。みんながいっているように、「重要なのはどう考えているかだ」。そこで、社会的・自己的な報酬を得たいと動機づけられている場合には、一見真面目でしかしコストの低い、ちょっとした援助を提供することは、特に魅力的なやり方であろう。

罰の回避

　他者が援助を必要としているのを見た場合には、援助をしない場合の物質的・社会的・自己的な罰を避けようとする利己的な欲求が引き起こされる。この場合にとることのできる行動はさまざまになる。それには4つがあり、その第1は、真面目に援助を試みることで、たとえその努力が無効に終わったとしても、社会的非難・恥・罪悪感のような罰を避けることができる。第2には、自分が援助の機会を得る前に、他の誰かが効果的に援助すれば、こちらの援助はもう必要とされていないのだから、罰の恐れから自由である。このやり方を使うことができれば、これにはコストがかからないので、特に魅力的といえる。第3は、援助を必要とする状況から逃げることができる（たとえば、気をとられる仕事に没頭している）、あるいは、援助すべきだという知覚から逃げることができる（援助しないことの正当な理由がある）とすれば、恥や罪悪感のような自己的な罰からうまく逃れることができよう。第4には、何もしないことができるが、これでは自己的な罰を避けることができない。

　逃げるやり方についてはいくつかのコメントが必要である。一般的にいって、援助が必要とされる状況から逃げるには、2章で確認した、相手の必要を知覚するのに欠かせない次の3つの条件のいずれかを除けばよい。(a) 状況を再定義することができる。そうすることで、他者の現在の状況と望ましい状況との知覚的なズレはなくなる（「彼は自分の受けるに相応しいものを得ている」）(b) 他者の必要の目立ちやすさを低下させることができる。それは相手との物理的・心理的距離を取ることでなされる（「ありがたいことに、そんなことはここらでは起きていない」）。(c) 援助を必要としている人から環境の別の側面へと注意をそらすことができる。（「見つづけるのがいやになった、チャンネルを変えよう」）

　恥や罪悪感のような自己的な罰を避けるには、心理的に逃げる必要がある。援助が必要な状況から物理的に逃げるのでは十分とはいえず、それは援助が必

要だったことを記憶の中に知識として持ちつづけるだろうからである。言うまでもなく、「去る者日々に疎し（見えなくなれば心からも消える）」という古いことわざは、われわれに物理的に逃げることが心理的に逃げることになることが多いことを思い出させるし、6章で見る証拠は、人びとがこのことわざを信じていることを示している。さらには、必要の状況から逃げることができないとしても、なぜ援助を期待できないかについてうまい正当化があれば（「自分もしたいんだけど、でも…」）、それも社会的・自己的な非難から逃れさせる。

嫌悪的な喚起の低減

援助を必要としている相手を見ることで嫌悪的な喚起を低減させようとする利己的欲求が引き起こされるが、この嫌悪的な喚起は他者の苦境の立会人となった結果として経験されるもの（たとえば、ケガをした他者を見ることで引き起こされた苦痛や嫌な感情）である。この場合にも4つのやり方があり、苦痛などの原因は次のいずれかによって除かれる。(a) 自分の援助行動で (b) 他人の援助行動で。これとは別に、(c) 逃げること　で自分の苦痛の原因を除くことができるが、この場合には、社会的罰や自己的罰から逃れるのとはいくらか違ったやり方で逃げなくてはならない。ここでは、自分の苦痛の原因となっている刺激から逃げなくてはならない。この違いがあるので、物理的に逃げることは、社会的・自己的な罰を回避する手段としてよりも、嫌悪的な喚起を低減させる手段としてより有効であろう。最後は、(d) 何もせずに、苦痛を感じつづけることになる。

報酬の追求や罰の回避の場合には援助の考えが重要であって、正当化ができるときには援助が効果的である必要はないが、嫌悪的喚起の低減の目標を達成しようとする場合には、援助は効果的でなければならない。援助によって他者の必要が除去されなくてはならず、それは他者の必要がこちらの苦痛の原因だからである。さらに言えば、他の誰かに援助してもらうことは、自分自身が援助するのと同じように、こちらの苦痛を除く効果的な力をもっているし、おおむねいつもコストが小さい。このことから、もし他人が援助できるとすると、嫌悪的喚起を低減させようとする動機づけは、他人が援助することを望むはずである。こちらは相手にそうしてもらうように励ますことになる。

誰も援助してくれる者がいないということになれば、他者が援助を必要とし

ているところに立ち会ったことで生じた嫌悪的喚起を低減させようとする動機は、援助をするか・そこから逃げるかという動機づけを作り出す。自分の苦痛を低下させる手段として、どちらがコストが低いかが問題である。一般的には、援助行動よりも逃げるほうがコストが低い。そこで、逃げることが可能な場合には、利己的な動機づけのこのタイプがはたらいて、援助行動を減らすことになるはずである。

共感によって誘発された利他性

　前に述べたように、そして図3.1に示したように、共感によって誘発された利他的な動機づけに刺激されたコスト－利益分析は、3種の可能な行動——援助する・他人に援助してもらう・何もしない——についての考慮を含んだものになることが多い。しかしこの場合には、援助が必要とされている状況から逃げることは、考慮の対象とはならないはすである。というのは、逃げることは共感によって誘発された必要を除く適切な行動的手段ではないからである。
　援助行動——自分自身あるいは別の誰かによる——は、利他的な目標が達成されるためには、効果的でなければならない。どちらによる援助も効果的になされ得るとすれば、他の誰かによる援助行動は、利他的な目標を達成する手段として、援助者自身による援助と同じように適切である（しかしより適切とはいえない）はずである。しかしながら、他の誰かに援助してもらうのはコストが低い場合が多い。このために、他者による援助が自分自身によるそれと少なくも同じくらいに効果的であるという確信がもてる場合には、他人に援助してもらうことが選択されるだろう。たとえ誰も助けてくれる者がいなくとも、コストの高さに耐えられないことを理由にして、何もしないと決めることができるが、この場合には利他的な動機は満足させられないままに残ることになる。このときには、共感的配慮が消え去るにつれて、利他的な動機づけの力が次第に消失してしまうまで、動揺とフラストレーションとが経験される（ほかの情動と同じく、共感的配慮も時間の経過の中で消え去っていく）。そうでなければ、(a) 状況を再評価して、相手は結局のところ援助を必要としていないと決めるか (b) 援助が必要とされている相手をけなすことで、その福利の価値を低下させる（Lerner, 1970）ことができる。こうした反応は、利他的な目標を達成させるものとはならない。それとは逆に、共感的配慮の感情を失わせ、その

ために利他的動機づけを失わせてしまう。

　共感的配慮を感じた相手を援助することは、援助者に社会的・自己的な報酬を入手させ、社会的・自己的な罰を避けさせ、他者の苦境に立ち会ったために起きた嫌悪的な喚起を低減させる。しかし共感 – 利他性仮説によれば、自己へのこうした利益は、共感によって作り出された援助の動機づけの最終目標ではない。これはいずれも、意図せざる結果、あるいは他の動機の産物である（1章を参照）。共感 – 利他性仮説の主張するところでは、共感的配慮によって作り出された動機の最終目標は、共感によって喚起された必要を除くことにある。

コスト – 利益分析に必要な時間

　援助についてのこうしたさまざまな動機のコスト – 利益分析には、徹底した熟考が必要とはいえない。そこには問題解決的な発見法（ヒューリスティックス）があり、おおざっぱなコスト – 利益分析を行って、必要とあればきわめて短い時間で——おそらくは1秒以下で、それがなされる。この高速の分析はぞんざいなものになるかもしれない。このやりかたは、われわれが考慮に入れる反応の数の点で、また利益とコストそれぞれに加える考慮の点でも限られたものかもしれない。しかしこのことは、分析が行われてはいないと結論することにはならない。ホフマン（Hoffman, 1981b）、ピリアヴィンとピリアヴィン（Piliavin & Piliavin, 1973）は、迅速な、衝動的な援助行動（必要の認知後2-5秒）は利益とコストとをハカリにかけるには、あまりに早すぎると主張している。私はこの主張には疑問をもっている。その必要があれば、急速に考えることは可能である。ボレーを打とうとしているテニス・プレーヤーは、いくつかの行動の選択（「コートの対角線に打つべきか」「ラインぎりぎりにか」「ドロップ・ショットを試すか」）についてハカリにかけているはずであり、一瞬のうちに正確に行動がなされている。

　あなたは会合に遅れていたので、歩道を急いで歩いていたとしよう。突然幼い子が目の前に現れ、クルマが激しく行き交う道路の反対側に何かを見つけたらしく、母親を離れて、道路に突進する。あなたは急激に共感的配慮の感情を経験し、そこから子どもを助けようとする利他的な動機づけを経験する。子どもの安全を守るという利益が、コスト – 利益分析を考える際の優勢な——おそらくは唯一の——要因であろう。あなたはこのことに伴うコストのことは考え

もしないだろう。この状況についての制限つきの分析は、あなたに子どもを追いかけて、道路に飛び出させることになる。後になってからのあなたの報告は——燃え上がっているビルに飛び込んだ多くの人びと、危険な水中に飛び込んだ人びとと同じであって——「そうする前に何も考えてはいなかった」というものであろう。この報告にもかかわらず、あなた——そして彼ら——は考えていたのである。そうでなければ、衝動的な援助の反応は適応的なものとはならなかったであろう。援助者は、目標に到達するのに障壁（この例ではクルマ）を避けようと試みている。あなた——そして彼ら——は注意深くは考えてはいなかったかもしれないが、しかし考えていたというのがより正確であると思われる。あなたの反応はこの場合にも、目標指向的なのである。

　これと同じ問題解決的な発見法は、利己的な動機づけによって刺激されたコスト－利益分析を行う際にも用いられる。この場合にもまた、この発見法の洗練された方式はいろいろな形をとることができる。もし子どもが道路に飛び出していくのを見たとすると、ショック・警戒心・苦痛の高まりを感じて、その結果は自分の苦痛を低下させるような強力な利己的動機づけがもたらされ、相対的にぞんざいな発見法をもとに、急速に反応することになる。自分の嫌悪的な喚起を低減させることの利益と、この喚起がさらに強くなる前に行動することの利益とが、ここで考慮する唯一の要因である。この場合にも、子どもを救うために強迫的に道路に走り込み、自分の感じていた苦痛を取り去り、このことに伴うコストの重みには目が向かないかもしれない。これは衝動的な利己的援助行動をもたらすことになる。

　同じ状況に直面した別の者は、これとは全く違った、しかし同じようにぞんざいな発見法を用いるかもしれない。こうした人は、自分が道路に飛び出すことの危険（すなわち、援助のコスト）に目を向け、そこでの利益には目を向けないかもしれない。この結果、こうした人びとは衝動的に、「何ともしようがない！」と反応するかもしれない。この場合にも、十分に考えられたということはないにしても、この衝動的な反応には考えることが伴っている。衝動的であること自体では、利己的な動機を利他的な動機から区別できない。どちらのタイプの動機づけも、衝動的に行動するようにさせるか、よく考え込ませるか、あるいは反応することに失敗するかのいずれかになることができる。

共感的な過剰喚起、個人的苦痛、そして利己的移行

　ホフマン（Hoffman, 2000）の示唆したところでは、共感的配慮の感情があまりに強くなると、「共感的な過剰喚起」を経験するようになり、共感は個人的苦痛に姿を変え、そこに「利己的移行」が生じるという（Piliavin et al., 1981 も参照）。もし彼が正しいとすると、コスト－利益分析はこれまで考えてきたよりも、いっそう複雑なものになる。しかし、彼は正しいのだろうか。共感的過剰喚起についての彼の主張について考えてみよう。ホフマンは、ストットランドとマシューズほか（Stotland, Mathews, Sherman, Hansson, & Richardson, 1978）の報告した研究によって、この議論を展開している。ストットランドたちは、病室での仕事に就いて1か月の看護学生が（仲間と比較して）、共感的配慮をより経験しやすく、患者の部屋での直接的なケアに費やす時間はより少なく、正看護師や他の病院職員からの支援と助力を求めることに多くの時間を使っていることを見出した。

　この事実は明らかに興味をそそるものである。しかしながら、このことは、(a) 共感的な過剰喚起 (b) 共感的な感情の個人的苦痛への変換 (c) 利己的な移行という複雑な関係を仮定しなくても、簡単に説明できる。共感を感じやすい看護学生は、当初は援助を効果的にする能力に自信がなく、共感的配慮と個人的苦痛との双方の感情を経験することが多く、その結果として利他的な動機と利己的な動機の双方をもつことになる。患者との直接的な接触を避けることは、いくらかでもこの苦痛から逃れることを可能にするし、より経験を積んだスタッフの支援と助力を求めることは、患者の必要を除ためのいちばん効果的な手段であり、このことは看護学生が利己的・利他的双方の目標に到達するのを可能にする。この解釈と一致して、共感を感じやすい看護学生が直接的ケアを避ける傾向は、1か月が過ぎた後では姿を消している。次の1か月では、こうした看護学生はより自信をもつようになり、自分の患者の部屋で過ごす時間が劇的に増えていた。

　私の知る限りでは、共感的配慮が一度あるレベルまで達すると個人的苦痛に変換されることについてのよい証拠はない。利他的な動機づけがより強くなると利己性に移行することについても、よい証拠はない。共感的な過剰喚起と利己的移行のアイデアは文献の中では一定の人気を保っているが（たとえば、

Eisenberg, 2000)、こうした文献には疑いをもつべきだと考える。本章と5章で見る研究は明らかに、共感的配慮と個人的苦痛とは、同じ援助的な状況への反応から生じ得る情動ではあるが、それぞれに独自の情動であることを示している。この2つは、それぞれ独自の連続体（「おだやか」から「強力な」までの強度）上にあり、それぞれは質的に動機づけの異なった様式——順に利他的・利己的——を作り出す。この2つはときにはお互いに相補的であり、ときには対立関係にある（1章を参照）。

共感－援助行動関係の証拠

　この章の最初の疑問に戻ることにしたいが、それは共感的配慮を感じると次には何をするかということであった。ここでの、共感によって誘発された利他的な動機づけに刺激されたコスト－利益分析の結果に照らして、解答を与えることができる。この分析では、(a) 必要とされる援助を提供できる場合 (b) 誰もこうしたことができない場合 (c) 援助することのコストが利益を超えない場合には、共感的配慮をより感じるようになるときに、より援助を提供することが多くなる。

　共感的配慮が増せば援助しようとする傾向も増すという考えは、別に新しいことではなく、議論を生むことでもない。少なくも13世紀からこの主張はなされていて、トーマス・アクィナス（Aquinas, 1270/1917）は「憐れみは他者の苦痛についての心からの同情であって、もしできるのであれば、われわれをその相手を助けるように駆り立てるものである」（II-II, 30, 3）と指摘している。これまでの50年以上にわたっての心理学的な研究は、共感的配慮が増せば援助行動も増すことについての実証的な証拠を積み重ねてきている。

　まずは最初の証拠を示そう。アロンフリードとパスカル（Aronfreed, 1968に引用）とアダーマンとバーコヴィッツ（Aderman & Berkowitz, 1970）は、援助を必要としている相手について共感的配慮を奨励したり禁止したりするようにデザインされた実験的な条件を設定した。実験の参加者は、次には援助をする機会を与えられた。アロンフリードとパスカルの研究では、参加者は援助を必要としている人を援助することができた。アダーマンとバーコヴィッツの研究では、別の誰か（実験者）を助けることができた。それぞれの研究で、共感的配

慮を奨励された実験条件では、援助行動がより多くなった。このどちらの著者たちも、共感の増大は援助行動を増すことになると結論している。しかしながら、この結論はアダーマンとバーコヴィッツの研究については疑いがもたれる。それは援助した相手が共感を感じた相手とは同じではないからである。この研究では、教示が援助行動を増やしたのは、共感が増したからではなくて、援助行動の規範がより明確になったために、援助をすることの義務感が高められたからであると考えられる。

クレブス（Krebs, 1975）

デニス・クレブスもまた、共感的配慮が援助行動を増すかどうかを検証する実験を行っている。この実験では、男性の参加者がほかの若い男性が肯定的（報酬）・否定的（ショック）な経験をしているのを観察した。参加者の生理的喚起（皮膚電気伝導度・血管収縮・心拍数で測定）、共感の自己報告、援助行動が測定されている。見出された結果は、高共感条件（若い男性が、(a) 参加者に似ている (b) 否定的な経験をしている）で、もっとも大きな生理的喚起（いちばんはっきりしていたのは皮膚電気伝導度）が起こり、共感的情動の自己報告がいちばん高く、援助行動がいちばん多かった。

クレブスの実験は、同じ環境下で共感的配慮と援助行動との双方が生じ、この2つが関連していることは示しているが、共感的配慮が援助行動の原因であることは示していない。ハリスとフアン（Harris & Huang, 1973）の研究では、援助を必要としている相手を見ることで引き起こされた情動的喚起が原因としての役割をもち得るという証拠が示されている。

ハリスとフアン（Harris & Huang, 1973）

ハリスとフアンはこの因果関係を検証するために、喚起手続きについての誤った帰属を用いている。実験の参加者たちが数学の問題をやっている最中に、膝に包帯を巻いたサクラが足を引きずって実験室に入ってきて、イスにつまずいて転倒し、床に倒れ込み、痛さに泣き叫ぶ。参加者の一部は、この事故の立会人として感じる情動的な喚起はどれも、数学の課題中に放送されている嫌悪的な騒音のためだという誤った帰属をするよう誘導されたが、残りの参加者で

はこうしたことはされていない。ハリスとフアンは実験の結果を予測するのに、シャクター（Schachter, 1964）の情動の2要因説を用いている。この2要因説では、ある情動が経験されるためには、(a) 生理的な喚起と (b) この喚起を情動を反映したものとする認知的ラベルづけとが欠かせないとされる。ハリスとフアンはここから、共感的配慮を経験して援助行動が増すのであれば、倒れ込んだ相手を見ることで作り出された情動的な喚起が援助行動を増すのは、この情動的喚起がその犠牲者の状態に帰属されたときだけだと考えた。結果は予想通りで、自分の情動的な喚起が嫌悪的な騒音のせいだと誤って帰属するように誘導された参加者は、こうした帰属するように誘導されなかった参加者よりも、サクラを援助することが少なかった。

残念なことには、ハリスとフアンの研究（1973）で参加者たちが経験した情動的な喚起が共感的な配慮であるかどうかは明らかではない。サクラが倒れ込んだことが、参加者たちにうろたえや不安、その他の様式の個人的苦痛の感情を経験させ、そのために参加者たちは援助することでこの感情を低下させようとしたのかもしれない。

コーク、バトソン、マクデイヴィス（Coke, Batson, & McDavis, 1978）

ハリスとフアンの用いたのと同じような喚起手続きによる誤った帰属を使って、コークほか（Coke et al., 1978, 実験1）は、共感的配慮が援助行動を増すことについての明確な証拠を提供している。彼らは学部の大学生に、上級生のケイティ・バンクスが置かれた状況についてのテープ録音のニュース番組（実際にはフィクション）を聴かせた。ケイティの両親と姉が、最近自動車事故にあって亡くなった。両親は生命保険に入っていなかったので、ケイティは大学の最後の1年を過ごしながら、残された弟と妹を支えるためにがんばっている。ケイティはのどから手が出るほどお金がほしいが、スーパーやランドリーに行くクルマも必要だし、週に2日夜のクラスに出るために弟と妹を見てくれるベビー・シッターもほしい。それからアナウンサーがケイティにインタビューをする。悲しみに打ちひしがれた声でケイティは、自分がいちばん重要だと思っているのは大学を卒業することで、そうすれば仕事につくことができ、幼い弟と妹とを支えることができるという。でもよい仕事がなければ、弟たちを養子に出さなくてはならない。ストットランド（Stotland, 1969）の手法を用いて、

視点取得の教示によって共感が操作された。コークたちは参加者を、ケイティが自分の置かれた状況をどう感じているかを想像させる（他者を想像する条件）か、このニュースを迫力のあるものにするのに使われたラジオの手法を観察する（観察条件）かのどちらかの条件に置いた。

ニュースを聞く直前に、参加者は別の実験という文脈で、カプセルを飲まされた。表向きは、このカプセルはノルフェリンという薬（実際には偽薬）が入っていることになっている。参加者全員は、ノルフェリンが副作用をもつと話されている。半数の参加者には、この薬が原因でリラックスした感じになる（緩和副作用条件）といわれ、残りの半分は、喚起状態を感じるようになる（喚起副作用条件）といわれている。ニュースを聞いた後で、参加者全員に、予想しなかったケイティを援助する機会が与えられる。買い物をしたり、ケイティが授業に出ている間に弟と妹をみているといったものである。（心理学入門のクラスで私の名前が援助行動の研究と結びついているのを見た参加者が、研究の本当の目的に敏感になるのを避けるために、今回の研究と同様の研究では、研究資金の提供元を別の名前にした。）

視点取得について1・2章で述べたことと一致して、コークほか（1978）は次のように推測している。ケイティが自分の状況をどう感じているかを想像することは、彼女は明らかに援助を必要としているわけだから、彼女に対する共感を増すことになる。想像条件の参加者は観察条件の参加者よりも、より共感的に喚起されるはずである。しかしながら、想像／喚起副作用条件の参加者は、この喚起にはっきりとした別の説明を与えられている。この参加者たちは、喚起の原因となるノルフェリンのカプセルを与えられたばかりである。想像／緩和副作用条件の参加者だけが、共感の喚起と、この喚起にケイティの困難への反応というラベルをつけるという双方を経験するはずである。このことから、シャクター（1964）の情動の2要因説にしたがって、想像／緩和副作用条件の参加者だけが、共感的配慮を経験するはずである。そして、もし共感的配慮が援助行動を増すとすれば、想像／緩和副作用条件の参加者はこれ以外の3条件の参加者よりも、より多くの援助行動をするはずである。

この実験で得られた援助的な反応は、この予測を裏づけるものであった。想像／緩和条件の参加者は、他の3条件の参加者よりも、有意に多くケイティへの援助をしていた。援助が必要という知覚はこの4条件で違いはなく、このことは一貫していた。ストックス（Stocks, 2001）はコークほか（1978, 実験1）の

実験手続きを繰り返し、同様の結果のパターンを得ている。

　共感的配慮が援助行動を増すという証拠に加えて、これらの2つの実験結果は次のことを示している。援助が必要とされる相手の視点を取ることは、特に視点取得の情動的な効果の結果として援助行動を増加させるが、それは視点取得が作り出すであろう認知的あるいは知覚的な効果の結果ではない（この効果についての研究は、Davis, Conklin, Smith, & Luce, 1996; Galinsky & Moskowitz, 2000; Regan & Totten, 1975 を参照）。認知的・知覚的な効果は、喚起の操作による誤った帰属によっては減退しないはずである（これはまた、条件づけや強化による効果も同じである）。喚起の操作による誤った帰属によって減退するのは、情動的喚起による効果だけである。

　2番目の実験でコークほか（1978）は、共感的配慮を操作するのに別の方略を用いている。彼らは（フィクションの）ラジオ放送を聴いている参加者に、ニセの生理的喚起のフィードバックを与えることで、共感的喚起の知覚を人工的に高めた。放送の中で提示された援助が必要な状況は、本来は共感的喚起を起こさないようにデザインされたものであった。教育学部の大学院生が自分の修士論文のための研究に参加するボランティアを探しているが、それがうまくいかない。というのはこの大学院生は、そのためにお金は払えないし実験参加への履修証明も出せないからである。参加者全員はこの放送を聴きながら、この大学院生が自分の状況についてどう感じているかを想像するように（つまり、他者を想像する視点）という教示を受けた。全員が聴いている最中に、ある参加者は、彼らが喚起されていないことを示すニセの電気皮膚反応（GSR）のフィードバックを与えられた（低喚起条件）。他の参加者は、彼らが高度に喚起されていることを示すニセのフィードバックが与えられた（高喚起条件）。それから参加者全員は、この大学院生の研究にボランティアとして参加することで援助するという、予想しなかった機会を与えられる。その前に、参加者は共感的配慮を含むいろいろな情動について、ラジオを聴いていた間にどの程度経験したかを質問された。

　低喚起条件の参加者にくらべて高喚起条件の参加者は、（a）放送を聴いている間により多くの共感的配慮を感じたと報告し、（b）大学院生をより多く助けた。パス解析の結果では、ニセのフィードバックによる操作の援助行動への効果は、自己報告式の共感的配慮（つまり、共感的な・配慮のある・温かい・やさしい・同情的な感情）によって仲介されていて、個人的苦痛の感情によっ

ては仲介されていなかった。

ライト、ショウ、ジョーンズ（Wright, Shaw, & Jones, 1990）

ライトほか（Wright et al., 1990）は、共感的配慮によって引き起こされた動機の強さを評定するのに、援助行動の頻度ではなく、心臓血管の反応を用いた。コークほか（Coke et al., 1978, 実験1）の手続きを用いて、参加者はケイティ・バンクスの窮状のテープ録音されたニュースを聴いているとき、ケイティが自分の状況についてどう感じているかを想像する（他者を想像する条件）か、ニュースを印象深いものにする放送技法を観察する（観察条件）かした。その後で、参加者はある記憶課題をすることになり、この課題に成功すると5ドルがケイティを援助するために設立された財団に寄付されると告げられる。ある参加者はこの記憶課題がやさしいと信じ込まされているが、他の参加者はそれが難しいといわれている。心臓血管の反応の測度（いちばん関係があるのは心臓収縮期の血圧——SBPである）が、記憶課題を始める前の待機のときに取られた（参加者はまだ実際には課題をやっていない）。

(a) 視点取得は、明らかに援助を必要としている相手への共感的配慮を増す (b) 共感的配慮は援助の動機づけを高めるという仮定にもとづいて、ライトたちは以下のような予測を立てた。第1に、他者を想像する条件の参加者は、記憶課題が難しい場合にそれがやさしい場合よりも、SBPの高まりを見せるはずである（ベースラインと比較して）。共感的配慮が引き起こされ、このことから援助の動機が作られると、他者を想像する条件の参加者は、そうするのに必要なエネルギーがどれほどであれ、それを動員するはずである。第2に、観察条件の参加者は、共感的配慮をあまり感ぜず、援助の動機づけも低く、援助行動の難しさにかかわらず、SBPの増加は少ないはずである。結果はこうした予測とマッチしていた。SBPの増加は、他の3つの条件にくらべて、他者を想像する／難しい課題の場合に有意に高かった。こうした結果は、共感的配慮が援助の動機づけを増すという考えと大変よく一致しているように思われる。しかしながら、この実験結果の解釈にはいくらかの疑念がもたれる。というのは、報告されたケイティへの共感的配慮は、2つの観察条件を含めて、すべての条件で比較的に高いものであったからである。ライトほか（1990）は、自分たちの用いた自己報告式の共感的配慮の測度は感度が悪かったかもしれず、

自分たちの共感の視点取得の操作が成功しなかった可能性を完全には否定できないと示唆している。

ドヴィデオ、アレン、シュレーダー（Dovidio, Allen, & Schroeder, 1990）

最後にドヴィデオほか（Dovidio, 1990）の実験では、共感的配慮を引き起こすことが、援助の一般的な傾向を活性化するだけでなく、共感を感じた相手の特定の必要を緩和させるような援助をする動機づけも増すことが示された。コークほか（1978, 実験1）が用いたのとほとんど同じ視点取得の操作を使って、ドヴィデオたちは最初に若い女性のトレイシーに対する、低・高どちらかの共感的配慮を引き起こすことに成功した。トレイシーは、次の２つの問題のどちらかを抱えているとされている。(a) 自分の優等卒業研究を助けてくれる学生を集めること (b) 大学の委員会のために情報を収集してくれるボランティアをみつけること。参加者はトレイシーがさらにもう一つの問題も抱えていると教えられるが、この２つ目の問題については何の共感も引き起こされない。次に、低・高共感的配慮条件それぞれの参加者の半数の者には、共感的配慮が引き起こされた最初の問題について援助する機会が与えられた。残りの半数の者には、２つ目の問題について援助する機会が与えられた。

共感が引き起こされた問題にかかわりなく（優等卒業研究・大学の委員会）、結果は同じであった。それぞれの問題について援助する機会を与えられた参加者の中で、高共感条件の参加者は低共感条件の参加者よりも、援助することが多い傾向があった。しかし、共感が引き起こされなかった２番目の問題で援助する機会を与えられた参加者では、高共感条件の参加者は低共感条件の参加者よりも、より多くの援助をする傾向があるとはいえなかった。こうしてこの実験の結果は、共感的配慮によって引き起こされた援助の増加は、善いこと・道徳的なこと・格好の良いことをしようとする一般的な衝動から生まれるのではなく、共感が感じられている相手の特定の必要を緩和させようとする衝動から生まれてくるという考えを支持している。

共感的配慮が援助行動に与える効果が必要特定的であるように見えるにもかかわらず、この結果は一般化でき、同じ必要あるいは類似した必要をもっている相手への援助が増加するといえる。オスワルド（Oswald, 1996）は、こうした一般化が、アメリカの民族的に多様な夜間学校の学生について見られること

を示している。

結論

ここで見てきた研究の証拠を総合すると、確かに共感 – 援助行動の関係があることを示している。援助を必要としている相手に共感的配慮を感じることは、この相手の必要を緩和させるような援助の可能性を高める（Davis, 1994; Eisenberg & Miller, 1987 の展望論文でも同じ結論に達している）。この証拠は、共感 – 利他性仮説を支持するものであるように思われる。しかし、この仮説と一致しているからといって、この証拠が仮説を本当に支持しているとはいえない。共感的配慮が援助行動を増すことが見出されているが、このことは共感的配慮が援助しようとする動機づけを作り出すことを教えてくれるけれども、この動機づけの性質については何も教えてくれない。共感 – 利他性仮説は、共感的配慮が利他的な動機づけを作り出すことを主張している。この主張に応じた証拠は、いまのところ示されてはいないのである。

共感 – 利他性仮説に代わる利己的な仮説

ここまでのところ、私は共感 – 利他性仮説をあたかも本当であるかのように扱ってきた。しかし、共感的配慮は利他的な動機づけを作り出すだけでなく、利己的な動機づけをも作り出すであろう。共感 – 利他性仮説へのもっともと思われる利己的な代替仮説はたくさんある。この章の前の部分で論じた援助行動への利己的動機づけの3つの様式のそれぞれは、共感 – 援助行動関係の説明として提案されたものである。

共感特定的な報酬

1つの提案は、共感によって作り出された援助への動機づけは利他的なものというよりは、物質的・社会的・自己的な報酬を入手しようとする利己的な目標に向けられているというものである。この説明によれば、共感を感じた際により多くの援助をするのは、賞賛とか名誉、プライドなどのかたちの、援助に

伴う特定の報酬があることを知っているからだということになる。

　こうした議論の先駆を、「はじめに」で引用したラ・ロシュフコーの箴言、「まったく私欲のない愛情といえども、結局のところはある種の取引であって、何とかして、自分自身への愛情が勝利者となることがもくろまれている」(1961,『箴言集』82)」に見ることができる。バーナード・マンデヴィル(Mandeville, 1714/1732)は同じ考えに立って、「生きているもっとも謙遜な人間は、有徳な行為の報酬はその結果としての満足であり、自分自身の価値を思い描くことで手にすることのできる確かな快楽の中に含まれている、と告白しなくてはならない」(p.43)と述べた。

　どちらの引用も、援助への一般的な動機づけとしての社会的報酬、特に自己的報酬の役割を指摘している。しかしながら、もし共感的配慮を感じることと結びついて援助が増すことを説明しようとするのであれば、共感に特定した動機づけを仮定することが必要である。援助と結びついた一般的な報酬に訴えるだけでは十分ではない。援助者が共感的配慮を感じている場合に、援助行動がとりわけ報酬的であるのでなければならない。この共感特定的報酬仮説として、3つの異なる説明が提案されてきた。

　そのもっとも一般的な説明は、われわれは共感を感じる相手に援助することに伴って報酬が与えられることを社会化の過程を通じて学習すると主張する。こうした報酬は、他者からの特別な賞賛の様式、あるいは自分自身へのプライドという特別の感情である。こうしたことが事前に学習されていると、共感的配慮を感じたときにはこうした特別の報酬を考え、そうした報酬を手にするために援助をすることになる。このテーマのさまざまなバリエーションが、トンプソンほか(Thompson, Cowan, & Rosenhan, 1980)とバトソン(Batson, 1987)によって指摘されている(Meindl & Lerner, 1983 も参照)。

　共感特定的報酬仮説の2番目の説明は、スミスほか(Smith, 1989)によって提案されている。彼らはそれを共感－喜び仮説と呼んでいる。共感－喜び仮説によれば、共感的配慮を感じて援助をするのは、役立つ、思いやりある者として自分を見たり、他者からそう見られたりする報酬を手にするためではないという。それよりもむしろ援助をするのは、援助を必要としている相手がその必要が除かれた際に経験する喜びを、代理的に共有するという良い感情を得るためであるという。共感的配慮は、共感的喜びの機会に意識的になるように刺激する。「援助の受け手からのフィードバックによって運ばれてくる、共感的喜

びについての見通しは、援助に共感的に立ち会う特別の傾向にとって基本的なものであると考えられる。…他者の苦痛に共感的配慮を感じている立会者は、幸福になるために援助するのである」(Smith et al., 1989, p. 641)。

　共感特定的な報酬仮説の3つ目の説明は、特別の報酬と結びついているというよりも、共感的配慮は援助と結びついた一般的な報酬への特別の必要と関連しているという。飽食している者よりも空腹な者が食べ物に価値を置くのと同じように、共感的配慮を感じる際に起きてくる報酬への特別の必要が、援助行動をより魅力的なものにし、そうした行動をとりやすくさせる。チャルディーニとシャラーほか (Cialdini, Schaller, Houlihan, Arps, Fultz, & Beaman, 1987) は、否定的状態緩和仮説を提案している。彼らは、共感的配慮を経験する者が、自分自身が否定的な感情状態（一時的な悲しみと嘆きの状態）に置かれると主張している。この否定的な状態は、よりよく感じるようになりたいという必要を作り出し、この必要が共感的に引き起こされた者に援助をさせる。「というのは、援助行動には大半の正常に社会化された成人にとっての報酬的な要素が含まれているからである。…［そして援助行動は］気分を回復させるように道具的に用いることができる」(Cialdini et al., 1987, p. 750)。

　これら3つの共感特定的報酬仮説のそれぞれの説明によれば、共感的配慮は、共感 - 利他性仮説が主張するように、共感を感じている相手の苦境を緩和しようとする利他的な欲求のゆえに援助行動の増加を導くことはないという。むしろ、共感的配慮の感情は肯定的で報酬的な経験を手にしようという利己的な欲求のために援助行動を増すのであるとする。

共感特定的な罰

　共感 - 利他性仮説への利己的な代替仮説として大別される2つ目は、物質的・社会的・自己的な罰の回避に焦点を当てたものである。この説明によれば、共感的配慮を感じた際により多くの援助がされるのは、恥や罪悪感、非難のような様式の特別の罰が、共感を感じている相手を援助することに失敗したときに与えられることを知っているからである。

　マンデヴィルは、援助の動機づけにおける罰の回避の役割を生きいきと描いている。「何も知らない赤ん坊が火に落ち込もうとしているのを助けるのには、何のメリットもない。この行為は善でもなければ悪でもない。そこにはこの幼

児が受け取る利益があるにしても、われわれはただ義務感にかられてそうする。赤ん坊が落ちていくのを見て、それを防ごうとしないとしたら、それが心の痛みの原因になる。自己保存の本能がわれわれにこの事故を防がせるのである」(Mandeville, 1741/1732, p. 42)。これほど生きいきとはしていないが、同じことをジョン・スチュワート・ミル (Mill, 1861/1987) は、外的な制裁である「自分の仲間、宇宙の統治者から不快に思われる恐怖」を避けるために、あるいは内的な制裁である「同情から、愛情から、そしてそれ以上に恐怖からもたらされる…心の痛み、…良心のエッセンス」(pp. 299-300) を避けるために、われわれは他者への自身の感情によって行動するのだと示唆している。フロイトはこれと似た分析を『文明とその不満』(Freud, 1930) で示している。

　もう一度いうと、予想された罰が共感的配慮によって作られた援助行動の増加を説明するのだとすると、こうした罰は、ありとあらゆる援助の失敗と結びつくものではありえない。これが結びつくのは、共感を感じた相手についての援助に失敗するという特定の場合だけでなければならない。現代の心理学では、共感特定的罰仮説については2つの説明が提案されている。アーチャーほか (Archer et al., 1981) によって導入された第1の説明では、社会的に執行される罰に目が向けられている。この説明では、共感的配慮が援助を増すのは、共感的感情が報告された後で、この感情に沿ったやり方で行動するのに失敗したときには、他者からの否定的な評価がされると予想されるからである。

　ドヴィデオ (Dovidio, 1984)、バトソン (Batson, 1987)、それにシャラーとチャルディーニ (Schaller & Cialdini, 1988) によって提案された第2の説明は、自己的な罰に焦点が当てられている。この説明では、われわれは社会化の過程を通じて、共感的配慮を感じると援助についての特別の義務感が導入され、その結果として、もし援助をしない場合には、自己施行的な恥や罪悪感を感じるということを学習するとされる。こうした事前の学習がされているので、われわれは共感を感じると、共感特定的な自己的な罰が迫っていることを考え、それを避けるために援助するということになる。こうした共感の感情をもっているのに、援助しないのはどういう人間なのだろうかと自問する。こういう種類の人間であると認めるのを避けるために、われわれは援助するのである。

嫌悪的な喚起の低減

　古典哲学と現代心理学の双方で、共感的配慮と結びついた援助の動機づけについての利己的な説明としていちばん広く知られているのは、嫌悪的な喚起の低減を目標とした動機づけである。この説明によれば、共感を感じるとより多くの援助をするのは、共感的配慮を感じるのが不快で嫌悪的な情動の状態であって、そこで自分自身の嫌悪的な共感の喚起を低減させることを望むからであるとされる。援助をすることで、嫌悪を感じる原因となっていた刺激を消してしまうという利益が得られる。

　一見するとこの嫌悪喚起低減仮説は、否定的状況の緩和を基にした、共感特定的報酬仮説の3番目の説明とよく似ているように見える。実のところは、これは全く別のものである。どちらの説明も、共感的配慮の感情は不快で否定的な情動の状態であるという命題からスタートしている。しかしこの共通のスタートから、2つは別々の道をたどる。否定的状態緩和の説明では、そこで生まれている動機づけは気分を高揚させる報酬をつけ加えることを目標とするものであり、それはわれわれが援助行動と結びつけて学習したものである。これに対して、嫌悪喚起の低減の説明では、動機づけは否定的な感情そのものの除去を目標として方向づけられていて、援助行動はこの一つの方法である。

　嫌悪喚起の低減による共感−援助行動関係の初期の説明がアクィナスにあり、次のように論じている。「誰かに憐れみを感じるという事実から、その他者の苦痛がこちらを悲しませるということがわかる。そして悲しみや悲嘆は自分自身の悪い状態についてのものであるから、他者の苦痛を自分自身のそれとして見る限り、人は他者の苦痛を悲しみ嘆く」(Aquinas, 1270/1917, II-II, 30, 2)。

　現代の心理学では、嫌悪喚起低減仮説はドヴィデオ (Dovidio, 1984)、ホフマン (Hoffman, 1981b)、ホーンスタイン (Hornstein, 1978)、カリロフスキー (Karylowski, 1982)、クレブス (Krebs, 1975)、それにピリアヴィンとピリアヴィン (Piliavin & Piliavin, 1973) によって、共感的配慮と結びついた援助の増加の説明として提案されてきた。これらの著者たちはそれぞれ、苦境にある誰かに共感的配慮の感情をもつことでわれわれも苦境におちいり、自分自身の苦境を和らげる道具的手段として、相手の苦境を和らげるよう行動すると示唆している。ホフマン (1981b) はこのことを簡潔に、「共感的苦痛は不快であって、犠

牲者を助けることは通常、この原因を除く最善の方法である」(p. 52) と述べている。

共感的配慮によって作り出された動機づけが利他的か利己的かを決めるのに、そこで可能な行動の独自の構成を用いる

　さまざまな可能性があるのだが、共感的配慮によって作られた援助への動機づけの説明として、その中のどれが正しいのかをどうして知ることができるのだろうか。共感‐利他性仮説だろうか、あるいはそれについての利己的な説明のどれかもしくはいくつかだろうか。私の知る限りでは、こうした動機づけを直接に評価する——すなわち、最終目標を直接に決める——方法は知られていない。動機の強さについてのいくつかの生理的指標——依然としておおざっぱである——はあるが、一般的な接近・回避傾向の指標 (Davidson, 2000) を除いては、動機づけの性質についてのおおざっぱな生理的指標でさえもまだないのである。なぜそのように行動するのかについての自己報告を信じることもできない。1章に記したように、人びとは自分の本当の動機について知らない——報告できない——ようであり、このことは援助を必要としている誰かを援助する本当の動機について特にいえることである。にもかかわらず私は、共感によって作られた援助への動機づけが利他的なものか、利己的なものかを決めることはできると信じている。

　日常生活の中で、他人の動機の性質を評定しようとするやり方を考えてみよう。たとえばスージーとフランクの場合を考えたいが、2人は同じオフィスで働いている。月曜日の朝、音楽好きのスージーが資産家だが家庭的なフランクにいつになく思いやりがあった。フランクは、「ぼくのお祈りがかなったのかな。スージーがやっとぼくの魅力に気づいたのかな——それとも彼女は失恋して、この週末にぼくにコンサートにつれていけということなのかな」と考え込んでいる。フランクはスージーの動機づけの性質、最終目標を疑問に思っている。希望的な推測からいろいろ補うとしても、このままでは彼は推測をするための情報を欠いている。しかしもし、スージーがランチから帰ってきてメールを開いてみて、彼女の父親がコンサートの券を2枚送ってくれたことを知ったとしたら、どうなるか。彼女がフランクの脇を冷たく通り越して、ジョンを招待したとしたら、フランクはかなりの確信——そして残念さ——をもって、彼

女の先ほどの思いやりの最終目標を推測できることになる。

　この単純な例は、相手の動機づけを推測する際に重要な3つの原理に気づかせてくれる。その第1は、他者の目標や意図は直接には観察できず、相手の行動からそれを推測するということである。第2に、2つのありうる動機の最終目標に到達する可能な手段として行動を観察するとしても、このやり方ではどちらの動機がその行動を作り出したのかは知ることができない。これは2つの未知数があるのに方程式が1つしかないようなもので、明快な答えは出てきようがない。第3としては、もし条件が変わって、その行動がもはや一方の動機の最終目標に到達する最善の手段ではない場合には、その相手の行動を観察することができれば、その底にある動機について合理的な推測をすることができる。もしそれが相手の動機だとすれば、相手はそれ以上の行動には出ないはずである。

　他者の行動の底にある動機を推測する方略を日常生活で使うことについては、帰属論者たちによってくわしい議論がされてきている（例えば、Heider, 1958; Jones & Davis, 1965）。そこではこうした方略は、学生が本当に興味をもっているのか、良い成績がほしいだけなのか（成績が出てしまってからの学生の興味に何が起こるのか）、友人はなぜほかの仕事よりもある仕事を選ぶのか、政治家が言ったことが文字通りなのか、それとも票が欲しいだけなのか、などを推測をするのに使われている。

　こうした例から一般化して、行動から動機の性質を推測するには2つのステップが必要のように思われる。その1つは、行動についてのありうるさまざまな動機について概念的分析をしなくてはならない。ある目標がその人のねらいとしてあるだろうという考えがなければ、そうだったと結論できる可能性はほとんどない。フランクは、スージーが彼よりもコンサートに関心があったと知ることになる。2つ目には、一方の動機の最終目標に到達するいちばん効果的な手段であり、他方の動機にとってはそうではない行動を相手がする意欲を観察する必要がある。ランチの後では、フランクはもはやスージーにとって、コンサートにいくもっとも効果的な方法ではない。こうした複数の環境下での行動は、診断的な意味をもっているのである。

　現在考えている問題にこの2ステップの方略を適用してみると、その第1ステップはすでに終わっている。共感－援助行動関係の底にあると思われる7つの動機——共感によって誘発された利他性と6つの共感特定的な利己的動機

——をすでに確認した。(6つの共感特定的な利己的動機とは、共感特定的報酬仮説についての3つの説明、共感特定的罰についての2つの説明、それに嫌悪喚起低減仮説である。)

そこで、2ステップ目に踏み出す必要がある。まずは、共感的配慮を感じている人と感じていない人について、その行動がどんなときに、6つの利己的な動機の1つあるいは複数の動機の目標を達成するのにもっとも効果的な手段であって、共感がもたらした必要を除くという利他的な目標を達成するのには効果的な手段ではないのか、その逆はどんなときかを観察する必要がある。5章では、まさにこの点をとり上げるようにデザインされた30以上の実験を検討する。

しかしながら、この2つ目のステップをとる前に、6つの利己的な動機の1つあるいは複数のそれの目標を達成させるけれども、利他的な動機についてはそうでない（あるいはこの逆の）、さまざまな可能な行動を注意深く検討する必要がある。こうした行動は、共感－利他性仮説に対立するさまざまな利己的な代替仮説を検討するのに用いる行動となるであろう。共感によって誘発された利他性と結びついた行動、そして相手が援助を必要としていることを知覚したことから引き起こされる利己的動機づけの3つの一般的様式とも結びついた行動の独自の構成については、すでに検討を加えた。ここでは、さらに限定された議論が必要である。

共感誘導的な利他性とさまざまな利己的なそれに代わるものと結びつく可能性のある行動が、表3.1の「行動」の欄に示されている（「行動しない」はこの表では除かれているが、それはこのことがどの場合にも可能な行動であって、どの動機が作用しているかを推測する基礎にはならないからである）。以下ではそれぞれの行動を順に取り上げて、その診断的な可能性を検討することにしよう。

援助行動

援助行動をすることは、表3.1で考慮されている利他性と利己性の7つの動機のそれぞれの目標を達成するのに適した方法である。このことは別に驚くことではなく、表にあるそれぞれの動機は、共感的配慮によって作り出される援助の増加を説明するために提案されたものだからである。しかし、動機が異な

るので、援助をもたらす条件には違いがある。この際にカギとなる条件は次の3つである。(a) その人の援助が他者の必要を効果的に取り除くか (b) 自分の援助が効果的に必要を取り除いたとわかるということをあらかじめ知っているかどうか (c) 他の人びと（たとえば、援助を必要としている者・第三者）が自分に援助の機会があることを知っていると思うかどうか。

効果性

表3.1に示したように、共感的配慮によって作り出された動機が利他的なものであるとすれば、この動機を満たすためには、援助は効果的なものでなくてはならない。そうでなければ、利他的な動機の最終的な目標——共感によって喚起された必要の除去——は達成されない。共感的喜びを得たり、嫌悪的な喚起を低減したりのどちらかが動機である場合にも、援助行動は効果的であるべきであり、それは他者が依然として窮状にある（援助が効果的でない）と知った場合には、このどちらの目標も達成されないからである。しかしながら、援助の報酬を得ることが動機である場合（共感特定的な報酬仮説の1と3）、あるいは援助しないことの罰を避けることが動機である場合（共感特定的な罰仮説の1と2）には、効果のないことが正当化される限りでは、援助は効果的である必要はない。前に記したように、援助には報酬が、援助しないときには罰が与えられる場合には、真剣な援助の試み（「考え」）が意味をもつことになる。

フィードバック

動機が利他的である場合には、援助の努力が有効かどうかのフィードバックを受け取ることが望ましいであろう（ダーツで的に当てようとしている際には、それがうまくいったかどうか知りたいだろう）。しかしながら、スミスほか (Smith et al., 1989) が指摘したように、フィードバックを受け取ることは、共感的喜びを経験するという目標を達成するには欠かせないことである。代理的に喜びを共有するには、相手が必要が除かれたことを喜んでいると知らなければならない。これ以外の利己的な動機では、利他性の場合と同じように、フィードバックは望ましいことではあるが、不可欠ではない。

他者の気づき

動機が利他的であった場合には、ほかの人びとが自分の援助の機会について

表 3.1 さまざまな共感に誘導された動機と結びついた行動

動機	援助する	他人に援助してもらう	状況からの逃走	ほかの報酬を受けとる	認知的干渉による反応潜時
利他性	はい（効果的でなくてはならない）	はい（効果的でなくてはいけない）	いいえ	いいえ	はい、犠牲者の必要に関連した認知について
利己的な代替仮説					
報酬追求的					
バージョン 1：援助行動への報酬	はい（効果的であり、結果が知られていなくてはならない）	いいえ	いいえ	おそらくは	はい、報酬に関連した認知について
バージョン 2：共感的喜び	はい（効果的であり、結果が知られていなくてはならない）	はい（効果的であり結果が知られていなくてはならない）	いいえ	いいえ	はい、犠牲者の必要に関連した認知について
バージョン 3：否定的状態の緩和	はい（効果的である必要はない）	はい（効果的である必要はない）	いいえ	はい	はい、報酬に関連した認知について
罰回避的					
バージョン 1：社会的評価	はい（公的な場合：効果的である必要はない）	はい（効果的でなくてはならず、正当化できなくてはいけない）	はい（援助しなかったことが正当化できる場合）	いいえ	はい、社会的罰に関連した認知について
バージョン 2：自己評価	はい（効果的でなくてはいけない）	はい（効果的でなくてはならず、正当化できなくてはいけない）	はい（援助しなかったことが正当化できる場合）	いいえ	はい、自己的な罰に関連した認知について
嫌悪的な喚起の低減	はい（効果的でなくてはいけない）	はい（効果的でなくてはいけない）	はい	いいえ	不明

注）それぞれの記載は、「この行動（表の上欄）はこの動機（表の左端）の最終目標を達成するのに役立つ手段ですか」という質問についての反応である。

知っているかどうかは、無関係であるはずである。この場合の最終目標は、共感的配慮を引き起こした必要の緩和であって、他者の目から善く見えることでも、悪く見えるのを避けることでもない。とはいっても、動機が社会的報酬を手にすることにある場合には、この気づきは欠かすことができない。否定的な社会的評価を避けることが動機である場合にも、この気づきは必要である。誰も援助の機会について知っていないとしたら、社会的な尊敬を増すチャンスはないし、社会的非難を恐れる必要もない。自己的な報酬を手にしたり、自己的な罰を避けたり、嫌悪的な喚起を低減させるためには、他者の気づきは欠かせないものとはいえない。

他人に援助してもらう

他人に援助してもらい、その援助が効果的であることは、共感的配慮によって引き起こされた動機が利他的なものである場合に、有効な行動である。この行動が有効であるのはまた、動機が (a) 他者の苦痛に立ち会ったことで引き起こされた自分自身の嫌悪的喚起を低減させる (b) 共感的喜びを経験する（他人の援助が効果的であったというフィードバックを受け取る限りで） (c) 否定的状態が緩和される（「ハッピー・エンド」は気分を高揚させる肯定的な効果をもたらすはずである）場合である。さらにそれは、最初に援助しなかったことを正当化することができる限りで、社会的・自己的な罰を避ける有効な方法である。しかし、他の誰かに援助してもらうのは、手助けすることについての社会的・自己的な報酬を手にする方法としては有効ではない（共感特定的な報酬仮説のバージョン1）。こうした報酬を得るには、自分自身が援助者にならなくてはいけない。

逃げること

援助しないでそれが必要とされる状況から逃げるのは、動機が利他的である場合には、有効な行動ではない。動機が報酬を得ることである場合も——援助への報酬・共感的喜び・否定的状態の緩和のいずれであっても——、逃げるのは有効ではない。しかしながら前に議論したように、社会的罰・自己的罰を回避すること（援助に失敗したことが正当化できる限りで）と、援助を必要とし

ている相手の苦痛に立ち会ったことから生じた嫌悪的な喚起を低減させることのいずれかが動機である場合には、逃げるのは有効な行動である。

他の報酬を受けとる

共感的配慮の感情から作り出された動機が利他的なものである場合には、別の報酬を受けとることは有効なやり方ではない。このやり方では他者の必要を除くという最終目標に近づくことはできない。このときの動機が、共感的喜びを経験することであったり、社会的罰や自己的罰を避けることであったり、さらには自分自身の嫌悪的な喚起を低減することであったりする場合にも、他の報酬を受けとることは有効ではない。しかしながら、否定的な状態の緩和という最終目標を達成するためには、これは有効なやり方である。否定的状態低減仮説によれば、気分を高揚させる肯定的な感情を作り出すどのような経験であっても、それは共感的配慮と結びついた動機を満足させるはずである。これほどはっきりはしていないが、他の報酬を受けとることはまた、援助者であることへの報酬を手にすることが動機である場合（共感特定的な報酬仮説のバージョン1）には、有効である。他の報酬を受けとることは、援助者としての報酬が与えられることではないが、援助することから得られる報酬を含めて、一般的な報酬への要求を低下させるだろう（Aderman & Berkowitz, 1970 を参照）。

認知的干渉による反応の潜時

表3.1に載せた最後の行動は認知的干渉による反応の潜時だが、これについてはこれまで触れてこなかった。それは、目標を達成するのに潜時が道具的なものではないとか、それが日常生活では観察されないとかいう理由からではない。この現象は、刺激を注意深く構成して提示でき、厳密な反応時間の測度を手に入れることができる実験室的な状況でだけ観察される。この潜時の考えは、特定の目標を達成しようと動機づけられると、この目標に関連したことを考えるだろうということである。そのために、刺激の中にこの考えを思い起こさせるものが埋め込まれていて、それとは関連がないことの判断を求められる場合には、この埋め込まれた思い起こさせるものが参加者を混乱させ、その判断を妨げたり、判断に要する反応時間が長くなったりということが起きる——つま

り、潜時が増すのである。

　ストループ課題（Stroop, 1938）は、認知的な干渉による潜時を評定する技法の一つである。ストループ課題では、参加者にある考えを主題になるようにした後で、いろいろな単語が印刷してあるインクの色名を、できるだけ早く言ってもらう。ある単語は主題である考えと関連したもので、別の単語は関連のないものである。参加者は、単語の内容を処理することから逃れられない――そのように見える――ので、内容が主題と関連している場合には、そこに干渉が生じて、色名呼称の反応に遅れが出て、結果として潜時が長くなる。

　このように間接的で人工的なものであるにもかかわらず潜時反応は、共感的配慮によって作り出された動機が利他的なものである場合には、1つを除くすべての利己的な代替仮説のパターンとは別のパターンを示すと期待できる。動機が利他的なものである場合には、最終目標は共感によって引き起こされた必要の除去であるから、この必要についての考えとつながる単語は、その単語が印刷されたインクの色名呼称の潜時が長くなるはずである。単語がその必要とつながっているために色名呼称の潜時が長くなる唯一の利己的な代替仮説は、共感喜び仮説である。他者の必要が除かれたことを知っていることが共感的喜びにとって不可欠であるので、共感的喜びを求める者は他者の必要についての考えが主題となるはずである。

　共感特定的な報酬仮説の別の2つのバージョン（1と3）では、与えられる可能性のある報酬とつながる単語（たとえば、賞賛）についての色名呼称の潜時が長くなるはずである。共感特定的な罰仮説の2つのバージョンでは、与えられる可能性のある社会的罰と自己的罰と結びついた単語（たとえば、恥・罪悪感）の色名呼称の潜時が長くなるはずである。自分自身の嫌悪喚起を低減させる動機での色名呼称の効果は、不明である。嫌悪喚起の低減の最終目標は新しい状態が存在することではなく、現在の状態を除くことである。それに加えて、現在の状態は情動的なものである。そこで、どの考え（なにかあるとして）が干渉の原因になっているのかは明確ではない。こうしたことのために、自分自身の嫌悪的喚起の低減の動機を検出するのに、認知的干渉の潜時はおそらくは役立たないであろう。

　表3.1に載せられた結果を見てみると、一つで6つの利己的な代替仮説の全部を共感によって誘発された利他性から区別できる行動や条件はないことに気づく。一方で、利己的な代替仮説のそれぞれには、利他的な予測とは違った少

なくも一つの行動あるいは条件がある。共感的配慮の効果を、こうした条件下での一連の行動のセットで見ることは、診断的な価値をもつはずであって、そうすることで共感によって作られた動機の最終目標——あるいは性質——が明らかになる。共感によって誘発された利他性がもたらす3種の行動のコストと利益とをハカリにかける分析が見かけ上あいまいであることと、これらの行動が共感によって誘発された利己的な動機による可能性のある行動と重なり合っていることとは、結局のところそれほどあいまいではないことがわかる。可能な共感によって誘発された利己的動機をはっきりさせ、それぞれと結びついている行動の独自の構成に注目することで、われわれは一連の行動あるいは条件を確認してきた。それによって、共感的配慮によって作り出された動機づけが利他的か利己的かを推測することができるであろう。

順次の検証

　表3.1の行動と条件の中のどれも、6つの利己的な代替仮説すべてに対して共感-利他性仮説を明確に検証できないのは、ビックリすることではない。それぞれの代替仮説は、別々の心理的過程を伴っている。もちろん最終的には、利己的な代替仮説全部に対して共感-利他性仮説を検証するのが目標である。そうするには、一連の行動と状況を同時に考慮した実験をするか——これは行い難いし賢明ではない——、あるいは利己的な代替仮説に対して共感-利他性仮説を一つひとつ検証していく一連の実験をするかのどちらかが必要である。この後者の方略をとるとすると、ある利己的な代替仮説の検証から別の検証に移る場合に、注意が必要である。実験的な状況は研究間で結果を集計できるように比較可能でなくてはならない。比較の可能性を保つのに最善の方法は、共感を導入するのに同じ必要状況と手法とを用い、利用できる行動と関連する状況だけを変えることである。これと同時に、どの特定の代替仮説を検証するのにも、共感的配慮の喚起に異なる必要状況と手法——可能であれば別々の行動と条件——を用いた複数の実験で検証することが重要である。

要約と結論

これまでの最初の3章では、共感-利他性仮説を基にした利他的動機づけの理論を示してきた。図1.1に示し、1章で展開したこの中心的な仮説は、簡潔に、共感的配慮の感情が利他的な動機づけを作り出すことを述べている。共感的配慮は、援助を必要としている他者の福利を知覚することによって引き出され、それと適合する他者指向的な情動として定義される。利他的な動機づけは、他者の福利の増加を最終目標とする――あるいはここでの文脈からすると、共感を喚起している必要の除去を最終目標とする――動機づけの状態のことである。

この中心的な部分に加えてこの理論は、共感的配慮の先行要因と利他的な動機づけの行動的な帰結との双方を特定する。図2.1で示し、2章で展開したように、共感的配慮の2つの先行要因が提案された。それは、(a) 他者を援助が必要な者と知覚すること (b) 他者の福利を尊重すること である。図3.1に示し、本章で展開したように、利他的動機づけに可能な行動的な帰結としては、(a) 援助する (b) 他の誰かに援助してもらう (c) 何もしない の3つがある。この3つの行動のどれが起きるかは、利他的動機づけによるだけでなく、利他的動機づけによって刺激されたコスト-利益分析にもよることである。この分析は、それぞれの可能な行動についてコストと利益とをハカリにかけることである。

共感によって誘発された動機づけについてのコスト-利益分析で考察された行動と、共感的配慮によって作られた援助への動機づけを高めることの説明として提案されてきたそれぞれの利己的な動機のコスト-利益分析で考察された行動とを比較すると、共感によって誘発された利他性を診断するのに役立つ一つだけの行動はないことが明らかになる。そうはいってもこの比較はまた、利他的な可能性と利己的なそれとを行動のレベルで区別できることも明らかにしており、それは利己的な代替仮説のそれぞれが利他的な動機づけと、少なくも一つの行動との関連において異なるからである。

図3.2は、こうしたそれぞれの部分――共感的配慮の先行要因・共感的利他性の中心部分・行動的帰結――をまとめて理論の全体像を示したものである。

理論の全体像が得られ、利己的な代替仮説についても示唆することができたので、共感的配慮が利他的な動機づけを作り出すという主張が、実際に本当かどうかを検討するときである。第Ⅱ部ではこの問題が扱われる。

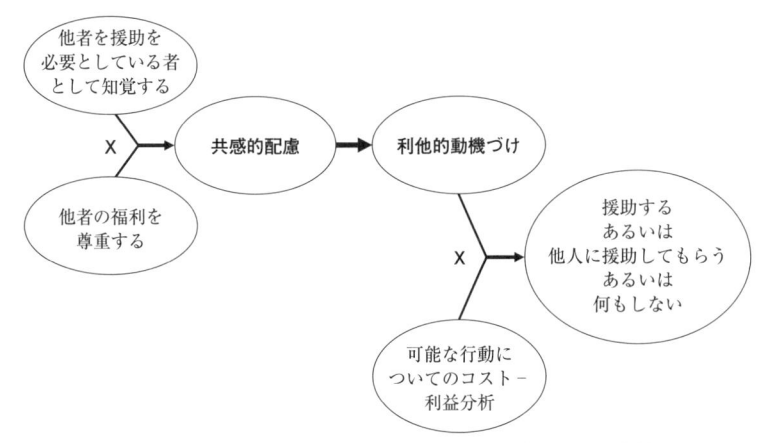

図 3.2　共感によって誘発された利他的動機づけ理論の全体図

第Ⅱ部
実証的証拠

　第Ⅰ部では、共感 - 利他性仮説を基にした利他的動機づけの理論を提示した。第Ⅱ部では、この仮説を検証するように計画された実証的研究について考える。最初に4章では、共感 - 利他性仮説を支持あるいはそれに反対する適切な証拠が、たとえそれが心温まるあるいは英雄的なものであっても、なぜ援助の事例から引き出すことができないのかを説明する。このための適切な証拠を手にするには、援助行動の動機の性質を推測することができる実験的なデザインが必要である。5章と6章とでは、この点についての手元の証拠を要約する。5章では、共感 - 利他性仮説を、3章で確認した6つの利己的な代替仮説と対比させて検討した研究を中心に検討する。6章では、共感 - 利他性仮説に対する2つのさらなる挑戦に注目し、このそれぞれに関連する研究をレビューする。

実験の出番 4

　利他性の証拠を探すときに、多くの学者たちは——そして学者でない多くの人びとも同様に——、英雄的な援助の事例に注目する。こうした事例では、個人あるいは有機体が自らに相当のコストを負いながら、他者の利益のために行動している。引用される事例は典型的には、次にとり上げる事例の一つないしいくつかであり、あるいはそれによく似た事例である。そうした事例が明らかにしているように、そこで他者に対してなされたことは、本当に目を見張らせるものである。

英雄的な援助の事例

ホロコーストの救援者

　最初は、ナチス時代のヨーロッパでのユダヤ人の救援者である。アンネ・フランクとその両親をかくまったミップ・ギース（Gies, 1987）のような人びとは、来る日も来る日も、何か月も、ときには数年にもわたって、自分自身の命を——また愛する人びととの命を——危険にさらした。ユダヤ人をかくまうことが危険であったばかりでなく、不十分な食糧を分け与え、かくまって生活する不便に耐え、一人あるいはそれ以上の目に見えない家庭内のメンバーの必要に応じて世話をする時間に費やすという点で、それはきわめてコストのかかることであった。ドイツの実業家オスカー・シンドラーが、ポーランドに住む何千人ものユダヤ人を救ったのは、賞賛に値することである。いずれにせよ賞賛に値するのは、スエーデンの外交官ラウル・ワレンバーグが、ハンガリーの10万人にも及ぶユダヤ人を、アイヒマンの最終的な解決策から救うことに責任をもったことである。

聖人と殉教者

　宗教的な人物もいる。1997年に亡くなるまでマザー・テレサは、死に瀕しているカルカッタの貧者の中の最貧者たちのために何年も宣教師として過ごし、何千人もの人びとの世話をし、彼らに慰めをもたらした。「慈悲の天使」と呼ばれ、彼女は1979年にノーベル平和賞を受けている。彼女は亡くなる以前にすでに、多くの人びとによって聖人と考えられていた。マーティン・ルーサー・キング・ジュニア牧師は、アメリカにおける人種の平等と正義という彼の夢を倦むことなく求めて、1968年に殉教した。彼はその切望の地に達することはなかったが、1955年から1956年のアラバマ州モンゴメリーでのバス・ボイコットを手始めに、1963年のワシントン大行進を経て、その後の勇敢な努力は、その夢をより身近なものとする助けとなった。彼もまた、1964年にノーベル平和賞を受賞している。

兵士・警察官・消防士・救助隊員

　ベトナムのアメリカ兵士に対する米国議会の名誉勲章を与えられた207人の中で、63人は爆発装置、多くの場合は手榴弾から他の人びとを守るために自分の身体を自発的に使ったのだった。63人の兵士の中の59人は結果として亡くなった（Blake, 1978）。2001年9月11日の世界貿易センター・ビルに飛行機が衝突した後に、350人以上の消防士と救助隊員、23人の警官が、他者に安全を指示する中で自らの命を失った。1995年には、救助隊員がオクラホマ市の爆破事件で、残骸で身動きできない犠牲者を助け出すために、きわめて危険な状態の中で昼夜ぶっ通しで作業した。「ベビー・ジェシカ」（生後18か月のジェシカ・マルクーア）を救助した人たちも同様で、1987年10月にテキサス州のミッドランドの廃棄された井戸に落ちたジェシカを救い出した。

敏感な犠牲者と傍観者

　1982年1月13日、ワシントンDCの国際空港を離陸したエアー・フロリダ90便が墜落した際に、生存者であったアーランド・ウイリアムスは、他者に

繰り返し救助のヘリコプターの命綱を譲ったために、ポトマック川の氷結した水の中で命を失った。レニー・スカットニクは、墜落事故が起きた時にポトマック川に架かる橋の上で交通渋滞に巻き込まれていたが、命の危険を冒してまで川に飛び込み、溺れかかっている墜落事故の生存者を救った。

　1997年のある夜、23歳の建設作業員オーティス・カイザーは、トレーラーハウスが燃え上がっているのを目撃した。彼はドアを壊して、44歳のラリー・ルロイ・ウイットンを助けるために引きずり出した。そして、口移しの蘇生法でウイットンを生き返らせた。黒人であったカイザーは、ウイットンの肌が白く、明らかに人種差別主義者のシンボルである南部連合旗（星とバー）のバッチを身に着けていたにもかかわらず、このことを行ったのである。

実業家

　マサチューセッツ州ローレンスのマールデン・ミルズ社の所有者であるアーロン・フォイアステインは、前世紀最大のマサチューセッツ大火によって工場が全焼した1995年に、またとないビジネスチャンスを得た。彼は30億ドルの保険を得て退職することもできたし、会社をアメリカの南部か国外に移し、新しい工場を建てて安い労働力を雇うこともできた。しかしフォイアステインは、そのどちらもしなかった。その代わりに、市民の多くにしかるべき仕事を与えることを望んでローレンスにとどまり、会社を再建した。彼はまた、すべてのマールデン社の従業員に再建までの60日間の給料全額（2,500万ドルを超える金額）を支払った。フォイアステインは、マールデン・ミルズの男（メンシュ）として知られるようになった。メンシュとはイデッシュ語で「心ある男」を意味している。

エンターテイナー（芸能人）

　1990年代半ばに、エチオピアでは男も女も子どもたちも、度重なる飢饉で死にかけていた。この事態は、アイルランドのロック歌手ボブ・ゲルドフが、救済基金を立ち上げるためにライブ・コンサートを組織するイニシアティブをとるまでは、ほとんど望みがないように思われた。その後、数百万人の人びとがそこから生まれたレコード「ウイ・アー・ザ・ワールド（We Are the

World)」を購入することで、エチオピアの難民を救った。それに続くものとして、ウィリー・ネルソンによって組織されたファーム・エイド・コンサートのようなアメリカ農民のためのものもあった。全体として、エチオピア難民にもアメリカ農民にも、数百万ドルの基金が集まった。ゲルドフが説明したように、「音楽界にいるわれわれは、麻薬を流行にしてきた。突飛な服装やヘアースタイルを流行にしてきた。だが、今や情熱と寛大さとを流行にするときだ」(Breskin, 1985)。2005年7月のライブ・エイト (Live Eight)・コンサートは、ライブ・エイド (Live Aid／1985年のアフリカ難民救済のコンサート) を受け継いだものである。

寄付者とボランティア

アメリカにおける慈善寄付金は、年間1,800億ドルを超えると推定されている。8,000万人を超えるアメリカ市民が、病院、養護施設、エイズ・ホスピス、消防署、救助隊、避難所、社会復帰の施設、ピア・カウンセリングのプログラム、教会の事業などで、友人や近隣の人びととの非公式的な福祉に、週に平均5時間、ボランティアとして奉仕活動をしている (独立部門調査, 2001; Wuthnow, 1991)。それは年に200億時間以上のボランティア援助である。さらに、毎年幾千人の人びとが献血のために不快や不便を経験し、数百人の人びとが骨髄提供のための痛みを伴う外科手術を経験している。

フィラデルフィアの48歳になる慈善家ゼル・クラビンスキーは、1998年以降見知らぬ人に腎臓を提供したアメリカの134名の中の一人で、2003年8月に2つ目の腎臓も――そして自らの生命も、譲渡すると示唆して新聞の大見出しになった。彼は説明した。「それを必要とする人が、私よりも良いことができるとしたら？」。これに適う人は、そうはいないであろう。クラビンスキーとその妻は、すでに慈善事業に4,500万ドルの寄付をしており、残された家族の財産の実質的にすべても譲渡することを約束していた。クラビンスキーは記者のステファニー・ストロムに、「誰もが生きるための場所をもつまでは、別荘をもつべきではない。誰もが1台クルマをもつまでは、2台目のクルマをもつべきではない。誰もが1つもつまでは、2つの腎臓をもつべきではない」と説明した (『ニューヨーク・タイムズ』2003年8月17日)。

人間以外の動物

人間以外の他の動物でも、危険を冒し、努力をし、食物をあきらめ、ときには自らの命を捨ててまでも、他者のために尽くす例が数多く見られる。

昆虫

誰もが知っているように、ミツバチ、スズメバチ、そのほかの社会性の昆虫は、自分たちの巣が脅かされると群れになって攻撃に出る。敵に直面してそれに向かって飛ぶことは、攻撃するミツバチやスズメバチに危険を負わせるが、巣の他のメンバーの利益になる。実際、ミツバチの場合、針で刺すことはほとんど命取りになる。なぜなら、刺してから飛び去るとき、食い込んだ針に内蔵が付着したまま引き出されるからである (Hamilton, 1964; Wilson, 1975)。

鳥類

コマドリ、ツグミ、シジュウカラは、タカの接近を他の鳥たちに警告するために鳴く。たとえ、自分の存在に注意を向けさせることになろうとも鳴くのである。ライチョウの母鳥は、巣にいるひな鳥から捕食動物を誘うために、羽が折れたふりをして自分に注意をひきつけ、捕まえられる危険を冒す (Wilson, 1975)。

哺乳動物

落下してきた木、武器、あるいは格闘で傷を負ったゾウは、他のゾウによって助けられる。他のゾウたちはこのゾウの周囲に集まり、おでこや鼻やキバを使って、傷ついたゾウが立ち上がるのを助ける。傷ついたゾウが立ち上がると、他のゾウがそばで並行して歩いたり走ったりして、支える (Sikes, 1971)。

イルカやその他の海洋動物（クジラやネズミイルカ）では、病気や傷ついた同種の動物が息ができるように海面まで浮上させるために、自分自身の生命の危険を冒すことが見られている。これと同様に、イルカが溺れている人を援助したという報告もある (Caldwell & Caldwell, 1966; Dawkins, 1976; McIntyre, 1974; Wilson, 1975)。

チンパンジーの孤児は、大人のきょうだいあるいはまれに親族でないチンパ

ンジーが養子にして育てる（Goodall, 1986）。高い地位のチンパンジーは、乞われれば低い地位のものに食べ物を分けてやる。捕獲されたチンパンジーが、危険に近づこうとしている他のチンパンジーの手を引っ張ることが観察されている（de Waal, 1996; Goodall, 1990）。チンパンジーもまた、ヒーローとなり得るのである。彼らは泳ぎが下手で、普段は浅瀬であっても避けようと慎重である（Goodall, 1986; O'Connell, 1995）。にもかかわらずグドール（1986）は、フロリダの成人オスのチンパンジーが、囲い地をとり巻く堀に落ちた幼いチンパンジーを救うために水死した事例を記述している。グドールは、オクラホマでアメリカ式の手話を学習した最初のチンパンジーとして有名なメスのワショーが、堀の中に落ちて溺れている3歳の血縁でないチンパンジーを救うために、フェンスを飛び越えたという出来事も記述している。

　イヌの援助深さの事例も数多くあり、また劇的でもある。アフリカの野生のイヌは狩りから戻り、幼い犬だけでなく、同腹の子イヌの面倒を見るために残っていた大人のイヌにもエサをやるため、肉片を吐き出す（van Lawick & van Lawick-Goodall, 1971）。飼いイヌは、人間の子どもたちに、エサをくれず可愛がってもくれない子どもたちも含めて、たいへんに保護的であることが多い（Hebb & Thompson, 1968）。2004年12月の津波についての新聞記事がある。

　　　インド・シナカラッペ発——「逃げろ」と彼女の夫が、巨大な波を目にして屋根の上から叫んだ。その命令は単純だが、サンギータにジレンマを与えた。彼女には3人の息子がいるが、手は2本しかない。彼女は幼い2人の手をつかんで、走った。年長の7歳になるディナカランは、家に向かって泡立っている津波より速く走るチャンスがあると思いながら。しかし、ディナカランはついてはこなかった。彼は海岸から40ヤードのところにある家族小屋がいちばん安全な場所であると思って、そこに向かった。
　　　サンギータは二度とこの子を見ることはあるまいと思った。飼いイヌが彼女のしたことを見ていた。水がかかとに押し寄せてくるなかサンギータが丘を駆け上がる間に、セルバカマーという名のみすぼらしい雑種のイヌが、ディナカランを追って小屋に飛び込んだ。嚙んだりつついたり、その男の子を丘の上に連れて行こうと全力を尽くした。
　　　サンギータ（南部インドの多くの人びとのように一つの名前だけを使っている）は、下で展開しているドラマを知るよしもなかった。彼女が目抜き通りを

横切って安全なところにたどり着いたとき、どっと涙が流れ、年長の息子を失ったことに泣き叫んだ。「家の壁が壊れたって、他の人から聞いたわ。私の子はきっと死んだと思う」と24歳の母親は言った。

　ディナカランは自分の命を救ったのがこのイヌだと認めている。その少年は「このイヌがぼくのシャツの襟をくわえた」と、家族が救援を待っていたポンデンチェリー大学の樹の下で話した。「彼がぼくを引きずり出してくれたんだ」。

　サンギータは、自分の息子がセルバカマーを連れて、こちらに向かって歩いてくるのを見て、喜びに泣いたと語った。「このイヌは私の神様です」とサンギータは言った。彼女の足元に座っているディナカランといっしょに、その隣には温かいアスファルトの上でセルバカマーが寝ている。（2005年1月3日／『ノックスヴィル・ニュース＝センチネル』／クリス・トムリンソン、アソシエイテッド・プレス）

　最後に、もう1頭の水難救助犬の例がある。ベッツイ・ワイダーホールドが「女性の最良の友」について、次のように説明してくれた。

　　ある夏、メイン州の海岸から離れた島に、イヌたちといっしょに、私は一人で住んでいました。イヌたちを置いて、本土に出かけたんです。夜遅くでした。港からモーターボートで出かけると、次第に霧と霧雨とが強くなりました。ロブスターの標識に従って進もうとしましたが、海の波のうねりが大きくなるにつれて、それも難しくなりました。ついには、私はボートの舳先よりも先を見ることができなくなり、ボートには羅針盤がなかったので、自分の方向感覚に頼らざるを得なくなりました。突然、島を通り越したことを知りました。私は気を取り直して、モーターをニュートラルにしました。しかし誤ってチョークを押してしまい、エンジンが止まってしまいました。モーターを始動させようとしましたが、できませんでした。もう一度試みました。私は座席にぐったりともたれて、涙にくれました。ボートはバシャバシャと跳ね回り、舷側から水が入ってきました。そこで、助けを求めて気も狂わんばかりに大声をあげました。

　　人間が反応するはるか以前に、動物に危険や災難に気づかせる何かがあるのでしょうか。私が叫ぶ前に、アーサが水の中にいるのを、私は確信しました。アーサは彼女を導く本能だけで、岩から真っ暗で冷たい、荒れ狂った水に飛び

込みました。最初に彼女の吠える声を聞いて、陸にいると思ったんです。それで何度も名前を呼び、その方向に舟を漕ぎ出そうとしました。その時私のライトが私に注がれた茶褐色の目をとらえたんです。アーサを休ませるために引き上げようと手を伸ばしたとき、アーサは私の古いキャンバスの帽子を口にくわえようと試みていました。私が気晴らし旅行から島に戻ってくる際には、彼女は何時ももっていきたがるんです。私はそれを死に物狂いで〈もやい綱〉に結びつけ、片端を彼女の口に突っ込み、大声をあげました。「アーサ、お家に戻ろう」。モーターにもう一度チャンスを与えると、エンジンがかかったんです。

　アーサは、ボートの前をライトの光の中で泳いでいました。しかし、その進み方は遅々としたものでした。彼女がついに泳ぐことを拒んだときには、本当に気落ちしました。腕の中でしっかりとアーサを抱き、濡れた潮の香りのする毛に顔を埋めて、もういいよと言って泣き叫びました。大きな白い係留球に、舳先が乗り上げていたのです。アーサがもう泳ごうとしなかったのは、不思議ではなかったんです。アーサが私を家に連れてきてくれていたのです。(Cohen & Taylor, 1989, p. 16)。

事例では十分でないのはなぜか

　こうした事例は、心あたたまるものだし、胸が躍るものである。人びとが——そして人間以外の動物たちが——他者のために素晴らしいことができるのを思い起こさせてくれる。われわれは「弱肉強食（歯と爪は赤い血で染まる）」だけではない。このことは大切なことを思い出させてくれる。

　しかし、こうした事例は利他性が存在するという説得力のある証拠を提供するものではない。こう言うからといって、こうした事例の個人的、社会的、科学的な重要性を減じるつもりではなく、またそのような英雄たちの勇気と強さとの価値を減じるつもりも全くない。このような事例は、利他性の存在の問題を解明することができる——あるいはできないこととは関係なく、それ自体に価値がある。1章で論じたように、利他性は、たとえ英雄的なものであっても、援助行動を意味するものではない。利他性は動機づけのある特定の形を意味しているのであって、他者の福利を増すという最終目標をもった動機づけを意味している。この利他性の定義をこころにとめて事例を見直してみると、援助行

動の根底にある動機や数々の動機の性質を特定することができる事例は一つもないのである。社会性昆虫のカミカゼ的な攻撃のようなまれな事例は、目標指向的な動機づけを語るにはまったく適していない。多くの場合には、援助行動には目標指向的な動機づけがあるように思われる。その行動はほぼ間違いなく、一人あるいはそれ以上の人びとの福利を増すという目標をもってなされたものである。だがそういう事例についても、それが最終の目標かどうか、その動機づけが利他的なのか、あるいは自己利益という最終目標に至る道具的な目標なのか、利己的な動機づけなのかは不明確なままなのである。

「はじめに」で示したように、聖人や殉教者であっても、自己利益を目標にして行動した可能性があることを、われわれは直視しなくてはならない。また、3章で論じたように、援助行動のあり得る自己利益のリストにはたくさんの項目が載せられている。われわれは感謝、賞賛、あるいは自分自身についての良い感情を手にするために、援助するかもしれない。非難、罪悪感、あるいは羞恥心を避けるために、援助するかもしれない。将来必要になるであろう自分自身への援助のために、援助するかもしれない。歴史上に、あるいは天国に自分の場所を確保するために、援助するかもしれない。他者が苦しんでいることによって引き起こされた、自分自身の苦痛を減じるために援助するかもしれない。利他性の存在を示す説得力のある証拠を見つけるために、われわれは劇的な事例を超えていかなくてはならない。こうした事例は、ここでの課題には答えられないだけなのである。

利他性の存在を英雄的な援助の事例を基に議論しようとする研究者は、そうした素晴らしい行動が自己利益によって動機づけられていたという可能性を思い出すのを好まない。哲学者、生物学者、人類学者、社会学者や心理学者は、手を振ってこの可能性を退けようとする。そして、動機づけが重要でないことをつけ加えて、行動こそが重要だとしばしばいう（例えばde Waale, 2008を参照）。こうした反応はがっかりさせられるものであるし、同時にまったく間違ったものでもある。助けられた者にとっては、行動こそが重要だというのはきわめて正しいことである。しかしながら、より思いやりのある社会を築くことができる人間の性質と資源を理解しようとする者にとっては、動機は少なくも行動と同じくらいに重要である。われわれは人びと（そして他の動物）が、こんなにも素晴らしいことをすることを知る必要があるばかりでなく、な̇ぜ̇そうするのかを知る必要がある。

サミュエル・オリナーとパール・オナリー夫妻による『利他的パーソナリティ』（Oliner & Oliner, 1988）やクリステン・モンローの『利他性のこころ』（Monroe, 1996）といった重要な著作は、ナチス・ヨーロッパにおけるユダヤ人の救援者に注目したものだが、そこでは支払いの約束とかその他の物質的報酬のような、英雄的な救援についての自己利益的動機のいくつかを除外する試みがなされている。しかし、あらかじめ特定された救援者たちによる遠い過去の出来事についての回顧的説明の選択的報告を用いる場合には、予期された罪悪感のような物質的でない自己利益を除外することはできない。言ってみると、こうした著作での利他性の定義は、動機づけではなくコストのかかる援助行動に焦点を当てている。たとえば、「私たちが利他的とする行動は、次の4つの点で特徴づけられる。(1) 他者を援助することに向けられたものであること、(2) 行為者にとって、高い危険や犠牲を伴うこと、(3) 外的な報酬を伴わないこと、(4) 自発的になされること」（Oliner & Oliner, 1988, p. 6）。あるいは、「私自身の利他性の定義は次のようである。それは、行為者自身の福利に重大な害を与える危険性がある場合であっても、他者の利益になるように計画された行為である」（Monroe, 1996, p. 4）。

　危険な援助行動の存在が、他者の利益になることをすることが最終目標である利他性によって、少なくも部分的に、動機づけられているという可能性を高めることは確かである。この可能性を否定することは、それを批判せずに受け入れるのと同じくらい間違いであろう。しかし援助的な行動の存在は、それが英雄的なものであれ危険なものであれ、他者の利益になることをすることが自分自身の利益になるという最終目標に達するための道具的な手段にすぎないという可能性を否定するものではない。

　これは、共感的配慮によって誘発される援助についても、宗教上の信仰、政治的信念、社会的な責任、義務感、他者が苦しんでいることやその他の原因で引き起こされた困惑によって誘発される援助についても、当てはまることである。3章では、援助を必要としている相手への共感的配慮が増せば、そうした必要を除去するために援助を申し出る可能性も高まることを示した多くの実験的な証拠を概観した。また、この共感－援助関係は、たとえそれが共感－利他性仮説と一致するとしても、それを支持するものとみなすことはできないことも見てきた。共感－利他性仮説は、共感的配慮が利他的な動機づけを生み出すことを述べているが、それが援助行動を生み出すとはしていない。共感－援助

関係の証拠を見出すことは、共感的配慮が援助する動機づけを生み出すことを明らかにしてくれるのであって、その動機づけが利他的であることを明らかにしてくれるわけではないのである。

より適切な証拠を求めて

　共感が誘発する援助行動は、他の援助行動と同じように、典型的には2つの帰結をもたらす。それは援助を必要としている相手に利益を提供すると同時に、援助者への利益をも提供する。表4.1に示したように、他者の必要を除去することが最終目標であり、自己利益が意図されない帰結である場合には、その動機づけは利他的なものである。必要を除去することが、自己利益の最終目標に至るための道具的な目標である場合には、その動機づけは利己的である。

表4.1　共感によって誘発された援助行動の2つの結果：どちらが最終目標か

援助の動機の性質	共感によって誘発された援助行動の結果	
	他者の必要の除去	自己利益の受け取り
利他的	最終目標	意図せざる帰結
利己的	道具的目標	最終目標

　この2つの可能性のどちらが正しいのかを、どのようにして知ることができるのだろうか。この難問に直面した際に、多くの科学者は利他性の存在の問題についてはあきらめて、それは実証的に扱える問題ではないと結論してしまう。私は、こうした降伏は気が早いと考えている。共感誘導的な援助行動の最終目標を決めることは簡単ではないが、それは不可能ではない。3章で示唆したように、最終目標に到達するのにもっとも効果的で効率の良い方法では、可能性のあるそれ以外の最終目標（一つあるいは複数）に到達することができない場合には、その行動を見ることによって最終目標を実証的に確認できる。このことは、フランクがスージーの最終目標がコンサートであることを——彼女がチケットをもらって彼を無視したときに、推測した方法である。
　3章では、共感的配慮から生まれた援助行動への動機づけの性質について、

明確な推測ができるような一連の行動と条件とを確定した。しかし、こうした行動と条件によって明確な推測ができるのは、一定の状況の下でだけである。この論理を説明するために、ここではこの理想的な状況を考えてみよう。第1に、同質の人びとのグループが必要であるが、こうした人びとに、まったく同じ必要状況への反応において、その中のある者には多くの共感を経験させ（高共感群）、他のある者にはほんのわずかの経験しかさせない（低共感群）という手続きが必要である。同質の人びとを別々の群に分けて使うことは、同じ人びとを2回使うよりも優れたやり方である。というのは、後者の場合には、最初の経験がその後の経験に影響を与える可能性があるからである（これは多重処遇干渉の問題である── Campbell & Stanley, 1966）。第2には、それぞれの群の別々の人びとに、1回ずつそして同じ部屋で、特定の条件のもとで注意深く選ばれた行動を選択する機会を提供する必要がある。それぞれの共感群の中のある者には、その行動が共感誘導的な援助の一つあるいはそれ以上の可能な最終目標に効果的に達する方法であるのに（行動有効群）、それぞれの共感群の他の者では、その行動が効果的な方法ではない（行動無効群）条件にすべきである。

　高共感群の人びとでは、一つあるいはそれ以上の可能な最終目標に達するのに効果的な手段であるかどうかには関係なしに行動が起こるとすれば、共感誘導的な援助行動の最終目標はこうした目標の中にないという証拠が得られことになる。しかしながら、高共感群の人びとについて、一つあるいはそれ以上の可能な最終目標の手段としてそれが有効である場合にこの行動が起こり、それが有効でない場合にはこの行動が起きず、さらにはこうした2群間の違いが低共感群では生じない場合には、こうした一つあるいはそれ以上の可能性が、共感誘導的な援助行動の最終目標であるといえる。

　われわれは、可能な最終目標のリストをそれ以上減らせないところまで減らしていくことによって、この精査の過程を一歩一歩と進めていくことができる。こうすることで、本当の最終目標（群）だけが残ることになる。哲学者のトマス・ナーゲル（Nagel, 1986）は、「真実の探求は…、大幅に可能性を増加させ、次には理想的にはただ1つが残るまで、それを断固として除いていくことを必要とする」と述べている（p.9）。

　どうすればこうした理想的な状況が実現できるだろうか。それはできないことである。われわれは、まったく同質の人びとを集めることはできない。しか

しながら、実験によって驚くほど理想に近づくことができるのである。実験は、動機づけの性質について明確な推測を引き出すのに十分な条件を提供することができる。私は、これ以外の研究法ではそれができないことを知っている。利他性の存在についての証拠を、肯定するものであれ否定するものであれ、提供するという課題にもっとも適した研究法は実験であると信じる理由がここにある。

実験の長所

　利他性の存在について賛否の議論を提出してきた研究者は、科学者を含めて、実験に頼ることが少なかった。そのために、実験が重要であるというには、いくつかの説明が必要である。

実験の何となぜ

　実験は因果関係のポンチ絵（概念図）として記述できる。ポンチ絵は、ある自然現象についての人為的な、普通は単純化された再構成である。そこでは本質的な要素が選択的に強調される。ポンチ絵は現実の鏡ではなく、それは意図的なゆがみを含んでいる。しかしもしそれがうまくなされれば、本質的な要素が明確になるので、鏡よりもよく現実を明らかにしてくれるのである。
　実験的なポンチ絵は、1つあるいはそれ以上の因果関係についての仮説を検証するという具体的な目標をもって、慎重に作り出される。事実上、すべての仮説は因果関係についてのものである。こうした仮説は、「もし…ならば…である」という形式を基礎にしている。3章で特定した共感－利他性仮説と6つの利己的な代替仮説のそれぞれは、因果関係についての仮説である。（共感－利他性仮説は、「もし共感的配慮が存在するならば、利他的動機づけが結果として生じるであろう」と読める。）実験は「もし」の次元（独立変数）を変化させ（操作し）、それが「ならば」の次元（従属変数）に及ぼす効果を観察することによって、この因果関係の存在を検証することができる。この場合、本質的でない要因は次の2つの技法のいずれかによって取り除かれる。本質的でない個人的要因（傾性的要因）は、独立変数条件に個人をランダムに割り当て

ることによって、偶然の範囲内で相殺される。また、環境（状況）の本質的でない要因は、この要因を一定にすることで相殺される。

　明確な推測を引き出すには、理想的には同質の人びとのグループを使うべきであることは前に述べた。つまり、同一の遺伝構造をもつ（例えば双生児やクローン）だけでなく、同質の生活経験をもつ人びとを使うべきであり、その人びとのある者を一つの群に、他の人びとを他の群に配置できるということである。同質の人びとを利用することはできないので（同じ人間であっても、時間が異なれば同じではない）、個人を別々の群にランダムに配置することになる。ランダムに配置することは、別々の群の個人個人は同質ではないが、偶然の範囲内では実際上等しく、推測統計の検定が提供するのはこういう偶然の範囲を超えているかどうかなのでる。

　他の状況要因を一定に保ちながら独立変数を操作するのは、偶然の変動は別として、実験条件間の唯一の差は独立変数についての差であるという状況を作り出すことである。こうした状況下で、1つの独立変数が1つの従属変数と相関するとすれば、偶然の限界内で、独立変数が従属変数の変化を作り出したと推定するのが合理的である。この推定の明確さが、実験が因果関係の仮説を検証するのに理想的なものにしている。仮説は、どの変数が実験的なカリカチュアに含まれるようにすべきか、何がこうした変数間の因果関係になるべきなのかを示唆する。良い実験は、次には、予測された因果関係が生じない場合（例えば、共感的配慮は存在するが、利他的な動機づけは存在しない）には、仮説自体が間違いであるということを示す明確な機会を与える。

　ここで述べた種類の計画された実験は、現実世界に関連をもたない、計画された人工的な結果を生み出すことはないのだろうか。この重要で潜在的に悩ましい疑問に答えるためには、クルト・レヴィン（Lewin, 1935）がエルンスト・カッシーラー（Cassirer, 1921）から借用した区別、つまり科学へのアリストテレス的接近法とガリレオ的接近法の区別を考えるのが役立つであろう。（カッシーラーとレヴィンによってアリストテレスのものとされた接近法が、本当にアリストテレスのものなのかどうかに疑問をもつ人がいるかもしれない。たとえそうでないとしても、この2つの接近法の区別は利他性の研究にとって、またその一貫性と明確さにとっても、現実的で重要なものであって、この用語を私は用いていきたいと思う。）

アリストテレス的科学 対 ガリレオ的科学

　アリストテレス的科学では、個々の事例の観察から始めて自然現象を説明しようと試みる。こうした個々の事例を本質的な属性によってタイプに分類することや概念的に順序づけることへと進んでいく。最後に、こうした属性は個々の事例での行動を説明することに使われる。これとは対照的にガリレオ的科学では、自然現象を説明すると考えられる根底にある過程の説明モデルを開発することから始まる。そして経験に基づいた予測が、このモデルから引き出される。最終的にはこうした予測は、経験に基づいた観察を通して検証される。例えばガリレオ的科学では、物の運動はもはや本質的な属性——軽いものは上昇し、重いものは落下する——の観点では説明されず、根底にある過程に焦点を当てた、触れることはできないがしかし経験的な概念——速度や加速度——で説明される。

　レヴィン（1935）は、ガリレオ的科学の核心であるこうした触れることのできない概念を、条件発生的あるいは元型（genotype）概念と呼んでいる。なぜなら、それは生成している観察可能な、あるいは顕型の事象にとって根底の条件を明確にするものだからである。彼の言い方では、

> アリストテレスによれば、直接に知覚される現象、すなわち今日の生物学が顕型と名づけているものは、対象の力動的関連を規定する性質とほとんど区別されない。たとえば、軽いものがしばしば上昇するのは、それらに上昇する傾向があるからだとしている。顕型と元型との相違、あるいはもっと一般的には記述概念と条件発生的概念との相違、ことに後者に重点を置くことによって古い分類による多くの差異は意味を失ってしまう。星の軌道、石の自由落下、傾斜面におかれたものの移動、振子の往復運動、顕型によって分類すればこれらのまったく違った、実際反対の類にいれられているものが、単に同じ法則の種々な現れであることが明らかになるのである。（Lewin, 1935, p. 11／相良・小川訳, 1957, 強調は原文）

　ガリレオ的科学では、アリストテレス的科学のように、規則性は出来事の発生の規則正しさによっては決定されない。規則性は、同時により普遍的であり

かつより特定的であるとされる。前提された法則や関係が状況を超えて不変であると仮定されるならば、それはより普遍的である。運動についての同じ法則が、重い物体にも軽い物体にも同じように適用される。どれだけその事例が普通でないかには関係なしに、それぞれの事例にその法則が適用される場合に、法則性はいっそう特定的になる。運動についての同じ法則が、炎が下向きの風によって吹きつけられるときにも、空に向かって上るときにも同じように適用される。

ガリレオ的科学の研究方法

　ガリレオ的立場の科学者が、何らかの現象を説明するために条件発生的概念の間の関連を仮定したとすれば、仮説された関連が正しいかどうかをどのようにして知ることができるだろうか。落下する物体の加速度についての考えを検証するガリレオの方法がモデルとなる。ガリレオは、落下する物体の動きを説明する一般的で普遍的な原理を定式化する概念（重さ、質量、空気抵抗、速さや速度、加速度および重力定数）を作り上げた後で、計画的な実験を行うことでこうした原理の妥当性を検証した。

　実験では、ガリレオは物体を自由落下させなかった。彼はまったく自然でない状況、実験室以外では事実上世界に存在しない状況を構成した。彼は異なる重さのボールを斜面に転がした。彼はまた、複数のボールに等しい長さの糸を結びつけ、同じ振り幅で振らせた。こうした計画された実験を行う理由についてのガリレオの説明は、引用に値する。

　　重さが著しく異なる2つの物体が、ある高さから同じ速度で落下するかどうかを主張する実験をするのには少しばかり困難がある。というのは、もし高さがかなりあるなら、落下する物体によって貫通され押しのけられる媒体（すなわち、空気）の遅延させる効果は、重い物体の強い力の場合よりも軽い物体の小さな勢いの場合により大きくなり、そのために、長い距離では軽い物体は遅れるだろうと考えられる。高さが小さい場合には、物体の重さによって差があることを疑うだろうし、仮に差があってもそれは評価できないだろう。

　　そのため、そのような小さい高さでの落下を、共通の到達点で重い物体と軽い物体のそれぞれが到達する時間経過という小さな時間間隔を合計することができるようにして何度も繰り返し、この合計が、観察可能であるというだけで

なく容易に観察できる時間間隔となるようにする考えが浮かんだ。可能な限り遅い速度を使用し、抵抗する媒体が重力の単純効果に生み出す変化を減じるために、水平からやや傾いた平面に沿って物体を落下させるようにした。そのような平面によって、垂直の平面とちょうど同じように、異なる重さの物体がどのように行動するかを発見することができる。(ガリレオ, 1638/1952, pp. 166-167／今野・日田訳, 1948. 訳文の一部に加筆)

アリストテレス的な視点からすると、ガリレオの方略は全く間違ったものである。彼は人工的な事象、実験室以外の世界では知られていないことを作り出した。さらに悪いことには、この事象は問題となる現象——物体の自由落下を含んでいなかった。ガリレオの実験は、今日でいう生態的妥当性を全く欠いていた。レヴィン（1935）が記しているように、ガリレオ的科学では、

人びとは、普遍妥当性や具体性を追求すると称しながら、しかも前の時代（アリストテレス派の時代）の観点からみれば歴史的な所与事実を無視し、まったく個別的な偶然の事実、実際もっとも明白な例外にもとづいている方法を用いている。(Lewin, 1935, p. 25／相良・小川訳, 1957)

計画された実験室実験についてのアリストテレス的な批判
アリストテレス的な批判は、共感的配慮によって引き起こされた動機づけが利他的であるかどうかを検証するために行われた実験を含めて、実験室実験についてされることが多い。例えば、実験室実験において、援助しないで利己的な目標（利他的な目標ではなく）に到達する能力を組織的に変化させるという条件下で、大学生に援助を必要としている他の学生を援助する機会を与えた場合には、次のようなアリストテレス的な質問攻めに会うことだろう。「大学生でない人も同じように反応するだろうか」、「他の文化の人はどうだろうか」、「援助を必要としている人が学生でなかったらどうだろうか」、「その援助がよりコストのかかる——あるいはかからない——としたらどうか」、そしてさらには、「この援助を必要としている状況が実験室の外で起きることがあるのだろうか」など。

アリストテレス的な視点からは、こうした質問は中心的なものである。この視点では、現象の歴史的な規則性と代表性に関心がある。ガリレオ的な視点か

らは、こうした質問は、まったくの見当違いである。ガリレオ的視点は、この状況で人びとが同じように反応をするであろうとか・するはずであるといった仮定は全くしていないし、異なる状況で人びとが同じように反応するだろうとも・反応するはずだとも仮定していない。さらには、自然に生じている事象を研究するという関心すらないのである。レヴィン（1935）が述べているように、自然に生じている事象に焦点を当てるという科学を主張することは、「これを物理学に移していえば、流体力学の研究を実験室でやるのは正しいやり方ではない、それは世界最大の河に出かけて考究すべきものだというのと同じ意味の要請である」(p. 21) ということになる。（これと同様の議論に関して、外的な妥当性についての弁明は、Mook, 1983 を参照。実験と日常の現実性との区別は、Aronson & Carlsmith, 1968 を参照。）

　ガリレオ的な科学者は、生態的妥当性とはきわめて異なったことに関心をもっている。彼らは、条件発生的な構成概念の根底にある仮説的な不変の関係を検証しようとしている。A-B関係――共感的配慮が利他的動機づけを引き起こす――が仮説されるとすれば、構成概念Aが自然に生じたものか人工的に生じたものかには関係なしに、それがある状況で存在する程度に応じて、構成概念Bが仮説通りに現れているかどうかを見るべきである（A-B関係が他の出来事によって否定されたり無効にされたりしない限りにおいて）。こうした条件下でA-B関係が観察されない場合には、この仮説にとって実際的に不利なことになる。しかしながら、構成概念Aがある人たちにとって、あるいはある状況の中に存在しなかったり、さらにはこれとは別の攪乱的な変数が導入されたりした場合には、A-B関係を観察することは期待できない。こうした条件下でA-B関係が観察されないということは、バルコニーから落とされた羽根と鉛のボールが異なった時間で地面に落ちたという発見が、落下物の加速は重さとは独立であるという仮説に不利だということ以上のことではない。

　ガリレオ的視点からすると、実験に妥当性がないと批判できるのは、(a) 仮説の関係に含まれている変数（条件発生的構成概念）が含まれていないか (b) 可能性のある攪乱変数を除外しなかったかのどちらかの場合だけである。妥当性は、実験が実験室で行われるか・フィールドで行われるか、よく観察される事象を含んでいるのか・めったにない事象か、あるいは自然に生じている状況を扱っているのか・計画された状況を扱っているのかによって決まるものではない。生態的妥当性を問題にするのは、それが実験参加者にとってのもっ

ともらしさ（蓋然性）にかかわるなど実験参加者に影響する場合を除いては、見当違いである。

　一方では、ガリレオ的な視点からは、もはや例外を軽々しく扱うことはできない。「例外はどんな意味でも〈規則を証明〉しないが、逆に、たとえ例外が稀であっても、実際、一つの例外が立証されるだけで完全な反証となる」(Lewin, 1935, p. 24)。ガリレオ的な科学では、仮説の関係を見出せないことがとりわけ重要である。というのは、経験的な観察は帰納的な一般化の基礎としてなされるのではないからである。観察は、不変な関係についての仮説からの演繹を検証するためになされるのである。

　アリストテレス的なモデルが現実世界の現象についてもっぱら経験的に観察することに焦点を当てており、ガリレオ的やり方ではそうではない。それにもかかわらずレヴィンは、ガリレオ的なモデルに従って開発され検証された説明的な理論が、アリストテレス的なモデルに従って開発された理論よりも、現実世界においてはるかに実践的な価値があると確信していた。レヴィン（1951）が、「良い理論ほど実際的なものはない」(p. 169) という有名な格言をつぶやいた際には、こころにはガリレオ的なこの理論があったのである。

利他性に関する研究についてのアリストテレス的‐ガリレオ的な区別の意味

　英雄的援助の劇的な事例を引用するのは、アリストテレス的なやり方である。こうすることに価値があるかどうかは、その人の目標による。こうした援助性の表出の範囲と多様性——どんな人びとに、どんな文化で、どのような種で生じるのか——を記述することに関心がある場合には、あるいは、こうした表出の相関関係を地図化することに関心がある場合には、広い範囲の背景で事例を収集し分類することは、極めて適切なことである。しかし、こうした表出を生じさせる、根底にある動機づけの性質についての因果関係の仮説（共感‐利他性仮説や利己的な代替仮説のような仮説）を検証することに関心があるのであれば、アリストテレス的な方略を採るのは誤ったやり方である。

　利他性の存在の問いにアリストテレス的な方略を適用することは、援助の期待が低いかまたはコストが高いか、あるいはその双方である場合に、援助行動は他者の福利についての本当の配慮の産物であるはずだという仮定に基づいている。この場合、どこかにそれがあるとして、われわれは純粋で本質的な様式

の利他的動機づけをもっているのでなければならない。しかし、このアリストテレス的な仮定は決して検証されることはない。経験的な分析は、顕型の水準において、行動の表面的な観察の水準に止まったままである。そこでは、根底にある動機づけについて明確な推論を下すのに必要な条件を作り出す試みはなされていない。

　援助性の表出の根底にある動機づけを理解しようとするならば、一時的にでも現象に背を向けて、共感的配慮や利他的動機づけといった理論的な構成概念——援助性の顕型的表現を支えている力動的な関係に言及する条件発生的構成概念——の関係のモデルを開発する必要がある。つまり、ガリレオ的な接近法を採用する必要がある。この遠回りのアプローチがより基本的な理解に導くだけでなく、この理解により大きな実践的価値があると思われる。

　3章のスージーとフランクの例で示された最終目標を推測する2つのステップの方略は、動機づけの性質を決めるガリレオ的な接近法を反映している。ここでの議論に照らしてこの方略を作り直し、共感的配慮によって引き起こされた動機の性質を推測する問題に適用することを、概念的分析と呼ぶことができる。それは分析の第1ステップであり、共感によって誘発された援助性の顕型的表現を説明する条件発生的な構成概念の根底にある関係を特定することを含んでいる。この種の分析は、第Ⅰ部で示した理論の目的であり、共感によって誘発された動機づけの7つの考えられ得る様式——利他的動機づけと6つの利他的な代替動機づけ——を確定することにつながっている。この分析ではまた、組織的に変化する条件を通じて異なる行動パターンから動機づけの性質を見分けることが可能になるような、こうした異なる動機の行動的な帰結を十分な精度で確定することが試みられる。この目的のために表3.1では、7つの異なる、考えられ得る共感を引き起こす動機と関連したユニークな行動パターンを特定している。

　この分析の第2のステップは、特定された条件下で経験的な観察をすることによって、共感的配慮によって生み出された援助の動機づけの性質が利他的か・利己的かを推測することができるようにすることで、共感－利他性仮説を実際に検証することである。特にこうした検証は、実験者によって作り出された条件下でなされる必要がある。そうした条件では、ランダムに配置された実験参加者は、援助を必要としている人に対して高・低の共感的配慮を感じるように誘導され、予期しなかった注意深く選ばれた行動の機会——多くの場合は

援助の機会——に出会うことになる。この場合の共感は操作された独立変数であり、行動の機会は従属変数である。実験計画では、2番目の操作された独立変数も必要である。それぞれの共感群（高・低）内で、そこでの行動の機会が、共感によって誘発された援助の可能性のある最終目標の一つあるいはそれ以上の目標に到達するのに、もっとも効果的で有効な手段であるか・そうでないかというように、条件が変化されるべきである。ある条件では、この行動は目標に到達するもっとも効果的で有効な手段であるべきで、2番目の条件では、そうであってはならない。

共感－利他性仮説を検証する2つの実験例

　共感－利他性仮説に対するもっともよく知られた利己的な代替仮説——嫌悪－喚起－低減仮説——に注目することによって、この過程を説明してみよう。この代替仮説は、共感的な配慮によって引き起こされた動機づけの最終目標が、その人の嫌悪的な共感喚起を低減させることであると提案している。ガリレオ的な論理に従えば、共感－利他性仮説と利己的な代替仮説との相対的な利点を検証するためには、どのような実験を計画すべきなのだろうか。
　3章では、他者の窮状に接することからの逃げやすさの程度は、自分自身の共感的喚起を低減させるという利己的な目標に達する手段としての援助の魅力に影響を与えるはずだと述べた。しかしながら、逃げやすさの程度は、他者の窮状を減らすという利他的な目標に到達する手段としての援助の魅力に影響するはずはない。そのためにバトソンとダンカンほか（Batson, Duncan, Ackerman, Buckley, & Birch, 1981）は、共感－利他性仮説と嫌悪－喚起－低減仮説の対立する予測を検証するために、2×2（逃げやすさ×共感的配慮）の実験計画で、この経験的な区別を用いた。2つの実験のそれぞれで、女子大学生が不快な電気ショックを受けていると信じてさせられているエレインという若い女性を観察した。学生たちはエレインの代わりにショックを受けるという自発的な申し出をすることによって、彼女を助けるという予期しなかった機会を与えられた。（一部の読者は、電気ショックはもはや心理学の実験では用いられていないと信じているかもしれない。しかし、その手続きが適切な監視委員会によって審査され承認された限りでは、これは本当ではない。実験参加者は、どちらの実

験でも参加する前に、この事実に気づくように注意が払われていた。)

エレインに対して感じる共感の量とエレインの窮状に接することからの逃げやすさの程度の双方が、実験的に操作された。共感（高対低）は2つの実験で異なるように操作されている。第1の実験では情報の類似性が用いられ、第2の実験では情動－特定的な誤帰属の技法が用いられた。逃げやすさを操作するのには、共感条件の参加者は、彼女たちが代わってエレインを助けなかったとしたら、エレインがショックを受けるのを見つづけることになると告げられた（逃げにくさ条件）。もう一方の群には、それ以上は見なくて済むと告げられた（逃げやすさ条件）。

両方の実験において、嫌悪－喚起－低減仮説の予測では表4.2に示したように、援助反応は主効果のパターンに従って、高い共感条件であっても、逃げにくいときよりも逃げやすいときの方が少ないことになる。というのは、逃げにくさ条件とは違ってそれがやさしい条件では、援助はエレインの窮状を見ることによって引き起こされる嫌悪の喚起（共感的な喚起を含む）を少なくするもっとも効果的な方法ではないからである。この場合には、その場を立ち去るのがもっとも効果的である。これとは逆に、共感－利他性仮説では表4.3に示したように、援助は1対3のパターンを強める——「逃げやすさ／低共感」のセルで援助の比率が低く、他の3つのセルで高い比率になる——と予測する。なぜならばその場を立ち去ることは、エレインの窮状をやわらげるという共感によって誘発された利他的な目標に到達する効果的な手段ではないからである。誰も助ける人がいないとしたら、助けるしかないのである。

この際のカギとなる予測は、高い共感条件の場合である。嫌悪－喚起－低減仮説は逃げにくさ条件よりも逃げやすさ条件で援助の比率が低いと予測されるが、共感－利他性仮説ではこの両方の逃げやすさの条件で高い比率の援助が予測される。それぞれの仮説は低い共感条件で、逃げやすいときに援助が少なくなることを仮定している。なぜならば3章で議論したように、それぞれの仮説とも共感によって引き起こされたのではない利己的動機が存在し、それが逃げやすさの程度に敏感であることを承知しているからである。もしこうした動機が強ければ、援助の比率は「逃げにくさ／低共感」のセルであっても十分に高いはずであり、このセルでの援助の比率と、「逃げにくさ／高共感」のセルでの比率とに何ら違いはないものになる。もしこの動機が強くなければ、援助の比率は「逃げにくさ／低共感」のセルで高いが、これは「逃げにくさ／高共

感」のセルでより高くなるはずであり、繰り返し観察される共感－援助関係を反映している（3章を参照）。こうした2つの可能性は、表4.2と4.3の「逃げにくさ／高共感」のセルでの「高い／きわめて高い」という予測に反映されている。

表 4.2 逃げやすさ×共感的配慮の実験デザインでの援助行動の比率についての嫌悪－喚起－低減仮説からの予測

逃げやすさの程度	共感的配慮	
	低	高
逃げやすい	低	低
逃げにくい	高	高／きわめて高

表 4.3 逃げやすさ×共感的配慮の実験デザインでの援助行動の比率についての共感－利他性仮説からの予測

逃げやすさの程度	共感的配慮	
	低	高
逃げやすい	低	高／きわめて高
逃げにくい	高	高／きわめて高

　共感－利他性仮説と6つの利己的代替仮説とは、そのすべてが、共感的配慮によって引き起こされた援助しようとする動機づけについての説明である。しかしそれらは、共感的配慮が低い場合に何が起きるかについては、何の予測もしていない。低共感セルについての予測は、3章で提示された援助についての一般的な利己的動機に基づいており、共感－利他性仮説と6つの利己的な代替仮説について常に同じである。しかしながら、低共感の2つのセルは実験計画にとって決定的な意味をもっている。この2つは、高共感のセルの結果を解釈するのに必要な文脈を提供している。こうしたことがなければ、表4.3の共感－利他性による予測は、帰無仮説と異ならないであろう。

実験 1

　第 1 の実験で、44 名の心理学入門の女子大学生がランダムに 2（逃げやすい 対 逃げにくい）×2（被害者に似ている 対 似ていない）の 4 つのセルに割り当てられ、各セルは 11 名ずつであった。それぞれの参加者は、個々に実験手続きをこなしていった。すべての実験参加者が女性であったのは、この実験で援助を必要としているのは女性であったし、男性と女性との両方が含まれていると、弱者を助けるといった騎士道的な態度の問題、他者に感銘を与えようとする願望、さらには責任感を生じるといった問題が出てくることによって、この実験にとって本質的でない変動が増加する恐れがあったからである。

　それぞれの参加者が実験室に来た際に、女性の実験者が、このセッションの次の参加学生が来るまで数分待たなければならないと告げた。待っている間に読むように、参加者には手引きが与えられた。それには次のように、実験の理由と手続きが説明してあった。

> 　この実験では、ストレスのかかる条件下での、課題遂行と印象投影を研究しています。これと同時に、不快な条件下で作業することからくる非能率さが、そうした条件下で作業に費やす時間の量と比例して増加するかどうかも調べています。
> 　この研究は 2 人の参加者の手助けが必要ですので、あなたがどの役割をするかを決めるクジ引きがあります。1 人は不快な条件下で作業をします（最大 10 試行からなり、それ以上はありません）。不快条件は、作業のあいだ中、ランダムな間隔で電気ショックを提示することで作り出されます。もう 1 人は、不快な条件で作業する人を観察します。この役割は、作業する人に対する一般的な態度を形成することとそれを報告することとを含んでいます。こうしてもらうことによって、不快な条件下での作業が、その個人が知覚される仕方にどんな影響を与えているか（それがある場合に）をよりよく評定できます。

　参加者はこの手引きを読んだ後で、実験への参加は全く自由であり、いつでも辞退できることに注意を喚起する同意書を読んで、サインした。次には、参加者は役割のクジを引いた。このクジは、参加者がいつも観察者の役割を引く

ように、もう1人の参加者であるエレインは作業者になるように、意図的に操作されていた。

観察者の役割

参加者は、観察室に連れて行かれ、観察者のためのさらに詳しく書かれた手引書を与えられた。作業する人には実際には会わないが、その代わりに彼女が最大10回の2分間の数字再生試行を行っているのを、閉回路テレビで見ると告げられた。各試行の間、ランダムな間隔で、作業者は中程度に不快な電気ショックを受けた（静電気の強さの2～3倍）。

逃げやすさの程度の操作

エレインの苦痛からの逃げやすさの程度を操作するために、観察者の手引書の最後の行に、参加者が見ると期待される試行数が条件によって変化させてあった。逃げやすさ条件では、「作業者は2回から10回の間で作業をやり終えますが、あなたが観察することが必要なのは最初の2回だけです」という文章を読んだ。逃げにくさ条件では、「作業者は2回から10回の間に作業をやり終えますが、あなたはそのすべてを観察します」であった。彼女らには知らされていなかったが、すべての参加者は後で、エレインが10回すべての試行をやり遂げることに同意していたことを知り、2回目の試行後に、作業者の役割を代わることで、エレインを助けるという予想外の機会を与えられることになる。このために逃げやすさ条件では、援助しなかった参加者はエレインがそれ以上のショックを与えられるのを見なければいけないとは予想していなかったことになる。逃げにくさ条件では、それを見なければいけないことを予想していた。

共感的配慮の類似性操作

エレインの福利について差異的な価値づけを導入するために、そして結果として差異的な共感的配慮を生じさせるために、クレブス（Krebs, 1975）によって用いられた類似性の操作方法を採用し（2章を参照）、参加者は次に、14項目からなる個人的価値と興味についての質問紙のコピーを受けとった。それは参加者たちが、数週間前にスクリーニング・セッションで記入を終えたものと同じものであった。実験者はこのコピーはエレインによって記入されたもので、彼女の印象を形成するのに役立つ情報が提供されていると説明した。実際には、

エレインの質問紙とされるものはあらかじめ準備されていたもので、参加者の質問紙への答えと、価値や興味がきわめて類似している（高共感条件）か、あるいはまったく類似していない（低共感条件）かのどちらかになるようにしてあった。

実験者は、それぞれの参加者が観察する試行数についてどちらを読んだか、またエレインの質問紙への回答が参加者と類似していたか類似していなかったかについては、何も知らなかった。これは、実験者が参加者の反応にバイアスをもつ可能性を統制するためである（Aronson, Ellsworth, Carlsmith, & Gonzales, 1990）。実験者はすべての測度が記録されるまでは、参加者の類似性については知らないままであったが、参加者の逃げやすさの条件については、エレインを援助する機会を提示する直前に知るようになっていた。こうすることによって、実験者は参加者に、エレインと交替しないという選択をした場合に、その後さらに試行を観察するかどうかを思い起こさせることが可能となった。

参加者がエレインの質問紙を一読している間に、実験者はエレインが到着したかどうかを見るために実験室を出た。そして彼女が到着したと告げるためにすぐに戻ってきて、参加者がエレインを見られるようにビデオモニターのスイッチを入れた。この時に見せたのは、実際にはサクラがその役割を演じているビデオテープであったが、そのことは参加者には教えられていなかった。

必要の状況

参加者はモニターで初めて、適度に魅力的な若い女性エレインを見、彼女が研究助手のマルタに、10回すべての数字再生試行をやりますと言うのを聞いた。マルタが手続きを読み返す際に、エレインは話をさえぎって、使用される電気ショックの性質について質問した。マルタの答えは、ショックは一定の強度で不快ではあるが、持続的な障害を引き起こすようなものではないというものであった。「ええと、カーペットの上を足を引きずって歩いて、何か金属に触ったときの、2～3倍くらいの不快さですね。」そしてマルタは、エレインの前腕にショックの電極を取りつけた。

すべての準備が完了したときに、数字再生試行が始まり、エレインを観察してその印象を形成させるために、実験者は参加者を一人にして部屋を出た。最初の試行が進むにつれて、エレインの顔の表情や体の動きはショックが非常に不快であることを示した。（実際には、ビデオテープの作成時には電気ショッ

クは実施されていない。）2回目の試行の終わりまでに、エレインの反応があまりに強かったので、マルタはエレインが大丈夫かどうかを聞くために、手続きを中断した。エレインは明らかに苦痛を感じていたが、大丈夫だと言い、水を1杯頼んだ。マルタは水を取りに出て行った。

　この中断の間に、実験者が観察室に再度入ってきて、参加者にこれまでのエレインの印象を査定するとされた簡単な質問紙を渡した。彼女の苦痛についての参加者の知覚をチェックするため、1つの項目で、嫌な条件（ランダムなショック）が作業者にとってどのくらい不快であると思うかについての質問がされた。参加者が質問紙に回答し終えたとき、実験者が戻ってきてそれを回収し、部屋を出て行った。

　モニターでは、マルタは水を1杯もってすぐに戻ってきて、エレインにこれまでに、ショックで困ったことがあったかどうかを聞いた。エレインはきまり悪そうに、困ったことがあったと打ち明けた。子どもの頃に馬から放り出され、電気のフェンスの上に落下したことがあった。そのときの医者が、エレインはトラウマを被り、将来、穏やかなショックにも強く反応するようになるかもしれないと話した。（この情報は、エレインのショックに対する反応が非典型的なものであること、もし自分が彼女の代わりになることを選択したとしても、ショックが同じように不快なものであるとは予想されないことを、参加者に伝えるために与えられた。）これを聞いてマルタは、エレインは試行を続けるべきではないと思うと言った。エレインは、たとえショックがとても不快でも続けたいと答えた。「自分が始めたし、終わりまでやりたい。続けたいのです。…実験が重要なことは知っています。自分もこれをやり抜きたいんです。」

　この時点で、マルタはある考えを思いついた。「観察者は心理学104（心理学入門）の学生です。あなたに代わって、喜んであなたを助けてくれるでしょう。」抵抗感と安堵感とがまじりあった気持で、エレインはこの可能性についてマルタがチェックすることに同意した。マルタは装置を止め、実験者にこのことを話すといった。その後まもなく、ビデオモニターには何も映らなくなった。

従属変数：エレインに代わってショックを受ける

　約20〜30秒後に、実験者が参加者の部屋に入ってきて言った。

あなたが見たように、エレインにとっては条件はとても不快なもののようです。マルタは、あなたがエレインの代わりになって助けてくれるんじゃないかと思っているようです。あなたが決める前に、これがどういうことか少し説明させてください。

　まず第1に、あなたにはエレインの代わりになる義務はまったくありません。もしあなたが観察者の役割をつづけたいのなら、それで結構です。あなたはたまたま、観察者の役割をクジで引いただけなんです。

　実験者が次に言ったことは、参加者の逃げやすさの程度に応じて変更されていた。

　逃げやすさ条件では、実験者は次のように述べた。「あなたが観察者をつづけることを決めたとしたら、2試行を観察することで終了です。エレインの印象についていくつかの質問に答えることが必要ですが、それで自由に部屋を出ていけます。」逃げにくさ条件では、実験者は次のように言う。「あなたが参加者をつづけると決めたら、残りの8試行を観察していただかなくてはなりません。その後で、エレインの印象についての質問に答えて、それで自由にこの部屋を出ていけます。」

　どちらの条件の参加者についても、実験者は以下のようにつづけた。「エレインを助けるために、彼女の代わりになるとあなたが決めたならば、何が起きるかというと、彼女がここに来てあなたを観察します。あなたは作業を始め、ショックを受けながら再生課題をやります。この課題が完了すれば、あなたは自由に出ていけます。あなたはどうしたいですか。」この質問に対する反応が、援助についての従属変数の測度になった。

事情説明（デブリーフィング）
　質問に答えた後で、実験者がマルタに何が決まったかを告げるということで部屋を出て行っている間に、参加者には簡単な質問紙が与えられた。参加者がこの質問紙に答えるとすぐに、この実験についてのすべての情報が告げられた。実験での欺きのすべてを説明し、欺きを用いた理由を説明する配慮がなされた。参加者はこうした状況に対する自分の反応について論じ、説明するようにうながされた。すべての参加者は、この実験に含まれていた欺きが必要だったことについて容易に理解したようであり、誰一人としてそのことで気分を損ねた者

はいなかったように思われる。多くの参加者は、実験はとても興味深く、参加したことをうれしく思うと言った。

実験2

　バトソンほか（Batson et al., 1981）は、実験1と同じショック手続きを用いた2番目の実験を行ったが、エレインに対する共感的配慮の操作を別のやり方で実施した。この実験2では、情動－特定的－誤帰属法を用いて、より直接的に共感が操作された。1章で論じたように、2つの質的に異なる情動状態が、他者が身体的な痛みを感じるのを目撃することによって引き起こされたと思われる。その1つは、同情・憐れみ・優しさ・温かさ・情け深さといった犠牲者に対する他者指向的な感情からなる共感的配慮である。もう1つは、動転・驚き・不安・困惑といった自己指向的感情からなる個人的苦痛である。

　バトソンほか（1981）は、類似性の操作がなされないときには、エレインの福利は少なくとも中程度に価値づけられるであろうし、ショックに彼女が激しく反応するのを目撃した場合には、共感的配慮と個人的苦痛との両方を、かなりの高い程度で引き起こすだろうと推測した。そのために、3章で述べたコークほか（Coke et al., 1978, 実験1）の用いた誤帰属法を拡張して、偽薬のような外的な源にこれらの情動の一つを帰属するようにできたとすれば、エレインの苦痛への情動的反応は、主に別の情動によるものとして知覚されるだろう。この場合に、共感的配慮の感情を偽薬によるものと帰属させたとすれば、エレインに対する反応は主として個人的なものと知覚されるであろう。個人的苦痛の感情を偽薬に帰属させたとすれば、エレインに対する反応は主として共感的配慮として知覚されるであろう。

　この情動－特定的－誤帰属法と逃げやすさの程度の操作とを組み合わせると、2（逃げやすさ 対 逃げにくさ）×2（個人的苦痛 対 エレインを観察することに帰属される反応としての共感的配慮）の実験計画ができる。この場合にも、女子大学生が実験参加者となった。48人が実験のそれぞれのセルに12人ずつランダムに配置された。実験室にやってきて参加者が読んだ手引きは、2つの研究が同時に行われていることを知らせるもので、というのも1つは時間の遅延が関わっており、もう1つは観察者の補助が必要であるためであった。クジ引き（操作されている）をすることによって、参加者は第1の研究――短期記

憶に及ぼすミレンタナという薬の効果の研究——に配置された。エレインは第2の研究——嫌悪的な条件下での課題遂行の研究——に配置されたことになっていた。

　第1の研究の説明として、参加者は以下のような文章を読んだ。「ミレンタナという薬に含まれている酵素の一つは、脳内のセロトニンの活性水準を増加させると考えられています。この変化が、…短期記憶の再生の能力を増大させます。」短期記憶に与えるミレンタナの効果を検討するために、ミレンタナの入ったカプセルを服用する前と後に、参加者は二つの短い記憶課題を行った。ミレンタナが脳システムに完全に吸収されるのにおおよそ25分かかり、2番目の記憶課題が実施される前に吸収されている必要がある。その間に、参加者は嫌悪的条件の研究の観察者を務めた。

情動‐反応の操作
　第1の課題をやり終えた後で、参加者はミレンタナ（実際には偽薬）の入ったカプセルを与えられた。カプセルを飲む前にすべての参加者は、タイプされた文章で、短期記憶に及ぼす一時的効果に加えて、使われているミレンタナの経口薬には副作用もあることが告げられた。苦痛条件の参加者が読んだのは、次の文章である。

> その全部が吸収される前に、ミレンタナははっきりとした温かさと感受性の高まりを生み出します。それはあなたが、非常に感動的な小説を読んだときに経験するのと似た感情です。摂取後最初の5分前後で、この副作用に気づき始めるでしょう。この薬が完全に吸収される25分以内に、この副作用は消えます。

　共感条件の参加者は、ミレンタナの副作用が「はっきりした不安と不快を生み出します。それはあなたが、非常に痛ましい小説を読んだときに経験するのと似た感情です」と述べられている以外は、同じ文章を読んだ。
　その後すべての参加者は、ミレンタナの副作用についての情報を読んで理解したことを示す文章にサインした。実験者は、それぞれの参加者の情動‐反応条件については知らないままであった。

逃げやすさの程度の操作

　ミレンタナのカプセルを摂取後に、参加者は観察者としての役割について教示を受けた。この教示の文章の最後に、逃げやすさの程度の操作が含まれていた。逃げやすさ条件の参加者は、次の文章を読んだ。「作業者は2試行を完成させますが、あなたはその最初の試行だけを観察することになります。」逃げにくさ条件の参加者は、「作業者は2試行を完成させますが、あなたはその両方の試行を観察することになります」であった。時間スケジュールに合わせるために、この第2実験では2試行だけが用いられた。

必要の状況

　前と同じように、参加者はエレインがショックにきわめて強く反応しているのを閉回路テレビ（実際にはビデオテープ）で見た。最初の試行の終わりに、助手が手続きを中断して、エレインの要求でコップ1杯の水を取りに部屋を出た。

情動－反応操作のチェック

　この中断の間に、参加者には28の情動の形容詞のリストが与えられ、ミレンタナのカプセルを摂取した結果として経験している情動に○をつけるように求められた。このリストは、以前の研究で共感－配慮因子として負荷のあった10の形容詞（同情的、親切な、思いやり、温い、情け深い、やさしい、共感的、気がかりな、こころが動かされる、感動的）と、それと直交する個人的苦痛として負荷が高かった10の形容詞（警戒させる、面倒な、心を乱される、動転させる、困惑させられる、心配な、不安な、おだやかでない、嘆かわしい、苦痛な）が含まれていた。参加者の反応が、情動－反応操作の有効性のチェックとなった。さらに、この反応は、参加者に具体的な情動の経験はミレンタナ・カプセルによる副作用だということを思い出させることによって、この操作を強める働きをしている。

従属変数測度：エレインに代わってショックを受ける

　前の実験のように、助手がコップ1杯の水をもって戻ってきたときに、エレインのショックに対する反応についての会話が始まった。この会話から、参加者がエレインを助けるために喜んで役割を代わるだろうという助手の考えが出

てきた。その後すぐに、実験者が観察室に入ってきて、エレインを援助する機会を提供した。逃げやすさ条件では、参加者はエレインの代わりをしない場合には、もはや観察をする必要がないことを思い起こさせた。逃げにくさ条件では、参加者はエレインの代わりをしない場合には、エレインの2番目の試行も観察しなければならないことを思い起こさせた。従属変数測度は、参加者がエレインを援助するために第2の試行を自発的に代わるかどうかであった。

エレインを観察することへの反応

参加者が援助することを望むかどうかを示した後で、エレインを観察することに対する自分の反応を評定する簡単な質問紙が与えられた。最初の2つの質問では、エレインを観察することがどれくらい「不安」であったか、どのくらい「温かさや感受性」を経験したか（1＝全くなし、9＝非常に）が質問された。最後の質問では、作業者にとって嫌悪的な条件（ランダムのショック）がどのくらい不快かが質問された（1＝全くなし、9＝非常に）。その後、参加者は注意深く十分な説明（デブリーフィング）を受けた。

ここまで見てきた2つの実験についての記述から、参加者が援助を必要としている他者を助ける決定に直面するが、それにはある程度自分にコストがかかる、人工的だがインパクトのある状況が作り出されたことが、明確になったと思う。また、共感的配慮を操作することで構成された別々の条件に参加者をランダムに配置したことで、（ある確率の範囲内で）等価な参加者たちがエレインのまったく同じ必要に反応して、低・高いずれかの共感を経験するように導かれ、その後で援助を与える機会を提供される状況が、どのようにして作り出されたかが明確になったと思う。さらには、それぞれの共感条件下で、逃げやすさの程度を操作することによって、ある参加者（逃げやすさ条件）には、援助することなしに、彼女たちの嫌悪的な共感の喚起を減じるという利己的な目標に達する——しかしエレインの苦痛を取り除くという利他的な目標に達することはない——効果的な手段が提供され、別の参加者（逃げにくさ条件）にはそれが提供されないようになっていることも明確になったと思う。言い替えると、共感的配慮によって生じたエレインを援助しようとする動機づけが、自分自身の嫌悪的な喚起を低減させることに向けられているか、それともエレインの苦痛を和らげる方向に向けられているかを、条件間の援助行動のパターンから推測するのに必要な条件を、こうした実験がどのようにして満たしたのかが

明確になったと思う。

欺くか・欺かないか

　よく知られているのは何人かの行動経済学者たちであるが、彼らも他者指向的行動を研究するために実験を支持し、それを用いている。しかしそれは、いま述べたような種類の実験ではない。彼らは、その実験で注意深く欺きを避けようとする。すべての研究参加者が本当のことを話されている場合にのみ、参加者は（a）それを信じ（b）正直な反応をする　と信じているからである。人間についての数十年にわたる実験、とりわけ社会心理学の実験は、明らかに（a）も（b）も共に間違いであることを指摘している。実験者の側が完全に正直であることは、参加者が不正直な反応をする傾向を簡単に増してしまいこそすれ、それを減らしはしないのである。

　問題は、実験参加者の大部分が、実験者に対しても自分自身にも、自分を良く見せることに関心をもっていることにある。実験手続きとセッティングに応じて、——たとえば独裁者ゲームでは、1人の参加者がお金（10ドル）を与えられ、匿名で他の参加者に、そのお金の全部あるいはその一部を与えることができ、残りのお金をもっていることができる——自分を無慈悲な、個人利益の最大化を図る合理的な選択者として（たとえば、その実験が経済的階級と結びついている場合—— Frank, Gilovich, & Regan, 1993)、あるいは素的な、公平な心をもった分配者として（たとえば、その実験が教会のグループと関連している場合)、提示することができる。研究参加者は、どのようにお金を配分するのかという単純な選択だけで反応しているのではない。実験セッティングや適切な行動についての情報を提供してくれる手がかりの文脈——実験セッティングの要求特性と呼ばれてきた（Orne, 1962：Aronson et al., 1990; Campbell & Stanley, 1966 も参照）——の中で、この選択に反応しているのである。

　要求特性や反応手がかりの影響を避けるもっともよい方法は、次の2つのいずれかで参加者を欺くことである。その1つの方法は、ある種のフィールド実験で行われるように、参加者が実験に参加していることをまったく知られないようにすることである。残念ながら、この手の欺きは倫理的にも実践的にも、とくに実験のデザインが複雑で、非常に目立つ方法を用いる場合には、実行できないことが多い。2つ目の方法は、もっともらしい理由を与えることで、実

験の本当の目的について参加者を欺くことである。カギとなる測度について、参加者に何が「良い」反応なのか気づかれなければ、要求特性と自己呈示の懸念を最少にすることができる（人間を対象に実験する際のこうした問題についての広範な議論は、Aronson et al., 1990 を参照）。

ここで述べた2つの実験は、研究の本当の目的とは無関係なもっともらしい理由を参加者に与えるという2つ目の欺きの方略を用いている。それぞれの参加者は、実験はストレス条件下での課題遂行と印象投影についてのものであると告げられている。エレインの代わりになって彼女を助ける機会は、まったく予期せずに生じていて、一見したところでは研究されている問題ではないように見えた。こうして研究者の不正直が、参加者が正直に反応するのを容易にしたのである。以下の章で報告する実験のほとんどすべてで、この2番目の欺き方略が使われている。

利他性についての実験的研究の限界

次の章では、これまで見てきた2つの実験結果を、6つの利己的代替仮説のそれぞれに対して共感-利他性仮説を検証するように計画された他の実験とともに要約する。しかし、結果を問題にする前に、実験のいくつかの限界について考えておくことが大切である。どんな研究法でも同じだが、実験にも利点もあれば、欠点もある。利他性を研究するのに実験を使うことには、4つの明確な限界があることを指摘したい。

オープンな構えの問題

第1には、表4.1に示したように、従属変数として援助行動を用いる共感-利他性仮説の実験的検証から引き出すことのできる結論には、論理的な限界がある。援助から得られるさまざまな自己利益は、援助を必要としている相手に利益があるようにと試みたことの結果である。この順番（援助が先）は、他者に利することが自己に利するという最終目標に向けての道具的目標である可能性を示している。しかし、この逆の可能性はない。自己利益が他者を利する最終目標に向けての道具的な目標であるということは、論理的にありえないこと

であって、それは単に意図されざる帰結なのである。この非対称性のために、ここまで述べてきた2つの実験的検証では、共感によって誘発された援助の6つの自己利益の1つ（あるいは複数のそれ）を手にするのに、他者の利益になる——援助する——ことが必要か・必要でないかという別々の条件を用いている。援助することが利他的目標の達成に必要かどうかは問題とされない。というのは、他に誰も援助することができないなら、常に援助が必要だからである。

　この方略に従って、共感－利他性仮説に対しては6つの利己的な代替仮説が直接的に検討されることになる。この場合に、共感－利他性仮説は消去法の過程によって間接的に検証される。結果が6つの利己的仮説のいずれかによって予測されるパターンと合致せず、その代わりに、一貫して共感－利他性仮説によって予測されるパターンに合致する場合にだけ、後者の仮説が妥当であると結論づけられることになる。だがその場合であっても、現にある証拠を説明する新しい、もっともと思われる利己的説明が提案されない場合に限って、共感－利他性仮説を妥当なものとして受け入れることができるのである。代わりとなるもっともな説明を調べ尽くしたと確信することは、決してできることではない。その結果として、共感的情動が利他的動機づけを引き起こすといういかなる結論も、暫定的な結論にとどまることになる。

　しかしこのこと自体は悲観論をもたらすわけではない。利己性の別の見方が提案されるかもしれないというだけでは、共感－利他性仮説に疑問を投げかけるには十分ではない。関連する現にあるデータのすべてを説明できる他の見方が、現実に提案されることが必要である。一連の現存する結果についての利己的説明が提案されても、その説明が明らかに他の一連の説明と矛盾する場合には、共感－利他性仮説を否定するものとはならない。

　こうした消去法によって、もっともと思われる利己的な代替仮説を乗り越えていくことは、明らかに骨の折れる仕事である。共感－利他性仮説を直接に検証できるとしても、それよりはるかに骨が折れる仕事である。このやり方はまた、優雅ではないし、美的に心地よいものでもない。しかし、この長い回り道の接近法が、与えられたこの問題の論理的構造に見合ったただ一つの接近法なのである。もちろん、もっともと思われる利己的な代替仮説が無限にある場合には、こうした接近法は失敗する運命にある。しかしながら、それはとてもありそうにないことである。3章で述べたように、今日まで提起されたもっともと思われる利己的代替仮説の全ては、3つの主要なテーマ（嫌悪－喚起の低減、

罰の回避、報酬の追求）のバリエーションであった。次の2つの章で明らかになるように、共感－利他性仮説を支持するデータは、膨大であり、多様なもので、互いに関連している。私は、こうしたデータについてのもっともと思われる利己的な説明がないことを知っている。しかし、誰かがそのような説明を提案できるとしたら、それを検証する新しい実験が計画される必要がある。こうしてこの事例は、完全に終わることのない性質のものなのである。

このようなオープンな構えの問題は、共感－利他性仮説の実験的検証に独自のものではない。オープンな構えの問題は、科学に共通したことである。例えば、光線の速度は一定であるという経験的な証拠は、これと同様な推論を含んでいる。変動が現れるはずだという状況下で数多くの検証がなされた結果、変動が見られなかったとしたら、速度が一定であると受け入れられる。これまでに検証されていない媒体で、あるいはまだ考えられていない条件下で、変動することが証明される可能性は残っている。しかし、そのような媒体や条件が見つかるまでは、速度が一定であるという結論は正当なものである。これと同じように、数多くの検証を通して、援助することについてのもっともと思われる自己利益のすべてが、最終目標ではないことが見出されるという場合に、最終目標は援助を必要としている人のためになることをすることだという結論は妥当なのである。しかし、光線の速度と同様に、この結論は新しい、もっともと思われる利己的な説明が提案された場合には、再検討されなければならないのである。

大学生のサンプル

第2に、次の2つの章で要約される実験は、そこで用いるサンプルの母集団が限られている。参加者のほとんどは、アメリカ合衆国の大学の心理学入門コースの大学生であった。われわれの目的が、アリストテレス的な帰納的な一般化ではなく、条件－発生関係についての仮説から経験的に演繹するガリレオ的な検証にあるとしても、こうした実験の概念的な再現を異なる母集団について行うことは、確かによいことであろう。そうすることで、共感－喚起の利他性の範囲と頑健さについての有益な情報が提供されるであろう。

そうは言っても、母集団が限られていることが、現にある実験的研究の基本的な重要性の価値を下げるとは思っていない。それには2つの理由がある。第

1に、アメリカ合衆国の大学生についてだけ共感的配慮が利他性を生むということが本当であるとすれば、この事実は普遍的な利己性の死を告げるものであろう。第2には、アメリカ合衆国の大学生の場合だけに共感が利他性を生み出させるとするならば、アメリカ合衆国だけでそうだという理由を思いつかない。こうした学生だけが、このように独自であるということはほとんどないように思われる。また、研究の母集団を選ぶ際に、こうした結果が出るという点で運が良かったということもほとんど考えられないことである。

　2章の終わりで記したように、共感的配慮の頻度、その生起の文脈と強度は、年齢、性別、社会経済的地位、そして文化によって変動するであろう。共感的配慮の先行要因の頻度と強度も変動するであろうし、利他的動機の行動的な現れ方も変動するであろう。しかし5章と6章の実験は、こうした要因に起因する変動性を検証するために計画されたのではない。それらの実験は、共感的配慮が利他的動機づけを生むという主張、つまり共感－利他性仮説を検証するために計画されている。ある人びとに対して、あるいはある状況において、共感的配慮が喚起されたときに利他的動機づけが生じなかった場合にのみ、この仮説の妥当性は限定されたものになる。

　ある母集団から次の母集団へと（アメリカの高校生、日本の高齢者など）サンプルを変えて、実験に次ぐ実験を行うことによって共感－利他性仮説の一般性を検討するよりも、一般性の検証は理論からなされるべきである。ある母集団が共感的配慮を経験できない、あるいは共感的配慮が利他的動機づけを生じさせないことを疑うような理論的基礎はあるのだろうか（例えば、サイコパス＝精神病質者、腹側正中前頭葉前部の損傷患者）。もしそうだとしたら、それを検証しなくてはならない。この理論に導かれた方略は、方向づけられた――より大胆な――一般化へと飛躍することを勇気づけるものである。例えば、チンパンジーは共感的配慮を経験することができるのだろうか。もしできるということになれば、この配慮は利他的な動機づけを引き起こすのだろうか。2章で記したように、共感によって誘発された利他性はチンパンジーの性質の一部であると考える理由がある。また、そういうことはないと考える理由もある。チンパンジーの援助性のもとになっているいろいろな動機を細かく分離するように計画された実験が、この重要な問題に答え始めている（例えば、Brosnan et al., 2009; Jensen et al., 2006; Silk et al., 2005; Warneken et al., 2007）。

実験がいつも適切なわけではない

利他性の存在についての問いのような、その根底にある動機づけの問題に取り組むには、実験室実験は理想的である。そこでは、可能性のある最終目標を明らかにするために、必要な条件の変化や統制を導入することができる。しかし、実験室実験は共感的配慮について、また援助行動やより一般的な人間性についての他の多くの興味深い重要な問題に取り組むには、理想的なものではない。3つの例を述べよう。

第1に、実験の計画性は大きな長所であるが、自発性や慈善への貢献などのような現象の自然な頻度を測定するには役立たない。この点では、調査研究あるいはより目立たない観察法の方がはるかによい方法である。第2に、偶然の範囲内で等価性を作り出すために、実験条件にランダムに配置した個人間の比較をする実験は、かけ離れた事例あるいは普通でない事例を研究するには最善の方法ではなく、こうした事例は誤差分散となってしまう。マザー・テレサやラウル・ワレンバーグのような人物の性格を理解しようと思うならば、面接法や生育歴の分析の方がはるかに優れた方略である（例えば、Colby & Damon, 1992を参照）。第3には、共感的配慮の発達や個人の人生における共感－援助関係を追跡したいと思うならば、実験ではなく縦断的な研究が必要とされる。

利他性の理解に実験的研究が役立ち、またそうあるべきであるというこの研究法の基本的な役割に注意を向けるのは、共感的配慮と援助行動とについての全てのあるいはその大半の研究が実験的であるべきだということを示唆するためではない。むしろ、研究法は取り組む問題と注意深くマッチさせることが必要であることを指摘しているのである。しかし、質問紙法、面接法、あるいは縦断的研究法を用いて、共感的配慮によって引き起こされた援助の動機づけが利他的か利己的かを決めようとする試みは、失敗する運命にある。実験だけがこの課題に適したものである。しかし実験には、さらに別の重要な課題もある。

実験は倫理的問題を提起する

最後に言いたいのは、次の2つの章で要約する実験が、やっかいな倫理的問題を提起するということである。こうした問題は、次の2つの事実によって引

き起こされた泥沼に原因がある。第1は、共感的配慮や利他性に関心があるのは、研究者や学者だけではないということである。多くの研究参加者は、自分自身を繊細で親切で思いやりある人物だと見ており、他者からもそのように見られたいと思っている。第2に、共感的情動と利他的動機づけについての研究は、価値や情動、動機、行動の相互作用といった複雑な過程に焦点を当てている。この中では行動を除いては、こうした過程は直接には観察できない。

　このような2つの特色が作り出している泥沼から実りある収穫を得るためには、要求特性、評価懸念、社会的望ましさ、自己呈示、反応測度といった以前に記した落とし穴を避けなくてはいけない（Aronson et al., 1990）。そのために、これから本書で述べる実験の多くでは、ミルグラム（Milgram, 1963）の議論の余地のある服従の研究を含めて、1960年代の社会心理学で有名な――ある人は恥ずべきだと言う――インパクトの大きな欺き手続きが使われている。研究参加者に仮説的に必要とされる状況を説明し、何をするのかを報告するように求めるといった倫理的にソフトな手続きは、援助の動機づけの性質を決定する試みの場合には、その使用が限られている。このやり方で入手できるのは、なぜそのように行動したのかについての回想的な説明である。人びとが知っていること、あるいは知っているとして話すことは、信用することはできない（Nisbett & Wilson, 1977）。実際の行動にかかわることが――その行動自体にではないとしても――、ほとんど常に必要なことである。

　このことは、(a) 人びとが実際に苦しむ状況を作り出すか、そうした状況の中に入れるか (b) 参加者が誰かが苦しんでいると信じ込むように欺き、参加者がやり終えるまでは研究の本当の目的を言わずにおくかのどちらかでなくてはならないことを意味している。このどちらの選択も理想的とはいえないが、この2番目が私の好みである。そのためには、こうした欺き研究をする際に、実験者は参加者の福利と尊厳とを保護する特別な責任を負うことが強調されなければならない。

　いくつかの大学では、この特別の責任を受け入れることをよしとしない。こうした大学では、援助を必要としている他者に対する人間の反応について妥当な実験を行うのに必要とされる、この種の高インパクトの欺きを使用することは、もはや認められていない。援助行動や思いやり、共感、利他性についての研究が、研究倫理についての配慮から課された制限をもっとも強く受ける領域の一つであるとは皮肉なことである。人びとが他者を思いやるのはいつで、そ

れはなぜかを理解することは社会的に重要であり、こうした理解を提供するためには高インパクトの欺き研究の方法を使用することが明らかに必要であり、そして別の方法を用いたときには間違った情報が得られる危険性があるというのに、倫理的でないように見える高インパクトの欺きを用いる研究は許されず、例外なしに一律に禁止されている。

　こうした4つの限界を心に留めて、共感‐利他性仮説を6つの利己的な代替仮説のうちの1つ（あるいは複数）と対比させて検証するためになされた30以上の研究に目を向けることにしよう。その結果は複雑なものではあるが、きわめて一貫していて、明白なものである。

共感－利他性仮説を検証する 5

　1978年から1996年にわたって、共感－利他性仮説を検証する31の実験が行われた。このそれぞれの実験は、共感によって誘発された利他的な動機を、3章で確認した1つあるいはそれ以上の利己的な代替仮説から区別できる1つの行動を測定している。(それぞれの代替仮説に対して検証するのに使用できる行動を思い起こすには、表3.1をもう一度見るのが役立つであろう。)援助を必要としている誰かへの共感的配慮は、操作されるか測定されるかし、あるいはこの両方がなされていた。それに加えて、実験のほとんどすべてで、その行動の最終目標についての明確な推論を引き出すのに必要な条件を作り出すために、交差分割的な変数が操作された。残りのいくつかの実験では、そこでの動機が利他的か利己的かによって別々の行動的効果を作り出せるように、交差分割的に変数のレベルを変えられるようにデザインされた手続き(たとえば、逃げやすさ)がとられた。しかしながら、交差分割的な変数のレベルが存在しない条件(たとえば、逃げにくさ)との直接的な比較がされていないために、こうした手続きが成功したかどうかは確認できない。このために、こうした実験は、交差分割的変数の操作を伴った実験よりも、弱い検証しかできていない。

　こうした31の実験から得られた証拠を、本章でレビューする。この本の巻末の付録に、より詳細な情報が提供されている。付録Aでは、共感－利他性仮説をそれぞれの利己的な代替仮説に対して検証できる、交差分割の独立変数、従属変数、競合する予測がリストアップされている。話を明確にするために、低・高共感条件の双方についての予測が示されている(低共感条件での予測はいつも同じであるが)。4章で記したように、共感－利他性仮説と利己的な代替仮説からの予測は、共感なし・低共感の人びとでは違いがなく、明確に共感を感じた人びとについてだけ違っている。これは、共感－利他性仮説と利己的な代替仮説とが、いずれも共感的配慮によって作り出された動機を説明するものだからである。

31の実験の手続きと結果は、付録BからGにかけて要約されている。（いくつかの実験は、複数の利己的代替仮説を検証しているので、複数の付録にまたがって記載されている。）付録と本文では、利己的な代替仮説はその重要さの順に考察されている。つまり、嫌悪－喚起－低減が最初で、社会的罰と自己的罰を含む罰の回避がつづき、援助行動への報酬、共感的喜び、否定的状態の緩和を含む報酬の追求が最後になる。実験の中心的な部分は付録に示されているが、さらに詳細なことは元の報告にある。（付録に含まれているのは、主要な査読制の科学的雑誌に公表されたものだけである。）全体を概観できるよう、本文での議論は、競合する予測、実験的な証拠、結論の要約を示すに限られている。特定の実験や結論について詳細な点を知ろうとする場合には、該当する付録や元の報告を参照されたい。

嫌悪－喚起の低減

3章で記したように、共感的配慮によって生まれた援助動機についての利己的な説明でもっとも多く提案されてきたのは、嫌悪－喚起の低減であった。この説明では、最終目標は共感的配慮の除去にあり、それは嫌悪的なものとして経験される。われわれは、この自己奉仕的な目的の手段として、共感－喚起的な必要を除去するように行動するのである。

表3.1には、利他的な動機と嫌悪的な共感的喚起を低減させる動機との間の行動的な帰結の主な違いが特定されている。共感的な喚起は、犠牲者の窮状に立ち会うことの結果として生じるものなので、この喚起を除去するには、援助するか・逃げるかのどちらかがされるはずである。しかしながら、その場から逃げることは、犠牲者の苦痛を緩和するという利他的な目標を達するのには有効な手段ではなく、この目的を達するのには何の働きもしない。

競合する予測

4章と付録Aの第1節に記したように、この2つの動機の最終目標に達するための手段としての有効性の違いから、逃げやすさの程度（やさしい 対 難しい）×共感的配慮（低 対 高）の実験デザインで、競合する予測が出てくる。

援助を必要としている相手に低い共感を経験している者——特に、身体的な苦痛を伴い、見る者に個人的苦痛（取り乱したり・心配になったり・混乱したりなどを感じる）を引き起こさせる場合——では、嫌悪－喚起－低減仮説と共感－利他性仮説の両方が、援助なしの逃げがやさしい場合よりもそれが難しい場合に、援助が多くなると予測する。こうなるのは、この両方の仮説で、個人的苦痛を感じることがこの嫌悪的喚起を低減させるような利己的な動機を作り出すと仮定しているからである。高い共感を感じている者では、予測は違ったものになる。嫌悪－喚起－低減仮説では、この場合にも、共感的配慮が嫌悪的な喚起を低減させるような利己的な動機を作り出すと仮定している。だとすれば再度、逃げることが難しい場合には、高い共感を感じている者による援助の比率は高く（4章で記したように、おそらくはきわめて高く）なるはずであるが、逃げるのがやさしい場合には、この比率は低くなるはずである。これとは対照的に、共感－利他性仮説では、逃げるのがやさしい場合にも難しい場合にも同じように、援助の比率は高く（きわめて高く）なると予想される。

こうして、逃げやすさの程度×共感的配慮のデザインでの4つのセルを通して、嫌悪－喚起－低減仮説は逃げやすさの程度の主効果を予測し——そこでの共感が低いか高いかに関係なしに、逃げやすい場合には援助は少なくなる。この予測は表4.2に要約されている。これとは対照的に、共感－利他性仮説では、1対3のパターン——「逃げやすい／低共感」のセルの援助が相対的に低く、他の3つのセルでは高くなる——と予測する。この予測は表4.3に要約されている。

実験的証拠

付録Bには、こうした競合する予測を検証するための逃げやすさ×共感的配慮のデザインの全部、あるいはその一部を用いた10の別々の実験の証拠が示されている。この付録にはまた、実験的な操作の有効性についての証拠も報告されている。（それぞれの実験では、本章で見るすべての実験と同様、参加者が研究の本当の目的やそこで検証しようとしている仮説を知ることがないように注意が払われている。）実験の中の3つ——最初の2つと最後の1つ——では、逃げやすさの程度は操作されていないので、弱い検証がされているだけである。こうした実験のそれぞれでは、援助の必要状況にこれから接すること

についての見通しは与えられていないので、嫌悪的な喚起からの逃げは容易であると仮定された。残りの7つの実験の中の6つでは、逃げやすさの程度が直接に操作された。こうした6つの実験のそれぞれでは、ある参加者はもし自分が援助しないとしても、犠牲者の苦しみをもう見ることはないと信じるようにされていた（逃げやすい）。これ以外の参加者は、援助しない場合には、犠牲者の苦しみを見つづけることになると信じさせられていた（逃げにくい）。別の実験の中で、アイゼンバーグほか（Eisenberg, McCreath, & Ahn, 1988）は、援助が求められたか（逃げにくい）・そうでないか（逃げやすい）を変化させることによって、逃げやすさを間接的に操作している。この操作は、嫌悪的な喚起からの逃げやすさというよりも、予想される社会的非難——あるいは予想される自己非難——からの逃げやすさ・逃げにくさを変えた可能性がある。もしそうだとすると、この実験は付録Bではなく、付録C ——あるいは付録D ——に位置づけられるべきものである。そのいずれに位置づけられるにしろ、結論に違いはない。

　全体として、付録Bに要約した10の実験の結果は、きわめて一貫した、明確なものである。（しかしながら、アイゼンバーグとその同僚たちの子どもについての2つの実験では、大学生の参加者を用いた8つの実験よりも、結果はそれほど明確ではないことに注意。）それぞれの実験の結果は、共感－利他性仮説で予測された1対3のパターンが確認され、嫌悪－喚起－低減仮説で予測された逃げやすさの主効果は確認されなかった。低い共感的配慮を経験した——あるいは、共感的配慮よりも個人的苦痛の感情が優勢であった（つまり、同情的・思いやり・やさしいなどよりも動転させる・不安・心を乱されるなどを感じる）——者の間では、逃げやすさの機会を与えられた者の方が援助は少なくなっていた。高い共感的配慮を経験した——あるいは個人的苦痛よりも共感的配慮が優勢であった——者の間では、逃げやすさの機会が援助を低下させることはなかった。

　10の実験を通じての結果が一貫していたことから、1対3のパターンがきわめて強靭であること、特にこれらの実験が互いにさまざまな点で異なっているのでそう言えることが示唆される。低－対－高共感のグループは、7つの別々の技法を用いて確認され、あるいは作り出されている。それは、子どもの悲しみと配慮の表情、子どもの心拍数の低下、子どもと大学生の代理的な情動の自己報告によって確認されている。それはまた、類似性の操作、視点取得の操作、

生理的-喚起のフィードバックの操作、情動-特定的な誤帰属の操作によっても作り出されている。逃げやすさの程度は、3つの別々の技法によって操作されている。子どもは他の子どもから、人形を共有するように直接に言われ／言われなかったりしている。大学生は援助を必要としている人物が来週の心理学入門の授業に出てくる／出てこないと信じさせられていた。大学生はまた、心理学入門の別の学生が、電気ショックを受けるのを注視しつづけることになる／そうはならないと信じさせられていた。ここでは6つの別々の必要状況が用いられている。人形で遊ぶことを望んでいる子ども、入院している自分の子どものケアをしようとしているシングル・マザー、両親の死後に幼い弟と妹を養っていこうとしている大学4年生、ボランティアの研究参加者を探している大学院生、クルマの事故で脚にけがをしたために授業のノートを貸してもらう必要のある心理学入門の学生、一連の電気ショックに不快感を増大させながら反応している心理学入門の学生である。これに加えて、1978〜1996年の範囲外の実験の1つで、ビアーホフとローマン（Bierhoff & Rohmann, 2004）はドイツで、電気ショック法を用いて1対3の援助のパターンを再確認している（4章に記した）。

　こうしたさまざまな必要状況、共感的配慮と逃げやすさの程度を変えた技法の違いを通じて、援助の反応が一貫して共感-利他性仮説の予測したパターンとなり、決して嫌悪-喚起-低減仮説の予測するようにはならなかった。嫌悪-喚起-低減仮説が長い間人気があったにもかかわらず、共感的配慮によって作り出された動機づけは、自分自身の嫌悪的共感の喚起を低減させることを最終目標とすることに向けられたものではないように思われる。

制限条件：援助のコスト

　バトソンとオクインほか（Batson, O'Quin, Fultz, Vanderplas, & Isen, 1983）は、共感的配慮の評定と逃げやすさの程度の操作とを伴う3つの実験を報告している。最初の2つは付録Bに記されているが、研究3はそこには含まれていない。というのは、研究3は共感-利他性仮説そのものを検証するというよりも、共感-利他性関係の頑健さを検証するようにデザインされていたからである。この実験では、男子と女子の大学生がまず最初に、自分と同性の心理学入門の学生が嫌悪的条件下で作業者として働いているとされる場面を観察することへ

の情動的な反応を報告した。4章で述べた2つの実験と同様に、嫌悪的な条件はランダムに提示される腕への電気ショックによって作り出され、作業者がショックに悩まされていることがはっきりとしていた。参加者はそれから、自分が作業者役を引き受けてショックを受けることで作業者を援助するという予期しなかった機会を与えられた。しかしながらこの研究では、この相手を援助する機会が与えられる前に、参加者にはここで用いられているショックのレベルについての追加的な情報が与えられている。参加者全員が、4段階のレベルの中で最高のレベルが用いられていて、それは「あきらかに痛みを伴うものだが、言うまでもなく傷つけるようなものではない」ことが告げられた。この情報は、援助へのコストをきわめて高くするために入れられたものである。

バトソンほか（Batson et al., 1983）は、援助のコストがこのように高い場合には、以前に作業者に高い共感的配慮を報告した参加者であっても、利己的になることを見出している。こうした参加者は、逃げるのが難しい場合よりもそれがやさしい場合に、有意に少ない援助をしていた。援助のコストが高くなると、高い共感を報告していた参加者の注意は、援助を必要としている相手から離れて自分自身に戻ってしまい、援助を必要としている相手から自己-配慮の要求へと移ってしまうのである。この研究の示唆するところは、共感を感じた場合に、共感的配慮を維持していく能力と、コストのかかる援助に応じる気持ちのどちらについても、ある限界があるということである。バトソンほか（1983）は、共感的配慮によって作り出された動機づけが利他的なものである場合であっても、それは「ひ弱な花であって、自己-配慮によって容易に粉々になってしまう」と結論している（p. 718）。

こうした限界が見出されるのは驚くことではない。3章でコスト-利益分析を議論した際に、他者に共感的配慮を感じた場合であっても、われわれはしばしばその方向では行動しないことを述べた。われわれの共感的配慮は、これとは別の、いっそう差し迫った配慮によって優先されてしまう。そしてこれは、まったく悪いことではないのである。われわれが他者の心配を気づかい、自分自身のそれには気を遣わないとすれば、人生はまったくもって厄介なものになるであろう。ある哲学者が示唆しているように、それは誰もがお互いの体を洗い合おうとするコミュニティのようなものである。これでは、誰一人として洗い終えることはできないだろう。

これと同時に、この制限条件の一般性を過剰に解釈すべきではない。他者へ

の配慮が自己への配慮に優先するそのしやすさは、おそらくはそれぞれの配慮の相対的な強さの関数であろう。ここで述べた研究では、援助者となる可能性のある者と援助を必要としている者とは、それ以前にはまったく会ったことのない大学生で、援助を必要としている相手が一連の電気ショックに明らかに不快に反応しているのを閉回路テレビで注視することで、共感的配慮が引き起こされていた。

援助を必要としている相手の福利にもっと価値を置いていたならば、他者指向的な配慮の感情はよりひ弱ではなかったかもしれない。たとえば、自分の幼い娘がクルマの行き交う道路によちよち歩いていくのを見た父親の反応を考えてみよう。この際の援助のコストは、生命の危険を伴うほど限りなく高いであろうが、父親の関心は子どもとその必要に集中していて、援助のコストの高さにはほとんど注意が向けられていないだろう。こうした状況では、共感によって誘発された利他性はひ弱どころではないのであろう。

共感-特定的な罰

重要な利己的代替仮説の2番目は、共感-特定的な罰仮説で、これは付録Bに要約された結果の全部を説明することができる。この代替仮説は、援助を必要としている誰かに共感的配慮を感じることには付加的に援助の義務が伴うということを、われわれは社会化を通じて学ぶと主張している。そうだとすると、われわれが共感を感じる場合には、援助をしないことについての一般的な非難に加えて、差し迫った社会的・自己的な非難に直面することになる。われわれはこうして、共感-特定的な罰を避けるという利己的な欲求から援助をすることになる。

3章で議論したように、共感-特定的-罰仮説には2つのバージョンが提案されてきた。その1つは、社会的評価と予期的な社会的罰とに基づいたものであり、もう1つは、自己評価と自己的罰とを基にしたものである。

バージョン1：否定的な社会的評価の回避

最初のバージョンによれば、共感的配慮は援助の増加を導くが、それはわれ

われが、表明した配慮の感情に見合うやり方で行動するのに失敗することに対する否定的な社会的評価を予想するからである (Archer, 1984; Archer et al., 1981)。利他的な動機と否定的な社会的評価を回避する動機の間のもっともはっきりした行動的な差異は、3章で確認したように、われわれが援助に失敗した場合に、それを他者が知ることにならない（知ることになる）という信念が援助行動に与える影響である。

競合する予測

共感的配慮によって作り出された動機づけが、否定的な社会的評価を避けることを最終目標とすることに向けてのものだとすれば、高い共感を感じた者は低い共感を感じた者よりも、その援助が公的になっている場合にだけ、多くの援助をするはずである。援助が完全に匿名である場合には、高い共感の者の援助は増加しないはずである。援助に失敗するかどうかを知っている者がいない場合には、社会的非難を恐れる必要はない。しかしながら、動機づけが利他的なものである場合には、他者が知ることになるならないにかかわらず、援助の比率への影響はないはずである。援助への機会が私的ものか公的なものかに関係なく、援助のコストが大きすぎない場合には、高い共感的配慮を感じている者は低いそれしか感じていない者よりも、多くの援助をするはずである。

付録Ａの2節に記したように、援助の機会が私的なときと公的なときのこの仮説的な反応の違いから、他者の気づき（公的 対 私的）×共感的配慮（低 対 高）の実験デザインにおける対立する予測が出てくる。低い共感を感じている者では、否定的－社会的評価の説明も共感－利他性仮説も、相対的に低い援助を予測する。それと同時に、共感とは関連のない社会的非難への一般的な配慮のために、自分の援助の機会を他者（自身は援助できない）が知っている場合には、それを知らない場合よりも多くの援助がされ得ることを、共に認めている。高い共感を感じている者では、否定的－社会的－評価の説明は、援助の機会について他者が知っている場合よりもそれを知らない場合の方が、援助が少なくなると予測する。共感－利他性仮説では、他者が知らない場合も知っている場合と同じように援助をすると予測する。

こうして、他者の気づき×共感的配慮の4つのセルについて、否定的－社会的－評価の説明では1対3のパターン（「公的／高共感」のセルで高援助、これ以外の3つのセルで低援助）が生じるか、あるいは2つの主効果（共感の

低・高に関係なしに、私的な条件よりも公的な条件で援助が多くなり、低共感条件よりも高共感条件で援助が多くなる）かが予測される。これとは対照的に共感－利他性仮説では、これとは別の1対3のパターン（「私的／低共感」のセルで低い援助、他の3つのセルでの高い援助）が生じるか、あるいは共感の主効果だけ（援助の機会が公的・私的のいずれであるかに関係なしに、低共感条件よりも高共感条件で援助が多くなる）かが予測される。

実験的証拠

　共感－利他性仮説と否定的－社会的－評価の説明との競合する予測を、他者の気づき×共感的配慮のデザインで検証するために計画された3つの実験がなされた。付録Cにそれが要約されている。最初の実験はアーチャーほか（Archer et al., 1981）によって報告されたもので、否定的－社会的－評価仮説が支持されると主張している。しかしながら、この主張を疑うに足る2つの理由がある。

　第1に、アーチャーほか（1981）は、資質的共感の得点の高い者についてだけ、否定的－社会的－評価仮説が支持されることを見出している。2章に記したように――そしてアーチャーほか（1981）でも――、資質的共感の測度は、自分自身と他者によって、親切で配慮深い者として見られることへの関心を問題にしている可能性がある。このことから、資質的共感の得点が高い者は、共感的な感情によって引き起こされたどのような配慮とも関係のない、否定的な社会的評価に特に関心をもっていた可能性がある。

　第2に、アーチャーほか（1981）が共感的配慮を導くために用いた、誤った生理的フィードバックの操作の効果には、疑いをもつ理由がある。この操作は、実験者が参加者の生理的反応を知っていると思っている高い資質的共感の参加者の場合を除いては、報告された共感のレベルに影響を与えているようには見えない。このために、私的な状況で相対的に低い援助しか見られなかったのは、その条件の参加者がわずかの共感的配慮しか感じていなかったためであるかもしれない。

　こうした問題点があることと、実験者（あるいは他の誰であれ）が参加者の共感的反応を知り得ない状況では、共感的配慮が高まれば援助が増加するというこれまでの研究の結果（例えば、Batson et al., 1981, 実験1・2; Coke et al., 1978, 実験1――Batson, Coke, & Pych, 1983 を参照）があることから、アーチャー（1984）

は、共感的配慮のレベルを他者が知っていることが共感−援助関係を見出すのに不可欠だとする主張を撤回することになった。にもかかわらずアーチャー (1984) は、否定的な社会的評価を避ける動機づけがこの関係を説明するという考えを捨ててはいない。むしろ、彼は別の——よりもっともののように思われる——社会的評価の説明に考えを変えている。彼の示唆するところでは、高い共感的配慮を感じている者は、自分の共感についての他者の気づきにではなく、自分の援助的な反応についての他者の気づきに特に関心があるという。

フルツとバトソンほか (Fultz, Batson, Fortenbach, McCarthy, & Varney, 1986) は、付録Cに報告した残りの2つの研究で、このよりもっともと思われる否定的−社会的−評価の説明を検証している。それぞれの研究では、女子大学生たちが、孤独な若い女性 (ジャネット) に低・高の共感的配慮を感じた後に、彼女と直接会って仲の良い友達になり援助する機会が与えられた。最初の研究は実験的なものではなく、相関的なものであった。ジャネットに対する共感は自己報告で評定され、参加者全員は、自分が援助しなかった場合にも、そのことを誰も (実験者も、ジャネットさえも) 知らないと信じさせられていた。このことは、ジャネットが孤独であるという情報は彼女から (実験者は知らずに) 直接与えられ、彼女に会う機会についての情報は実験者から (ジャネットは知らずに) 直接伝えられることでなされた。

第2の研究では実験的なデザインが用いられた。共感的配慮のレベルは、視点取得の教示によって実験的に操作されている。援助の機会についての他者の気づきを操作するために、実験者もジャネットも参加者が援助の機会を与えられていることを知っており、参加者が援助しないことを選択した場合には、両者ともそのことを知るだろう (公的) と信じさせられているか、あるいは最初の研究と同じように、援助の機会が与えられていることを誰も知らず、援助しないことを選択したとしても、それも誰も知らない (私的) と信じさせられているかのどちらかであった。資質的共感は、2番目の研究でも評定されている。

こうした研究のそれぞれでフルツほか (Fultz et al., 1986) は、援助の機会があることを誰も知らない場合であっても、低い共感を感じた者の間でよりも高いそれを感じた者の間でのほうが、より多くの援助をしたことを見出した。否定的−社会的−評価の説明の予測に反して、フルツたちは、参加者が否定的な社会的評価の恐怖から自由である場合に、共感と援助との結びつきがなくなるという証拠は見出さなかった。彼らの2番目の研究の結果のパターンも、アー

チャーほか（1981）で見出されたのとは逆で、資質的共感についての測度の得点では確認されなかった。

　全体として、この3つの研究の結果は、共感－特定的－罰仮説の社会的評価によるバージョンに深刻な疑いを投げかけるものである。資質的共感の測度の高い得点が否定的な社会的評価への関心の増加と結びついているらしい（Archer et al., 1981）ということはあるものの、共感的配慮によって作り出された動機づけは、否定的な社会的評価を回避することを最終目標とする方向には向けられていないようである。

バージョン2：否定的な自己評価の回避

　共感－特定的－罰仮説の2番目の説明が主張するところでは、共感的配慮を感じている者が援助するのは、社会的な非難を避けるためではなく、自己施行的な罰と否定的な自己評価とを避けるためであるとされる（Batson, 1987; Dovidio, 1984; Schaller & Cialdini, 1988）。利他的な動機と否定的な自己評価を避けようとする動機とを区別する3つの行動的な差異は、3章で確認されている。

競合する予測

　最初にとり上げるのは、援助の失敗が正当化されるか・されないかの場合の援助の可能性である。援助に失敗しても、よい正当化があれば、自分自身を懲らしめる必要はない。しかし正当化できる・できないにかかわらず、援助の必要が満たされないままなので、利他的な動機の目標に近づくことはない。第2の診断的な差異は、自分の援助の努力が効果的でなかったことを知った後での否定的な気分の変化である。自分の側の援助への誠実な努力の試みが援助の必要を緩和させるのに失敗したことを――自分には落ち度がないのに――知った場合にも、自分を懲らしめる必要はないし、あるいは自分を悪く感じる必要もない。しかし、正当化できる・できないにかかわらず、援助の必要が残っている場合には、利他的な動機の目標の達成には失敗したことになり、そこから自分の援助努力が効果的でなかったことと自分が共感を感じた相手が依然として援助が必要なままであることを知り、気分が良くないにちがいない。第3には、認知的干渉を作り出す単語に違いがある。援助に失敗することへの否定的な自己評価を避けるのが最終目標であるとすると、援助を考えるときに、恥とか罪

悪感についての考えが主題となるであろうし、こうした考えに関連した単語は関連しない反応時間の反応——ストループ課題に出てくる、単語のインク色の命名——能力を妨げるはずである。最終目標が共感に喚起された援助の必要の緩和にあるとすれば、この必要状況についての考えが主題となるはずであり、こうした考えに関連した単語が関連しない反応時間の反応能力と干渉するはずである。付録Aの3節には、こうした行動的な選択のそれぞれを用いたデザインの競合する予測が示されている。

実験的証拠

こうした競合する予測を検証した6つの実験の結果が、付録Dに要約されている。6つの実験のそれぞれはまた、共感-特定的-罰仮説の社会的-評価によるバージョンも検証しているが、それはそれぞれの実験で、このバージョンは自己-評価によるバージョンと同じ予測をするからである。援助しないことのよい正当化があることの効果について競合する予測が、3つの実験で検証されている（Batson, Dyck, Brandt, Batson, Powell, McMaster, & Griffitt, 1988, 研究2-4）。援助の試みの失敗が正当化されると知ることの気分に与える効果について競合する予測が、2つの実験で検証されている（Batson & Weeks, 1996, 実験1・2）。罰に関連する単語と犠牲者に関連する単語との反応時間の潜時への効果について競合する予測が、1つの実験で検証されている（Batson et al., 1988, 研究5）。6つの研究を通して、結果はきわめて一貫していた。それぞれの実験で、結果は共感-利他性仮説が予測したパターンになっていて、否定的-自己-評価の説明による予測とは一致していなかった。

a. **援助しないことの正当化**　援助を正当化×共感のデザインで評定した3つの実験では、援助しないことの正当化が3つの別々のやり方で用意されている。その最初は、自分以外の他者が援助しないことについての情報によって与えられた。バトソンほか（Batson et al., 1988）は、大半の他者が援助の要請にノーと答えたとすれば、自分が同じようにノーと言っても正当化されると感じるであろうと推定した。そこで、この実験では、援助を必要としている若い女性について低・高の共感的配慮に導かれ、彼女に援助する時間をとる約束をする機会が与えられた。この若い女性の置かれた困難な状態は、他者による援助が参加者の援助の必要に影響を与えないようなものであった。約束について

の情報は、事前に質問された参加者仲間の7人中5人が援助の約束をしている場合（援助しないことの低い正当化）か、あるいは7人中2人だけが援助の約束をしている場合（高い正当化）かのどちらかであった。否定的－社会的－評価の説明での予測は、高い共感を感じた者では、低い正当化条件よりも高い正当化条件で援助が少なくなるというものである。これとは対照的に共感－利他性仮説では、高い共感を感じた者では、両方の正当化条件で高い援助が予測される。結果は後者のパターンが確認された。低い共感を感じた者の間でだけ、高い正当化が援助を低下させていた。この結果のパターンが示唆しているのは、低い共感の者の動機づけだけが、否定的な自己評価の回避に向けられていたということである。

　2番目の実験では、正当化は帰属のあいまいさによって与えられている。バトソンほか（1988）は、援助しないという決定をこの決定の援助に関連しない特徴に帰属できる場合には、自己的な罰を予想する可能性は低くなるはずだと推測した。否定的な帰結（電気ショック）を受けるように割り当てられた仲間への低・高いずれかの共感を感じた者に、2つの課題のどちらか（A）、あるいはその両方（B）を引き受ける機会が与えられた。選択Aでは、正答のたびに、彼らには肯定的な結果（30ドル相当の賞品があたるクジ券）が与えられる。選択Bでは、正答のたびに、仲間が否定的な結果を受けるのを避けられる（仲間のショックの1つを取り除く）。2つの選択についての援助に関連しない情報としては、2つの課題がきわめてよく似ていて、このどちらも選ばれない（援助しないことについての低い正当化）というものか、あるいは一方は数、他方は文字を含む課題で、大半の人びとが数（文字）の課題を選ぶというもので、このそれぞれが援助をしないという選択A（高い正当化）と組み合わされていた。この場合にも、得られたパターンは共感－利他性仮説が予測したものであって、否定的－自己－評価の説明の予測したものではなかった。低い共感的配慮を感じている者は、援助しないことが正当化される場合には、有意にわずかの援助しかしておらず、このことは少なくも部分的に、否定的な自己評価を避けるように動機づけられていたことを示している。高い共感を感じていた者は、正当化の程度に関係なく高い比率の援助をしていた。

　3番目の実験では、援助しないことの正当性は、援助するのにふさわしいとされるためにはパスしておかなくてはならないような、ある資格課題の成績の基準の難しさについての情報によって与えられた。バトソンほか（1988）は、

援助者となる可能性のある者が、この資格課題の基準に達した場合にだけ援助することが許されることを知っていたとすれば、この資格課題の成績は犠牲者の苦境を低下させる動機づけの測度となる（資格を得ることが必要）か、あるいは社会的罰と自己的罰を避ける動機づけの測度となる（資格は必要ではない）と推定した。しかしながら、このことは資格課題の成績の悪さが正当化できる場合にだけ当てはまることで、成績の基準が大半の者が失敗するほど難しい場合に起きることである。成績の基準が難しい場合には、資格が得られなかったことを——自分にも他者にも——責められない。このような場合には、否定的-自己-評価を避けるように動機づけられた者は、(a) 資格を得る可能性が低いために、援助が低下するか (b) 援助を申し出るが、資格課題に真面目に取り組まず失敗するかのどちらかになるはずである。基準の難しさは失敗を正当化し、援助のコストと罪悪感との双方を避けることを可能にする。利他的に動機づけられた者は、(a) 援助を申し出、また (b) 資格課題が難しくとも一所懸命にやろうとするはずである。共感によって誘発された要求を除く目標に到達できるのは、資格を得ることによってだけである。

　こうした推定を積み重ねることで、一連の不快な電気ショックに不愉快に反応していると信じている仲間に、低いあるいは高い共感的配慮のいずれかを感じている大学生に、残りのショックを自分自身が引き受けることで仲間を援助する機会が与えられる。この際に彼らは、自分が援助したいと申し出た場合であっても、その資格が得られるような資格課題の成績の基準に達しなければならないことを知っていた。基準の難しさについての情報は、大半の大学生が有資格である（援助しないことへの低い正当化）か、大半の者がそうではない（高い正当化）かのいずれかであった。

　この場合にも、結果は共感-利他性仮説を支持するものとなっている。低い共感者の資格課題の成績は、資格基準がやさしい場合よりもそれが難しい場合に低くなっていて、これは失敗についての正当化の操作が効果的であったことを示している。高い共感者の資格課題の成績は、資格基準がやさしい場合よりもそれが難しい場合に高くなっていた。この相互作用は、低い共感者の動機づけが少なくも部分的に否定的な自己評価を避けることへと方向づけられていることを示唆している。一方ではそれは、否定的-自己評価の説明とは対照的で、高い共感者の動機づけではそうではないことも示唆している。ここで観察された相互作用は、高い共感者の動機づけが利他的なものである場合に、期待され

るパターンである——つまり、他者の被害を緩和するという最終目標を目指したものであることを意味している。

　こうして3つの実験のそれぞれで、援助しないことへの正当化が低い共感者の援助を低下させたこと、しかしこのことは高い共感者の援助では、きわめて小さな効果しか生まなかったことが明らかである。援助しないことについての正当化が高い場合であっても、高い共感者による援助の比率が相対的に高いことは、援助を必要としている相手についての共感的配慮が、この相手の必要を低減させるような利他的な動機づけを作り出す場合には、まさに予期されることである。これは、共感的配慮が否定的な自己評価を避けようとする利己的な動機づけの増加を作り出させる場合には、期待されるものではない。

b. 効果のない援助の正当化　　2番目の診断的差異に話を戻そう。バトソンとウイークス（Batson & Weeks, 1996）が、この点に関係する2つの実験を報告している。このそれぞれの実験では、否定的-自己-評価の説明は、高い共感の参加者が、本心からの援助努力が効果的でないと知った後で、より多くの否定的な気分の変化を生じるのは、効果的でなかったことが正当化されない場合だけであると予測する。共感-利他性仮説では、高い共感の参加者は、効果的でないことが明らかに正当化される場合であっても、より否定的な気分変化が生じると予測する。

　最初の実験では、参加者全員が、他の参加者が電気ショックを与えられるのを避けられるように援助するために、低コストの課題（1桁の数字の組を◯で囲む）をする機会を与えられた。課題（全員が選択した）を終えた後で、表面上はランダムに選ばれた成績の基準が示された。参加者の全員がこの基準に達せず、そのため他の参加者がショックを避けるようにできなかったと告げられる。研究の最初と、援助の努力が他の参加者の援助の必要を緩和するのに失敗したことを告げられた後の2回、気分が測定された。

　共感的配慮は、他の参加者がショックについての懸念を表明している音声コミュニケーションを聴く際に、取るように求められた視点（客観的 対 他者をイメージする視点）によって操作された。正当化は、参加者が到達できなかったランダムに選択された成績の基準が、適度にやさしい（失敗が正当化されない条件）か全く不可能（失敗が正当化される条件）かのいずれかを告げることで操作された。この場合の主要な従属変数は気分の変化である（つまり、失敗

後の気分－失敗前の気分)。

　第2の実験は単純な2セルのデザインである。成功しなかったことの正当化についてのどんな疑いの可能性をも避けるために、この実験での参加者全員は、他の参加者を援助するために自分のやった課題に成功したと教えられた。そしてまた、彼らは他の参加者はその課題について達成できないような基準をランダムに与えられていて、こちらが援助したにもかかわらず、ショックを避けるのに失敗したと教えられた。こうして、参加者全員が援助を与えることに成功したものの、そのことに責任をもつすべがなく、他の参加者は依然として援助を必要としていることになる。この場合にも、共感的配慮は視点取得の教示によって操作された。しかしながらこの2番目の実験では、最初の実験とは違って、この教示はコミュニケーションの前には提示されず、他の参加者自身からの手書きのコミュニケーション（手記）の中に含められていた。主要な従属変数は、最初の実験と同じように、気分の変化であった。

　ここで述べておきたい重要な点は、この2つの実験が、バトソン（Batson, 1991）が提起し、ステッチほか（Stich, Doris, & Roedder, 2010）によってさらに展開された懸念に対して脆弱ではないということである。その懸念とは、「共感を感じたら、すなわち援助だ」、例外は許されないとする規範を支持しているために、参加者たちが援助しないことについての正当化を受け入れない可能性である。バトソンとウイークス（1996）の2つの実験とも、参加者の全員が援助したが、しかし決定的な条件下——彼ら自身の責任ではない——では、援助が共感－誘導的な必要を緩和してはいなかったのである。

　それぞれの実験で、失敗が正当化されなかった場合に、低い共感の参加者は明らかに否定的な気分の変化を示したが、失敗が正当化される場合には、相対的にわずかの否定的な気分の変化しか示さなかった。これに対して高い共感の参加者では、失敗が正当化される場合でも、かなりの否定的な気分の変化が示された。このパターンは、共感－利他性仮説で予測されるものであって、否定的－自己－評価の説明が予測するものではない。

　c．認知的干渉による反応時間の潜時　　否定的－自己－評価の説明と共感－利他性仮説との競合する予測を作り出す最後の行動は、認知的干渉による反応時間の潜時である。否定的－自己－評価の説明では、援助を必要としている相手に共感的配慮を感じている者は、援助しようとする決定の底に罪悪感と恥に

ついての考えがあり、その考えは認知的干渉を作り出すはずであって、そこからストループ（Stroop, 1938）課題での反応時間の潜時が増すことになると予測する。共感－利他性仮説では、必要についての考えが主題となるはずであり、その考えが認知的干渉を引き起こすと予測する。

こうした予測を検証するためにバトソンほか（Batson et al., 1988, 研究5）は、ケイティ・バンクスへの低・高の共感を導入するために視点取得の教示を用いた。ケイティはクルマの事故で両親を亡くした若い女性で、幼い弟と妹を養子に出すのを避けるために頑張っている（最初に Coke et al., 1978 の実験1で用いられた──3章を参照）。ケイティを自発的に援助するかどうかを決める間に、参加者は反応時間課題（タテマエ上はケイティの援助の必要についての放送番組への他の参加者の反応と比較するためのベース・ラインのデータを得るためとされた）を行う。この課題では、一連の単語のインクの色をできるだけ早く言うことが求められる。これらの単語のあるものは自己的な罰に関連したもの（義務・罪・恥・恩義）で、あるものは報酬に関連したもの（立派・誇り・名誉・賞賛）、あるものは必要に関連したもの（損失・貧困・養子・痛ましい）、あるものは中性的なもの（ペア・清潔・別料金・平坦）であった。

高い共感条件での唯一のプラスの結びつきが、援助行動と援助の必要に関連する単語に対する色名呼称の潜時との間で見られた。これは共感－利他性仮説が予測した関連である。高い共感者の援助行動が共感－特定的－自己的罰の考えとプラスに結びついているという証拠は見出されなかった。この場合にも、否定的－自己－評価の説明は支持されていない。

要約すると、共感－特定的－罰仮説の社会的－評価バージョンあるいは自己－評価バージョンのいずれも、証拠を得ようとするすべての試みは、何ひとつ明確な支持を得ることができなかった。その代わりに、共感－利他性仮説を支持するような圧倒的な証拠がある。共感的配慮から作り出された動機づけは、社会的罰・自己的罰のいずれであっても、共感－特定的な罰を避けることを最終目標とすることに向けられていないことは明らかである。

共感－特定的な報酬

共感－利他性仮説の最後の利己的な代替仮説は共感－特定的な報酬で、われ

われが社会化を通じて、共感的配慮を感じる相手を援助すると、そこには賞賛・名誉・プライドが伴うことを学習すると主張する。われわれは共感を感じると、こうした報酬を考え、それを得ようとする利己的な欲求から援助をすることになる。

3章で議論したように、共感-特定的-報酬仮説には3つのバージョンが提案されている。その第1は、きわめてわかりやすいものである。その主張するところでは、自分が共感的配慮を感じた相手を援助した後で、われわれは背中を押す特別の一押し——他者からの賞賛の形式であれ、あるいは自己イメージの高揚という形式であれ——を期待することを学習する。第2のバージョンは、スミスほか (Smith et al., 1989) によって提案された共感-喜び仮説で、共感によって誘発された援助が、援助を必要としていた相手が元気になることを知ることで、代理的な喜びを経験しようとする欲求によって動機づけられると主張する。第3のバージョンは、チャルディーニほか (Cialdini et al., 1987) によって提案された否定的-状態-緩和仮説で、共感的配慮が、援助することで手にすることのできる気分高揚的な自己報酬への欲求を増加させると主張する。

バージョン1：援助への社会的あるいは自己的な報酬の追求

3章で確認された3つの行動から、共感-特定的-報酬仮説の最初のバージョンと共感-利他性仮説とについて競合する予測が出てくる。

競合する予測

第1に、共感的配慮によって作り出された動機の最終目標が援助に対する報酬を得ることにあって、援助のコストが低い場合には、援助の機会が与えられる前に相手の必要が除かれるとすれば、高い共感を感じている者は落胆するはずである。このことは、より肯定的でない気分に反映されるはずである。これとは対照的に、最終目標が被援助者の必要が除かれることにある（つまり、動機づけが利他的な）場合には、高い共感者はそれが誰によるかには関係なしに、必要が除かれれば喜ぶはずである。こうした人びとは、援助する機会が与えられず必要も除かれない場合にだけ、より肯定的でない気分になるはずである。第2に、共感-特定的-罰仮説の自己-評価によるバージョンと同じように、共感-特定的-報酬仮説のこの最初のバージョンによる予測は、高い共感者が、

自分自身の責任によってではなく、本心からの援助の試みが必要を緩和するのに失敗したことを知った場合には、残念には感じないはずだというものである。結局のところ、問題なのは考えなのである。これとは対照的に、共感－利他性仮説の予測では、気高い努力とは関係なく、援助の必要がそのまま残り、高い共感を感じている者が最終目標に達することに失敗した場合には、こうした人びとはより残念に思うはずである。第3には、ストループ（1938）課題での反応時間の潜時を導く認知的干渉を作り出す単語に違いがある。最終目標が報酬を得ることにあるとすれば、名誉と称賛の考えに関連する単語は潜時が増すはずである。援助の必要の緩和が目標であるとすれば、必要状況についての考えに関連する単語が潜時を増加させるはずである。付録Aの4節には、こうした行動的な選択のそれぞれを用いたデザインの競合する予測が示されている。

実験的証拠

こうした競合する予測を検証するようにデザインされた4つの研究から得られた証拠が、付録Eに要約されている。バトソンほか（Batson et al., 1988, 研究1）では、援助の機会を与えられなかったことから生じた気分の効果が検討されているし、前に述べたバトソンとウイークス（Batson & Weeks, 1996）の2つの実験では、援助努力が成功しなかったと教えられた際の気分への効果が検討されている。さらにこれも前に見たストループ型の研究（Batson et al., 1988, 研究5）では、報酬関連的な単語と犠牲者関連的な単語との色名呼称の潜時への反応時間の効果が検討されている。この場合にも再び、結果は4つの研究できわめて一貫したものであった。それぞれの研究で、結果は共感－利他性仮説の予測したパターンであって、共感－特定的－報酬仮説の予測したものではなかったのである。

a. **援助の機会が与えられなかったこと**　援助の機会が与えられなかったことの気分への効果を検証するために、バトソンほか（1988, 研究1）は、参加者——電気ショックを受けようとしている相手に、ある者は低い共感を、別のものは高い共感を感じている——に、相手がショックを避けるように援助するのにコストがかからず、リスクもない機会はないと信じさせた。その後で、半数の者は、たまたま、結局まったく援助する機会がないと教えられる。さらには、援助の機会がある者もそれがない者も、半数の者は相手は計画通りショッ

クを与えられることになっていると教えられ、残りの半数は計画が変更になってショックは与えられないことになったと教えられる。こうした変化によって、共感（低 対 高）×犠牲者の援助の必要の事前の緩和（事前の緩和なし 対 事前の緩和あり）×援助課題の遂行（遂行 対 遂行なし）のデザインが作り出される。この場合の主要な従属変数は、参加者が援助を許されるか・許されないかを教えられた後の自己報告による気分の変化である。

　高い共感を報告した者の気分の変化のパターンは、共感−利他性仮説の予測したものであって、共感−特定的−報酬のバージョンの予測したものではなかった。こうした人びとでは、犠牲者の援助の必要が緩和されなかった１つのセルよりも、その必要が緩和された３つのセルで多くの肯定的な気分の変化が見られた。犠牲者の援助の必要が事前に緩和されたために援助の機会が与えられなかったことは、共感−特定的−報酬仮説が予測するような、より肯定的でない気分の変化を生じなかった。これに加えてこの結果のパターンは、高い共感を報告した者に特有なことであった。低い共感を報告した者では、統計的に信頼のおける値にはならなかった。

b. 援助が不成功であることの正当化　　援助が成功しなかった後（正当化されない 対 正当化される）での気分の変化についての予測は、共感−特定的−報酬仮説の最初のバージョンと共感−特定的−罰仮説の自己評価バージョンとで同じである。したがって、バトソンとウイークス（Batson & Weeks, 1996）の報告した２つの実験の結果は、この一方（後者のバージョン）に反する結果になっているのと同様に、この利己的な代替仮説にも反する結果となっている。

c. 認知的干渉による反応時間の潜時　　おわりに、すでに指摘したように、バトソンほか（1988, 研究5）の報告したストループ研究には、報酬関連的な単語（立派・誇り・名誉・賞賛）も含まれていた。共感−特定的−報酬仮説の最初のバージョンの予測とは反対に、こうした語によって作り出された色名呼称の潜時は、ケイティに共感的配慮を感じるように誘導された者の援助行動とは相関がなかった。高い共感条件でだけ、援助行動と援助の必要と関連する単語についての色名呼称の反応時間との間で、プラスの結びつきがあった。これは共感−利他性仮説が予測した結びつきである。

まとめると、ここでの4つの実験は、共感‐特定的‐報酬仮説の最初のバージョンを支持することに失敗している。それぞれの結果は、共感‐利他性仮説の予測したパターンを示した。

バージョン2：共感的喜びの追求

共感‐喜び仮説の2つ目のバージョンはスミスほか（Smith et al., 1989）によって提案されたものである。3章で記したようにこの考えは、進んで援助する者として見られるという報酬（他者によって、あるいは自分自身によってのいずれでも）を求めるというよりも、共感的に喚起された者は、援助を必要としている相手の困難が緩和されることの喜びを代理的に共有することで得られる良い感情を目標に、援助をするというものである。スミスほか（1989）は、利他的な動機と共感的喜びを求める動機とを区別するであろう条件——つまり、援助を必要としている相手の状況の改善についてのフィードバックの予期——を確認している。

競合する予測

付録Aの5節に記したように、われわれは援助の機会がない場合であっても、自分の援助努力についてのフィードバックの予期、あるいは援助を必要としている相手の状態についてのフィードバックの予期をもつことができる。共感‐喜び仮説では、高い共感的配慮を感じている者は、援助を必要としている相手の状況が改善されたことを知ることが予期される場合にだけ、低い共感的配慮を感じている者よりも、より多くの援助をする可能性があるであろうし、情報をさらに求めようとするであろうと予測する。共感‐利他性仮説では、肯定的なフィードバックが予期されない場合であっても、高い共感者は低い共感者よりも、より多くの援助をする可能性があるであろうし、情報をさらに求めようとするであろうと予測する。

実験的証拠

付録Fには、こうした競合する予測を検証するようにデザインされた4つの実験が要約されている。最初の2つの実験は、自分の援助努力の結果についてのフィードバックの予期の操作を含むものである。次の2つの実験では、援

助の機会が与えられていないという状況で、援助を必要としている相手の条件についてのフィードバックの予期の操作が含まれている。

a. **自分の援助努力の結果についてのフィードバック**　スミスほか (1989) が最初の実験を行った。フィードバック (予期 対 予期できない)×共感的配慮 (低 対 高) のデザインで、共感 – 援助関係をフィードバックの予想条件とそれがない条件との双方で見出している。このパターンは共感 – 利他性仮説で予測されるもので、共感 – 喜び仮説によるものではない。しかしながら、共感の操作のチェックに失敗したために、スミスほか (1989) はこうした結果を無視して、その代わりに自己報告の共感 – 自己報告の苦痛の測度を中央値で分割して低・高の共感条件を作り出し、その内部分析に注意を向けている。この内部分析の結果、相対的な共感の程度と援助行動との結びつきがフィードバックの予期条件で見出されたが、フィードバックなし条件ではこの関係は見出されなかった。これは共感 – 喜び仮説の予測するパターンである。スミスほか (1989) は、この結果は共感 – 喜び仮説を支持しており、共感 – 利他性仮説は支持していないと結論している。

　この結論は早まったもののように思われる。スミスたちによって用いられた特定の研究手続きでは、おそらくは自己報告の共感 – 苦痛は共感的配慮の適切な指標ではないであろう。この必要状況には身体的損害は含まれておらず、大学への適応のトラブルである。その結果として、参加者たちが報告した苦痛は、援助の必要を意識したことから生じた自己指向的な個人的苦痛というよりも、援助を必要としている学生に対する他者指向的な共感的苦痛であるように思われる (この点についての包括的な議論は、Batson, Batson, Slingsby, Harrell, Peekna, & Todd, 1991 を参照)。さらには、操作のチェックに失敗したために、実験デザインの結果を無視したことは適切ではなかった可能性がある。この問題は、共感の操作というよりも操作のチェックの問題であるようである。この不確かさを考えると、共感 – 喜び仮説にはより多くの検証が必要であるというのがより適切な結論であろう。これに続く検証では、この仮説はうまくはいっていないのである。

　バトソンほか (1991, 実験1) は第2の実験をしている。共感 – 援助関係についてのフィードバックの効果を評定するために、共感的配慮の操作が有効であることがわかっている状況が用いられた。参加者たちは、ケイティ・バンクス

についてのラジオのインタビューのテスト版を聴いた。共感の程度は聴くときの視点についての教示（客観的；彼女の感情をイメージ）で操作された。フィードバックは、参加者たちが自分の援助努力の結果を教えられるか・教えられないかで操作された。操作のチェックでは、この両方の操作がきわめて成功していることを示し、スミスほか（1989）を悩ませた解釈の不確かさを避けることができた。バトソンほか（1991）は、「フィードバックなし／低共感」のセルよりも「フィードバックなし／高共感」のセルで有意に多くの援助がされたことを見出している。このパターンは共感-利他性仮説で予測されたもので、共感-喜び仮説では予想されなかったものである。興味深いのは、フィードバックは低い共感を感じるように誘導された参加者で有意に援助を増し、高い共感に導かれた参加者ではそうではなかったことである。これはまさに、共感-喜び仮説の予想とは反対のことである。

b. 援助を必要としている相手の条件についてのフィードバック　バトソンほか（1991, 実験2・3）は、援助の機会がない場合のフィードバックの予期を操作した2つの実験も行っている。このそれぞれの実験では、参加者は大学への適応困難を経験している若い女性のインタビューを聴いた。その後で参加者は、この女性の2つ目のインタビューを聴くか、別の誰かのインタビューを聴くかの選択をすることになる。この選択をする前に、この若い女性の置かれた状況が2つ目のインタビューの時点ではかなり改善されている可能性があるという情報（専門家からのものとされた）を受けとる。ある参加者はこの可能性がわずか20％であるとされ、ある参加者では50％、他の参加者では80％だとされた。共感的配慮の操作には視点取得の教示が用いられ、2（低 対 高共感）×3（20, 50, 80％の改善可能性）の要因デザインが作られた。

　低い共感の条件では、どちらの仮説も、改善の可能性に関係なく、この若い女性の話を聴くことを選ぶ誘因はわずかでしかないと予測する。高い共感の条件では、2つの予測は分かれる。共感-喜び仮説は、この若い女性が元気になる可能性ともう一度その話を聴く選択との間には、直線的な関係があると予測する。20％の条件では、高い共感者でこうした選択をするのはごくわずかであろうし、50％の条件ではそれが増え、80％条件ではほとんどがそう選択するはずである。共感-利他性仮説では、高い共感の参加者による選択はそれの低い者とくらべて、3つの改善可能性の全部で、より多くなると予測される。共感-

喜び仮説の予測する高い共感条件での直線的な関係ではなく、共感の主効果が生み出されると予測する。こうした改善の可能性がない場合であっても、高い共感の参加者は、若い女性の福利により関心をもっていて、低い共感の参加者よりも彼女がどうしているかを聴くことにより興味をもつはずだからである。

　それぞれに実験の結果は、共感−利他性仮説の予測したパターンになり、共感−喜び仮説の予測したものではなかった。この場合にも、高い共感条件の参加者は低い共感条件の参加者よりも、若い女性から話を聴くことを選択することが多かった。どちらの実験でも、共感−喜び仮説の予測するような直線的な傾向の証拠はなかった。その代わりに、低い共感条件で直線的傾向を示す証拠があった。この場合にも、これは共感−喜び仮説とは全く逆のものである。

　こうした4つの実験の結果を考えると、スミスほか（1989）の行った内部分析が誤りであることはいまや明らかであるように見える。全体として証拠が指し示しているのは、共感的配慮を感じている者は、援助を必要としている相手が救われたことに、代理的な喜びを共有しようと動機づけられているのではないということである。共感−喜び仮説は、共感的配慮によって作り出された動機を説明する力をもたないように思われる。

バージョン3：否定的状態の緩和の追求

　共感−特定−報酬仮説の最初の2つのバージョンとは対照的に、3番目のバージョンは共感に特定的なのは報酬そのものではなくて、援助への報酬の必要であると主張する。これがチャルディーニほか（Cialdini et al., 1987）によって提案された否定的−状態−緩和仮説である。そこで論じられているのは、共感的配慮を感じることには一時的な悲しみの状態が伴い、この悲しみは援助に伴う社会的・自己的な報酬を含めて、気分−高揚的な経験によって緩和され得るということである。「大半の正常に社会化された大人にとっては、援助することには報酬的な要素が含まれるので…、それは気分を取り戻すのに道具的に使うことができる」（Cialdini et al., 1987, p. 750）。

　共感−利他性仮説は、チャルディーニほか（1987）の共感的配慮を感じる者はその相手に悲しみを感じ気の毒に思うことが多いという主張に異議を申し立てるものではない。確かに他者の窮状について知ることで生じる悲しみや気の毒だという表現は、ある研究者ほか（たとえば、Eisenberg, Fabes, Miller, Fultz,

Shell, Mathy, & Reno, 1989）によって共感の指標として用いられてきている。共感－利他性仮説はまた、援助に成功した後で、共感的に配慮を感じていた者は気持ちがよくなることが多いという主張にも反対しない（1章と、Batson et al., 1988, 研究1を参照）。異議があるのは、共感的配慮を感じた者が気分を良くするために援助をするという主張についてである。意見が違うのは、共感－援助関係の底にある動機づけの性質についてであって、悲しみの感情の存在や援助の成功につづく気分の改善のことではない。

競合する予測

付録Aの最後の節に要約したように、否定的－状態－緩和仮説は、(a) 援助する機会が与えられる前に気分－高揚的な経験が用意されている場合 (b) 援助することでは気分は高揚されないと信じている場合 (c) 援助しなくとも気分－高揚的な経験が予測される場合には、共感的配慮による援助の増加が見られなくなるだろうと予測する。さらに否定的－状態－緩和仮説は、援助によって緩和される必要が共感がもたらされた相手に対するものではない場合であっても、共感を感じた者はより多くの援助をするであろうと予測する。この仮説はさらに、共感を感じた者が援助を試みたにもかかわらず共感によって誘発された必要の緩和に失敗したとしても、失敗が正当化されれば（このときにも援助者の考えが重要）、高揚された気分を経験するであろうと予測する。終わりに否定的－状態－緩和仮説は、高い共感者では、援助の多少と報酬関連的な単語（たとえば賞賛・誇り）の色名呼称の潜時とが相関するであろうと予測する。

これとは対照的に共感－利他性仮説では、共感的配慮を感じた者が (a) 援助の機会を与えられる以前に気分高揚的な経験が用意されている場合 (b) 援助することは気分を高揚させることにはならないと信じている場合 (c) 援助をしなくとも気分－高揚的な経験が予想できる場合であっても、共感－援助関係は残るであろうと予測する。これに加えて、共感－利他性仮説は、共感的配慮を感じた者がより多くの援助をするのは、援助によって緩和される必要が共感をもたらした必要である場合だけであると予測する。この仮説はまた、共感的配慮を感じた者が援助を試みたにもかかわらず共感によって誘発された必要の緩和に失敗したときには、失敗が正当化されても高揚された気分を経験しないだろうと予測する。おわりに共感－利他性仮説は、共感的配慮を感じた者の

援助の多少は必要関連的な単語の色名呼称の潜時と相関するが、報酬関連的な単語ではそうではないと予測する。

実験的証拠

こうした競合する予測に関連した証拠を与えてくれる10の実験の結果が、付録Gに要約されている。

a. 援助の機会以前の気分の高揚　チャルディーニほか（Cialdini et al., 1987）は、共感-援助関係についての自分たちの否定的-状態-緩和の説明を2つの実験で検証することを試みた。まず最初に、バトソンほか（Batson et al., 1981）が共感-利他性仮説を嫌悪-喚起-低減仮説と対比させて検証するために使ったのと基本的に同じ必要状況、援助の機会、逃げの程度の操作を含む実験手続き——エレインがランダムな電気ショックに不快を感じながら反応している（4章に記した）——を用いている。この手続きに加えて、チャルディーニたちは共感を操作するのに視点取得の教示と、チャルディーニほか（Cialdini, Darby, & Vincent, 1973）に従って、援助の機会の前に否定的-状態の緩和を提供するための気分高揚的な経験（支払いまたは賞賛）との両方を導入した。

この最初の実験の結果は、部分的に否定的-状態-緩和仮説の予測したパターンを示したが、それはきわめて強力なものではなかったし、一貫したものでもなかった。否定的-状態-緩和仮説で予測されたように、援助の比率は援助の機会の前に報酬的な経験をした逃げやすい／高共感条件の者でいくらか低かったものの、この比率の低下は支払いを受けた者に限られ、賞賛された者では見られなかった。これに加えて、支払いによる援助の比率の低下は、逃げにくさ条件と逃げやすさ条件とで同じくらいであった。このことは、否定的-状態緩和以外の過程——もっともありそうなのは心理的リアクタンス（Brehm & Cale, 1966）——が作用していることを示唆している。

b. 援助は気分を高揚させないだろうという信念　彼らの2つ目の実験でチャルディーニほか（1987）は、犠牲者の窮状に接することと援助の機会との間に気分-高揚的な経験を挿入しなかった。その代わりに、気分を固定させる薬を飲んだので、援助することは気分を高揚させないと一部の参加者に信じさ

せるような情報を挿入した（この操作は最初に Manucia, Baumann, & Cialdini, 1984 によって用いられた）。前の実験と同様の視点取得の教示が、共感を操作するのに用いられた。

　援助の尺度化された測度（申し出た援助の量）では、この実験で得られたパターンは、否定的－状態－緩和仮説が予測したもので、共感－利他性仮説によるものではなかった。低い共感条件の者にくらべて高い共感条件での援助の増加は、援助が気分の高揚をもたらさないと教えられた場合には見られなかった。しかしながら、援助の二分法による測度（援助するのに合意した参加者の比率）では、このパターンは弱く、統計的な有意水準に達しなかった。

　チャルディーニほか（1987）は自分たちの2つの実験から結論して、「高い共感条件で援助が強まることの説明は、私利私欲のない（共感－利他性モデル）解釈よりも利己的な（否定的－状態－緩和モデル）解釈の方を支持しているように思われる」(p. 757) としている。しかしながら彼らは、注意深く、それぞれの実験で参加者の注意がそらされたり、混乱が起きていたりした可能性があるため、自分たちの事例は完全ではないと指摘している。「実験1での報酬の手続きあるいは実験2の偽薬の手続きは、被調査者の注意を共感的な情動からそらしてしまった可能性がある」(Cialdini et al., 1987, p. 757)。チャルディーニたちは、自分たちの得た結果が注意がそらされたためという説明を強く反証するものではないことを認めていて、この論点をとり上げる次の研究が必要であるとしている。

　こうした2つの最初の実験で、注意がそらされたために見かけ上否定的－状態－緩和仮説を支持する結果となった可能性は、シュレーダーとドヴィデオほか（Schroeder, Dovidio, Sibicky, Mathews, & Allen, 1988）の報告した実験の結果によって強められた。チャルディーニたちと同じ時期に、それとは独立に、シュレーダーたちもまた、共感の視点取得的な操作とマヌシアほか（Manucia et al., 1984）の気分固定操作を用いて、否定的－状態－緩和仮説と共感－利他性仮説との相対的なメリットを検証した。しかし、シュレーダーたちはまったく別の結果を得ている。そこでは、否定的－状態－緩和仮説が予測する「気分の固定化／高共感」条件での援助行動の有意な低下を見出すことができなかった。このことからシュレーダーたちは、この結果は否定的－状態－緩和仮説よりも共感－利他性仮説をより支持していると結論している。

　シュレーダーほか（1988）の実験とチャルディーニほか（1987）の実験2と

の対立する結果は、おそらくは重要な実験手続きの違いからきているものであろう。シュレーダーたちの実験では、参加者は援助を必要としている相手に接する以前に、薬の効果（気分を固定しない 対 気分を固定する）を知らされていた。相手に接した後で、気分固定的な条件の者は、薬がいまの気分を「これから20分程度」固定するはずだと注意喚起されただけである。チャルディーニたちの実験では、参加者が犠牲者の必要に接した後で、気分固定という副次効果がはじめて紹介されている。シュレーダーたちの手続きでは、注意がそらされる可能性はより低いと思われる。

c. 予想された気分の高揚　チャルディーニほか（1987）の２つの実験が注意がそらされたためと説明できることを認めたうえで、シャラーとチャルディーニ（Schaller & Cialdini, 1988）は、チャルディーニほか（1987）の実験２と同じ必要状況と共感の操作を用いた実験を行った。しかしながら、共感の導入と援助の機会との間に気分の高揚あるいは気分固定的な情報を挿入するのではなく、シャラーとチャルディーニは参加者の一部について、彼らが援助を選択しない場合であっても、すぐに気分は高揚されるであろうという期待を抱かせるようにした。こうした参加者は、お決まりのコメディーのテープを聴いたのである。それ以外の参加者は、気分高揚的な経験をするという期待は持たなかった。注意がそらされるのを最小にするために、これから聞くテープについての情報を研究の最初に提示し、共感の導入と援助の機会との間には簡単な注意喚起が挿入されただけであった。共感の視点取得の操作とあわせて、この情報は予測的な気分の高揚（予測された高揚なし 対 予測された高揚あり）×共感的配慮（低 対 高）のデザインを作り出した。

否定的-状態-緩和仮説は、高い共感者の援助の増加が、予測された高揚なしの条件でだけ見られると予測する。共感-利他性仮説は、高い共感者の援助の増加が、予測された高揚条件であっても見られると予測する。シャラーとチャルディーニ（1988）の結果は、どちらの仮説に対しても、あいまいさのないほどの支持を与えるものではなかった。尺度化された測度（申し出た援助の量）では、結果は否定的-状態-緩和仮説とより一致していたが、１要因として学期の時期を含めての未修正の事後分析を用いた場合以外、結果は統計的に有意ではなかった。２分法の測度（援助した者の比率）では、結果はかろうじて共感-利他性仮説と一致しているように思われる。

否定的－状態－緩和仮説と共感－利他性仮説との相対的なメリットを評価するためのこれとは別の努力として、バトソンとバトソンほか (Batson, Batson, Griffitt, Barrientos, Brandt, Sprengelmeyer, & Bayly, 1989) は、シャラーとチャルディーニ (1988) が用いたのによく似た予測された高揚×共感的配慮を用いて2つの実験をしている。この2つの実験の結果はきわめて一貫したものである。それぞれの実験では、共感について有意な主効果があり、援助なしに気分の高揚を予測した者であっても、高い共感的配慮を感じた者は相対的に高い援助行動を示した。これは共感－利他性仮説が予測したパターンで、否定的－状態－緩和仮説が予測したものではない。

d. 共感によって誘発された必要を緩和しない援助　　3章に記したように、ドヴィデオほか (Dovidio et al., 1990) は共感－援助関係の特殊性を検証している。共感的配慮の視点取得操作を用いて、参加者はトレイシーに低・高の共感的配慮を感じるように導かれた。トレイシーは病気になっている女子の大学生で、学生の活動の調査について協力を求める情報をキャンパスに掲示するのに援助を求めている。この調査は彼女の卒業研究あるいは大学の委員会のためになされるものである。参加者は、共感が引き起こされた必要についてトレイシーを援助する機会が与えられるか、あるいは他の必要について彼女を援助する機会が与えられるかのいずれかであった。
　ドヴィデオほか (1990) は、どちらの必要に援助することも気分高揚的な自己報酬の機会を提供するであろうが、共感誘導的な必要についての援助だけが共感誘導的な利他的動機を満足させるであろうと推測した。このために、高い共感を感じた者が気分高揚的な自己報酬（否定的－状態－緩和）を求める場合には、問題になっている必要が共感的配慮を感じるように導かれたものであるか・そうでないかには関係なしに、低い共感の者よりも多くの援助をするはずである。共感誘導的な必要を除去すること（利他性）を求める場合には、この必要を除く機会が与えられた場合だけに、多くの援助をするはずである。否定的－状態－緩和仮説が予測したのとは反対に、共感はほかの必要を援助する可能性を高めたりはせず、共感誘導的な必要についてだけその可能性を高めた。これは共感－利他性仮説が予測したところである。

e. 効果のない援助の正当化　　すでに述べたバトソンとウイークス

(Batson & Weeks, 1996) が報告した2つの実験は、自分の援助の試みが効果がなかったこと——それが正当化されるにせよされないにせよ——を知ることが気分に与える効果について、競合する予測に関連するデータを提供する。これらの実験はどちらも、否定的-状態-緩和仮説の予測——この予測は共感-特定的-報酬仮説の最初のバージョンの予測と同じものである——を支持するものではなかった。これに代わって、以前に議論したように、どちらの実験結果も、共感-利他性仮説の予測したパターンを示した。

f. 認知的干渉による反応時間の潜時　最後に、ストループ課題での色名呼称の潜時についてのバトソンほか (1989, 研究5) の報告がある。この場合にも、否定的-状態-緩和仮説と共感-特定的-報酬仮説の最初のバージョンについての予測は同じであって、実験結果はこの2つの予測に反するものであった。

共感-特定的-報酬仮説についての否定的-状態-緩和によるバージョンが提案されてからの数年間は、このバージョンの立場については不確かな部分が残っていた。チャルディーニとその共同研究者たちは、自分たちの集めた証拠にはあいまいさと一貫性のなさがあると述べてはいるものの、それが支持されたと主張した。それに続く数年間は、他の研究者たちが解釈のあいまいさを少なくする手続きを用いて、一貫して共感-利他性仮説を支持し、否定的-状態-緩和仮説を支持しない結果を見出している。この時点で証拠が明確に示しているのは、否定的-状態-緩和は共感的配慮によって作り出された動機づけの最終目標ではないということである。

順次的な検証と多元的な利己的動機

1978年から1996年にかけて公刊された、共感-利他性仮説を6つの利己性の代替仮説の中の一つあるいは複数と対比させて検証するようにデザインされたすべての実験からの証拠が、いまやわれわれの前にある。そこから見てとれるように、こうした証拠はここでの代替仮説のどれをも支持するのに失敗していることは明らかである。いくつかの例外を除いて、結果は一貫して共感-利他性仮説が予測するパターンを示している。そしてそれぞれの例外については、

その後の研究によって、共感‐利他性仮説に反するように見える結果は、概念的な混同やそれ以外の実験デザインの限界によって生じたものであることが指摘されている。

　すべての証拠を手にしたので、3章の終わりで提起した順次的な検証の問題に立ち戻ることとしたい。そこで私は、一つの実験で共感‐利他性仮説をすべての利己的代替仮説と対比させて検証しようと試みる方略は、扱いにくく賢明でないとしてそれを退けた。そして、順次的な方略を推奨したが、そうした方略には注意が必要であることを述べたい。ある利己的な代替仮説の検証から別のそれへの検証に移る場合には、実験的な条件は可能な限り、比較可能なように保たれるべきであって、そうすれば研究間でその結果を集計することができる。比較可能性を保つ最良の方法は、同じ必要状況、共感を操作する同じ技法、同じ従属的測度を用い、新しい代替仮説を検証するのに必要な交差分割的変数だけを変化させることである。これに加えて、それぞれの代替仮説は別の必要状況、共感的配慮を導入する別の技法、そして可能であれば、別の交差分割的変数を用いた複数の実験で検証されるべきである。

　こうした原理に沿って、嫌悪‐喚起‐低減仮説の検証から共感‐特定的‐罰仮説と共感‐特定的‐報酬仮説の検証へと移る際には、共感誘導的な必要に接することからの逃げやすさの程度は「やさしい」条件であるよう保たれていて、そうすることで嫌悪‐喚起‐低減と共感‐利他性仮説の予測が同じパターンとならないようにされた。さらには、少なくも嫌悪‐喚起‐低減仮説を検証する際に用いられたのと同じ必要状況と援助の測度のいくつか——エレイン（男性ではチャーリー）を助けるのにショックを代わりに受けたり、ケイティ・バンクスを援助するのに自発的に時間を提供したりするなど——を用いるように注意が払われた。終わりに、結果の一般化が再現されるよう、それぞれの利己的な代替仮説は一つ以上（多くは3つあるいは4つ）の手続きで検証され、異なる方法で共感的配慮が導入されている。

　この順次的な方略は、共感‐利他性仮説に対して6つの提案された利己的な代替仮説のそれぞれを検証するのに、適切で効果的であったように思われる。しかし、共感的配慮が6つの利己的な動機の1つを引き起こすというよりも、1つ以上を引き起こすとしたらどうなるのだろうか（この懸念についてのさまざまな意見は、Cialdini, 1991; Hoffman, 1991; Sorrentino, 1991 を参照）。きわめて極端で、あまり起きそうでなく、もっともらしさに疑問があり、しかし同時に除外

するのがもっとも困難な可能性、つまり共感的配慮が6つの利己的動機の「すべてを同時に」引き起こす場合について考えてみよう。それは共感的配慮が、(a) 嫌悪的な共感的喚起を低減するため (b) 援助の失敗に与えられる社会的罰を避けるため (c) 援助の失敗への自己的な罰を避けるため (d) 援助への社会的・自己的な報酬を得るため (e) 共感的喜びを経験するため、そして (f) 気分高揚的な報酬を得るための動機づけを作り出す場合である。共感的配慮が6つの別々の最終目標を同時に作り出すのはありそうにないことだが、その可能性を考えてみよう。

　この「すべてが同時に」の代替仮説は、付録Bから付録Gまでに要約されている、共感−利他性仮説を支持したと解釈された結果の多くを説明することができる。たとえば、それは、高い共感を感じた者が援助なしの逃げがやさしい場合にも、逃げることが難しい場合にも、同じように援助するという事実を説明することができる。というのは、逃げやすい場合であっても、(a) 援助の失敗についての社会的・自己的な罰の予想を避けるためには、また (b) 援助について社会的・自己的な報酬を得るためには、援助することが必要だからである。この考えは逃げやすく、社会的罰が不可能な場合の援助（付録C）を説明することができるが、それは (a) 自己的な罰を避け (b) 社会的・自己的な報酬を得るために、この場合にも援助することが必要だからである。この考えは、逃げやすく、援助しないことについて正当化が与えられる場合の援助（付録D）を説明できるが、それは社会的・自己的な報酬を得るのには援助することが必要だからである。この考えは、必要がそのまま残り、援助ができなかった場合（付録E）だけに否定的な気分の変化が生じるのを説明できるが、それは嫌悪的な共感的喚起が低減されていないからである。この考えは、逃げやすく、自分の援助努力の成功についてのフィードバックがないことが予想される場合の援助（付録F）について説明ができるが、それは (a) 社会的罰と自己的な罰とを避けるため (b) 社会的・自己的報酬を得るためには、この場合にも援助することが必要であるからである。この考えは、逃げやすく、気分高揚的な経験をすることが予想される場合（付録G）の援助を説明できるが、それはこの場合にも、(a) 社会的罰と自己的な罰とを避けるため (b) 社会的・自己的な報酬を得るためには、援助することが必要だからである。

　しかしながら、「すべてが同時に」の代替仮説では説明のつかない結果がいくつかある。その最初はドヴィデオほか（Dovidio et al., 1990）の実験で、そこ

ではある参加者は共感が導入された必要について援助をする機会を与えられ、他の参加者は同じ相手の別の必要を援助する機会を与えられた。援助せずに逃げやすい場合には、共感－利他性仮説と同じ予測をする利己的代替仮説はその6つの中に1つもない。共感－利他性仮説は、共感が導入された必要については、低い共感条件よりも高い共感条件の者のほうが多くの援助をするが、別の必要ではそうではないと予測する。いまのところは、これが見出された結果である（付録Gを参照）。

また、主要な従属変数が援助行動以外のものであった実験の結果がある——たとえば、気分（Batson et al., 1988, 研究1; Batson & Weeks, 1996, 実験1・2）、資格課題の成績（Batson et al., 1988, 研究4）、色名呼称の潜時（Batson et al., 1988, 研究5）、最新の情報を受け取ることの選択（Batson, 1991, 実験2・3）がそれである。こうした実験は、共感－利他性仮説からの予測と「すべてが同時に」の代替仮説からの予測とを比較するのに特に役立つものである。というのは、6つの可能な利己的動機のうちの4つが起きるのは、共感的配慮を感じている者が、(a) 社会的罰を避けるため (b) 援助に失敗したことについての自己的な罰を避けるため (c) 援助行動への社会的・自己的報酬を得るため (d) 気分高揚的な報酬（否定的－状態－緩和）を含めて、援助するかどうかを決定しようとしている場合だけだからである。こうした動機は、従属的な測度が援助の機会への反応ではない場合には起きないか、とり上げることができない。このことから、援助行動以外の従属的な測度の結果——共感－利他性仮説の予測するパターン——は、こうした利己的な動機のどれにも（それが単独で・あるいは組み合わされてのいずれであっても）帰属させられないことになる。こうした従属的測度の結果を説明するには、「すべてが同時に」の代替仮説は残された2つの可能性——嫌悪－喚起－低減仮説と共感－喜び仮説——の1つに頼らざるを得ない。

付録Fに要約されている2つの実験（Batson et al., 1991, 実験2と3）は、どちらも従属的な測度として援助を用いておらず、共感－利他性仮説の予測が残りの2つの可能性の予測のそれぞれとは異なった予測をしている。こうした実験では、援助を必要としている相手について低・高いずれかの共感的配慮を感じるように誘導された参加者は、その相手の条件についての最新の情報を手にする機会を与えられたが、この情報の前に、相手の条件がかなり改善されるチャンスは、20％・50％・80％のいずれかであると言われていた。バトソンとショ

ウ（Batson & Shaw, 1991b）が指摘したように、高い共感者では、嫌悪－喚起－緩和仮説と共感－喜び仮説の双方が、最新の情報を手にすることを選ぶのが20％、50％、80％へと直線的に増加すると予測する。こうなるのは、こうした動機のそれぞれの最終目標に到達する可能性が、相手の改善される可能性が増すにつれて増加するからである。これとは反対に共感－利他性仮説は、低い共感を感じた者にくらべて高い共感を感じた者が、改善の可能性が低い場合であっても、最新の情報を手にすることを選ぶことが多くなるであろうと予測する。

こうした２つの実験結果は、共感－利他性仮説の予測したパターンであって、嫌悪－喚起－緩和仮説と共感－喜び仮説の予測するものではなく、したがって、「すべてが同時に」の代替仮説の予想したものではなかった。このような代替仮説の予測した直線的な増加は、低い共感を感じている者について見出されたが、高い共感を感じている者ではそうではなかった。高い共感を感じるように誘導された参加者は、低い共感を感じた参加者よりも、改善のチャンスが低い場合であっても、最新の情報を手にすることを選ぶことが多かった。

ドヴィデオほか（Dovidio et al., 1990）の実験とこうした２つの実験結果がきわめて明確であったにもかかわらず、援助行動以外の従属的測度を用いたこれ以外の実験では、「すべてが同時に」の代替仮説による説明は困難であったし、このことは特にここでの結果と組み合わせるといえることである。したがって、簡約さともっともらしさとが欠けていることに加えて、「すべてが同時に」の代替仮説はまた、実証的な支持も欠いている。もちろんこの場合に、「すべてが同時に」の代替仮説から利己的な動機の下位セットの可能な組み合わせへと考えを転じることはできよう。しかしこのどの下位セットについても、以上の付録Ｂから付録Ｇまでに要約されているこれ以上の実験で、適切な検証がされている。（半ダース以上の実験で、共感－利他性仮説を利己的な動機の３つあるいは４つの組み合わせと対比させた検証がなされている。）そして、どのような下位セットが選ばれたにせよ、結果は一貫して共感－利他性仮説を支持するものとなっている。少なくも現在までに提案された利己的な代替仮説については、そのどのような組み合わせであっても、共感－利他性仮説を支持する一連の証拠を説明できるものはないように思われる。

結　論

　6つの利己的な代替仮説を検証した結果、そのどれも、またそのどの組み合わせでも、それへの支持を見出すことができなかったので、われわれは共感－利他性仮説によって主張されているように、共感的配慮が確かに利他的な動機づけを作り出すと結論すべきなのだろうか。われわれはまだ、そう結論できる段階には達してはいない。というのは、他者の福利の増加という最終目標と自分自身の福利の増加との間の関係は非対称的であって、前者が後者を導くもので、その逆ではないからである（4章を参照）。このために、共感的配慮によって作り出される動機づけについてのもっともと思われる新しい別の説明が提案される可能性は常にある。もしそうならば、この代替仮説は検証されなくてはならない。しかしながら、このもっともと思える新しい代替仮説は、共感－利他性仮説を支持するすでにある証拠のすべてを説明できなくてはならない。こうした証拠が増えるにつれて、そのような代替仮説を見つけることは次第に難しくなる。新しい利己的な代替仮説が提案されてから、10年以上が過ぎている。にもかかわらず、共感－利他性仮説への2つのさらなる挑戦がなされている。6章では、こうした挑戦とそれに関連する証拠とを示すこととしたい。

2つのさらなる挑戦　6

　近年注目を集めてきた共感‐利他性仮説に対する2つの挑戦は、(a) 物理的逃げ 対 心理的逃げ、(b) 自己‐他者の融合である。最初の議論 (a) は、5章でレビューした嫌悪‐喚起‐低減の説明を検証した研究には、物理的な逃げをもとにして心理的な逃げを作り出しているので欠陥があると論じている。2番目の議論 (b) は、他者について共感的配慮を経験する場合には他者との融合が生じ、自他の区別があいまいになるとしている。自他が一つのものになるのに応じて、自分自身の福利を増すことを最終目標とする動機づけ状態と他者の福利を増すことを最終目標とする動機づけ状態との区別——利己性と利他性との区別——もあいまいになる。

物理的な逃げは心理的な逃げとなるのか

　5章には、共感的配慮によって作り出された援助への動機づけに対する嫌悪‐喚起‐低減による説明を検証した10の別々の実験の証拠を要約した。こうした実験のそれぞれは、逃げやすさの程度×共感的配慮のデザインによるものであった。実験では、逃げやすさの程度を操作した3つの別々の手法と、低・高の共感グループを特定する7つの別々の手法、さらには6つの必要状況が用いられていた。その結果は、共感‐利他性仮説によって予測された1対3のパターンが確認され（表4.3）、嫌悪的‐喚起‐低減仮説によって予測された逃げやすさの程度の主効果のパターンは確認されなかった（表4.2）。こうした結果から私は、共感‐利他性仮説に代わるこの人気のある利己的仮説は否定されるべきであると結論した。

挑　戦

　しかしながら、こう結論づけるのは早すぎるかもしれない。こうした実験には、デザインの点で問題のある可能性がある。3章で論じたように（また、Batson, 1987, 1991 も参照）、逃げることが嫌悪的な喚起を低減させる効果的な手段となるためには、そこから物理的に逃げるだけではだめで、心理的に逃げることができなくてはならない。もし他者の窮状を共にしつづけることが予想されるとしたら、その結果として、嫌悪的な喚起がつづくと予想される。そうだとすれば、そこから立ち去るだけでは、嫌悪的な喚起の低減を期待することはできない。にもかかわらず、嫌悪 - 喚起 - 低減仮説を検証した10の実験の1つを除くすべてが、心理的な逃げのやさしさを作り出すのに物理的逃げのやさしさを基にしている。この唯一の例外はアイゼンバーグほか（Eisenberg et al., 1988）のもので、その実験では子どもたちは援助するように直接に求められたり（逃げにくさ）、そうしたことを求められなかったり（逃げやすさ）している。5章で述べたように、この操作は嫌悪的な喚起からの逃げに関係するというよりも、予想された社会的非難に関係しているように見える。

　心理的逃げを作り出すのに物理的逃げを使うのは、「去る者日々に疎し（見えなくなれば心からも消える）」ということわざが本当であると仮定しているからである。しかし、おそらくはこのことわざは間違い——あるいは共感 - 誘導的な援助行動には当てはまらない——なのであろう。そうだとすると、嫌悪的 - 喚起 - 低減仮説に反する証拠には疑問がもたれる。何人かの研究者が、この可能性の問題について指摘している。たとえばホフマン（Hoffman, 1991）は次のように示唆している。

> 主要な問題点はデザインの問題である。言い替えると、「逃げやすさ」条件は、共感の高い参加者については、逃げやすさを現実に提供してはいないかもしれない。というのは、こうした参加者たちは成人であって、出来事を認知的に表象することができるからである。出来事を表象することができるため、他者の窮状に直接立ち会ったのではない場合でも、そのことを知った場合には、情動的に反応する能力をもっていると見なしうるはずである。…去る者日々に疎いわけではないのである。(p. 131)

これと同じような関心が、ホーンスタイン（Hornstein, 1991）、ニコルス（Nichols, 2001, 2004）、ソーバー（Sober, 1991）、ソーバーとウイルソン（Sober & Wilson, 1998）、ステッチほか（Stich, Doris, & Roedder, 2010）、そしてワラック（Wallach, 1991）によっても指摘されている。

　この挑戦が力をもつにはその前に、2つの点を明確にする必要がある。その第1は、ホフマンがいっていることにかかわらず、物理的な手がかりがない場合に、研究の参加者たちが誰かが窮状にあると考えたときに、情動的に反応する能力をもっているかどうかは問題ではないことである。人間の成人がこの能力をもっていることを疑う者はいないであろう。問題は、こうした条件下で参加者たちが情動的に反応するかどうかということでさえない。問題は、援助するかどうかを決める際に、参加者たちが援助をしないとした場合には、情動的に反応すること——嫌悪的な共感的喚起の経験——が継続すると予想しているかどうかなのである。

　第2として、この挑戦がすでにあるデータと一致するためには、この予想が共感の高い者に固有のものでなければならない。こうした条件は、物理的に逃げやすい場合に、高い共感を経験する者よりも低い共感を経験する者のほうが、援助することが少ないというよく観察される結果（付録Bを参照）を説明するのに、欠かせないものである。ホフマン（1991）をもう一度引用すると、

> 共感の低い参加者ではどうなのだろうか。こうした参加者には、犠牲者が目の前にいない場合には、窮状にある犠牲者のイメージを心に留めておく、共感の高い参加者のもっている動機づけが欠けているとみなすことができよう。このような参加者にとっては、こうして逃げやすさ条件（物理的逃げ）は文字通りに逃げやすさを与えるものとなる。（pp. 131-132）

　この2点が適切であることで、この挑戦の力がはっきりしたものになる。つまり、表4.2と4.3に示した2×2のデザインでは、ただ1つの逃げやすさ条件——「逃げやすい／低共感」のセル——と3つの逃げにくさ条件が含まれている。高共感の参加者は逃げにくさ条件だけで検証されたのだから、嫌悪−喚起−低減仮説はいまだきちんとは検討されていないことになる。高い共感的配慮を感じた参加者が、自分の嫌悪的な共感的感情を除くように動機づけられ、しかし物理的な逃げやすさがこうしたことを許すと信じていなかった場合には、援

助行動だけがこの目標に到達する方法である。こうなると、嫌悪 - 喚起 - 低減仮説の予測は、共感 - 利他性仮説についての予測と違わないものである。この点を適切に検証するには、共感の高い参加者について、心理的な逃げのやさしさと難しさとの双方の条件下でテストしなければならない。

　明らかにこれは合理的で重要な挑戦であって、検討に値するものである。しかしそれを始める前に、これとは別の明確にしなくてはならない点がある。その批判の中で、ホフマン（Hoffman, 1991）は次のことをつけ加えている。「逃げやすさ条件の参加者は、苦痛を感じている犠牲者から目をそらせたり避けたりすることが正しいとは感じていないであろう。このことは、参加者に自分の反応について、わずかではあれ予期的な罪悪感をつけ加えることができる。…」（p. 131）。ホーンスタイン（Hornstein, 1991）やソーバーとウイルソン（Sober & Wilson, 1998）も同じことを述べている。

　ここで問題となっている実験で、予期的な罪悪感が生じる可能性はあるとはいうものの、この可能性はここで提出されている挑戦とははっきりと区別する必要がある。問題となっている、心理的逃げを作り出すのに物理的逃げを使う場合の嫌悪的な喚起は、他者が依然として援助を必要としていることを知っていることの結果として、それを感じつづけることを予期する共感的配慮の感情なのである。この感情は、自分が援助することに失敗したのを知った結果としての予期的な感情である罪悪感ではない。予期的な共感的配慮と予期的な罪悪感はどちらも、予期的な嫌悪的情動の状態であるが、この2つはきわめて異なった情動であり、共感 - 利他性仮説に対する別々の利己的な代替仮説と結びついている。罪悪感は否定的な自己評価から生まれ、したがって共感 - 特定的罰仮説の2番目のバージョンに属している（4章を参照）。5章で要約したように、このバージョンは6つの別々の実験で検証されていて、そのそれぞれの実験の結果では、否定的自己評価の説明の予測ではなく共感 - 利他性仮説の予測のパターンが得られている。こうした実験のいくつかでは、否定的な自己評価からの心理的逃げやすさを操作する方法が用いられているが、この逃げやすさを作り出すのに物理的逃げやすさを用いたものはない（付録Dを参照）。このためにここでの実験は、ここで提出されている挑戦にもろいものではないのである。物理的な逃げを心理的な逃げを用意するものとして使うのは、罪悪感の回避を検証するためではなく、嫌悪 - 喚起 - 低減仮説を検証することに関心があるためである。

これに関連した証拠

　こうして挑戦がされることがはっきりしたので、これに関連した証拠を検討することができる。物理的な逃げやすさが心理的な逃げやすさを保証するものではないという主張からは、次の2つの実証的な疑問が出てくる。1つには、この点についての関心が表明されてはいるものの、嫌悪－喚起－低減仮説を検証するようにデザインされた実験で、物理的な逃げやすさが実際に心理的なそれをもたらすという証拠はあるのだろうか。2つ目として、物理的な逃げやすさに頼ることなく心理的な逃げやすさをもたらす何らかの実験で、この仮説は検証されているのだろうか（付録Bにはない）。もしそうだとしたら、嫌悪－喚起－低減仮説よりも共感－利他性仮説の予測する反応パターンが、証拠として得られているのだろうか。こうした疑問への答えはいずれも「イエス」である。

物理的な逃げやすさは心理的な逃げやすさをもたらすという証拠

　ステッチほか（Stich et al., 2010）はほぼ大半の事例で、物理的な逃げやすさは心理的な逃げやすさを生み出してはいないと指摘している。その一例として、ステッチたちはあなたに自分の母親が容易ならぬ苦痛に陥っていると想像しなさいという。こうした際には、あなたがその場を立ち去ることで、母親への共感的配慮の感情を低減させることができると予想することは、ほとんどありえないことのように思われる。

　まさにその通りである。嫌悪－喚起－低減仮説に対して共感－利他性仮説を検証するようにデザインされた実験では、参加者の母親たちは容易ならぬ苦痛に陥ったりはしていない。アイゼンバーグほか（Eisenberg et al., 1988）の実験を除いたすべての実験では、援助を必要としている相手は未知の大人であって、参加者はこれまで会ったことがなく、対面的な接触をもったこともなく、将来出会うことを予想する理由もない相手であった。この相手の置かれた苦難についての情報は、音声のインタビューかビデオを通じて与えられたものである。こうした環境の下では、物理的な逃げが心理的な逃げをもたらすことは、いかにもありそうなことに思われる。自分自身を共感的配慮をいだきやすい傾向があると思っている参加者であっても、気持ちが他のことに移ってしまった場合

には、相手の状態は頭の中から消えてしまい、こころからも消えてしまうし、共感的配慮の感情もまた消え去ってしまうと、信じた可能性がある。

　この可能性を検証しようとしてデザインされたものではないが、付録Bに要約したバトソンほか（Batson et al., 1986）の実験には、この点に関連したデータがいくつか示されている。バトソンたち（1986）は4章でやや詳しく述べたショック手続きを用いている。それは嫌悪－喚起－低減仮説を否定して共感－利他性仮説を支持する証拠——きわめて説得力ある——をもたらす手続きである。この実験では、女性の参加者に、参加者がエレインの代わりになって彼女を援助しなかった場合には、そこから自由に出ていくことができる（逃げやすさ）か、あと8試行のショックを彼女が受けるのを見なければならない（逃げにくさ）かのどちらかであると信じさせることによって、逃げやすさが物理的に操作された。

　数週間前の別の実験のセッションで、この実験の参加者は一連のパーソナリティの測度に回答したが、その中に2章で述べたデイヴィス（Davis, 1983）の共感的配慮尺度が含まれていた。共感的配慮尺度はエレインのような特定の相手についての感情ではなく、共感的配慮に向けての一般的傾性を測定すると考えられていることを思い起こしてほしい。共感的配慮尺度で高い得点の人びとは、苦痛を感じている相手に同情とやさしさの感情をもちやすいと報告されている（しかし、このことが本当かどうかは明確ではない——2章を参照）。エレインが明らかに不快になっているのを見た際に、もしそこから去る者は日々に疎くはない（見えなくなってもこころから消えるものではない）と予想したとすれば、こうした人びとは共感的配慮尺度の得点が高い人たちであるように思われる。このような人たちにとっては、もしかすると誰にとっても、物理的な逃げやすさは心理的な逃げやすさをもたらすものではない。結果として、ホフマンとその他の研究者の論理に従えば、共感的配慮尺度で高い得点の者は、逃げやすさ条件の下でもきわめて援助しやすくなるはずである。こうした人たちは、嫌悪的な共感の喚起がつづくと予想するであろうからである。

　しかし、彼らはそうではなかった。この実験の参加者全体を見てみると、逃げやすさ条件で援助した者の比率（.30）は、逃げにくさ条件のそれ（.63）よりも有意に低く（$z=2.64, p<.01$）、このことは全体としての逃げやすさの程度の主効果があることを示している。さらに、共感的配慮尺度の中央値より上の得点の者では、逃げやすさについて明確な効果が見られた。逃げやすさ条件で

自発的にエレインに代わった者の比率（.23）は、逃げにくさ条件での比率（.83）にはるかに及ばなかった（$z=3.57, p<.001$）。逃げやすさ条件での共感的配慮尺度の得点は、援助の可能性と関連がなかった（$r=-.04$）が、逃げにくさ条件では関連が見られた（$r=.41, p<.01$）。逃げやすさ条件では、エレインについて報告された共感的配慮の一部は、共感的配慮尺度の得点とは関係が見られなかったが（3つの別の「利他的パーソナリティ」の測度でも）、援助行動とはプラスの関係が見られた（偏相関の $r=.34, p<.05$）。

　この結果のパターンが示唆するのは、共感的配慮尺度で高得点の参加者は、エレインの苦痛を目にすること（逃げにくさ条件）で生じるであろう嫌悪感に同調することができたが、それを目にしない場合（逃げやすさ条件）にはこれと同じように同調することができなかったのかもしれない。物理的に逃げることができる場合には、エレインの代わりになってその苦痛を除こうとすることは少なかったのである。こうして、「犠牲者が目の前にいなくとも、苦痛を感じている犠牲者のイメージをもちつづける」（Hoffman, 1991, p. 132）可能性がもっとも高いと期待される参加者であっても、見えなくなれば十分にこころからも消えると予想しているように思われ、このことが援助の可能性を劇的に低下させていたのである。少なくもショック手続き、つまり嫌悪 – 喚起 – 低減仮説を検証しようとして用いられた中心的な実験状況では、物理的な逃げやすさは明らかに心理的な逃げやすさをもたらしているのである。

物理的逃げなしに心理的逃げをもたらす実験による証拠

　4つの実験では、物理的な逃げなしで心理的な逃げが参加者に提供されるようになっていた。その中で2つの実験は、この目標を直接的にとり上げるようにはデザインされておらず、残りの2つではこのことがとり上げられていた。

　a. 最新の情報への欲求　心理的な逃げやすさがもたらされたが、そうするよう明確にはデザインされていなかった2つの実験が、バトソンとバトソンほか（Batson, Batson et al., 1991, 実験2と3）によって報告されていて、付録Fに要約されている。この実験はどちらも、共感 – 利他性仮説に対して共感 – 喜び的な代替仮説を検証するようにデザインされていた。それぞれの実験では、援助を必要としている相手に低いあるいは高い共感的配慮を感じるように導かれ、その後で、(a) この相手の状況についての最新の情報を聞くか (b) 全く

別の人の状況について聞くかのいずれかを選ぶ機会が与えられた。この選択をする前に、参加者は最新の情報を受けとる時点までに相手の状況が改善されている可能性についての情報（見かけ上は専門家からの）を受けとった。ある参加者には可能性はわずか20％だとされ、他の参加者では50％であり、また別の参加者には80％であった。この2つの実験の参加者には、援助の機会は与えられなかった。従属変数は、最新のインタビューを聞く選択をするかどうかだけであった。

　この2つの実験で高い共感を感じるように導かれた参加者が、自分自身の嫌悪的な共感の喚起を低下させることに関心をもっている場合に、特にその喚起がそれを記憶の中に留めておくと予想されるのを知ったことによって作り出されたものである場合には、改善の可能性についての情報（％）が、参加者の選択に有意な影響を与えると期待できる。嫌悪－喚起の低減の可能性は80％条件でいちばん高くなり、20％条件で最低になるであろう。このことから、改善の可能性が高い（80％）と信じるように導かれた参加者は、中程度（50％）の期待をもたされた参加者よりも、最新の情報を聞くほうを選択する傾向があるはずであり、この中程度の期待をもった参加者は、低い期待しかもたない参加者（20％）よりも、最新情報を聞く選択をする傾向が多くなるはずである。

　しかし、結果はこの予測を支持するものではなかった。付録Fに報告されているように、どちらの実験でも、高い共感の参加者の間での改善の可能性（％）に応じた直線的な増加は見られなかった。（低い共感の参加者の間では、こうした増加傾向がいくらか見られた。）その代わりにどちらの実験でも、高い共感を感じるように導かれた参加者は低い共感を感じるように導かれた参加者よりも、改善の可能性が小さい場合であっても、最新の情報を得ることを選択する傾向が有意に多かった。高い共感の参加者の間で最新の情報を聞くことを選択する比率がより高いことは、改善の可能性とは独立に、共感的な感情が、援助を必要としている相手の福利についての他者指向的な配慮と興味（母親が病気の子どもに感じる種類の配慮）とに結びついている場合に、期待されることである。そしてこうした感情が、心理的な逃げやすさの手段として自分自身の共感的な喚起を低下させる欲求と結びついている場合には、期待できないことである。

b. 心理的な逃げやすさをより直接的に操作する　　終わりに、2つの実験

が、物理的な逃げを使わずに、心理的な逃げやすさをもたらすように明確にデザインされていた。この２つの実験はエリック・ストックス（Stocks, 2005/2006）の博士論文で報告されたもので、より簡便な報告がストックスほか（Stocks, Lishner, Decker, 2009）にある。それぞれの実験で参加者は、援助を必要としている相手についての情報を、低い共感的配慮（客観的視点）あるいは高い共感的配慮（他者をイメージしての視点）のいずれかを導くような視点取得条件で提示された。そして参加者は、この相手を援助する予想していなかった機会を与えられる。物理的に逃げることは常に容易であって、参加者が援助しないことを選択した場合には、援助を必要としている相手について再び見ることも聞くこともない。ストックスは心理的な逃げやすさを作り出すのに、参加者が援助を必要としている相手の苦境を思い出すと予想しているかどうか──つまり、相手の窮状が視界から去るだけでなく、こころからも去ってしまうと考えているかどうかによって操作している。２つの実験では、別々の必要状況と心理的な逃げやすさの操作が用いられている。

実験１では最初に参加者（48名の男子大学生）に、この研究が２つのきわめて効果的な記憶訓練法（目標となる情報の記憶を高める 対 この記憶を除去するように計画された）の臨床的な試行の最終段階の一部であると話される。それぞれの訓練法は、10〜15分の注意深く用意された心的なイメージ法、対連合学習、それに条件づけから構成されている。こうした（実際には架空の）技法の記憶改変の効果をもっともらしくするために、コンピュータとの類似を使った次のような文書での説明が配られた。

> ご承知のように、人間の記憶システムはコンピュータの「ハード・ドライブ」によく似ています。私たちの研究が示唆するところでは、一つの訓練法は、あなたの記憶システムの中に経験を永久的に「保存する」のに使えますし、別の訓練法は、あなたの記憶システムから経験を永久的に「削除する」のに使えます。本日の研究では、あなたはランダムに割り当てられて、特定の記憶を生きいきとさせ、その保持を高めるようにデザインされた訓練法（「記憶保存」訓練）か、あるいは特定の記憶の鮮やかさやその保持を低下させるようにデザインされた別の訓練法（「記憶削除」訓練）かを受けることになります。
>
> 言うまでもなく、ある記憶を「保存」あるいは「削除」する能力はきわめて重要で、多くの実用的な応用（例えば、学業成績の向上・法廷での証人の証言

力の改善・外傷後ストレス障害の処遇など）の可能性をもっています。幸いなことに、われわれのこれまでの研究ではきわめて明るい見通しが得られています。この研究の最初の3つの段階（670名以上の参加者がありました）では、記憶の「保存」に成功した比率は93％で、記憶の「削除」に成功した比率は97％でした。今回の研究は最終的なテストの段階で、このきわめて効果的で安価な、簡便な訓練法を学校や心理的クリニック、法廷、病院などのさまざまな場面で広く使うことができるようにするために、終えておかなくてはならない段階なのです。（Stocks, 2005/2006, p. 66）

　訓練法のための目的となる記憶を与えるためという名目で、参加者たちはラジオ番組のテスト版のテープを聴いた。2つの方法の1つでは、保存あるいは削除のどちらについても、この放送を記憶することに特に注意が払われていた。参加者全員が聴いた放送番組は、大学の4年生であるケイティ・バンクスの置かれた苦境を伝えるもので、ケイティは両親が交通事故で亡くなったために、幼い弟や妹の面倒を見るのにがんばっていた。コークほか（Coke et al., 1978）によって最初に用いられたこの放送番組は、共感−利他性仮説を検証する多くの研究で、必要状況を提供するものとして用いられてきたものである（その要約は5章を参照）。

　放送についての最初の記憶のタイプと鮮やかさを標準化するためにということで、参加者全員は同じ視点に立ってラジオのテスト版のテープを聴くことになっていた。しかし実際には、半数の者は客観的に（低共感的配慮）、残りの半数の者は、放送でインタビューを受けている人物がそこで起きたことやそれが自分の生活にどんな影響を与えたかについて、どう感じたかをイメージする（高共感的配慮）ように求められた。それぞれの共感的配慮条件の中で、半数の参加者は「記憶削除」訓練（心理的に逃げやすい）にランダムに配置され、残りの半数の者は「記憶保存」訓練（心理的に逃げにくい）にランダムに配置された。与えられた視点からラジオを聴いた後に、参加者は操作チェックを含む2つの反応測度に回答した（逃げやすさ操作のチェックは間接的なものにすぎなかったが、双方の操作とも効果的であったように見えた）。終わりに参加者は、予想しなかったことだが、ケイティを助ける時間をさまざまなやり方――彼女の授業中に幼い弟や妹を見る・家の周りの手助け・クルマを提供する・資金集めのドライブの援助など――で自発的に提供する機会が与えられた。

この実験のデザインは、同じ逃げやすさ（やさしい 対 難しい）×共感的配慮（低 対 高）要因であって、これまでにも共感-利他性仮説に対して嫌悪-喚起-低減仮説を検証するのに用いられてきたデザインである。しかしながらここでは、ケイティの置かれた窮状を意識しつづけることについての参加者の予想を変えることで、心理的な逃げやすさが直接的に操作されている。逃げやすさ条件の参加者は自分のこの意識が除去されると予想し、逃げにくさ条件ではそれが保存されると予想する。ここから出てくる競合する予測は、前の実験と同じである。嫌悪-喚起-低減仮説の予測は、表4.2にあるように逃げやすさの主効果であり、共感-利他性仮説では、表4.3にあるように1対3のパターンが予測される。

　この実験の4つのセルでの援助の比率は、表6.1に示したとおりである。そこに見られるように、より直接的に心理的逃げを操作した場合であっても、データは依然として共感-利他性仮説の予想した1対3のパターンを示していて、嫌悪-喚起-低減仮説の予想したものではない。1対3のパターンは統計的に有意（$\chi^2(1, N=48) = 5.72, p<.02$）で、すべての信頼できるセル間の変異について説明していて、残差は$\chi^2(2, N=48) = 1.56, p>.04$（Stocks, 2005/2006）であった。

表6.1　ケイティ・バンクスを自発的に援助する比率 (Stocks, 2005/2006, 実験1)

心理的逃げやすさの程度	共感的配慮	
	低	高
やさしい（記憶の除去）	.08	.67
むずかしい（記憶の保存）	.42	.58

注）N=48名の男性（1セル12人）。著者の許可によりストックス（2005/2006）から。また、ストックスほか（2009）も参照。

c. 逃げやすさの2つの様式を操作する　この2つ目の実験でストックス（2005/2006）は、ホフマン（Hoffman, 1991）やそのほかの研究者の「去る者日々に疎からず」仮説を、より直接的に (a) 物理的・心理的逃げやすさを結びつけた場合と (b) 物理的逃げやすさだけの場合とを比較することで検証している。もし「去る者日々に疎からず」仮説が正しいとすると、この比較は共

感の高い者について、逃げやすさを逃げにくさと対比させて検討することになる。共感の低い者の間では、物理的な逃げやすさだけで心理的な逃げやすさを作り出すのに十分であると考えられる（付録Bと上記の詳細化の2番目のポイントを参照）。

この操作と共感の視点取得操作とをクロスさせると、逃げやすさの様式（物理的だけ 対 物理的・心理的）×共感的配慮（低 対 高）のデザインができる。このデザインでは、嫌悪－喚起－低減仮説が高い援助の比率を予測するのは、「物理的逃げ／高共感」のセルだけであり（心理的逃げが困難であると考えられる1セルである）、これ以外の3つのセルでは低い比率であると予想される。これとは反対に共感－利他性仮説では、逃げやすさの様式とは独立に、共感の主効果――低い共感よりも高い共感でより多い援助――が予測される。この場合には、援助をすることだけが、他者の苦悩をやわらげるという利他的な目的を達成できるのである。（共感の高い参加者が「去る者日々に疎し」と予測するならば［Batson et al., 1986の結果から示唆されたように］、実験のデザインは心理的逃げやすさの2つの様式だけを含むものになる。この場合には、嫌悪－喚起－低減仮説では、このデザイン全体について低い援助が予測され、共感－利他性仮説では、依然として共感の主効果が予測される。）

この実験の参加者（再び48名の男子の学部学生）は最初に、この実験の目的がキャンパスの新聞に最近提案されたいくつかの特集記事についての予備調査であると知らされる。考慮の対象となっている8つの記事について、それぞれの参加者はその中の2つの調査用の記事を読み（時間の制約のためとされている）、それに反応するが、その際には「それぞれの記事についてのあなたの反応がよりよい理解のために役立つ」ような読み方の視点を取るように求められる。自分がどの記事を読むかを決めるのに、参加者は1から8までの数字から2つを選んだ。実際には2つの記事だけがあらかじめ用いられた。2つのうちどちらを先に読むかは、参加者がランダムに割り当てられた逃げやすさの様式に従っていた。実験者のやることは、参加者が選んだ2つの番号が記されたフォルダーに、2つの記事を適切な順序で入れることだけである。

物理的逃げだけの条件の参加者では、最初の記事は「ホームフロントの英雄」と題された記事であった。この記事は、キャンデス・ダーデンという名の大学の学生の置かれた窮状を報じている。キャンデスは衰弱からくる苦しみに悩まされ、心臓大動脈の半月弁膜に致命的な遺伝的な欠陥がある可能性がある。

明け方から日が暮れるまで、20歳の大学新入生のキャンデス・ダーデンを突き動かしている一つの目標――もう1日生き延びる――がある。…「図書館の階段を歩いて登る力さえ、奮い起こすことができないことがあるんです。イライラさせられます。でも、目を閉じて、歯を食いしばり、私はそれができるんだと自分に語りかけます。」…「彼女の病気の見通しは良いものではありません」とピジマーニ博士はいう。「キャンデスはもうわれわれの予想を超えて生きているんです。手術をしないと、この型の遺伝的欠陥をもつ人の大半は、10代の前半過ぎまでは生きられないんです。」
　しかし、キャンデスの物語の終章はまだ書かれていない。心臓を開く新手術はすでに開発されていて、外科医が半月弁膜を人工の膜と取り換えることが可能になっている。…しかしながら、このタイプの手術には多額のお金が必要である。そしてキャンデスの場合には、そしてそれは彼女と同じ病気をもつ大半の人びとにとっても同じだが、保険会社は手術への支払いを断っている。
　「希望を失わずにがんばります――私は自分に話しつづけています。可能性は小さいにしても、手術のお金を手にする道があるかもしれないって。それがバカげていることは知っていますが、大学を卒業することをいつも夢見てきました。もう1日生き延びることができないって考える時は何時も、卒業したら母がどんなにか誇りに思うだろうと考えるんです。手術を受けられず、普通の生活に戻れないとしても、こうして生きることが母の犠牲に報いることだと思っています。」…（Stocks, 2005/2006, p. 87）

　この記事を読む前に、参加者たちは読む際の視点についての教示を与えられ、タテマエ上は全部の参加者で同じとされた。実際には、低い共感条件の教示は、ここで書かれている人物に起きていることについて、できるだけ客観的であることであった。高い共感条件での教示では、そこで起きていることをどう感じるか、それが自分の生活にどんな影響を与えるかを、イメージすることであった。記事を読んだ後で、参加者たちは共感的配慮のレベルを評定する情動反応の質問紙に回答した。そして、援助する時間を自発的に提供する予想外の機会――基金への寄付者になる可能性のある人に送る手紙を準備することで、キャンデスの手術に必要なお金を調達する手助けをする――が与えられた。
　物理的-心理的-逃げやすさ条件の参加者では、キャンデスについての記事は最初に読まれる記事ではなく、それは2番目であった。最初の記事のタイト

ルは「今日の科学と技術」である。この記事は、情報の記憶がそのタイプ（事実的情報／情動的情報）と提示の様式（テレビ／新聞）によって違うという最近の研究結果（実際はフィクション）を述べたものである。この研究が明確に示しているのは、他者の生活での情動的出来事についての情報は、特にそれが新聞で提示された場合には、記憶の中には残りにくいというものである。この記事は次のように説明している。

> 人びとは、情動に訴えるものについて長期的な記憶をつくりあげることはなく、特にそれが新聞記事の場合にはそうである。…最新の研究によれば、われわれが接するメッセージを思い出そうとする際には、テレビと世界の出来事についてのニュースがわれわれの「脳空間」を占拠している。この点で大きく後れを取るのが新聞と雑誌で、特に情動を生み出す出来事に注目した物語の場合にそうである。われわれの脳は、印刷されたメディアのメッセージを長期的な記憶に送り込むことに有能ではない。悲しい物語を読むだけでは十分ではなくて——この物語の長期的記憶をもつためには、人びとはその代わりにテレビ映画のバージョンで生なましさを経験することが必要なのである。(Stocks, 2005/2006, p. 83)

この記事に付けられたグラフは、他者の置かれた苦境についての情報を読んで、その表象を記憶する可能性は5％以下であることを示している。

物理的‐心理的‐逃げやすさ条件の参加者は全員、この記事を読んでいる間、次のような視点に立つように求められた。「この情報があなたの生活に与えるインパクトを十分に理解するようにしてください。…情報をよく考えて、ここで論じられていることを、あなたの過去・現在・未来の経験の中で関連する側面の全てに適用するよう試みてください。」

この記事を読んだ後で、この条件の参加者はこの記事のインパクトを強めるように計画された簡単な質問紙に回答した。この質問紙には記事の主な点が要約され、提示された情報が参加者の生活に適用される少なくも4つのやり方のリストが含まれていた。そして次に2番目の記事が与えられるが、それはキャンデス・ダーデンについての記事で、心理的逃げだけの条件で使われたのと同じ視点の教示が与えられた（低共感条件の参加者には客観的に、高共感の参加者では彼女の感情をイメージしての教示）。キャンデスの記事を読んだ後で、

この参加者は情動的反応の質問紙に回答し、予想しなかったキャンデスを援助する機会を与えられる。この点は、物理的逃げやすさだけの条件の参加者と同じである。

この場合も、前と同じように、共感的配慮の操作が有効であることが示された。逃げやすさ様式の有効性をチェックするために、キャンデスを援助する機会に反応した後で、全部の参加者が最終の質問紙に回答した。この質問紙はキャンデスについての物語への反応を評定するものだが、「これからの数時間あるいは数日、いま読んだ物語についてどの程度考えつづけると思いますか」（1＝全く考えつづけない；9＝常に考えつづける）という項目が含まれていた。この質問についての反応は、新聞で情動的な情報の把持が弱くなるという記事を読んだことの影響がはっきりしていた。物理的・心理的な逃げ条件の参加者は、物理的逃げやすさだけの条件の参加者（平均＝5.04）よりも、キャンデスの物語について考えつづけることがより少ない（平均＝3.71）と予想した（$F(1, 44) = 5.14, p<.03$）。この反応はまた、ホフマン（Hoffman, 1991）と他の研究者の仮説、つまり物理的な逃げがやさしい場合には、高い共感的配慮を感じている参加者は、援助を必要としている相手の窮状について考えつづけると予想し、低い共感的配慮を感じる参加者ではそうではないとする仮説に、疑いを投げかけるものである。物理的逃げだけの条件の参加者の間では、低い共感的配慮を感じるように導かれた参加者（平均＝4.83）よりも、高い共感的配慮を感じるように導かれた参加者の得点はやや高いだけであった（平均＝5.25）。この差は統計的に有意でなかった（$p>.60$）。

この実験の4つのセルのキャンデスを援助する者の比率は、表6.2に示されている。ご覧のように、データは共感−利他性仮説によって予測された主効果のパターンを明らかに確認するもので、嫌悪−喚起−低減仮説によって予測された1対3のパターン、あるいは無効果のパターンのいずれとも違っていた。キャンデスに対しての高い共感的配慮に導かれた参加者は、低い共感的配慮を感じるように導かれた参加者（平均＝.33）よりも、自発的に援助しようとしていた（平均＝.62）（$\chi^2(1, N=48) = 3.98, p<.05$）。この共感の主効果は全ての信頼性のあるセル間の分散を説明している（残差$\chi^2(2, N=48)<1.0, p>.70$）。さらに共感−利他性仮説を支持する結果としては、自己報告の共感的配慮が援助行動と有意の相関係数（$r(46) = .37, p<.01$）を示し、予測された物語をこれからも考える点での効果を偏相関係数を用いて除いた後でも、有意であった

（偏相関の $r=.34, p<.05$）。

表 6.2　キャンデス・ダーデンを自発的に援助する比率（Stocks, 2005/2006, 実験 2）

逃げやすさの様式	共感的配慮	
	低	高
物理的にだけ	.33	.67
物理的・心理的に	.33	.58

注）N = 48 人の男性（1 セル当たり 12 人）。著者の許可によりストックス（2005/2006）から。また、ストックスほか（2009）も参照。

結　論

　共感的配慮を感じる人びとが援助するのは、物理的な逃げが心理的な逃げを許さないからなのだろうか。この疑問に対する答えは「ノー」であるように思われる。この可能性はもっともに思えるものだが、どのような実証的な支持も受けることにも失敗している。これとは逆に、手にすることのできた証拠の示すところでは、第 1 に、嫌悪 − 喚起 − 低減仮説に対して共感 − 利他性仮説を検証するのに用いられた状況では、自分自身を共感的配慮を感じやすいと考えている参加者であっても、物理的逃げが心理的逃げをもたらすであろうと信じているのである。証拠の示唆するところでは、第 2 に、物理的逃げに頼らずに心理的逃げやすさがもたらされる場合にも、そこでの反応は嫌悪 − 喚起 − 低減仮説ではなく、共感 − 利他性仮説の予測を確認するものとなっている。証拠に基づけば、ここでの最初の新しい挑戦は片を付けることができるように思われる。そしてもしそうだとすれば、付録 B に要約した研究は──この研究を基にした結論が有効であるのと同じく、有効なものである。共感的配慮から作り出された動機づけについての嫌悪 − 喚起 − 低減による説明は、捨て去られなくてはならない。今やわれわれは、共感 − 利他性仮説に対してのこの人気のある利己的な代替仮説に反するような、さらなる証拠をも手にしているのである。

共感によって誘発された援助行動が生じるのは自他の融合のためか

　1章で定義したように、利他性とは他者の福利を増加させることを最終目標とする動機づけの状態のことである。利他性は、自分自身の福利を増加させることを最終目標とする利己性と対立する概念である。こうした定義と利他性・利己性のコントラストが意味をもつためには、動機づけの状態にある人は、自己と他者とを明確に区別されたものとして知覚していなければならない。共感－利他性仮説は、人間の利他性が価値の拡張の表現である（Nussbaum, 2001）とする理論の中心に位置している。共感的配慮と利他的な動機づけとを経験するためには、他者の福利が関心と価値の対象とならなければならず、そこからフリッツ・ハイダー（Heider, 1958）が「肯定的な心情関係」と呼んだ状態が作り出される。この場合に価値のベクトルは自己から他者へと拡がっていくが、自己と他者とは明確に区別されたままである。（利己性の場合には、価値のベクトルは行動主体としての自己から対象としての自己へと拡がっていく。）他者が援助を必要としていると知覚された場合には、共感的配慮を感じ、この必要を低下させる利他的動機づけが生じる。こうして価値づけの違いが、共感－誘導的な利他的動機づけを経験しやすい場合とそうではない場合とを区別することになる（2章を参照）。

挑　戦

　しかしながら、これとは別の可能性もある。それは価値や心情の違いというよりも、知覚的／認知的な違いである可能性である。共感的配慮を感じやすい場合には、われわれは自己と他者をハイダー（1958）のいう「単位関係」として見ているのかもしれない。何人かの社会心理学者は、自己と他者とが心理的に「一体のもの」に融合されることが、共感的配慮が援助行動を増す理由であると論じてきた。実際には、こうした心理学者たちは融合の異なる4つの様式を提案している。ある者は、援助を必要としている他者に共感的配慮を感じるのは、自己と他者を同一視するからだという。別の考えでは、他者が自己に含まれるからであるとする。また、他者の中に自己のある側面を見出すのが理由

であるとする。そして、自己と他者を、共通の集団的アイデンティティの交換可能な代表例として見るようになることが理由であるという意見もある。

自己 - 他者の同一視

最初の考えの典型的な例は、ホーンスタイン（Hornstein, 1978, 1982）とラーナー（Lerner, 1980; Lerner & Meindl, 1981）である。ホーンスタイン（1978）は、共感を「一体感情」と「相互的な同一視」に関係づけている。

> ある環境では、人間は他者を「彼ら」としてではなく「われわれ」として経験する。こうしたことが起きると、1人の窮状がその仲間の緊張の原因となるような結びつきを作り出す。…自己と他者のちょっとした相違は、超越される。（pp. 188-189）

ホーンスタイン（1978）は、このような同一視が生じる可能性のある3つの条件を挙げている。他者の福利が自分自身の福利を高める場合、自己と他者とが類似性でつながっている場合、自己と他者とが共通の社会的カテゴリーや社会集団のメンバーである場合である。

ホーンスタインは、彼のいう「われわれ」がどの程度の自他の融合（すなわち、自他の区別の喪失）を伴うのかについては完全には明確にしてはいないが、ラーナーはこの点を明確にしている。彼はまた、共感的配慮の基礎としての同一視についても述べている。

> われわれは犠牲者と同一視の感覚を感じる場合に、憐れみと配慮の感覚を伴って、同情的に反応するように思われる。その結果、われわれはこうした状況でのわれわれ自身という考えに反応している。そして言うまでもなく、心地よい無邪気な自己に対する「人間的な親切さのミルク」で満たされる。（Lerner, 1980, p. 77）

ラーナーとメインドル（Lerner & Meindl, 1981）はこの同一視の考えを発展させて、同一視関係にあるときには、「われわれは心理的に他者と区別できず、われわれが知覚することを他者も経験していると経験する」（Lerner & Meindl, 1981, p. 224）という。ホーンスタインとは対照的にラーナーとメインドルは、

自己と他者が同じものとして見られる同一視関係を、類似性を基にした単位関係とは区別している。彼らの示唆するところでは、類似性は協力を作り出すが、同一視から生まれる「養育的で代理的な」関係――そして共感的配慮――を生み出しはしない（Lerner & Meindl, 1981, p. 225）。

　ホーンスタインもラーナーも、共感－援助的な関係については明確な説明をしていないが、彼らの著作を基にして説明することは容易にできる。援助を必要としている相手と同一視した際には、われわれは共感的配慮を感じて相手を援助するように行動するが、それは個人的に配慮を感じて自分自身が必要としていることに向けて行動するのと同じことである。この場合には、われわれは他者の必要を自分自身のそれのように感じるし（ホーンスタイン）、「心地よい無邪気な自己に対する'人間的な親切さのミルク'で満たされる」（ラーナー）のである。

他者が自己に含まれる

　2番目の考えの典型的なものは、ウェグナー（Wegner, 1980）とアロン（Aron & Aron, 1986; Aron, Aron, Tudor, & Nelson, 1991）である。ウェグナー（1980）は、共感が他者を含めるような「自己の拡張」を伴うと主張した（p. 132）。共感的な感情は、「部分的には、われわれ自身と他者の間の基本的な混同から生じる」（p. 133）。共感を感じる場合には、「まるでその他者が自分自身であるかのように考える」のである（p. 131）。ウェグナーはこの主張を幾分修正して、効果的な援助行動には、誤って自分自身を援助しないために、自他の間の違いをある程度認識している必要があると述べた。彼の示唆するところでは、役割取得（すなわち視点取得）は効果的な援助行動を引き起こす共感的な感情を作り出すが、おそらくはこれは別々の役割があることを知ることにはある程度の自他の区別が伴っているためではないかという。

　アロンとアロン（1986）は、他者の自己への包含を伴う親密な関係についての一般的な説明の文脈の中で、共感をこうした包含の例として述べている。「向社会的行動の研究者はしばしば、共感の概念に言及する。そこでは個人は、少なくも他者の苦痛を個人的に経験している」（pp. 28-29）。この包含の帰結を、アロンとアロン（1986）はつぎのように概括している。

　　　P［ある人物］がO［他者］の諸側面をPの自己の中に含めれば含めるほど、P

はある意味でOを——Oの諸側面だけでなく——Pの自己の中に含めることになる。つまり、ちょうどPにそれが起きたのと同じように、あるいはほとんど同じように、まるでPに起こったときに感じるように、Oが満足したときにPも満足し、Oが傷ついた時に痛みを感じるのである。まるでPの幸福と福利であるかのように、Oの幸福と福利のために計画を立てる。PはOと「同一視」するか、あるいはある意味で、Oと「一体となっている」。(p. 29)

アロンほか（1991）はウェグナー（1980）の共感についての考えが、親密な関係についての彼らの考えと一致するものとして引用している。アロンたちはそれを次のように要約している

> 親密な関係にある他者についてのわれわれの認知の多くは、自己として扱われたり、自己と混同されたりする——これが自他の融合を支えている理由である。(p. 242)

この融合は「弱体化された自他の区別」を伴い、われわれの思考と行動に影響を与える。(Aron et al., 1991, p. 243)

自己の側面を他者の中に見る

3番目の考えの典型には、デイヴィスほか（Davis et al., 1996）とチャルディーニとブラウンほか（Cialdini, Brown, Lewis, Luce, & Neuberg, 1997）がある。デイヴィスほか（1996）はアロンとその同僚たちの考えを誘い出したが、デイヴィスたちはアロンたちの考えは実際には逆だと受けとっている。

> 視点取得と結びついた心的な過程は、相手についての見る側の思考と感情を、ある意味でより「自己に似た」ものにする原因となる。…心的な表象の水準では、積極的な視点取得は自己と他者との融合を作り出す効果をもつであろう。…自己特性が他者に帰属される投影過程に［われわれは注目するが］、アロンたちは相手の特性がこちらの自己に帰属される包含過程に、より注意を向けている。(Davis et al., 1996, pp. 713-714)

これと同じようにチャルディーニほか（1997）は、「他者の視点をとった場

合（教示あるいは愛着の感情を通じて）と他者の経験したことを代理的に経験した場合には、自己を他者の境界に組み入れるようになる」(p. 482) と示唆している。特に共感 – 誘導的な援助行動に関連して、チャルディーニほか (1997) は、共感的配慮を作り出す条件が密接に結びついている相手に対する援助行動を増すように導くと主張している。

> 密接な関係にある他者についてより多くの共感的配慮を感じるからではなく、より多く他者と一体であると感じるためである——つまり、自分自身をより多く他者の中に知覚するためである…［ここにあるのは］シンボリックな融合あるいは自己の他者への拡張である。(p. 482-483)

チャルディーニほか (1997) が正確に述べているように、「もしこれが正しいとすれば、こうした過程は共感 – 利他性仮説の論理をかなりの程度疑わせるものとなるであろう」(p. 482)。というのは前に記したように、自己と他者との区別が消え去ってしまうとすれば、少なくも共感 – 利他性仮説でこの用語が用いられてきた意味での利他性と利己性との間の区別も消え去ってしまうからである。

集団的アイデンティティの交換可能な代表例としての自己と他者

ターナー (Turner, 1987) は彼の自己カテゴリー化理論の中で、個人的レベル（私 対 あなた）だけでなく集団のレベル（われわれ 対 彼ら）も含めて、自己は複数のレベルで定義できると述べている。集団レベルで定義する場合には、「自己知覚の脱人格化」が起きる。ターナーはこの脱人格化が広範囲の帰結をもたらすと考えている。

> 自己知覚の脱人格化は、集団現象（社会的ステレオタイピング・集団凝集性・自集団中心主義・協力と利他性・情動的感染と共感・集合的活動・規範の共有と社会的影響過程など）を支えている基本的な過程である。…集団行動は、自己カテゴリー化の抽象的レベルでの変化を表現するものと考えられ、それは自己知覚の脱人格化、ある社会的カテゴリーの交換可能な代表例としての自己知覚に向けての移行、他者からの個人的差異によって定義される独自な存在としての自己からの別離を示す方向への変化である。(1987, pp. 50-51)

ターナー（1987）は論を進めて、「認知的な単位を構成するという意味での人びとの知覚的アイデンティティの重要性」（p. 52）を強調し、それが共感‐誘導的な援助行動に直接の影響を与えるとしている。

> 自己が脱人格化される程度に応じて、自己利益もまた脱人格化される。自分自身と内集団メンバーとの間の同一視の知覚は、内集団への所属と結びついた必要・目標・動機について、利益の知覚的同一視へと導くと仮定することができよう。こうした利益の同一視は共感的利他性を意味すると考えることができるが、これによって他の内集団のメンバーの目標は、自分自身のものとして知覚される…。（p. 65）

　ここで見た自己と他者の融合についての4つの様式は、明らかにきわめて異なった心理的過程を含んでいて、そのあるものは相互に排他的である（おそらくは、自己の中に他者を、他者の中に自己を同時には知覚できないであろう）。にもかかわらず、この4つの様式は共通の帰結をもたらす。自己と他者とはもはや、明確に別々のものとは見られない。少なくも必要の点で、自己と他者とは一体のもの、あるいは交換可能な等価なものとして見られる。自己‐他者の融合のいずれの様式も、共感的配慮と結びついた他者の福利への注目の増加を説明するが、それは自己を超えて他者へと利益とケア（価値）とが拡張されると仮定する（共感‐利他性仮説はそう仮定している）ことによってではなく、自己利益が他者の全部あるいはその一部に適用され——もっと正確にいうと、自己利益が自己‐他者単位に適用されると仮定することによって、説明される。

実証的証拠

　自己‐他者の融合が、共感的配慮と結びついた援助行動の増加を説明するという主張は数多くあるが、この主張を支持する実証的証拠の数はきわめてわずかである。ここでは最初に、自己‐他者の融合を弁護する人びとが引用するいくつかの証拠に目を向けることにしよう。それに疑問がもたれるのは、共感によって誘発された援助行動が融合のためであるという主張を実際に検証するためのものではないからである。

疑問のある関連性

　自分の考えを支持するためにホーンスタイン（Hornstein, 1978）は、人びとが未知の相手に、その相手がこちらと意見が同じだったり、価値を共有していたり、同じ国民的・民族的集団のメンバーであったりした場合に、匿名の援助（例えば、落ちていた手紙をポストに入れる・拾った財布を返却する）を提供することが多いとする自分自身や他の研究者の調査結果を引用している。残念なことには、こうした研究では自己－他者の融合についての測度は用いられてはおらず、なぜこうした効果が生じたのかは暗闇のままなのである。ターナー（Turner, 1987）はホーンスタインの研究を引用して、集団レベルの自己カテゴリー化が自分自身と集団の他のメンバーとを、利益の同一性をもつ交換可能な代表例として知覚することを作り出すとする彼の主張の主な基盤としている。しかしながら、ホーンスタインの研究は、自身の考えへの支持以上にターナーの様式の融合を明確に支持するものとはなっていないのである。

　近年になって、スターマーほか（Stürmer, Snyder, & Omoto, 2005, 研究2）が肝炎にかかっている仲間を同性の大学生に示している。仲間が異性の場合には共感－援助行動の関係が見出されたが、同性の場合にはこの関係は見られなかった。スターマーとシュナイダーほか（Stürmer, Snyder, Kropp, & Siem, 2006, 実験1と2）では、援助を必要としている相手が他の集団のメンバーではなく、自集団のメンバーである場合に、より強い共感－援助行動の関係が見出されている。スターマーたちはこの結果を、ターナー（1987）の集団レベルでの自己定義的な視点に結びつけているが、この結果は本当のところはそれを支持していない。ターナーの視点からすると、共感と援助行動との双方について内集団－外集団の差があるはずであるのに、スターマーたちはどの研究でも、このどちらの差も見出してはいない。援助を必要としている相手が内集団のメンバーである場合には一貫して共感－援助行動の関係が見出されているが、相手が外集団の場合には、この関係は弱いか、ないかである。共感が外集団への援助に影響を与える力をもっている以外にも、これと同じような多くの要因――そう行動するのが適切であるという知覚、自分が専門家であるという知覚、義務の知覚、偏見をもっていると見られたくない欲求など――があることはもちろんである。こうした要因の一つあるいはいくつかが、外集団条件での共感－援助行動の関係をあいまいなものにしている可能性がある。

　アロンほか（1991）は、自分と親密な相手（例えば配偶者）との間でパーソ

ナリティ特性が共有されていない場合には、そのパーソナリティ特性をもっているかどうかの報告が遅れることを見出している。アロンたちはこの結果を自己 - 他者の融合（この場合は、他者を自己に含めること）の指標として解釈して、自己と他者とが一体であるために、そのパーソナリティ特性をもっているかどうかを決めるのが難しいと考えている。しかしながら、別の解釈の可能性がある。例えば、あなたと親密な相手との間での異なっているパーソナリティ特性は、情動的に負荷されたものであることが多いだろうし、そのために気持ちが乱れて、反応時間が遅くなるであろう。さらには、アロンほか（1991）では共感的配慮の測度が用いられておらず、このことから彼らの研究では、共感 - 援助行動関係が自己 - 他者の融合によるという主張に対応できない。

デイヴィスほか（Davis et al., 1996）の2つの報告では、低共感条件の参加者と比較して高共感条件の参加者（視点取得の教示によって作られた）は、以前に自分のものだとしたパーソナリティ特性を、共感の対象である相手の特性だとしがちであるとしている。しかしながら、この効果は肯定的なパーソナリティ特性だけに見られている。多くの人びとが自分自身を肯定的に見ているとするならば、そこで自他融合が起きているのか、あるいは高共感の参加者が相手をより肯定的に見ているだけであって、そのため肯定的な自己 - 知覚との重なりが生じているのかははっきりしない。

ここでも、デイヴィスほか（1996）で視点取得の操作が用いられているとはいえ、この研究では共感 - 援助行動の関係が自己 - 他者の融合によるかどうかという疑問には対応ができない——この疑問に答えようと意図されていない——のである。対応ができないことには3つの理由があって、その第1は、この実験での「他者」は援助を必要とはしておらず、異常な特徴や問題を抱えていない平均的な学生であって、大学での社会的・学業上の経験を述べるように求められたのである。2つには、共感的配慮の測度が用いられていなかった。3番目には、援助を提供する機会が与えられていなかったことである。

明確な関連性

チャルディーニほか（1997）は、共感 - 援助行動関係についての自己 - 他者融合の説明を検証するようにデザインされた最初の研究を公刊している。そこでは3つの実験を通して、他者との「一体性」の自己報告の効果を統計的に統制した場合（自己 - 他者の重なり具合と他者について話す際に「われわれ」と

いう用語を使用することの適切さについての評定で測定）には、自己報告の共感的配慮と援助への意欲との間の結びつきは消えてしまうことが見出されている。

この結果を基にしてチャルディーニほか（1997）は、共感‐援助行動の関係が人工的なものであると結論している。この関係は、共感と援助行動との双方が他者と「一体であること」と結びついている場合にだけ成り立つのである。本当の関係は、知覚された他者との「一体性」と援助行動との間にある。

> 共感的配慮と他者との「一体性」はどちらも、関係の密接さの重要な側面である視点取得によって影響を受ける。…共感的配慮を感じる場合には、共感的配慮は一般的には、関係の密接さをもたらし、自己‐他者の重なりを導く視点取得によって生じる。こうして、他者に共感的配慮を経験することから、この他者との「一体性」の程度が伝えられる可能性が高くなり、その結果として、向社会的行動が生じやすくなる。(Cialdini et al., 1997, p. 491)

人びとは、自分と一つであると感じる人を援助する。「それは、他者の中により自分自身を知覚するからである」(Cialdini et al., 1997, p. 483)。あるいは、ノイバーグとチャルディーニほか（Neuberg, Cialdini, Brown, Luce, Sagarin, & Lewis, 1997）の言い方を借りると、「共感と結びついた援助行動は無私無欲なものではなく、他者の中に置かれている自己の一部を援助しようとする（通常は暗黙の）欲求に根をもっている」（p. 510)。

残念なことには、チャルディーニほか（1997）の研究（とその追跡的研究であるManer & Gailliot, 2007も）は多くの点で、その結論に疑問が残されている。その中で4つの明白な点に注意を向けてみよう。(a) 想像上の援助の必要と想像上の援助意欲の自己報告だけが問題とされている (b) 共感あるいは視点取得は操作されておらず——その代わりに、援助を必要としている相手との関係の親密さが操作されている（「ほとんど未知の人」から「家族のメンバー中で一番親密な人、それがいれば、「きょうだい」まで」) (c) どの実験でも共通の援助の必要状況と援助の機会が用いられているのではなく、さまざまな援助の必要が参加者に提示されている——電話をかけることへの助力の必要から、今いるアパートからの立ち退きを求められている、両親が事故で死亡して、残された2人の子どもは住む所がないまで——、そしてさまざまな援助の方法

——手近の公衆電話を教えることから、アパートの案内を申し出る、援助するために授業や試験を欠席する、相手と残された子どもを引き取ることまでが、それぞれの実験で用いられている（d）援助の意欲が報告された後に、共感的配慮が測定されている。

　ノイバーグほか（1997）はこうしたことの中で、最後の問題についてはその後の研究で効果的に取り上げているが、他の3点については次のような可能性が残るといえる。つまり、援助行動と共感についての参加者の報告はどちらも、何らかの関係がある相手に確かに援助の必要があった場合に、どう感じたり行動したりすべきなのかについての、社会的な規範にもとづくスクリプトの影響を受けているだけだという可能性である。この点を例示してみると、報告された共感的配慮とはまったく関係なしに、近くの未知の相手よりもきょうだいを家に引きとると言うほうが容易だし、同じことが相手を援助するために授業や試験を欠席することについてもいえるのは、そんなに驚くべきことではない（こうした手続き問題についてのこれ以上の議論は、Batson, 1997 を参照）。

　バトソンとサガーほか（Batson, Sager, Garst, Kang, Rubchinsky, & Dawson, 1997）は、共感‐援助関係が自己‐他者融合のために生じるかどうかを、よりあいまいさの少ないやり方で検証しようとした。2つの実験のそれぞれでは、明らかに現実の援助の必要状況と援助の機会が参加者に与えられた。視点についての教示で操作された共感的配慮が、参加者が援助の機会について知らされる前に測定された。参加者全員に、援助を必要としているまったく同じ相手、まったく同じ援助の必要、そしてまったく同じ（予想外の）援助の機会が提示されたが、これは適切な行動についての規範的なスクリプトの違いを避けるためである。

　共感‐利他性仮説を検証したこれまでのいくつかの実験と同じように、バトソンとサガーほか（1997）は参加者にラジオ放送のテスト版を聴かせている。このテスト版では、両親の死後、幼い弟妹の世話を見るのに頑張っているケイティ・バンクスのことがとり上げられている。共感的配慮と援助行動とを作り出すのに集団への所属が共有されていることが必要であるとするターナー（Turner, 1987）の考えを検証するために、それぞれの共感条件での半数の参加者にはケイティがこの大学の学生であると告げられ（集団所属の共有）、半数の者にはライバル大学の学生であると告げられた（集団所属の非共有）。自己‐他者の融合の測度としては次の3つが用いられた。（a）チャルディーニほか

(1977)が用いた自他の重なりについての測度の改訂版(b)デイヴィスほか(1996)の用いたパーソナリティ特性の類似度の測度の改訂版(c)ケイティとの知覚的類似度の測度。

それぞれの実験で、バトソンとサガーほか(1997)は共感−援助行動の関係を見出しているが、それは以前の研究結果とまったく同じものであった(3章と5章を参照)。ここでの論点にとってより重要なことは、この関係が集団への所属によっては確認されず、自他の融合の測度のどれによっても説明されなかったことである。ここからバトソンとサガーほか(1997)は、チャルディーニほか(1997)とはまったく異なった結論に導かれている。

> 3つの融合の測度を通じて、また2つの実験を通じて、共感−誘導的な条件(つまり視点取得)が自己−他者の融合を作り出したという証拠はほとんど見出されなかった。共感−誘導的な援助行動が自己−他者の融合から生じることを支持する証拠も、きわめて少なかった。高共感条件での参加者が、他者から心理的に分離できなかったり、他者が経験していると知覚したことを経験したりした(ラーナー)ために、自己と他者とを混同したり、他者を自己と考えた(ウェグナー)ために、自己を他者を含むように拡張したり、自己−他者の区別が弱体化した(アロン)ために、あるいはケイティについての参加者の帰属がより自己に近いものになった(デイヴィス)ために、より多くの援助をするという証拠はなかった。それよりも、証拠は共感−利他性仮説の仮定と一致していて、高い共感をもつように誘導された者は低い共感をもつように誘導された者とまったく同じように、自分自身と共感を感じた相手との間を区別して知覚していたのである。(p. 507)

明確化する試み

こうした対立する結論に直面して、マナーとルースほか(Maner, Luce, Neuberg, Cialdini, Brown, & Sagarin, 2002)は新しい実験をすることで事態を明確にしようとした。そこでは、上で見たチャルディーニほか(1997)の手続き上の問題を避けるために、ケイティ・バンクスの援助の必要状況とバトソンとサガーほか(1997)と同じ共感の視点取得による操作とを用いている。またそこでは、知覚された一体感を引き起こす努力として、類似性の巧妙な操作も行われている。

ここでの類似性の操作には、表向き参加者の脳波パターンを測度としてとることが用いられ、それはパーソナリティの「指紋」であって、「人びとの間の基本的な類似と差異」の指標であると説明された（Maner et al., 2002, p. 1603）。参加者のある者は自分のパターンがケイティのそれにきわめて似ている（91％の類似）と告げられ、別の者はそれがまったく似ていない（12％の類似）と告げられ、残りの者は自分の脳波パターンがケイティのそれと似ているかどうかについて、何も告げられなかった。ケイティのインタビューを聴いた後で、参加者たちは自分の情動的な反応（共感的配慮・悲しみ・苦痛の感情を含む）と知覚したケイティとの「一体性」の感じ（Cialdini et al., 1997が用いたのと同じ自他の重なりと「われわれ」ということばの使用頻度とが使われた）を報告した。その次には、バトソンとサガーほか（1997）の実験と同じように、参加者たちはケイティを援助する予想外の機会を与えられた。

マナーほか（2002）はパス解析を用いて、参加者の報告した情動的な反応と知覚された一体性とはそれぞれ、援助行動に独立に効果をもっており、知覚された一体性は共感−援助行動関係を説明しないことを見出した。このことは言うまでもなく、自己−他者の融合による説明とは逆のもので、チャルディーニほか（1997）が見出したこととも矛盾している。しかしながら、マナーほかは追加的にパス解析を試み、共感的配慮の3項目（同情的な・思いやりある・情け深い）と、悲しさの3項目（悲しい・意気消沈した・重い気分）の合計点を「一般的な否定的な感情」要因に含めた。この追加的な分析の結果から明らかになったことは、この6項目の一般的な否定的感情要因と援助行動とは結びつきがあり、それとは独立に、共感的配慮の3項目が援助行動とは結びついていないということである。

この結果はどういうことを意味するのだろうか。マナーほか（2002）は、追加的なパス解析が「もっともと思える非利他的な媒介要因の全体を統計的に統制する」ことに成功していると主張した（p. 1608）。そしてこう結論している。「われわれのデータは、援助行動を機能的に媒介しているのは非利他的な構成概念（知覚された一体性、非共感的な否定的感情）だけであって、共感的配慮によるものではないということを示している」（p. 1608）。

しかしながら、ここには全く異なる可能性もある。ケイティ・バンクスのインタビューを聴いた後での、一般的な否定的感情要因に含まれている悲しみの3項目への反応は、ケイティに対する悲しさを引き出した、つまりこれは、直

接的な個人的悲しさというよりも、共感的な悲しさである可能性がある（この区別についての議論は1章にある）。もしそうだとすると、マナーたちが「一般的な否定的感情」を統計的に統制したといっているのは、実際には一般的な共感的配慮を統制していたことになる。一般的な共感的配慮が知覚された一体性とは独立な援助行動と関係しているという結果は、バトソンとサガーほか（1997）の結果と完全に一致しているし、共感–利他性仮説とも一致している。それはまた、一般的な共感的配慮とは結びついていない共感的配慮の3項目に対する反応の分散の合計が小さいことが、援助行動と結びついていないという結果とも一致している（この分散は悲しさの項目よりも、共感的配慮の項目でプラスの「ハロー効果」を生み出しやすいことに反映されている）。こうして、その反論にもかかわらず、マナーほか（2002）は、一般的な共感的配慮と援助行動の結びつきが知覚された一体性とは関係をもたないことを見出したのであり、バトソンほか（1997）の結果――そしてチャルディーニほか（1997）の結果とは矛盾した結果――を繰り返しただけなのである。

　マナーほか（2002）の結果の解釈は、この実験で参加者が報告したケイティについての悲しさが共感的悲しさなのか、直接的な個人的悲しさなのかによって、決定的に違ったものになる。この点を決めるのに役立つ、何らかの証拠はあるのだろうか。マナーたちの実験から出てくる1つの証拠は、共感的配慮の項目への反応が悲しさの項目への反応と極めて高い相関関係（$r=.79$, 苦痛の項目とは$r=.72$）にあることである。こうした項目の全てが、基本的に同じことを測定していることは確かであるように思われる。

　第2に、これに関連する証拠がアイゼンバーグとフェイブスほか（Eisenberg & Fabes et al., 1989）によって報告されている。付録のBに要約したように、この研究の参加者は、あるシングル・マザーがクルマの事故のケガから回復しつつある2人の子どもを育てるのに苦闘している様子を語っているビデオを見た。アイゼンバーグほか（1989）は、参加者たちの表情をもとにして、自己報告された悲しさが共感的悲しさを反映していると結論している。

> 顔面のデータに基づくと、…この実験状況での共感によって誘発された悲しさは、自己–注視的な個人的悲しさの感情の結果や自分自身の苦痛を低下させるという利己的な動機ではなく、むしろ、他者–指向的な認知や関心と結びついたものであると結論するのが合理的であるように思われる。(p.64)

第3には、これまでの研究が示唆するところでは、悲しさと苦痛の自己報告はそこでの援助の必要状況によって違ったものになる（1章を参照；また Batson, Batson et al., 1989, Batson, Batson et al., 1991, Batson, Dyck et al., 1988 も参照）。強い身体的痛みを感じている未知の人を見た場合（例えば、エレインが電気ショックを受けている）には、そこで報告される苦痛は少なくともある直接的な苦痛（苦しみを見ることによる動転・心配・苦痛）を含んでいることが多い。誰かが慢性的に困難な状況と戦っているのを聞けば（例えばケイティ・バンクス）、そこで報告される苦痛はその相手についての共感的苦痛になりやすい。
　ケイティ・バンクスのインタビューを聴いた後で報告された苦痛の性質を検証するために、バトソンほか（Batson, Early, & Salvarani, 1997）は参加者たちに、その苦痛がどの程度ケイティ「に向けられた苦痛」（共感的苦痛）なのか、「直接的な」個人的苦痛なのかを示すように求めた。ここで見出されたのは、インタビューを聴いている間ケイティの感情をイメージするようにいわれた（Maner et al., 2002 での高共感の参加者への教示と同じ）参加者は、高い共感的配慮を感じたことに加えて、ケイティに対する高いレベルの苦痛と低いレベルの直接的な個人的苦痛とを報告したことである。
　ここでの関心からすると残念なことには、バトソンほか（1997）でも、報告された悲しさが直接的な個人的悲しさというよりも、ケイティに対する悲しさ（共感的悲しさ）なのかどうかは評定されていない。しかしながら、マナーほか（Maner et al., 2002）の報告した共感的配慮・悲しさ・苦痛の間の相関関係、それに加えてアイゼンバーグほか（1989）の研究での共感的悲しさのデータ（そこでは参加者はケイティに似た援助の必要に出会った）の示唆するところでは、ケイティを聴いた後の悲しさの報告は、少なくとも苦痛の報告と同じく共感的であると思われるということである。この示唆と一致して、ケイティ・バンクスを聴いた参加者の多くは実験終了後の状況説明のときに自発的に、ケイティに対して悲しく残念に思ったと報告したが、インタビューを聞いた結果として個人的な悲しさや残念さを感じた報告はなかったのである。
　以上をまとめてみると、マナーほか（2002）の実験で報告された悲しさは共感的なものであって、一般的な否定的感情と名づけられた測度は一般的な共感的配慮を引き出したとするのが、可能性の高いことであるように思われる。もしそうだとすれば、マナーたちの得た結果はバトソンとサガーほか（1997）の結果とよく一致するし、共感－利他性仮説とも合致するのである。

結　論

　一般的な感情要因の解釈がどうであるかにかかわらず、マナーほか（2002）の結果は、共感－援助行動関係についての自己－他者の融合による説明を支持するものではない。マナーたちが見出したのは、知覚された一体感と援助行動との結びつきと感情的測度（共感的配慮を含む）と援助行動との結びつきとは、相互に独立であるということであった。またこの結果は、融合による説明を支持するものとはなっていない。スターマーとその同僚ほか（Stürmer et al., 2005, 研究2; 2006, 実験1と2）の報告では、彼らが観察した共感－援助行動関係はすべて、知覚された一体感とは独立であった。

　現在までのところ、チャルディーニほか（1997）、バトソンとサガーほか（1997, 実験1と2）、マナーほか（2002）、スターマーほか（2005, 研究2）、スターマーほか（2006, 実験1と2）などよりもあいまいさの少ない手続きを用いて、融合説を検証する6つの実験がなされている。この6つの全部で、自己－他者の融合は共感－援助行動を説明しないことが見出されている。別の関連する研究もこれと同じ結論を指し示している。

その他の関連する研究

一歩後退・一歩前進

　融合による説明のそれぞれで中心となっている仮定は、共感的配慮と援助行動との結びつきが共感的情動の喚起によるものではなく、自己概念の知覚的／認知的な変化、特に視点取得と結びついた変化によるものだということである。興味深いことには、自己－他者の融合という考えを頭に入れてデザインしたものではないのに、共感－援助行動に注目してなされた最初の研究の1つがこの仮説を直接に検証するものとなっていて、そこでもケイティ・バンクスの援助の必要状況が使われている。

　3章で述べたように、コークほか（Coke et al., 1987, 実験1）では、共感の視点取得による操作（客観的視点 対 感情を想像する視点）と喚起の誤帰属による操作（リラックス的 対 喚起的）とをクロスさせた2×2のデザインが用いられている。表向きは別々の実験の一部として、参加者は「ノレフェリン」（偽薬）という薬を一錠、ケイティのインタビューを聴く前に与えられた。参加者はまた、ノレフェリンには副作用があると教えられた。ある参加者はノレ

フェリンが気持をリラックスさせるといわれ、別の参加者はそれが興奮（喚起）させるといわれた。

　この操作のねらいは、ノレフェリンが気持を喚起させるといわれた参加者は、ケイティについて感じた共感の喚起をノレフェリンに誤帰属させるであろうし、リラックスを感じるといわれている参加者ではそうではないであろうということである。もし援助行動についての視点取得の効果が、知覚的／認知的な変化によるよりも喚起された共感的配慮によるものだとすれば、この効果はリラックス条件でだけ見られるはずであって、喚起条件ではこの効果は見られないはずである。喚起条件の参加者は、自分の感じた共感的な喚起をノレフェリンによるものと間違って解釈するからである。この結果、援助行動は「リラックス／感情をイメージ」のセルで、他の3つのセルよりも多くなるはずである。

　視点取得の援助行動への効果が自己−他者の融合を含めて、知覚的／認知的な変化によって生じるとするならば、この効果はリラックス条件・喚起条件の双方で見られるはずである。というのは、共感的喚起の原因についての解釈は知覚的／認知的変化とは関係をもたないからである。その結果として、援助行動は2つの客観的セルよりも感情をイメージの2つのセルで多くなるはずである。

　この実験での反応は、援助行動への視点取得の効果が情動的に媒介されるとした場合の予測に立った1対3のパターンを明確に確認するものであった。知覚的／認知的な媒介によって予測された視点の主効果を示す証拠は得られなかった。

　自己−他者の融合の論点が前面に出てから後で、ストックス（Stocks, 2001）がコークほか（Coke et al., 1978, 実験1）の手続きを再現して、1対3のパターンをもう一度見出していて、これは知覚的／認知的な媒介ではなく、情動的な媒介が存在することを示している。ストックスはまた、さまざまな融合の測度を用いていて、そこには自己−他者の重なり、「われわれ」ということばの使用、認知的類似性が含まれていた。しかしこうした測度のどれも、援助行動のパターンを説明するものではなかった。これらの2つの実験から得られた証拠が示しているのは、自己−他者の融合も、それ以外のどの知覚的／認知的プロセスも、共感的配慮と援助行動との結びつきを説明しないということである。

さらに二歩前進

a. **思考を評定する**　デイヴィスとソーダーランドほか（Davis, Soderlund, Cole, Gadol, Kute, Myers, & Weihing, 2004, 実験1）は思考リストの手続きを用いて、他者が感じていることをイメージすること（他者をイメージ視点）の認知的な効果を評定し、自分が他の状況に置かれた際に感じるだろうことをイメージすること（自己をイメージ視点）の効果、あるいは客観的なままでいることの効果と比較している。参加者には150秒のトーク・ショーのビデオを見せたが、それは深刻な腎臓病のジャッキーという名の女性へのインタビューであった。ジャッキーは自分の体の弱さや人工透析の経験を話しながら、泣き始める。ビデオを見た後で参加者たちは、それを見ながら自分の中に出てきた考えを書くように求められた。デイヴィスほか（Davis et al., 2004）の見出したところでは、「他者をイメージ」条件の参加者は「自己をイメージ」条件の参加者よりも、相手に関連した考えを多く報告し、ジャッキーに対する他者指向的な情動（つまり同情）を多く報告し、自己に関連した考えを報告することは少なかった（それぞれの比較で $p<.01$）。こうして、「他者をイメージ」の視点、つまり共感‐利他性研究で共感的配慮を引き起こすのに用いられてきた視点は、他者指向的な思考と結びついていて、自分自身への思考とは結びついていなかった。「自己をイメージ」の視点だけが、自己についての思考の多さと結びついていた（客観的な視点は、他者をイメージ・自己をイメージのいずれの視点との比較でも、距離をとった思考——ジャッキーの外貌や当惑させる特徴——とより多く結びついていた。それぞれの比較とも $p<.03$）。

デイヴィスほか（2004）は2番目の実験をしていて、これとは違った結果を得ているが、この違いは有益なものである。この2つ目の実験では、参加者は相対的に刺激的でないインタビューのビデオを見ていて、そこでは平均的な学生で特別の援助の必要のないリサが、自分の大学での経験を話している（これと同じインタビューが Davis et al., 1996 で使われている）。自己に関連した思考の測度から示唆されるところでは、この実験の「他者をイメージ」視点と「自己をイメージ」視点との参加者は双方とも、「客観的なままに」といわれた参加者よりも、自己‐関連的な思考が多かった。実験2でははっきりした援助の必要も強い反応もないので、この2つの実験の違いについては容易に、「リサの感情をイメージして」といわれた参加者は、足がかりとしてリサの状況にいる自分をイメージせざるを得ず、より多くの自己‐関連的な思考を作り出してい

た（1章で示唆したように）と説明できる。この説明はまた、デイヴィスほか（1996, 実験1）の研究で、なぜ「他者をイメージ」視点と「自己をイメージ」視点とが同じような効果を生んだのかも説明できる。

b. 神経イメージ研究　終わりに、ジーン・デセティとその同僚たちによって行われた3つの神経イメージ研究のデータが、「他者をイメージ」視点とそれによって引き起こされた共感的配慮とが、自己－他者の融合よりも自己－他者の分化と結びついていることを示唆している。第1に、ルビーとデセティ（Ruby & Decety, 2004）は参加者に、さまざまな情動（例えば、恥・罪悪感・プライド）が誘導されると考えられる多くの生活状況と、情動的には中性の状況とをイメージさせた。たとえば、情動誘導的な状況の1つでは、誰かがトイレのドアを開けたら、ドアにカギをするのを忘れていたあなたが座っているといった状況をイメージさせた。いくつかの試行を通じて、参加者は自分がこういう状況に置かれたらどう感じるか、あるいは自分の母親がその状況に置かれたとしたら彼女はどう感じるかをイメージするように求められた。

「自己をイメージ」条件と「母親をイメージ」条件の双方で、神経イメージ・スキャン（fMRI）の結果から、小脳扁桃と側頭大脳皮質のような情動の経験にかかわる脳の領域の活性化が明らかになった。これに加えて、「母親をイメージ」条件では、他者から自己を区別すること・他者の作用から自己の作用を区別することに重要な働きをしている領域の活性化が増すことが見られた。こうした領域には、右下位頭頂皮質あるいは右側頭頂接合部（TPJ）と前前頭皮質（中間前前頭皮質）、それに後帯状皮質が含まれる（Decety & Lamm, 2007を参照）。

第2に、ジャクソンほか（2006）は参加者に、日常生活で手あるいは足に痛みを感じている人びと・感じていない人びとの写真を見せた。例えば痛みを伴う状況には、自分の指をドアに挟んだとか足の上に重いものを落としたとかいったことが含まれている。痛みのない状況はこれに対応したものである（たとえば、引き出しに手を挟まれるのではなく、引き出しから手を引き抜く）。いくつかの試行を通して、参加者はこの手や足が自分のものとイメージする（「自己をイメージ」の視点）か、よく知らない特定の人の手や足であるとイメージする（「他者をイメージ」視点）よう求められ、さらにはそれがプラスチック製だったらどうかとイメージする（「人工的な手足」視点）よう求められ

た。

　fMRIスキャンを用いてジャクソンほか（2006）は、自己をイメージと他者をイメージとの双方の条件で、前島（AI）や前帯部皮質（ACC）を含む痛みの感情を経験する領域の活性化が増加することを見出している。「他者をイメージ」視点では、後帯状皮質／前帯状皮質と前島の活性化が特徴的に増加することも見出されている。こうした領域は、自他の区別と結びついた領域である。この結果から、ジャクソンほか（2006）は次のように示唆している。「痛みへの共感は自己と他者の間の完全な重なりから生じるものではない。…自己と他者とは融合されるのではなく、区別されなければならない」（p.760）。

　第3に、ラムほか（Lamm et al., 2007）は参加者に、痛みと嫌悪的な音を伴う治療の処置を受けている患者の顔の短いビデオを見せて、その間のfMRIをとった。いくつかの試行を通じて、参加者は患者の感情をイメージするか（「他者イメージ」視点）、あるいは自分自身が患者の立場に置かれているとイメージするか（「自己イメージ」視点）の、どちらかを指示された。交差分割要因としては、ある試行で参加者はこの処置が成功したと告げられ、別の試行ではうまくいかなかったと話される。それと同時に参加者は、それぞれの試行について想像した痛みの強さと不快さを評定するように求められる。スキャンを受けた後で、参加者は4つの条件（自己・他者イメージの成功・不成功）のそれぞれでビデオをもう一度見て、バトソンほか（Batson, Early, & Salvarani, 1997）で用いられた共感的配慮と苦痛の形容詞のリストで、情動的な反応を報告するように求められた。

　ラムほか（2007）は、参加者は他者をイメージ条件でより多くの共感的配慮を報告し、自己をイメージ条件ではより多くの個人的苦痛を報告していることを見出した。これに加えて、他者をイメージ条件で報告された苦痛が、援助を必要としている相手についての共感的苦痛である傾向があるというバトソンほか（1997）の結果と同じように、ラムたちは処置がうまくいかなかった場合に、「他者をイメージ」条件で高い共感的配慮を伴った苦痛が高まることを見出している。

　ここでの論点に大きく関連していることは、視点取得の教示の違いが頭頂皮質の活性化に違いを生んでいることである。「他者をイメージする」という教示は、右下位頭頂皮質の高い活性化を生み出したが、「自己をイメージ」の教示では、左下位頭頂皮質の活性化がもたらされた。上で指摘したように、右下

位頭頂皮質（TPJ）は自己－他者の区別と結びついていて、特に自己生成的な行動と他者が生成した行動との区別と結びついており（Blackemore & Frith, 2003; Jackson & Decety, 2004 も参照）、自己と個人的な友人や同僚との身体的な区別とも結びついている（Uddin, Molnar-Szakacs, Zaidel, & Iacoboni, 2006）。それはまた、個人化された情報を基にして他者をイメージした感情とも結びついている（Saxe & Wexler, 2005）し、もっと一般的にいえば、外的な出来事についての予測を生成し・検証し・訂正することと結びついている（Decety & Lamm, 2007; Mitchell, 2008）。これ以外に自他の融合ではなくその区別を示したのは、ヘザートンとワイランドほか（Heatherton, Wyland, Macrae, Demos, Denny, & Kelley, 2006）で、そこでは自己あるいは親密な他者（親友）についての判断をする際には、自己－関連的な課題で重要なことが知られている領域である中間前前頭頂皮質の活性化に、明確なパターンが出ることを見出した。

　以上をまとめてみると、ここで見てきた研究は自己－他者の融合ではなく、自己－他者の分化についての最初の神経的イメージ化のデータをもたらしたものである。「他者をイメージ」の視点が共感的配慮を増すばかりでなく、右下位頭頂皮質（TPJ）——他者から自己を、他者の作用から自己の作用を区別する領域——を活性化させるというラムほか（2007）の結果は、この視点をとることで生まれた共感的配慮が自己－他者の融合とではなく、自己－他者の区別と結びついているという考えを支持している（Heatherton et al., 2006; Jackson et al., 2006; Ruby & Decety, 2004 も参照）。「自己をイメージ」の視点が個人的苦痛を増加させ、左下位頭頂小葉（TPJ）——自己－作用と結びついた領域——を活性化させるというラムほか（2007）の結果は、この視点が自己－他者の区別のある程度の喪失と結びついているかもしれないという考えを支持するものとなっている（「自己をイメージ」の視点を採用した場合には、自己が他者の立場に挿入されてしまっているだけかもしれず、これは融合というよりは置き換えである）。ここでの2つの視点の間の神経学的な違いについてのこれ以外の示唆としては、エイムスとジェンキンズほか（Ames, Jenkins, Banaji, & Mitchell, 2008）の結果がある。それによると、他者の個人的好みを判断する際には、自己－関連的思考と優先的につながっている前頭前野腹内側部の領域の活動性のレベルは、「他者をイメージ」視点よりも「自己をイメージ」視点であらかじめ考えたことがある場合には、自分自身の好みの判断をする際のこの領域の活動性のレベルとよく似たものになることを見出した。

ここで引用した神経イメージの証拠については、ある種の注意が必要である。こうした証拠は魅力的で示唆的なものではあるが、それは予備的な段階のものとみなすべきものであろう。その効果も解釈も、いまだ完全には確立されてはいない。こうした神経学的な違いの意味について十分な理解に達するまでには、さらなる研究調査が必要なのである。

要約すると

　われわれの自己概念には順応性があることを示す多くの証拠がある（例えば、Baumeister, 1998; Smith, 1998）。自分自身をどう考えるかは、誰といっしょにいるか（友人・家族・職場の同僚・未知の人）、どこにいるか（家庭・職場・遊びの場・海外）、何をしているか（夕食の準備・テニスでの敗退・専門の話をする）によって違ったものになる。しかしながらこの順応性は、そこには制約がないという結論に導くことにはならない。われわれの自己概念は、個人的な歴史と身体との双方によって制約されている。私は自分を父親・夫・心理学者・あるいはアメリカ人として見ることができるが、このいずれの場合にも問題となっている人物は自分である。アントニオ・ダマシオ（Damasio, 1999）は、神経イメージ研究と神経学的な患者についての研究の双方を考えに入れて、自己は感じられた経験についての個人的な歴史——これまで起きたことについての感情——によって制約を受けていると結論している。

> 　われわれが一つの観念として考察することのできるすべての種類の自己は、いつも中心的な位置を占めている。閉ざされた単一の個人の観念は、時間とともにゆっくりと変化しているが、ともかくも同じままであるように見える。…照合点が連続しているのは、結果的に、自己が提供しようと求めていることである。(Damasio, 1999, pp. 134-135)

> 　…一つの身体は一つの自己と共にある。(Damasio, 1999, p. 142)

　思い返してみると、われわれは「二人が一つになる」「自己－他者の混同」「自己の拡張」「他者を自己に含める」「自分自身を他者の中に見る」「一体感」「交換可能な代表例」「自己－他者の融合」といった言い方は、少なくも共感－

援助行動関係に適用する場合には、文字通りにではなく、比喩的に受けとるのがよいということを、おそらく知っているはずである。共感的配慮についての人間の能力は、きわめて広い範囲のものである。共感的配慮は、ケイティ・バンクスのようなまったく未知の相手に対して誘発されるだけでなく、仮釈放されることなく終身刑に服している殺人犯を含めて、スティグマ化された集団のメンバーにも（Batson, Polycarpou et al., 1997）、イヌ（Batson, Lishner et al., 2005）やクジラ（Shelton & Rogers, 1981）のような他の種のメンバーについてさえ、誘発される。有罪宣告を受けた殺人者と融合したり、心理的に交換可能なものと自分を見なしたりすることは、ありそうにないことであろう。自己を拡張してクジラをそこに含めることは、もっとありそうにない。起こりそうなことは、これまで見てきた研究が示唆しているように、共感的配慮が価値の拡張を反映していることであって、自己を離れ、自己利益を超えて、他者の福利に価値を置くことなのである。

　共感によって誘発された援助行動が自己-他者の融合から生じるという示唆に支持を与えるのに明確に見合った研究は、チャルディーニほか（Cialdini et al., 1997）によって報告されたものだけである。しかし、この研究の手続きは大いに問題を含んだもので、相手の仮説的な援助の必要についての仮説的な反応を基にしたものであり、参加者はこの相手と、規範的なスクリプトに基づく反応に導かれるような、共感的援助とはまったく別の関係をもっていた。この手続きを用いていないこれとは矛盾する6つの実験の証拠が一貫したものであることから、チャルディーニほか（1997）の研究には、つよい疑問がもたれるのである。これとは別の方向での研究もまた、視点取得と共感的配慮とが知覚された自己-他者の分化の欠如とは結びついていないことを、一貫して示している。総じて、現にある研究の結果は、共感によって誘発された援助行動が自己-他者の融合から生まれるかどうかという疑問に明快な答えを出しているといえる。答えは「そうではない」である。

試みの結論

　共感-利他性仮説を、6つの利己的な代替仮説に対して検証するように計画された研究からの証拠を検討し（5章）、2つのさらなる挑戦を考察した（本

章）ので、この仮説の置かれている立場について、——たとえ仮のものであるにせよ——結論を出す時がきた。共感が利他的な動機づけを作り出すという考えが主流となることは、西洋の思考では、利己性が普遍性をもつという信条のために、起こりそうもないことであるように思われる。しかし、シャーロック・ホームズのことばにあるように、「ありえないものを一つ一つ消していって残ったものが、たとえどんなにありそうでなくても、真実でなければならない」(Doyle, 1890, p. 111／伊村訳, 1997, pp. 115-116. 強調は原文)。これまで見てきた研究の証拠を説明することは、共感－援助行動関係についての利己的な説明のどれにも——あるいはその組み合わせのどれにも——できないことのように思われる。だとすれば、何がまだ残っているのだろうか。共感－利他性仮説がそれである。現にある証拠についての新しい証拠やもっともらしい新手の利己的説明が出てくるまでは、われわれはこのありそうもない仮説を本当だとして、受け入れざるを得ないように思われる。

　共感－利他性仮説が本当だとすると、その適用範囲は広い。「はじめに」で述べたように、われわれは人間性と人間の配慮の能力についての考えを、根本的に改めなくてはならない。われわれが利他的な動機づけをもつことができるということは、自分自身の福利だけでなく、他者のために他者の福利に配慮できるということである。われわれの価値の領域は自己利益を超えて、ある他者の利益を含めるように拡張される。そしてもしこれが本当だとすると、すべての社会心理学的理論を含めての心理学的理論が示唆しているよりも、実際にはわれわれはいっそう社会的な動物なのであり、そう信じるよう導かれる。普遍的な利己性という理論的カバーを取り払えば、新しい可能性を見ることができる。第Ⅲ部では、人間的な動機づけのレパートリーの一部として、共感によって誘発された利他性を再認識し、その意味を探ることとしたい。

第Ⅲ部
活躍する利他性

　利他性というものがあるとしての話だが、「利他性は善いものだ」と大半の人びとはいうだろう。しかし人生の教えるところでは、すべてが善いというものはないのである。チョコレート・ケーキだってカロリーがあるだけでなく、コレステロール値も上がる。そこで多くの人びとは、「利他性は実際にはないのではないかな、それが本当にあると考えるにはあまりに善すぎるからね」と急いでつけ加えるかもしれない。第Ⅱ部で見た資料に照らしてみると、この2番目の信念はまちがいである。共感によって誘発された利他性があることははっきりしているし、そのことは利他性は善いという最初の信念について考えるのに、もっと注意が必要なことを意味している。利他性はどのような点で善いのだろうか。それはそれ独自のカロリーとコレステロール値とをもっているかもしれない。
　第Ⅲ部では、われわれの生活における共感によって誘発された利他性の役割について、再度、できるだけすでにある研究結果をもとにして、考えることとしたい。すでに見た研究結果では、共感的な配慮によって生じる動機づけの性質についてはとり上げられてはいない。そこでは共感的配慮の行動的意味と、2章で論じたその先行要因とがとり上げられている。共感−利他性仮説は直接には検証されてはいないものの、多くの研究がこの仮説に刺激を受けているし、その研究結果はこの仮説とはっきりと一致している。この一貫した結果は、共感−利他性仮説が本当であるという第Ⅱ部の試みの結論が正しいことを確信させてくれる。
　第Ⅲ部で見る研究結果が示しているのは、共感によって誘発された利他性がいつも善いものではないということである。そこには利益を手にする可能性とともに、不利益を被る可能性もある。この双方に光を当てながら、7章では利益の可能性、8章では不利益の可能性を考える。すでにある研究結果が示すように、利益と不利益との両方は広く見られ、重要なものであり、またときには

ビックリさせられることでもある。9章では、利己性の普遍性を仮定することを越えて、向社会的な動機を多元的なものとして受け入れる方向へと移っていくことの理論的・実際的な意味をとり上げる。この向社会的動機の多元性には利他性も含まれるが、そのほかにおそらくは別の2つの動機（集団性と原理性）も含まれる。もう一度言えば、この多元性には利益と不利益との両方が見られるのである。

　利他性はこれまでも認められてきたよりも、人間世界で広範囲に見られ、強力な力をもっている。このことの重要さを認めるのに失敗したことが、われわれの行為の動機が何であり、何がわれわれに満足をもたらすのかを理解することを妨げてきた。そのことはまた、よりよい対人関係、いっそう思いやりのある、人間的な社会を作り上げていく努力を妨げてもきたのである。利他性の広がりとその力を知ることは、こうした妨げを克服するのに必要なことのすべてではない。しかし、その重要な第一歩なのである。

7 共感によって誘発された利他性の利益

　もっともはっきりとした共感によって誘発された利他性の利益は、その必要がこちら側に共感的配慮の感情を引き起こさせた相手が受けとるものであるが、これ以外の利益もそこにはある。研究の結果では、共感によって誘発された利他的な動機づけは援助を必要としているグループにも役立つ。さらには、この動機づけを感じている個人にも役に立つ。こうしたさまざまな利益について、またこのことに関係する研究について、順を追って考えてみよう。

よりいっそう敏感で、不安定さの少ない援助

　共感によって誘発された利他性だけが援助の動機ではないことは明らかである。われわれは報酬を得るためや罰を避けるために援助をすることができるし、他者の苦痛を見ることで生じる自分自身の苦痛を低下させるために、援助をすることができる（3章を参照）。しかし、共感によって誘発された利他的な動機づけでは、こうした利己的な動機よりも、いっそう敏感で、不安定さの少ない援助をすることができる。

より多くの援助

　5章で見た研究では、共感によって誘発された利他性がそこで提供される援助をしやすくするいくつかの特定の環境が見出されている。援助を必要としている状況から逃げ出しやすい場合（付録Bを参照）、援助が匿名でなされるとき（付録C）、援助の失敗が正当化されること（付録D）、援助の努力の効果についてフィードバックがなされないであろう場合（付録F）、そして援助をしなくとも気分を高揚させるような体験ができると予想されるとき（付録G）な

どである。こうした状況では、共感によって誘発された利他性では、利己的な動機だけの場合よりも、多くの援助がされることが見出されている。

より敏感な援助

　共感によって誘発された利他的動機づけは、一連の環境でより多くの援助を生み出すことができるだけでなく、これと同じように援助をより敏感なものにさせる。利他的動機づけは援助を必要としている人の福利を高めることに向けられるために、そこから引き起こされる行動は、その相手の必要に敏感なものとなる。報酬を得たり、罰を避けたりする利己的な目標で行動すると、たとえそこで援助がなされたとしても、援助を必要としている人の痛みを効果的に和らげるようには作用しない。こうした利己的な動機を満足させるには、重要なのは思考である。動機づけが利他的なものである場合には、それは思考ではなく、重要なのは結果である。相手の必要に応えられなかった際には、たとえそれが自分の落ち度でなかった場合でも、われわれは落胆を感じる。5章で見た研究結果は、こうした推論を支持するものである。共感的な配慮の少ないこうした自分中心の感情とは違って、共感を引き起こされた者は、自分自身あるいは他の人のした援助がうまくいかなかったときには、そしてこの失敗に何ら非難される点がなかった場合でも、がっかりするものである（Batson, Dyck et al., 1988; Batson & Weeks, 1996）。この区別を利用して、経済学者は、われわれ自身の行う援助の効果への関心を、その援助に寄与する動機が利己的なものか利他的なものかを見分けるのに用いてきた（Ribar & Wilhelm, 2002）。共感によって誘発された利他性は、自分自身が善いことを示すためではなく、その共感の相手にとって善いものに向けられているのである。

　シビッキーほか（Sibicky, Schroeder, & Dovidio, 1995）の実験は、共感的な配慮によって引き起こされた援助を特徴づける相手への敏感さを示したよい例である。この実験の参加者は、援助を必要としている相手への共感を引き起こされたか・引き起こされないかした後で、この相手を援助する機会を与えられた。援助することで利益をもたらす典型的な条件のほかに、最小限度の条件を越えると援助が短期的な利益をもたらすが、長期的にはその相手を傷つけてしまうような条件も設定された。共感−利他性仮説をもとにしてシビッキーたちは、共感的利他性を感じるように誘導された参加者たちが、2番目の条件ではわず

かの援助しかしないという予想を立てた。結果は予想通りであった。これとは反対に、共感を感じるように誘導されなかった者は、2番目の条件下でも援助のレベルを下げなかった。シビッキーたちは、共感的な配慮がその共感の向けられる相手の現実の必要についての感受性を高め、自分のする援助の短期的な結果だけでなく、その長期的結果にも同じように気づかせると結論した。

　これよりもさらに劇的なのは、ペナーとクラインほか（Penner, Cline, Albrecht, Harper, Peterson, Taub, & Ruckdeschel, 2008）の得た結果である。この研究者たちは、自分の子どもがやっかいな小児ガンの手術を受ける際の両親たちの共感的配慮のレベルを評定した。その結果、両親たちの共感的配慮のレベルと手術中に子どもの感じる痛みや苦痛のレベル（子ども自身・看護師・訓練された観察者による評定）との間に、マイナスの有意の相関関係が見出された。

　この相関関係は何によって生じたのだろうか。親たちは子どもを十分にケアすることでは苦痛から救い出すことができないような状況に直面している。それは不可能なことなのだ。それなのに、痛がっている子どものそばに、その子のためにいなくてはならない。ペナーたちは、高い共感を感じている両親は、低い共感を感じている両親と、手術中の子どもとの言語的・非言語的双方のやり取りに違いがあることを見出した。共感の高かった両親たちは、効果のないコミュニケーション（たとえば、子どもの痛みを否定したり・過少にいったりする）よりも、支持的で常態的なコミュニケーション（読書や遊びなど、毎日の生活での、医療ではない活動で子どもを慰め、元気づけ、かかわる）が多く見られた。この結果は、共感によって誘発された利他性が両親たちによってより敏感なケアをもたらしやすいこと、そのことから子どもがガンの手術を受ける際に、痛みや苦痛に耐えることができるようにさせる可能性のあることを示している。

より不安定さの少ない援助

　よりいっそう敏感な援助に加えて、利他的な動機づけは利己的な動機づけよりも、より不安定さの少ない援助を生み出しやすい。5章で見た研究で示されているのは、相対的に低い共感の配慮を経験している者で、相対的に利己的な動機づけが優勢になっている者は、援助を必要とする状況から援助をせずに逃げ出すのがやさしい場合、あるいは自分自身や他者による援助の失敗を正当化

するのが容易な場合には、援助をわずかしかしないということであった (Batson et al., 1981; Batson et al., 1988; Toi & Batson, 1982. 付録のBとDを参照)。こうした結果の実際的な意味は、かなりの程度困惑させられるものである。逃げるのが容易であったり、正当化がやさしかったりするのは、われわれが日常生活で出会う援助状況の多くに見られる特色である。大混乱の最中にあっては、注意をよそにそらすこと、何もしないことが正当化されると自分に確信させることは、いつでもできることである。こうした事実があるので、共感によって誘発された利他性の可能性に大いに期待がもてることになる。相対的に高い共感に導かれた利他性を経験する者は、逃げるのが容易であったり、正当化ができたり、この両方であったりという条件下でも、援助へのレディネス(準備性)が目に見えて低くなることはないのである。

攻撃を少なくする

共感によって誘発された利他性の2番目の利点は、攻撃性の抑制にある。共感によって誘発された利他性は、共感的配慮の対象となっている相手を攻撃したり・損害を与えたりといった傾向を、たとえ挑発されたとしても、抑制するはずである。共感によって誘発された利他性は、すべての攻撃的衝動を抑制するものではなく、共感の対象である者に向けられた攻撃的衝動だけが抑制されるはずである。確かに、利他的な攻撃を考えることはできよう。これは、Aに対しての共感的な配慮が共感的怒りを導き、もしBがAの福利の脅威になっていると知覚された場合に、そこからBに対する攻撃性が高まるということである (Hoffman, 2000; Vitaglione & Barnett, 2003)。

ミラーとアイゼンバーグのメタ分析

共感によって誘発された利他性が攻撃性を抑制するという考えを、一見支持しているように見えるのがミラーとアイゼンバーグ (Miller & Eisenberg, 1988) の約50の研究についてのメタ分析である。そこでは、「共感は攻撃性、外在化(すなわち脅迫、攻撃、闘争、一般的な不服従)、反社会的行動とマイナスの関係にある」(p. 338) と結論づけられている。しかしながら、ミラーとアイゼン

バーグの論文に引用されている研究をくわしく見ると、この結論を受け入れるにはもっと注意深さが必要に思われる。

　第1には、彼らがレビューした論文の多くでは、共感と攻撃性との間のマイナスの関係が弱いことである。全体として、「共感的な反応性がおそらくは攻撃性の抑制因であろうという考えに、控えめな、完全には一貫していない支持」（Miller & Eisenberg, 1988, p. 339）があった。第2としては、この抑制関係についてはっきりとした証拠を示しているのは、共感的な配慮を経験する一般的な傾向を測定する自己報告式質問紙を用いて評定した研究だけであることである。2章に述べたように、資質的な共感についての質問紙の測度への回答は、共感を感じるレディネスというよりも、自分自身を共感を感じる良い、感じやすい、思いやりのある者として呈示したいという欲求を反映していると思われる（Batson et al., 1986）。したがって、こうした測度と結びついた攻撃性の低さは共感的配慮の結果ではなく、良い人でありたい——あるいはそう見られたい——という欲求の結果であるかもしれない。こうした欲求は、社会的非難や自己非難を避けたり、あるいは社会的報酬や自己的報酬を得たりする利己的な動機づけを反映したものになりやすい。

　第3は、特定の人物に対する共感を評定している研究の実質上すべてが、攻撃の対象以外の人物を対象に共感を評定していることである。ある相手についての共感的な配慮の報告が、他の人へのより少ない攻撃を示すことと結びついていたという知見は、攻撃の一般的な抑制を作り出す共感的配慮の一般的な傾向を示す可能性がある。しかしこの場合にも、このつながりもまた、良い人でありたい、良い人に見られたいという欲求を示している可能性もある。

　ミラーとアイゼンバーグは、実験的操作によって、攻撃の可能性のある相手についての共感的な配慮を引き起こすようにした研究は、4つしか報告していない。そのどれもが、知覚された類似性あるいは視点取得を操作したものである。この4つの研究の結果は、確定的なものではない。エリアズ（Eliasz, 1980）は、共感と攻撃性との間のマイナスの関係を見出すのに失敗している。しかしこの研究では、共感の操作の前に、実験の参加者は怒りと報復的な攻撃を引き起こすように計画された厳しい評価を受けとっていた。このような出来事の順番は、その後共感的な配慮が起こるのを妨げるように作用したであろう。これ以外の3つの研究では、共感の実験的誘導によって、共感を感じた人物に危害を加えることが有意に抑制されていた。しかしこの3つの研究はどれも、

未公刊の博士論文の報告である。

ミラーとアイゼンバーグの展望論文を受けて、リチャードソンとハモックほか (Richardson, Hammock, Smith, Gardner, & Signo, 1994, 研究2) は、男子の大学生に、相手が自分たちを攻撃する前に、その相手に共感的な配慮を感じさせることを試みた。その結果見出されたのは、こうした男子の大学生たちは、共感を感じるように誘導されなかった男子大学生にくらべて、お返しの攻撃が少ないとはいえないということであった。しかしこの研究では、相手に対する共感的な感情の測度は使われていないので、共感の導入が成功したのかどうか、あるいは報復の機会が与えられた時点で共感が持続していたのかどうかについては、確かなことはいえない。参加者たちが攻撃する機会を与えられた際に共感を感じていたのでない限り、共感が攻撃を抑制したと予想する理由はないのである。

ミラーとアイゼンバーグで報告されているある研究では、攻撃の相手に対する共感的配慮が自己報告式で評定されており、挑発がなされた後にも配慮があったことが見出されており (Gaines, Kirwin, & Gentry, 1977)、共感と抑制との結びつきはきわめて有意の関係であった。しかし、この研究での因果関係は明確ではない。というのは共感の評定が、犠牲者に損害を与える機会が与えられた後になされた回想法の自己報告をもとにしたものであったからである。犠牲者に損害を与えることが少なかった者は、共感的配慮が攻撃の衝動を抑制したと推測するよりも、共感的配慮をより多く感じていたと推測したのかもしれない。こうして結局のところ、共感 – 攻撃性関係についての1995年以前の研究結果では、明確なことはわかっていないのである。

より最近の研究

より最近の3つの一連の研究では、共感に導かれた利他性が攻撃を抑制できるとする点について、より明確な証拠が示されている。第1には、許しについての研究から、損害を与えた者に対する怒りの感情を共感的な感情に置き替えるという、許しの過程での重要な段階が見出された (Fincham, Paleari, & Regalia, 2002; McCullough, Rachal, Sandage, Worthington, Brown, & Hight, 1998; McCullough, Worthington, & Rachal, 1997; Witvliet, Ludwig, & Vander Laan, 2001; Worthington, 1998)。いうまでもなく、怒りの感情を共感的な感情に置きかえる

のは、実際にやるよりも言う方が容易であることが多い。

　第2として、研究の結果は、共感的な配慮が子どもの虐待やネグレクト（無視）、さらには性的暴行の有効な解毒剤になり得ることを示唆している。ミルナーほか（Millner et al., 1995）は、一人の幼児が（a）微笑み・笑っている（b）周囲を見回している（c）泣き叫んでいるビデオを見せた際の母親たちの共感的反応を検討した。母親たちは条件を対応させた2つのグループで、その1つは子どもへの身体的な虐待のリスクが高いと判定されたグループ、もう1つはこのリスクが低いとされたグループであった。低リスク群の母親は、泣き叫んでいる幼児を見た際に共感的配慮の感情が有意に増加したが、高リスク群の母親では、幼児が笑っている、あたりを見回している、泣き叫んでいるの3条件に関係なく、信頼できる共感の変化は見られなかった。高リスク群の母親は共感ではなく、泣き叫んでいる幼児を見た際に、より多くの個人的苦痛と敵意の感情を報告した（これと同じ結果を生理的測度を用いて得ている Frodi & Lamb, 1980 を参照）。高リスク群の母親たちのこの反応のパターンは、身体的に子どもを虐待する者は泣き叫ぶ子どもへの反応の点で、共感的な配慮を経験することが少なく、敵意を感じることが多いとする臨床的な報告（de Paúl, Pérez-Albéniz, Guibert, Asla, & Ormaechea, 2008）とも一致している。

　子どもの虐待からネグレクトに目を転じると、デ-ポールとギバート（de Paúl & Guibert, 2008）は、子どものネグレクトの生じる過程についての慎重な分析から、それが（a）必要を知覚して他者の福利を重視し、（b）共感的な配慮をし、その結果として、（c）利他的動機づけに至るという過程の崩壊から出てくるとしている。しかしデ-ポールたちは、この分析を支持するような直接的な証拠を示してはいない。性的虐待についていえば、共感を高めることを目的とした臨床的な介入が、性的暴行をするリスクが高いと確認された男性について、虐待やレイプ、性的ハラスメントにかかわる可能性の報告を少なくすることがわかっている（例えば、Schewe, 2002; Schewe & O'Donohue, 1993）。

　第3には、興味深く野心的なある実験で、ハーモン-ジョーンズとヴァーン-スコットほか（Harmon-Jones, Vaughn-Scott, Mohr, Sigelman, & Harmon-Jones, 2004）は、共感的配慮の効果を怒りに関係した左前頭皮質の脳波（EEG）の活動で評定しようとしている。この実験の最初の段階では、実験者たちは視点取得の操作（客観的にとどまる・他者の感情を想像する）を用いて、男女の大学生について、多発性硬化症にかかっている別の学生に対する高・低いずれかの

共感的配慮を経験するよう導いた（チェックで、操作が有効なことが確認された）。その後で、参加者が書いたエッセイについて、この患者の学生が下した（とされる）(a) 厳しく失礼な（攻撃を引き起こすような）評価か (b) 中性的な評価かが与えられた。EEG の活動は、この評価を参加者が受け取った直後に記録された。この別の学生に対する態度も測定されている。共感-利他性仮説から予想されるように、左前頭皮質の EEG の相対的な活動性――典型的には攻撃の後で増加し、攻撃的行動とつながっている（そして低共感条件では増加していた）――は、高共感条件では抑制されていた。患者の学生に対する敵意ある態度も同様であった。この実験は、共感的配慮が攻撃的な欲求を直接に抑制できること、少なくも共感が挑発の前にある場合にそうであることを示した、今日までにおけるもっとも明確な証拠である。

不公正の犠牲者への評価の低下や非難を縮小する

もっと広く考えると、共感的配慮は、特にとらえにくい陰険な敵意の形式である不公正の犠牲者に対する非難を防ぐのに効果があろう。公正世界仮説についての古典的な仕事の中で、メルヴィン・ラーナー (Lerner, 1970) は調査の参加者たちが、苦難を被った罪のない犠牲者たちの評価を低くする傾向のあることを見出している。ラーナーは、この評価の低下が公正世界の信念――人びとは受けとるに値するものを受けとり、受けとったものに値する者だという信念――を維持したいという欲求に動機づけられていると論じている。望ましくない結果を受けとった者は、望ましくない者のはずである。このようなやり方で公正世界への信念を守ることは、ウイリアム・ライアン (Ryan, 1971) が「犠牲者への非難」と呼んだやり方に導くことになる。ライアンは、不公正な差別や抑圧の犠牲者に対して、われわれは無意識の内に貶めることで対応しようとしていると示唆している。もしこの人びとがわずかしか持っていないとすれば、それだけの価値しかないはずなのである。ライアンはさらに、犠牲者を貶める者の典型となっているのは、財政的にはうまくいってはいても、完全には安心してはいない人びとであるともいう。貧乏や社会的不公正の犠牲者の評価を低くすることで、こうした人びとは、自分たちが相対的に有利な立場に値するのだと、自分の財政状態を確かめて安心することができる。

犠牲者の評価を低くしたり非難したりすることは、貧乏や社会的不公正を問

題にする際によく採用されるやり方である。こうしたやり方は、他者の苦難を公正で正しいものとして受け入れる手前勝手なやり方をとる結果を生むことになる。しかし共感によって誘発された利他性の考えは、この傾向に「待った」をかけることができる。ラーナーの古典的な実験の重要な追跡研究の中でアダーマンほか（Aderman, Brehm, & Katz, 1974）は、共感的配慮を導くようにデザインされた視点取得の教示が、無実の犠牲者を貶めるような参加者たちの傾向を取り除くことを見出している。

葛藤状況で協力と思いやりを増加させる

　共感によって誘発された利他的な動機づけが、葛藤状況での協力や思いやりを増加できることを示す証拠もある。こうした状況のパラダイムは、次のような1試行型の囚人のジレンマ実験である（Rapoport & Chammah, 1965 を翻案）。2人が相手の選択を知らずに、2つのオプションのいずれか——「協力する」か「降りる」か——の選択をしなくてはならない。もし双方が協力を選択するとそれぞれが＋15点を受けとり、双方が降りた場合には＋5点を受けとる。一方が協力で他方が降りたときには、前者の得点はなく、後者は＋25点を受けとる。こうした得点法なので、双方が降りたとすると、双方が協力したときの＋15点よりも低い得点で＋5点になる。他方では、それぞれの者（P）にとってベストなのは、相手（O）がどうするかにかかわりなく、「降りる」ことである。説明すると、Oが協力だとするとPは降りたときに＋25点だが、協力では＋15点にしかならない。Oが降りたとすれば、Pは降りることで＋5点、協力では得点は得られない。この簡単なジレンマには皮肉さと魅惑がある。

　何試行にもわたって繰り返し囚人のジレンマに出会う場合には、少なくともいくつかの試行で「協力する」のが利益にかなうものになる。Pが最初の試行で「協力」し、その後のすべての試行ではOの前の試行での反応と同じに反応するしっぺ返し的な方略では、たとえ「降りる」ことが個々の試行では最善の選択であったとしても、「降りる」を繰り返す容赦のない方略よりも、結果的に個人得点が全体として高くなる可能性が高い（Axelrod & Hamilton, 1981; Nowak, May, & Sigmund, 1995）。しかしながら、1試行の状況（囚人のジレンマ

が最初に考えられた状況）では、しっぺ返しやそのほかの相互依存性を持ち込むことは考えられない（Dawes, 1991）。1試行型の囚人のジレンマで協力するのはどうしてなのだろうか。

1試行型の囚人のジレンマでの協力

ゲーム理論の狭義のものと合理的選択の理論では、どちらも1試行型の囚人のジレンマでは協力はされないと予想している。というのは、こうした理論はこのプレイの動機は1つだけ——物質的な自己利益だけだと仮定しているからである。相手がどう行動しようとも、物質的な自己利益を守るベストな方法は「降りる」ことで入手できる。しかしながら、合理的選択を拡張した考えでは、自分自身を善いものと感じたり、罪悪感の痛みを避けたりする場合のように、「協力する」ことで手にできる自己利益の様式が可能になる。こうした拡張版を使えば、1試行型の囚人のジレンマで、3分の1から2分の1もの人たちが「協力」するという結果を説明できる。

共感によって誘発された利他的な動機づけについてはどうなのだろうか。共感-利他性仮説では、囚人のジレンマである人が相手に対して共感的配慮を感じさせられたとすれば、次には「協力」することが多くなるはずである。さまざまな自己利益の様式に加えて、この人は相手の福利にも関心をもつように動機づけられるはずである。そしてこの相手は、こちらが「降りる」場合よりも「協力する」場合に、より得点がよくなる。

初めのテスト

この予測についての最初のテストを、バトソンとモラン（Batson & Moran, 1999）は女子大学生が1試行型の囚人のジレンマに直面する実験でやっている。この女子大学生たちは最初に、このジレンマに出会う他の女性（実際には架空の）とはこれからは決して会わないことを知らされている。この際の利得は上で見たのと同じだが、具体的で現実的なクジ券の数（0から25）の形で受け取るようになっている。賞は自分の好きな店で使える30ドルのギフト券であった。

実験の参加者たち全員は、この実験で検討される要因の1つが選択に先立つ参加者間の相互作用のタイプであって、彼女たちは対面ではなく間接的な相互

作用条件であると告げられている。この間接的な相互作用は、実験ごとに別のものになるともいわれている。3分の1の参加者は、自分自身と他の女性との間にはコミュニケーションは一切ないと教えられている。3分の2の参加者では、一方向的な手記のコミュニケーションだといわれ、このコミュニケーションの受け手にランダムに割り当てられているとされた。受け手として、他の女性——送り手——がこの研究について何も知らずに書いた手記を読むことになる。手記に書いてあるのは、送り手が最近たまたま関心をもった出来事についてのものである。

　送り手の手記の内容は全部が同じである。そこには、ボーイフレンドと別れたことで傷ついたと書かれていて、次のように終わっている。「わたしは気持が動転してしまったんです。考えるのはそのことばっかりです。友人たちは、また別の男の子に出会えるよ、あんたが元気になるような良いことに出会うことが必要だわ、というんです。わたしもそうだと思うのですが、でもそんなことは起こりませんでした」。ここで仮定されているのは、送り手が「協力する」ことで、多くの券を贈りクジのチャンスを増やせば、彼女は元気になるはずだということである。これに対して、「降りる」ことでは相手のチャンスを少なくしてしまい、こうしたことは起こらない。

　手記を読む前に、送り手に対する共感的な配慮を操作するために、視点取得の教示がなされた。低共感条件の参加者たちは、手記に書かれていることを客観的な視点で受けとるように指示された。高共感条件では、そこに書かれていることについて送り手がどう感じているかを想像するようにいわれた。

　割り当てられた視点から手記を読んだ（あるいは読まなかった）後で、参加者たちは「協力する」か「降りる」かの決定をすることになる。「協力する」決定は、他の女性に対して共感的な配慮に導かれた参加者でより多くされていて（75％）、共感を感じるように導かれていなかった参加者では——コミュニケーションなし条件（30％）、あるいはコミュニケーション／低共感条件（35％）であった。（ジレンマ状況での共感に導かれた協力についての別の証拠は、Cohen & Insko, 2008; Van Lange, 2008; Wade-Benzoni & Tost, 2009 を参照）。

より厳しいテスト

　これにつづく実験でバトソンとアーマド（Batson & Ahmad, 2001）は、協力を増す共感的配慮の能力をもっと厳しいテストにかけるために、これに似た手続

きを使っている。標準的な１試行型の囚人のジレンマでは、参加者たちは他者がどう決定したかを知らずに、他者と同時に決定を下している。バトソンとアーマドはこの手続きを変えて、決定が順を追ってされるようにした。参加者全員は、他の女性が最初に決定をするようにすでにランダムに選ばれていて、彼女は「降りる」決定をしていると知らされる。こうして、この実験の女子大学生はそれぞれ決定をするとき、すでに他の女性（この場合も、実際はフィクション）はすでに「降りて」いることを知っている。このことが意味しているのは、参加者の利得の可能性は、自分も「降りて」5枚の券をもらう（このケースでは、相手の女性も同じように5枚をもらう）か、あるいは「協力する」を選んで券はもらえない（このケースでは、他の女性は25枚をもらえる）かである。

ゲーム理論や合理的選択理論の予測、また正義や社会的規範の予測であっても、それははっきりとしている。決定が順を追ってなされるこの状況では、ジレンマはまったく生ぜず、唯一の合理的なやり方は「降りる」を選ぶことである。降りることで自分自身の取り分が最大になるだけでなく、そのやり方は公平さと分配的正義の規範も満足させるであろう。さらに、同時に決定をするときのジレンマで起きる可能性があるような、自分が「降りて」他の人は「協力」の場合に感じる罪悪感を心配する必要はまったくない。他の女性はすでに「降りて」いる。驚くことではないが、こうした状況に注目したごくわずかな先行研究では、協力を選ぶ人の比率は極端に低い（約5%. Shafir & Tversky, 1992; Van Lange, 1999を参照）。

共感-利他性仮説の予測では、たとえ順を追って決定がされる状況であっても、「降りて」しまった女性に共感的配慮を感じさせるように導かれた参加者にはジレンマが残ると予測する。この際の参加者は、自己利益と公平さとは「降りる」ように勧めるが、共感的利他性は「協力する」ことを勧める。結果は、これもまた、共感-利他性仮説の予測通りになった。共感が欠けている場合——すなわち、コミュニケーションなしの条件とコミュニケーション／低共感条件——では、「協力する」の比率は極端に低い（この順に、0%と10%）。共感が引き起こされると、協力は45%までに上がった。共感によって誘発された利他性は、共感的配慮を感じるようにされた全部の参加者について、ほかの動機（自己利益・仕返し・公平さ）を乗り越えさせるほどの強さはなかったが、残りのほぼ半分の参加者にそうさせる程には十分に強かったのである。こ

れと同じ論理に立ってランブルほか（Rumble, Van Lange, & Parks, 2010）は、繰り返される社会的ジレンマでは、共感によって誘発された利他性はまた、意図せざる「降りる」出来事（否定的ノイズ）の効果を妨げる力をもっていることを示している。

　こうした実験の示すところでは、共感によって誘発された利他性の考えは、経済的な取引場面に複雑さをつけ加えることになる。他者に対して共感的な配慮を感じた場合には、こちらの関心は自分自身の取り分を最大にすることだけでなく——双方の取り分を最大にすることでもなく——、他者の取り分を最大にすることにもある。私の知る限りでは、共感を1試行型の囚人のジレンマで協力を増すように用いるという考えは、これまでに行われた2,000を超える囚人のジレンマ研究のどれでも、考慮さえされていない。これは、誰一人として、共感によって誘発された利他的な動機づけが「協力する」を増加させ得るということに考え及ばなかったためではないだろうか。にもかかわらず、このことは起こるのである。実際、1試行型のジレンマでの協力を増すのに提案されてきた大半の技法よりも、共感を導入するほうがはるかに有効であるように見える。

もっと積極的な交渉を

　共感によって誘発された利他性を、ビジネスや政治的交渉のような現実世界の葛藤状況に持ち込むことは、果たして役に立つのだろうか。それとも、こうした状況で他者の福利に配慮を感じることを許すのは、あまりにリスクが大きいのだろうか。たとえば、管理者と労働者、北アイルランドのカソリックとプロテスタント、パレスチナ人とイスラエル人、パキスタン人とインド人、これらの人びとの間の交渉を考えてみよう。共感によって誘発された利他性は、譲歩するようにうながすことになるかもしれない。しかしそれはまた、双方にとってよい結果をもたらすかもしれない。そのことによって、多くの生命を救うことができるかもしれないのである。

　ガリンスキーとマダックスほか（Galinsky, Maddux, Gilin, & White, 2008）の研究は、共感的な配慮は交渉に次の両方の効果——（a）譲歩するよううながす（b）長い目で見れば結局は、双方によい結果をもたらすようなより肯定的な環境をつくり出す——をもつかもしれないと指摘している。1つの実験でガリ

ンスキーたちは、MBA（ビジネス修士）の交渉コースの学生をペアにして、30分間の2つのグループの交渉の訓練に参加してもらった。一方の学生は就職応募者の役割を演じ、もう一方は採用者側だった。給与や仕事の場所、ボーナス、休暇時期などの8つの項目について交渉が行われた。双方の学生とも、この項目のあるものが応募者側により重要であり、ほかの項目は採用者側により重要であることを知っていた。双方を合わせた総利得は、どの問題がどちらに有利なのかについてより敏感になり、またこの情報を交渉でのやり取りに使うことによって、最大にすることができた。視点取得の操作としては、採用者役の学生が次の3つの教示の1つにランダムに配置された。(a) 自分自身の役割を注意深く考える (b) 応募者役が何を考えているかを理解するよう試みる (c) 応募者が何を感じているかを想像するよう試みる。感情を想像するという教示は、前の研究で共感的配慮を導入するのに用いられた教示と似たものである。

　自分の役割を考えるのに割り当てられた採用者役たちのダイアド（2人組）よりも、残りの2つの教示に割り当てられたダイアドの学生の方が、より大きな総利得を生み出した。応募者の考えていることに注目した採用者役の学生では、この違いは有意に大きかったが、応募者の感情に注目した採用者役では、この差はぎりぎりのところであった。より興味のあることは、どのようにしてより大きな総利得が達成できたかということである。応募者の考えに注目した採用者は、相手の感情に注目した採用者よりも、自分の望んでいたものをより多く手に入れた。その一方では、相手の感情に注目した採用者と交渉した応募者は、採用者の役割に集中した採用者とその考えに注目した採用者と交渉した応募者（この差は有意ではない）よりも、自分の望んでいたものをより多く手にしたのである。

　こうした結果からガリンスキーたちは、交渉事では、相手の「感情を察する」よりも「考えを察する」ほうが効果的である（Galinsky et al., 2008, p. 383）と結論づけている。応募者たちの感情を想像した採用者たち——これはおそらくは導入された共感的配慮であろう（情動の測度が使われていないので確かとはいえないが）——は、自分を犠牲にして、応募者の利益になるように譲歩していた。すぐれたチェスのプレーヤーがそうであるように、相手の頭の中にある考えやその方略を入手できた採用者は、自分の望むものをより多く手にしたのである。

しかしこのような結果は短期的な、1回の交渉についてのものである。交渉者たちが繰り返し相互作用をするような状況での長期的な効果については、どうなのだろうか。こうした状況では、相手に譲歩することから生じた善意が、相手の考えを想像する交渉者よりもその感情を考慮に入れる交渉者に、有利なようにはたらくということが起こり得ると思われる。結局のところ、相手の考えではなく感情を想像した者のほうが、全体としてより良い結果で終えることができるのかもしれない。

　この可能性と一致した結果が、ガリンスキーほか（2008）の別の交渉訓練で見出されている。この訓練では、共感的な売り手（買い手の感情に注目した）と交渉した買い手のほうが、買い手の考えに注目した売り手と交渉した買い手よりも、相手との交渉での扱われ方について有意に満足を感じていた。このことは、前者の場合よりも後者でより多くの商売が成り立っているにもかかわらず、言えたのだった。こうした満足の感情が、その次にもっと生産的な取引を成り立たせるかどうかは、これから研究してみる価値のあることであろう。

集団間葛藤の低減

　共感によって誘発された利他性を集団間の葛藤（たとえば宗教・人種・民族間の葛藤）の低減に適用しようとする際には、2つの問題を避けることができない。第1には、集団間の関係はあからさまの敵意ではないにしても、しばしば侮蔑と不信の歴史を伴っている。共感的配慮を感じるのに必要なのは、他者指向的で、他者の福利に価値を置き、他者の置かれた窮状に敏感にかかわることである。こうした歴史に直面して、他者指向的な感受性など持ち出せないのではないか。第2に、共感的配慮と利他的な動機づけとは、どちらも個人間の過程である。われわれは他の個人あるいは複数の他の個人について、あることを感じたり、思いやりを抱いたりする。ある集団について、これと同じように感じることは可能なのだろうか。この集団への配慮を問題にして、確認された犠牲者効果の研究が、援助を求めている個人が同じような援助を必要としている個人からなる集団の一員である場合には、共感と援助しようとする意思との双方が低下することを見出している（Kogut & Ritov, 2005b, 実験3; Small, Lowenstein, & Slovic, 2007）。

　この2つの問題に向き合う場合に、現実の世界での集団間葛藤を低下させる

のに共感によって誘発された利他性を使う方略でカギとなる要因の1つは、一人あるいはそれ以上の外集団のメンバーとの個人化された接触を与えることによって、個人間レベルから集団間レベルへと移ることであった。こうした接触を通じて、ある集団のメンバーは単に彼らの中の一人としてではなく、個人的な関係に基づく他の集団のメンバーとして扱われるようになる（「個人化」とは、外集団のメンバーともつ相互作用の性質を意味している。集団への所属の代わりに、自分との類似性の次元によって相手を知覚することではない。この2つ目の知覚的な意味での「個人化」の議論は、Brewer, 1988; Miller, 2002 を参照）。

　個人的な接触は、共感的配慮を集団レベルではなく個人のレベルで導入することで、上に見た2番目の問題と取り組むことになる。こうした接触は、外集団のメンバーに共感的配慮をもつことを、2つのやり方で促進するはずである。その第1は、外集団のメンバーの必要——その希望と恐怖——の知覚を正確なものにするはずである。第2には、個人的な接触はそれがうまくいけば、外集団のメンバーの福利を尊重する傾向を高めるはずである。2章で論じたように、この2つの条件は共感的配慮の先行要因である。個人化された接触は最初の問題にも取り組むことができる。思いやりが起これば、対立関係にない、脅迫的でない状況で接触が生じ、そこでは疑惑や葛藤はどちらも引き起こされないか、少なくとも、逆効果を生じるものではない。

　集団間葛藤で対立した側にある個人の間で、どうしたら個人的な接触が達成できるだろうか。言うまでもなく、これは簡単なことではない。対立している者同士をいっしょにするという以上のことが必要である。単なる接触だけでは、さらなる敵意と攻撃がもたらされることが多い（Pettigrew, 1998）。対立的でない個人化された接触をつくり出し、そこから集団間葛藤や敵意を低下させるのに特に効果的であると証明されている構造化された技法があるが、それは上位目標を導入することである（Sherif, Harvey, White, Hood, & Sherif, 1961）。上位目標とは、対立している双方が望み、この双方が力を合わせ協力して働いたときに達成できるような目標である。対立の可能性のある双方が、共通の目標に達する努力に向けて結びついていることに気づく。これは奇妙な仲間だが、にもかかわらず仲間なのである。

　ここから出てくる心理的な結果を考えてみよう。共通の目標に向けて働くときには、敵意や攻撃性は生産的でない。それに代わって、一方の集団のメンバーたちは他の集団のメンバーたちが高く価値を置いているもの——それを望

み・必要としているもの——に注意を向け、それを理解しなくてはならない。目標を追求する努力を共にするためには、それぞれの集団のメンバーは他の集団の者の視点に注意を払わなくてはならない。この2つの結果がいっしょになって、外集団のメンバーたちに対する共感的配慮の感情が増すはずである（共感のこうした効果は、集団のメンバーが、上位目標を追求するために自分たちの集団アイデンティティを捨てることは必要でないことに注意。Dovidio, Gaertner, & Saguy, 2009）。

　シェリフほか（Sherif et al., 1961）は、集団間の葛藤を低下させるのに上位目標が有効であることを示す古典的な例を示している。その泥棒洞窟実験で、あるサマー・キャンプでの12歳から14歳の少年の集団の間で噴出した、むき出しの敵意を除くのに上位目標が用いられた。この実験は上位目標の効果を劇的に示したが、そこで作用している心理的な過程についてはわずかのことしか明らかになってはいない。集団間の葛藤を低下させるように計画された以下のプログラムの例では、共感が重要な役割を演じているらしいことが示唆されている。

葛藤解消のワークショップ・平和ワークショップ・平和部隊

　ステファンとフィンレイ（Stephan & Finlay, 1999）は、共感を導入するやり方が、葛藤解消のワークショップや平和ワークショップ、平和部隊では、しばしば使われる技法の明確な要素であると指摘している。葛藤解消のワークショップで、国際的葛藤の双方から3〜6人の有力者を招き、短期間（1週間を越えることはまれ）のワークショップを、脅迫的でない中立的な状況の中で開催する。秘密が保たれた、オフレコの話し合いは、（a）お互いに相手の立場をよりよく理解し（b）お互いに利益があるところに話し合いを落ち着かせるのに向けた道を見つけるように計画されている。話し合いは訓練を受けたファシリテーターたちによって進められるが、ファシリテーターたちの役割は基本的なルールとテーマを決めることである。この種のワークショップのよく知られた例はおそらく、ハーバート・ケルマンとその同僚たちによって組織されたワークショップだろうが、そこではイスラエル人とパレスチナ人の代表者たちが集められた（Kelman, 1990, 1997; Kelman & Cohen, 1986; Rouhana & Kelman, 1994; また、Burton, 1986, 1987; Fisher, 1994 も参照）。

　こうしたワークショップの直接的な目標は、双方が相手側の視点を理解し、

相手を信頼するところからスタートさせることにある。長期的な目的はより上位のもの——お互いが受け入れられるような対立の平和的な解決を見出すことにある（Kelman, 2005）。この目的に向けて参加者たちは、自分たちの希望と怖れとを口にし、相手の関心事に耳を傾けるように求められる。相手側の視点に積極的に立つことも求められるが、その際には現にある相手との違いを見失わないようにする。ケルマン（1997）の言い方では、「こうした相互作用から、参加者たちは共感の度合いを増し、お互いの関心事に敏感に反応するようになり、信頼をもつようになる。こうしたことが、葛藤解消への努力を勇気づける新しい関係の基本的な要因となるのである」(p. 219)。

　平和ワークショップとキャンプは、対立しているグループの若者（ティーンエイジャー）のために計画されることが多い。ワークショップは3～4日だけのことが多く、キャンプでは1か月以上のこともある。こうしたワークショップやキャンプでは、対立する双方からの参加者たちがいっしょに生活し、自由時間を共にし、訓練を受けたリーダーの下での対話を通じて意見の交換をする。また、構造化された訓練に参加し、文化的な経験を共有する。このような活動は、個人化された接触をもたらし、上位目標が設定され、相手グループの必要に目を向けることになる。参加者たちは、外集団のメンバーと集団を越えた友情を育て、相手の視点に立ち、共感的な配慮をもつようにうながされる。

　よく知られた例としては、ネベシャローム／ワハト・アッサラーム（同じ地域社会のヘブライ名とアラブ名）でのユダヤとアラブの若者向けのワークショップ・プログラムがある（Bargal & Bar, 1992; なお、Bar-On & Kassem, 2004 も参照）。あまり知られてはいないが、外集団に対する態度と行動について1年間の追跡評価がされていることから興味深いワークショップがある。それはスリランカで行われた4日間の平和ワークショップで、シンハリ人（多数派）とタミール人（少数派）の若者がいっしょに参加したものである（Malhotra & Liyanage, 2005）。1年後に、ワークショップの参加者たちは、他の集団のメンバーをより理解し、その福利により配慮を示すようになっていた（Davis, 1994の共感的配慮尺度を他集団向きに改めて用いた）。このような変化は、別の2つの比較群——(a) ワークショップに登録していたが予算カットのため参加しなかった者 (b) 人口統計的に類似した学校の若者で登録しなかった者——と比較した結果である。追跡調査の質問紙に回答した後で、それぞれのグループのメンバーは、外集団の貧しい子どもたちを援助するプログラムにお金を寄付す

る機会が与えられた。平均的にいって、ワークショップへの参加者たちは参加しなかったグループにくらべて、より多くの寄付をしたのである。

ジグソー教室

　ジグソー教室は、もともとは1970年代にエリオット・アロンソンとその同僚たちによって開発された学習法で、テキサス州オースチンの人種差別廃止学校での人種間の緊張と敵意とを克服する試みである（Aronson, 2004; Aronson, Blaney, Stephan, Sikes, & Snapp, 1978）。この手法は、集団間関係を改善するために上位目標を利用する際の共感過程の役割を明らかにするものである。ジグソー教室では、学校での1日のある部分を、人種／民族的に混じりあった形（理想的には1グループ5～6人）で過ごす。それぞれのグループはある学習課題を与えられていて、一人ひとりのグループのメンバーは、グループがこの課題を完成させるのに必要とする情報の一つ、一つだけの部分をもっている。この結果、課題を解くためには、グループの中のそれぞれの子どもは、ほかの子ども全部の力を借りなければならない。ほぼ8週間後にグループは解散して、新しいグループが作られるが、それぞれの子どもは新しい人種／民族的に混じりあった前よりも4～5人多いグループで、うまくやっていくことを学ばなければならない。また8週間が過ぎると、新しいグループがもう一度作られ、そして同じことが繰り返される。

　アロンソンほか（1978）はジグソー体験の結果として、仲間のグループ・メンバーへの好意度が増すこと、援助行動についても同じであることを報告している。残念なことには、アロンソンたちは人種間の好意度と援助行動については特に報告していない。しかしそれ以前のある研究で、ワイゲルほか（Weigel, Wiser, & Cook, 1975）が、相互依存的な、民族的に混合された（ヨーロッパ系・アフリカ系・メキシコ系アメリカ人）子どもの作業グループが、民族間の好意度や対立、援助行動に効果をもつことを報告している。この研究結果の示すところでは、相互依存的なグループでいっしょに仕事をすることは、民族間の好意度と援助行動の両方を増すだけでなく、民族間の緊張をも低下させていた（Johnson & Johnson, 1987 も参照）。

　ジグソー・グループでの協力的な相互作用が、好意度や援助行動を増すのはなぜなのだろうか。アロンソンほか（1978）は、視点取得（彼らは共感と呼んでいる）こそが「この効果を支えている決定的なメカニズムの一つ」であると

示唆している（p. 118. Aronson & Bridgeman, 1979 も参照）。この示唆を支持する方向で、ダイアン・ブリッジマン（Bridgeman, 1981）はアロンソンの指導の下で行った博士論文の研究で、子どもが簡単な物語の登場人物の視点を取る能力、すなわち物語の状況を自分自身の立場からではなく、登場人物の観点から見ることができる能力をテストした。見出された結果では、ジグソー教室の子どもたちは伝統的な教室の子どもたちよりも、視点取得の点で優れていた。明らかに、ジグソー教室で学ばれた視点取得の能力は般化していたのである。この結果が示唆していることは、他者との協力を増加させるような共感によって誘発された利他性の能力は、共感的な配慮が最初に導入された状況を越えて、葛藤状況にも影響を与える力をもっているということである。さらには、人種的あるいは民族的に混合されたグループで協力して学ぶジグソー教室のようなプログラムが、グループ間の友情、特に密接な友情を増加させることも示唆されている（レビューは、Paluck & Green, 2009; Stephan & Stephan, 2001 参照。教育的な場面での共感を高めるように計画されたこれ以外の例については、Eisenberg & Morris, 2001 を参照）。

コロラド州リトルトンのコロンバイン高校で発生した悲劇的な発砲事件に触れて、アロンソン（2004）はこう主張している。

> 私の信じるところでは、リトルトンでジグソー法が広く用いられてきたとしたら、コロンバインの殺戮は決して起きはしなかったであろうし、15 人の人びとはいまもなお生きていたであろう。これが大胆な言説であることは認めざるを得ない――通常はアカデミックな立場の者が言うことではない。そしてもちろん、これは決して証明できることではない。しかしながら、私は強い自信をもっている。31 年にわたるジグソー法の研究からそれはまぎれもなく明らかだからである。ジグソー過程が共感（すなわち視点取得）を育て上げ、そしてジグソー教室の子どもたちは伝統的な教室の子どもたちよりも、他者に対してより開かれていて、より同情的であり、そして多様さにより寛大なのである。（p. 486）

「共感のルーツ」プロジェクト

「共感のルーツ」プロジェクトはメアリー・ゴードン（Gordon, 2005）によって開発され、カナダとオーストラリアの小学校の教室（幼稚園から 8 年生）で

実施されてきているが、明確に集団間の葛藤を低下させるように計画されたものではない。それは（a）共同と他人への礼儀を増し（b）攻撃といじめを減らすために、共感——「情動的なリテラシー」（お互いに人間性を発見する能力）と視点取得を含む——を発達させることを目指したものであった（Gordon, 2005, p. 8）。しかしゴードンは、この共感が集団間の葛藤を克服することにおいてもカギとなるとみなしている。

> 日常では、われわれの間の差異は、自分たちを特徴づけ、お互いの間を隔てるものであり、社会的無視やいじめ、排除の材料となるものである。もしわれわれが、ほかの集団と「嫌悪関係」にある集団の話に耳を傾けるとしたら、ほかの集団をともかくも人間らしさの乏しい相手として——あるいはあまりに違っているので人間的な交流のできない相手として——話すのを聞くことになろう。
> 「共感のルーツ」の教室は、世界の市民——われわれが同じ救命ボートに乗っている立場にあることからくる、共感的な倫理と社会的責任の感覚を身に着けた子どもを育てようとしている。それは、一人ひとりが、いっそう思いやりのある、穏やかな、秩序ある社会を築き上げようとする子どもたちである。（2005, pp. xvi-xvii）

「共感のルーツ」はその方法の点で、これまでにないプロジェクトである。このプログラムの中心は、学年を通じて月ごとに、地域の母親（時に父親、あるいは両親）と幼児とが学校を訪問することである。生徒たちは親が幼児を座らせたミドリ色の毛布を取り囲んでいる。生徒たちは幼児、親と幼児との相互作用、それに赤ん坊自身との相互作用を観察して、幼児がこの前の訪問時以降何を身につけたかを質問する。この際に考えられているのは、「両親と子どもとの関係が積極的で、共感的な人間関係の枠組みになっている」（Godon, 2005, p. 6）ということであり、幼児の発達と両親と幼児の相互作用を観察することが、視点取得をさせたり、幼児の幸福を高く評価させたりするように作用するということである。両親と幼児との相互作用に注目させるのが共感の発達の触媒になるという考えは、2章で示したこと（共感的配慮の生物学的基礎が両親の養育性とやさしさにある）ときわめて一致している。

訓練を受けた「共感のルーツ」の担当者が家族の訪問を手引きし、訪問の前後にクラスに出かけていく。その際に、幼児の発達についての基本的な情報を

提供し、幼児が何を考え、感じているかを想像させ、この視点取得の経験を生徒自身や仲間へと広げるようにさせる。「共感のルーツ」のクラスが人種的・民族的に多様なメンバーでできている場合には、集団間の視点取得と感情の基礎となることを学ぶことを目的として、クラスの中のさまざまな集団の親と幼児に接するように特に注意が払われる。

「共感のルーツ」プロジェクトの有効性を評定した研究では、このプログラムが子どもの情動的な発達をうながし、視点取得のスキルが高まり、攻撃性を低下させることが示されている（Schonert-Reichl, 2005）。この教室を経験しなかった子どもにくらべて、この教室に参加した子どもは、教師や仲間からの評定で、情動的・社会的な理解の点でより進んでいると評定された。こうした理解は、さらに、攻撃性の低下と援助や分与、協力の増加と結びついていた。

スティグマ化された集団への態度——その集団に代わっての行動——の改善

共感によって誘発された利他性は、スティグマ化された集団への態度とその集団に代わっての行動とを改善することが可能と思われる。さらにはこのことは、慎重に計画された対面的な接触や上位目標の導入がなくとも、可能なことであろう。『アンクル・トムの小屋』（Stowe, 1852/2002）『約束の地のマンチャイルド』（Brown, 1965）『夜明けの家』（Momaday, 1968）『カッコウの巣の上で』（Kesey, 1962）『カラー・パープル』（Walker, 1982）『ボロウド・タイム』（Monette, 1988）のような本を考えてみよう。『陽の中のレイズン』『エレファントマン』『レインマン』『ロングタイム・コンパニオン』などの映画を考えよう。それに『目標から目を離すな』『約束』のようなドキュメンタリーもある。こうした作品とそれに類似した作品は、スティグマ化された集団——ある人種的あるいは民族的なマイノリティ集団、外集団、ある種の社会的スティグマや障害、あるいは疾病をもつ人びと——に対する態度を改善することを目的としているように思われる。こうした作品の制作者たちは、2つの信念を分かち持っているように見える。その第1は、スティグマ化された集団のメンバーがスティグマに対処しようとしている際の考えや感情を想像するようになることで、われわれはその人びとの福利に価値を置き、共感的な配慮を感じられるようになるという信念である。第2には、この共感的な感情は般化されて、われわれ

はこうした集団全体についてより肯定的になる。この2つは正しいのだろうか。

態度の改善

このような本や映画、ドキュメンタリーで、言外に含まれている態度変容の過程を目に見えるようにするために、どうすれば共感的配慮によってスティグマ化された集団に対する態度を改善できるかについての3ステップ・モデルの概要を示したい（Batson, Polycarpou et al., 1997 も参照）。

ステップ1. スティグマに関係した必要を記述することで、特定のスティグマ化された集団の1メンバーの視点を取るようにさせる。視点取得は、このメンバーに対する共感的配慮を増すはずである。

ステップ2. この共感的配慮が、その集団のメンバーの福利に価値を置くようにさせるはずである（2章で述べた「遡っての推論」によって）。

ステップ3. この集団のメンバーの福利に価値を置くことは、スティグマ化された集団全体へと般化されるであろう。そこからこの集団についての肯定的な信念や感情、関心が生まれるはずである。

このモデルからは、つぎの2つの検証可能な疑問が出てくる。1．視点取得はスティグマ化された集団のメンバーの必要について、共感的配慮を引き起こさせるように使うことができるのだろうか。2．もしそうだとしたら、この共感的配慮によって生み出されたその集団のメンバーの福利に価値を置く傾向は、その集団全体に般化されるのだろうか。この疑問への回答はいずれも「イエス」であるように見える——スティグマ化された集団のメンバーであることが、共感が導入されるに際しての必要の明確な側面である限りそういえる。

一連の3つの実験でバトソンとポリカーポウほか（Batson, Polycarpou et al., 1997）は、視点取得の教示をスティグマ化された集団のメンバーに対する共感的配慮を引き起こすのにうまく使い、そこからその集団全体についての態度を改善させている。それぞれの実験は、この方略を別々のスティグマ化された集団——エイズ患者（実験1）、ホームレス（実験2）、そして極端な事例についてテストするために、有罪が確定した殺人犯（実験3）を用いている。それぞれの実験では、態度の改善についての視点取得の効果は、自己報告による共感

的配慮によってはっきりと仲介されていた。

　とくに興味深いのは、有罪が確定した殺人犯への共感的配慮が引き起こした、殺人者に対する態度への効果である。共感が引き起こされた直後に実験室で態度が評定されたときには、高共感条件の参加者が低共感条件の参加者よりも、有意に殺人犯に肯定的な態度を示したということはなかった。しかし、1〜2週間後のこれと関係のない電話でのインタビューで態度が評定された際には、実験室で有罪の確定した殺人犯に共感的配慮を感じるようにさせられた参加者（高共感条件）は、そういうことがなかった参加者（低共感条件）よりも、殺人者一般について有意により肯定的な態度を報告したのである。高共感条件の参加者は、態度が直後に評定された参加者がこの影響を意識していたときには、一人の殺人犯に向けられた自分の共感的な感情が殺人犯一般への態度に影響していることを認めるのに明らかに抵抗があった。後になるとこのガードは甘くなり、態度の効果が表面に出てきた。態度変容に与える共感の同様の長期的効果を、身体障害者についてクロアとジェフリー（Clore & Jeffrey, 1972）が報告している。

　これと関連した研究では、人種的あるいは民族的な少数集団のメンバーに共感的配慮（共感的怒りを含めて）を感じさせることで、少数集団への態度が改善されている（Dovidio, Johnson, Gaertner, Pearson, Saguy, & Ashburn-Nardo, 2010; Dovidio, ten Vergert, Stewart, Gaertner, Johnson, Esses, Rick, & Pearson, 2004; Esses & Dovido, 2002; Finlay & Stephan, 2000; Vescio, Sechrist, & Paolucci, 2003）。共感的配慮をゲイの男性について導入することで、同性愛者への態度が改善されている（Vescio & Howstone, 2001）。より広くは、エリオット（Peters, 1987）によって開発された「青い目と茶色の目」のように教育場面で用いられるものが多いのだが、差別の役割演技のシミュレーションに参加したことの態度への効果が、共感の結果として解釈されてきた（Byrnes & Kiger, 1990; Weiner & Wright, 1973）。民族的な外集団のメンバーとの交友から生じたより肯定的な集団間態度は、共感的配慮の結果として解釈されてきている（Brown & Howstone, 2005; Pettigrew, 1997, 1998）。共感によって誘発された態度変化が広く適用されることを補強するものとして、シュルツ（Schultz, 2000）は、汚染で傷ついた動物に共感的配慮を感じることで、自然環境の保護への態度が改善されることを見出しているし、バーレンガー（Berenguer, 2007）は共感から生じた向環境的な態度が、環境のための行動に持ち越されることを見出している。共感を育てるように作ら

れたビデオのコンピュータ・ゲームであっても、その結果として、他者の福利に関心を向けさせることができる（Belman & Flanagan, 2010）。

パルック（Paluck, 2009）は、ルワンダのツチ族とフツ族との和解を進めることを目指したラジオのメロドラマの効果を検証するために、1年間にもわたる意欲的なフィールド実験を実施している。偏見の起源とその改善策とについての教訓的なメッセージといっしょに、このプログラムではルワンダ人みんなが知っている問題、集団間の友情、横暴な指導者たち、貧困、そして暴力の記憶などと取り組む人物が登場する。物語は違う集団出身の若いカップルの苦闘を描くが、2人は地域からは認められない愛を貫き、平和と協力のための若者の連帯活動をスタートさせる。この物語、特に若いカップルの苦闘の物語は、内発的な価値の重視、視点取得、そして共感的配慮をつくり出しているように見えるものであった。追跡研究での測定結果では、この効果が般化されていて、ルワンダ社会の多くの人びととの中に、視点取得と共感的配慮を作り出していた。健康を話題にしたドラマを聴いた人びとにくらべて、部族間の和解のドラマを聴いた人びととでは、部族を越えての結婚を容認し、自分たちの地域でほかの部族のメンバーを含む他者を信頼し、それと協力することを受け入れることが多かった。パルック（2009）の結論はこうである。

> ラジオ・プログラムのドラマティックな物語形式は、観察された変化にとって重要な情動的・想像的な過程を刺激することができたようである。…メロドラマの登場人物への聴き手の情動的な共感反応は、現実の生活での集団のそれに対応する人物たちに転移されていたようである（現実生活のルワンダ人たち——囚人・集団殺害からの生存者たち・貧困な人びと・指導者たち——への共感の増大によって測定された）。(p. 584)

行動化

こうした肯定的な態度はそれ自体が、スティグマ化された集団のために行動することに表われるのだろうか。バトソンとチャンほか（Batson, Chang, Orr, & Rowland, 2002）は、その通りであることの証拠を示している。有罪判決を受けたヘロイン常用者と売人に対する共感的配慮が、薬物常用者を援助する予算の増加措置への賛成を導いた。重要なことは、この援助が共感的配慮の感情が向

けられた当のヘロイン常用者の利益になることはないことがはっきりしていた場合であっても、援助（予算措置への賛成）が起きていることである。シェルトンとロジャース（Shelton & Rogers, 1981）は、クジラを撮ったビデオを視聴して共感的配慮が増すと、クジラ一般を助けようとするレディネス（準備性）が高まることを見出している。明らかに、ある外集団——スティグマ化されている・いないにかかわらず——のメンバーに対して共感を感じた人は、実際に自分のお金を出すのをいとわないのである。

視点取得の知覚的／認知的効果

スティグマ化された集団への態度の改善についての視点取得の効果が生じるのは、共感によって誘発された利他的動機づけの結果だけではない。研究では、そこには知覚的／認知的な効果もあることが示唆されている。さらには、この知覚的／認知的効果は1章で確認した2つの視点取得の様式でそれぞれ異なっているようである。スティグマ化されたある集団のメンバーが、彼らの置かれた状況についてどう感じているかを想像する場合（他者の視点をイメージ）には、この相手のかかえている難しさについて、資質的な帰属よりも状況的な帰属が導かれやすいことが見出されている（たとえば Regan & Totten, 1975）。この帰属の移行は、おそらくはその集団全体に般化されて、その集団に対するより肯定的な態度を生み出すことになる（Vescio et al., 2003）。スティグマ化された集団のメンバーに自分がなったと想像する場合（自分の視点をイメージ）には、その集団のメンバーとその集団全体に対する否定的なステレオタイプが減少することが見出されている（Galinsky & Ku, 2004; Galinsky & Moskowitz, 2000）。

こうした知覚的／認知的効果は、共感的配慮によって仲介された効果とははっきりと異なる（Vescio et al., 2003）。知覚的／認知的な効果が、共感的配慮に仲介された効果のように、行動に影響するのに十分な動機的な力をもっているのかどうかは、まだ今後に残された問題である。ある研究では、そうではないらしいことが示唆されている（Dovidio et al., 2010）。

実際的な考察

小説や映画、ドキュメンタリーによって共感を導入して態度を改善するのは、

対面的な集団間の接触のような別の方法によるよりも、少なくもその当初では、比較的やさしいであろう。なぜだろうか。第1に、前にリストを示したような小説や映画のように、スティグマ化された集団のメンバー（現実あるいは仮想のメンバー）に共感的配慮を感じさせるのは、熟練した書き手にはきわめて容易なことである（Harrison, 2008; Oatley, 2002; Zillmann, 1991; また、Batson, Chang et al., 2002 も参照）。第2には、この配慮の感情は低コストで低リスクの状況で起こさせることができる。直接的で協力的な、個人的接触をつくり出す際には念入りな工夫が必要だが、本やテレビでは自分の家でのんびりと座ったままのわれわれに、スティグマ化された集団のメンバーへの共感を感じさせることができる。

第3としては、メディアによって引き起こされた経験では、現実の対面的接触でできるよりもより容易に、肯定的で共感的な感情を起こさせるようにうまく統制することができる。そして終わりに第4として、スティグマ化された集団のメンバーであることが共感を引き起こした援助の必要のはっきりとした特質である限り、この態度変化は下位分類化を受けやすくはないように思われる。下位分類化というのは、この集団の「例外的な」メンバーのごく一部あるいは一人だけについて態度が改善される（例外が規則を検証する）ことである。1人の集団のメンバーについてステレオタイプと一貫しない情報を知った場合のように、この下位分類化の問題は、態度変化への認知的アプローチにとっての悩みであることが見出されている（Brewer, 1988; Pettigrew, 1998）。

この4つの理由から、メディアによって引き起こされた共感によって誘発された態度の変化は、スティグマ化されている集団のためのより肯定的な態度と行動へ向けての最初のステップとして有望であるように見え、研究結果もこれを支持している（Graves, 1999; Hayes & Conklin, 1953; Paluck, 2009; Slater, 2002; Strange, 2002）。この最初のステップは、リアルな相手ではなく、想像上あるいは抽象的な外集団のメンバーについて単に理解したり感じたりするだけではいけないので、直接的で個人化された接触と、上位目標の導入へとつなげることができるし、そうあるべきである。（集団間態度と集団間関係の改善に共感によって誘発された利他性を利用することについてのこれ以上の議論は、Batson & Ahmad, 2009b を参照）。

最後に記しておかなくてはいけないのは、宗教もまた、思いやりの輪を広げることを長いこと求めつづけてきたということである。西洋の宗教では、「自

分自身を愛するように隣人を愛しなさい」（レビ記, 19-18)、「あなたたちのもとに寄留する者をあなたたちのうちの土地に生まれた者同様に扱い、自分自身のように愛しなさい」（レビ記, 19：34）に忠実であれと教えられてきたし、「敵を愛し、あなたがたを憎む者に親切にしなさい」（ルカによる福音書, 6：27）とさえ教えられてきた。チベット仏教のような思慮に富んだ東洋の伝統では、深い同情の瞑想には次の2つのことが含まれているとされている。その1つには、すべての存在が苦しみを避け、幸福を知ろうと望んでいることに気づくこと、2つには、遠近の愛する人びとについてだけでなく、見知らぬ者についても、そして再び、敵に対してさえも、それがかなうよう望むまでにその願いを鍛えることである（Ricard, 2006)。現在のところ、この別々の宗教の努力がうまく達せられているかどうかには疑問があるし（Batson, Floyd, Meyer, & Winner, 1999)、いまだ体系的に研究もされていない。

もっと肯定的な密接な関係

　交友関係やロマンティックな関係、結婚、あるいは家族関係には、相手を重んじる本来的な傾向があり、これが相手に援助が必要なときに、共感的配慮を感じる舞台を用意するはずだと思われる。その結果としての相手の援助の必要を和らげることに向けられた利他的な動機づけは、次には、より肯定的な関係を作るはずである。本来的な価値（すなわち愛）が高まれば、関係での満足や関係の永続性が強まることについては、多くの証拠があるが（Berscheid & Reis, 1998)、こうした効果を生み出すことについての共感によって誘発された利他的動機づけの役割を追求した研究は、その数が限られている。研究の多くは、こうした関係で出会う個人的な必要に注目したり（Berscheid, 1983：Kelley, 1979; Rusbult, 1980)、この関係に適した行動についての規範的な期待に応じるかどうかを問題にしたり（Clark & Mills, 1979)、それが機能するための安全な避難所や安全基地を得ること（Bowlby, 1969; Mikulincer & Shaver, 2003）をとり上げてきた。しかしながら、限られた研究ではあるが、密接な関係における共感によって誘発された利他性の肯定的な効果が示唆されている。

交友関係

　交友関係から始めるとして、シュレンカーとブリット（Schlenker & Britt, 1997）は印象管理の研究結果を拡大して、われわれがある友人についての情報を第三者に示す際には、友人の利益を増す方向で選択的に提示することを示した。この研究の参加者は、同性の友人について異性の者に述べるよう求められた。この相手に対して、友人は、きわめて魅力的か・魅力的でないと見なしていると参加者は信じさせられた。友人は参加者がどう述べたか分からないにもかかわらず、参加者たちはこの友人を、魅力的な相手が好む属性をもっている人物として提示し、魅力的でない相手が好む属性はもたない人物として提示することが多かった。こうして参加者たちは、友人の魅力的な人と接するチャンスを高めるようにし、魅力的でない人には、友人は「あなたのタイプじゃないよ」というように話すようにした。シュレンカーとブリット（1997）は、利己的な動機でもこの結果を説明できることを認識しつつ、このように友人に気を配る動機は利他的なものであり得ると指摘している。

　交友関係の発達における共感によって誘発された利他性がもつ役割についてのいくつかの証拠を、クロカーとカネヴェロ（Crocker & Canevello, 2008）が提供している。彼らは、第1学期に、友人やルームメイトと発達させている関係について（自己イメージを高揚させる目標よりも）、他者指向的な、思いやりのある目標を自己報告した大学生は、自分たちの関係がより親密で支持的で、信頼できるとも報告したことを見出している。こうした結果は示唆的なものだが、しかし明らかに、交友関係における共感と利他性との役割についてはさらなる研究が必要である。現在のところ、この種の研究はきわめてわずかしかなされていない。

ロマンティックな関係

　ロマンティックな関係に目を転じると、共感によって誘発された利他性の役割について考察した研究の多くは、愛着理論の広い枠組みのなかでの養育に着目してきた（Bowlby, 1969; Mikulincer & Shaver, 2003）。こうした研究は、気配りのよい応答的な養育の先行要因と結果に目を向けてきた。自己報告式の測度を

用いてフィーネイとコリンズ (Feeney & Collins, 2001, 2003) は、第1に、自分のロマンティックなパートナーへの援助と支持が利己的に動機づけられたものというよりも利他的に動機づけられていると報告した人びとは、それと同時に、自分の気遣いがより敏感な応答的なものであると報告していることを見出した。パートナーたちもこれと同じように報告しているが、その程度はやや低い。フィーネイとコリンズは第2に、受けた気遣いの敏感さについてのパートナーたちの評定が、現在と2～3か月後のパートナーの満足感（この場合にもやや低い）と結びついていることを見出している。同じく、日々の報告を用いたマイセルとゲーブル (Maisel & Gable, 2009) は、一方のパートナーの相手の必要に応答的な社会的支持がその相手の悲しみや不安の低さと結びつき、2人の関係の質についてのより肯定的な評定と結びついていたことを報告している。

気遣いの質についての一般的な評定以外のものとしては、いくつかの研究でシンプソンほか (Simpson, Rholes, & Nelligan, 1992) が開発した手続きが用いられている。この手続きでは、ロマンティックな関係にある一方のパートナーは、他方のパートナーがストレスの高い経験をしようとしているのを観察する。ストレスの高い経験としてフィーネイとコリンズ (2001) が用いたのは、相手のパートナーがビデオ・スピーチを準備し、録画しているが、このテープは仲間からの評価を受けるというものである。スピーチの話し手の援助の必要のレベルは、気遣っているパートナーに話し手がこのスピーチにどのくらい神経質になっているかを教えることで操作された。神経質になっている程度は、たいへん神経質（高必要条件）かそうでない（低必要条件）かである。次には気遣っている側が、スピーチするパートナー宛に私的な手紙を書く機会を与えられた。この手紙の内容が気遣いの程度の測度となる。気遣うパートナーの一般的な共感傾向と利他的な動機づけについては、自己報告によるデータがほぼ1週間前に収集されていた。この自己報告のデータは、より敏感な気遣い、つまり、手紙での情動的な支持のレベル（話し手と研究者の両者によって評定された）——これはスピーチする側の必要の見かけ上のレベルについて敏感であった——と結びつけられていた。

動機の自己報告を当てにしているこの種の研究の結果を解釈する際には、注意が必要なことはいうまでもない。第1に、人びとが自分の動機を知っていて、それを正直に報告するかどうか（4章；Nisbett & Wilson, 1977）、特にロマンティックな関係で気遣いを示す動機ではどうかという問題がある。ケリー (Kelley,

1983)はこのことを次のように、適切に述べている。

> [あるロマンティックな関係での]利他性を示すときのルールは、…普通の人びとにもよく知られていて、そのために都合のよい自己呈示の基礎を与えてくれ、それは本当の動機を間違って伝えることになるのかもしれない。自分が相手の利益に合わせていて、相手の利益を自分自身の利益よりも尊重しようとしているとパートナーに信じさせることから、多くのことが得られる。そして多くの人びとにとっては、この慈悲深い動機を持っていると自ら信じることから、さらに多くが得られるのである。(p. 285)

　第2には、「利他的」というラベルの下に含められている動機について、さらに特殊な問題がある。フィーネイとコリンズの2001年に報告された研究では、参加者の動機が次のような文章を提示することによって評定されている。「私がパートナーを助けるときには、私が普通そうする理由は…」。参加者はさらに、その動機が当てはまる可能な動機を評定する（1＝全く当てはまらない、6＝強く当てはまる）。利他的な動機づけを評定するのに用いられた16項目の一例は、「私はパートナーを愛していて、パートナーの福利に関心をもっている」である。こうした動機が利他的であることは明らかだが、この項目に賛成する評定が利他的に動機づけられていることの妥当な指標であるかどうかは、それほどはっきりしたことではない。フィーネイとコリンズの2003年に報告された研究では、利他的な動機づけはこの項目とほかの6項目とで評定されている。残念なことには、ほかの6項目ははっきりと利他的とはいえないものであって（たとえば、「私はパートナーが傷つくのを黙って見てはおれない」）、この測度の妥当性にはさらに疑いがもたれる。

　フィーネイとコリンズ（2001）の研究を追跡した未公刊の研究で、コリンズとフォードほか（Collins, Ford, Guichard, Kane, & Feeney, 2008, 研究1）は、同じストレッサー──ビデオにとったスピーチ──を使い、援助の必要のレベルについても同じ操作を加えている。しかし彼らは、共感的配慮と利他的な動機づけを測定するのに自己報告式の評価法は用いず、特定の状況でそれを評価している。共感を評価するのには、中心的な関心（視点取得のこと）と、気遣いをするパートナーがスピーチするパートナーに感じた状況に特定的な共感的配慮の双方を測定した。利他的な動機づけを評価するには、スピーチする相手がス

ピーチについて助けを求めているメッセージを、気遣いをする側が何回くらいチェックするかで測定した。また、気遣う側がパートナーに代わってスピーチをするために、楽しいパズルをするのを見送る意欲も測定した。コリンズとフォードほか（2010）は、この研究の結果を以下のように要約している。気遣い役で不安のなかった者（関係不安や関係回避の低い者）は、不安を感じた者にくらべて、

> 応答性の点ではっきりした証拠を示した。高必要条件（パートナーがスピーチ課題について大きな苦痛を感じていると信じ込まされている場合）では、低必要条件（自分のパートナーがこれからのスピーチ課題について全く苦痛を感じていないと信じ込まされている場合）よりも、彼らは情動的な共感をより感じており、認知的にパートナーにより集中していた（自分自身のパズル課題の作業中にも、パートナーの感情を考え、パートナーの考えに気が移らされていた）。また彼らは、高必要条件でより多くの行動的支援を見せていて、それはパートナーからくるメッセージをコンピュータ・モニターでチェックする回数の増加と、パートナーといっしょにする課題へスイッチしようとする意欲（パートナーに代わってスピーチをすると申し出る）が増すことで示された。(Collins et al., 2010, p. 382)

この報告からは、パートナーへの注意の集中の効果と援助行動とを、共感的配慮が仲介していたかどうかははっきりとはいえない。しかしながら、ミクリンサーほか（Mikulincer et al., 2005）はこうした仲介がありそうだと示唆している。パートナーとの関係を保証することの閾下のプライム刺激と閾上のプライム刺激とを用いてミクリンサーたちは、この関係の保証のプライミングが共感的配慮を増すこと、その結果として、援助を必要としている相手──それがこちらと密接な関係にない未知の人であっても──についての援助の意欲を高めることを見出している。ミクリンサーほか（2005）とコリンズほか（2010）は、こうした関係の保証が、自己注視や自己配慮から他者指向的な共感的配慮や利他的な動機づけへのシフト（移行）を可能にすると結論している。

終わりに、前に述べたように、自分の関係的パートナーが去ってしまった後のそのパートナーに対する共感的配慮は、さまざまな親密な関係──ロマンティックな関係・家族関係・交友関係での許しの強力な予測の手がかりとなるこ

とが見出されている（McCullough et al., 1997, 1998）。フィンチャムほか（Fincham et al., 2002）は、共感的な情動が長期にわたる結婚の想像上の違背の許しについて（特に夫で）予測できることを見出している。許しへの意思は、より肯定的な——そして持続する——関係をつくり出すはずである。

利他的な援助者へのよりよい健康

これまで見てきた証拠では、共感によって誘発された利他的な動機づけを経験した場合には、この共感的配慮の相手は、さまざまなやり方で利益を得ることが示されている。あなたも同じように、利益を得られるのだろうか。その可能性はおおいにある。この点についての証拠はおおむね状況的なものだが、共感によって誘発された利他性はあなたの心理的な健康に、身体的な健康についてさえ、寄与するようである。

状況的な証拠

利他性の特効薬としての逸話的な証言としては、ディッケンズの古典的な小説『クリスマス・キャロル』（1843/1913）で、エベネーザ・スクルージが改心の後に体験した幸福と達成から、地域の動物愛護協会からイヌを引き取った年老いた寡婦の次の言葉までに、すべてが含まれている。

> 寡婦になって6か月、私は空虚な家に耐え難くなりました。マンデーを引き取る、それが私の答えでした。そして私は彼女の救い主にもなったんです…彼女は栄養不良で脱水症状を呈していました。われわれがお互いに与えあう不動の愛と忠誠とが、何にも増して、静かな喜びを感じさせてくれるものになりました。（Cohen & Taylor, 1989, p. 2）

これ以外にも、より体系的な研究から状況証拠が得られている。青年たちがボランティアの家庭教師をすることで、自分自身により自信をもつことがわかっている（たとえば、Yogev & Ronen, 1982）が、一方では、ボランティア活動は青年たちの抑うつや自尊感情、幸福感に影響しないという研究もある（たとえ

ば、Johnson, Beebe, Mortimer, & Snyder, 1998)。ニューマンほか (Newman, Vasudev, & Onawola, 1985) は、学校でボランティアの援助活動をしている高齢者（55歳から85歳）に調査をして、その65%が生活の満足度が増し、76%が自分自身について自信がつき、32%ではこころの健康が増したと報告しているのを見出している。高齢のカップルの生活変化研究では、他者をサポートすることが死のリスクを低くし、配偶者の死についての悲しみから立ち直るのを早めてもいるという証拠が得られている (Brown, Nesse, Vinokur, & Smith, 2003; Brown, Smith, Schultz, Kabeto, Ubel, Poulin, Yi, Kim, & Langa, 2009)。ミドラースキーとカハナ (Midlarsky & Kahana, 1994, 2007) は、こうした効果は、少なくもその一部が、他者指向的な共感的配慮と利他的な動機づけとによるらしいことを示唆している。

　成人一般の間では、ソイツとヘーウィット (Thoits & Hewitt, 2001) は、個人がボランティア活動に従事する時間数が、報告された自尊感情や生活満足度、そして身体的健康とプラスの――抑うつとはマイナスの相関関係にあることを見出している。ラックス (Luks, 1991) は、定期的に他者を援助する活動をしているアメリカの全国規模での3,000人のボランティア参加者について、自己報告式のデータを収集している。過酷な訓練の最中とその後で経験される感情と同じように、こうしたボランティア参加者の多くは、援助活動中には「高揚」――興奮と温かさ、エネルギーの増加の感覚――を感じ、その後には「平穏」――緩和感とストレスからの自由、自己価値の高まりの感覚――を感じたと報告している。このような報告は、これまでは知り合いでなかった援助を必要としている人との密接な個人的接触が含まれている場合にはしばしば報告されており、そこでは共感的配慮と利他的な動機づけがある役割を演じていることを示唆している。この種の効果は、家族や友人での義務的な援助、あるいは匿名での時間やお金の提供ではあまり見られない (Luks, 1991)。

　援助活動をすることが健康に利するという状況的証拠を検討して、ドヴィディオとピリアヴィンほか (Dovidio, Piliavin, Schroeder, & Penner, 2006) は、いくつかの方法的な懸念を提起している。その第1は、こうした研究の大半で、特に身体的な利益よりも心理的な利益を検討した研究が、自己報告を用いていることである。この種の自己報告が妥当なものかどうかは、はっきりしてはいない。第2としては、研究がほとんど相関的なものに限られていることである。ある場合には、問題となっている利益を生み出す可能性のある援助行動以外の

統制要因(社会経済的地位・以前の健康状態・多忙さ・社会的相互作用など)が統制されていたり、別の場合には、縦断的なデータが収集されたりしている。しかし、関連をもつ他の要因のすべてが適切に統制されてきたとは確言はできない。縦断的なデータが収集されている場合であっても、交差遅れ的な相関がテストされている例はまれである(Campbell & Stanley, 1966)。こうして、実際に何が測定されているかはしばしばはっきりしないままに残されており、観察された結びつきの原因についても同じなのである。

このような懸念に応える努力としてオマン(Oman, 2007)は、高齢者(55歳あるいはそれ以上)がボランティア活動に参加することが長命をもたらすという仮説をテストする際に、いくつかの攪乱要因を統制しようと試みた6つの研究をとり上げている。彼の結論は、われわれを元気づけるものである。

> これらの研究の見出したところはその細部では違いがあるものの、全体としてのパターンははっきりしているように思われる。ボランティア活動への参加は、死亡率の相当な低下と結びついていて、この低下は人口統計的地位あるいは社会経済的地位、以前の健康状態や他のタイプの社会関係と社会的支援、以前の身体活動と運動のレベルなどの違いによっては、容易に説明できない。(Oman, 2007, pp. 25-26)

共感によって誘発された利他性が原因なのだろうか

報告された健康の利益が援助行動、特に利他的に動機づけられた援助行動のためであるかどうかは、依然としてはっきりしないままである。その全部ではないにしても、多くのこの種の利益が(a)能力と統制力を示す(Langer, 1989)(b)社会関係が増す(Thoits & Hewitt, 2001)(c)自分の外のことに注意を向ける(Midlarsky, 1991; Schwartz, 2007)ことの結果であるのかもしれない。もしそうだとしても、他の人の福利に配慮することはこうした効果をつくり出すための一つのやり方ではあっても、唯一のやり方ではないかもしれない。テニスのチームやバード・ウォッチングのグループ、あるいはブリッジ・クラブに参加することも、同じように効果的であろう。楽観的な主張——たとえば、「人間は善いことをすることで元気になるように作られているようだ」(Post, 2007, vi)——はあるものの、共感によって誘発された利他性が「善いことをする」

ことと結びついた健康の利益を請け合うに値するかどうかについては、まだ結論は出ていない。

とはいうものの、その可能性は真剣に検討してみる価値があろう。これまでの調査研究以外に、これに関係する資料を見出すことができるのだろうか。2章で示唆したように、もし共感によって誘発された利他性の生物学的なルーツが両親の養育性とやさしさとにあるとすれば、この利他性はオキシトシンの放出と結びついており、その結果として、免疫システムとストレスへの反応に役立つ効果とつながっていることが見出されると期待できよう（Carter, 2007; Marques & Sternberg, 2007）。そこで、それが両親の養育性の般化された表出である限りにおいてだが、共感によって誘発された利他性は健康を促進する神経化学的な仕組みにつながっているかもしれない。

親子関係の文脈を越えて、神経化学的なリンクの可能性を追求する生産的なやり方は、動物への配慮をとり上げることである。肯定的で、配慮のある人間－イヌ間の相互作用では、人間とイヌの双方でオキシトシンの放出が見られるとの予備的なデータがある（Odendaal & Meintjes, 2003）。動物への配慮は、特にペットの場合に、心理的・身体的な健康を増し、生命の意味を高め、ストレスを少なくし、血圧を抑え、生命を長らえさせさえすると考えられてきた（Allen, 2003; Dizon, Butler, & Koopman, 2007）。特に、養護ホームや刑務所の収容者の病気や孤独では、コンパニオン動物の世話が健康上の利益とつながっているとされている（Netting, Wilson, & New, 1987）。ある若い女性の囚人は、「刑務所での時間はエンドレスです。でも、イヌをかわいがることで時間に意味が出てきます」と説明している（Cohen & Taylor, 1989, p. 62）。しかしながら、人間－動物間の相互作用から健康に利益を生じることが動物への配慮の結果なのか、これとは逆に動物による結果なのかは、依然としてはっきりしていない。オキシトシンとほかの神経化学的な仕組みがこの効果を媒介している役割についても、同じである。

2つの限定条件

共感によって誘発された利他性が、抑うつや無意味さ、緊張などの解毒剤になっていることが証明されたとしても、2つの重要な限定条件を指摘しておかなくてはならない。その第1は、どんな薬も量がすぎれば患者に損害を与える

のと同じように、他者に対するあまりに無私な配慮は「気遣いの与え手のバーンアウト（燃え尽き）」を生み出すことになり得ることである（Maslash, 1982）。このことは、ボランティアにも専門的なヘルパー——エイズに接する者、ホスピスの従業員、医師、ソーシャル・ワーカー、セラピスト——にも、相手が背負っている荷物があまりに重いために、気持ちが枯れてしまい、これ以上与えるものがないという感じにさせてしまう（Omoto & Snyder, 2002; Schultz, Williamson, Morycz, & Biegel, 1991）。われわれの共感的配慮を経験する容量は、限りのないものではない。おそらくわれわれが同情を感じることができるのは、感覚が麻痺してしまう手前までなのである。もしそうだとすれば、共感によって誘発された利他性が健康を与える特質には、生物学的・心理学的な限度があるのであろう。

　２番目の限定条件はより基本的なものである。抑うつや無意味さ、緊張などの解毒剤として利他性に頼っていると、実際にはそうはいかなくなるのはあり得ることである。利他性を自分を助けるさらに別の治療法として用いようとすること——人生の意味や健康を手にするという最終的な自己奉仕的な目標への手段として——には、論理的・心理的な矛盾がある。他者のために利益となることがこうした自己利益を手にするための手段となったそのときから、そこでの動機づけは利他的なものから利己的なものへと移行する。このようなわけで、上で見たような健康上の利益を生み出すのが——援助行動をするということだけでなく——共感によって誘発された利他性だとすれば、こうした利益を意図的に求めることは失敗するように運命づけられているといえよう。利他性が健康を高めるのは、意図せざる結果としてであって、それをつくり出そうとする方略としては役に立たないだろう（この問題についてのこれ以上の議論は、Batson, 1991 と Wallach & Wallach, 1983 を参照）。

結　論

　援助を求めている相手への、より敏感でより不安定さの少ない援助。より少ない攻撃。より少ない子どもへの虐待とネグレクト。性的な暴力の減少。さらなる許し。より少ない不公正の犠牲者への汚名と非難。葛藤状況——１試行型の囚人のジレンマ、交渉と取引、政治的議論、学校での人種的・民族的な緊

張を含めて——での協力の増加。スティグマ化された集団へのより肯定的な態度。こうした集団を援助する意欲の向上。絶滅危惧種へのいっそうの関心。交友関係や恋愛、結婚でのより敏感で応答的な気遣い。いっそうの幸福と自尊感情の高まり。人生での達成とその意味の感覚。より少ないストレス。寿命の延長。

　少なくも予備的な実証データが得られている、共感によって誘発された利他性のもつ利益の可能性についてのこのリストは、印象的なものである。共感によって誘発された利他性は、善いことへの可能性をもつ強力な力である。しかしそれは、何にでも効く万能薬ではない。共感によって誘発された利他性は、問題を治療することができるとともにそれを作り出すこともできる。人間生活における共感によって誘発された利他性の役割を十分に理解するためには、われわれはその不利益を知り、それを正当に評価しなければならない。こうすることによってのみ、われわれは共感によって誘発された利他性の力を、確実に引き出すことができるのである。

共感によって誘発された利他性の不利益 8

　共感によって誘発された利他性での不利益の問題を、7章とほぼ同じ順序で——助けを必要としている相手の不利益、そして援助を必要としている集団にとっての不利益、終わりには利他的な動機づけを経験しているこちら側にとっての不利益の順でとり上げることができる。残念なことには、この点の利益についての研究よりも、不利益についての研究は数はずっと少ないのである。

共感によって誘発された利他性は援助を必要としている相手に害を与えられる

　共感によって誘発された利他性はある場合には、その共感が向けられている相手に害を与えることがある。利他的な動機づけは何時もいつも叡智を伴っているわけではなく、そうでない場合には、他者の福利についてのこころからの関心が、相手を助けるよりも害を与えるような行動をとらせてしまう。人間のもつ欠点についてのもっとも洞察力のある観察者の一人であるバルザックは、古典的な作品『ゴリオ爺さん』(1834/1962) の中で、この皮肉を生き生きと描いている。ゴリオ爺さんの自分の娘たちへの無欲な愛が娘たちを甘やかしてだめにしてしまい、彼から遠ざけ、おしまいには娘たちと彼との双方を破滅させてしまう。バルザックのメッセージはこうだ。利他性は人間の能力の一つではあろうが、それを扱うには十分なチェックが必要だ。それはわれわれを破壊してしまう可能性がある。(Oakley, Knafo, Madhavan, & Wilson, 印刷中. も参照。)

国際的な援助：善い意図からの悪い結果

　グラハム・ハンコックはこれと同じことを、『援助貴族は貧困に巣喰う』(1989) の中で、国際援助プログラムを痛烈に告発して述べている。世界銀行、

ユニセフ、ユネスコ、国連開発機構、国連食糧農業機関（FAO）、ヨーロッパ開発基金、そして AID（アメリカ国際開発局）などの高く評価されている機関の努力について、彼はきびしく非難している。多くの人びとは、こうした組織が期待されるほどの成功を収めていないことに同意するだろう。ハンコックの攻撃はより基本的なところを突いている。彼の批判は、国際的な援助が官僚と独裁者との取り引き以上のものではなく、そこでは腐敗と自滅的な従属関係が避けられないということにある。

　この攻撃の根拠を示すために、ハンコックは多くの例を引いているが、その中には住民の電気料金を 70％ も高騰させたグアテマラでの財政援助によるダム、輸入砂糖よりも販売価格が高くなったスーダンの製糖工場、熱帯雨林を破壊してしまったブラジルとインドネシアでの世界銀行による移住計画（この計画は地球温暖化をもたらす温室効果を生み出し、地元の文化を破壊し、そしてしばしば植民者たちを以前よりも貧しいままに放置してしまっている）などがある。こうした例は国際的援助の物語の全部ではない。しかし、たとえそれが最善の意図から出た救済の努力であっても、そこには固有の危険が伴っていることにわれわれが気づかないのは、その数があまりにも多く、あまりにも悲劇的であるためである。そこでは、こうした人びとが現に生活している状況を十分に理解せずに、利他的な動機を含めて、他者の苦痛から引き起こされた動機によって行動することの問題点が軽視されている。そして、それをわれわれは十分に理解できないでいる。

　幸いなことには、世界中の貧しい人びとを援助するための、より地域固有で状況に敏感なプログラムの劇的で期待のもてる例がある。そこから 2 例だけを挙げておこう。最初は、インドで 1971 年にバンカー・ロイによって始められた裸足大学（ベアフット・カレッジ）プログラムである（Roy & Hartigan, 2008）。このプログラムは、必要な情報が与えられた場合には、貧しい人びと自身がどうすれば自分たちの生活の質を高めることができるかを決定でき、またそうすべきであるという信念に基づいている。この裸足大学のやり方は、インド以外のアジア・アフリカ・南アメリカの 7 か国にひろがり、屋上の雨水取水による飲用水の提供、学校や家庭でのソーラー電気化などを推し進め、切実に求められている地域での仕事を生み出しつつある。2 番目は「健康のパートナーズ」プログラムである。これは、1984 年にポール・ファーマーによってハイチの極貧高原地域に設立されたクリニックと病院が始まりである。現在ではそれは、

世界規模での貧困者と刑務所における肺結核とHIV/AIDS治療の主要な力となっている（Kidder, 2003）。

冷めた頭が必要な際の温かな心

　どんな援助が必要なのかがわかっているときでも、共感によって誘発された利他性は、事態を悪化させる可能性がある。このことは特に、軽やかなデリケートさが必要とされる状況でいえることである。たとえば、外科医の仕事を考えてみよう。神経生理学者のポール・マクリーン（MacLean, 1967）は、外科医が親族や友人の手術を避けるのはたまたまではないと論じる。問題は、外科医が共感的配慮を感じていないということではない。全く逆なのである。「患者」ではなく自分の妹の手術をする場合には、共感的配慮と妹のためにベストを尽くしたいという願いがあまりに強くて、手術の際に通常なら安定している手を震えさせてしまう。共感によって誘発された利他的な動機づけをもつことは、妹の命を奪いかねないのである。

　温かい心がそこで必要とされることを行うのを難しくさせ得る別の状況についてのぞっとさせられる証言は、ナチスの死のキャンプからの生存者たちのものである。キャンプでは地下組織のメンバーは、すべての人を助けることはできなかった。彼らは時折、誰を生かし誰を死なせるか決めるという難しいジレンマに直面した。生存者たちは、共感的配慮の感情がこうした決定を妨げたと報告している。

> 同情はほとんどできなかったし、自分を甘やかすことは不可能だった。情動は判断を鈍らせ、決定を遅らせるだけでなく、地下組織の皆なの生命をあやうくした。…つらい選択がなされなければならなかったし、皆が同じくこの仕事に堪えられるわけではなかった。善意に満ち、尊敬されていたといえない人は誰もいなかったが、それを行動に移せる人はほとんどいなかったのである。（Des Pres, 1976, p. 131）

母性愛・父性愛と共感によって誘発された利他性

　共感によって誘発された利他性はこれとは別のやり方で、援助を求めている

相手に害を与えることができる。2章で示唆したように、利他的な動機づけは両親の養育性やさしさの認知的な般化をもとにしていて、そのことは援助を必要としている相手を暗喩的に子どもっぽい――傷つきやすく、依存的で、配慮の必要な――者として見ることを含んでいる。それはまた地位の違いをも意味していて、少なくも、問題となっている必要に対処する能力に関してそれがいえる。ある場合には、この違いは何の問題も引き起こしはしない。われわれの多くは、その援助が必要なときには、医師や警官、消防士、配管工、整備士などの専門家をよろこんで頼りにする。別のときには、結果は悲劇的なものとなる可能性がある。教師や家庭教師は、その誠実な関心から、生徒に問題を自分で解ける能力と自信とを発達させるのに失敗し、その代わりに依存性、低い自尊感情、有能感の減少などをもたらしてしまうことがある（Nadler, Fisher, & DePaulo, 1983）。理学療法士、内科医、看護師、友人、家族のメンバーなども、貧しい人や障害を持つ人をケアする社会福祉の努力がそうでありうるように、身体的・精神的に障害をもつ人びとに同じことをしてしまうことがある（Nadler & Halabi, 2006）。

　父性愛と依存性の危険は現実のものであるが、これ以外のやり方にも危険はある。「健康のパートナーズ」のポール・ファーマーは、白人のリベラルな人びとが子どもの機嫌を損ねたり保護者ぶらないことを気にするあまり、目の前で泣いている子どもの直接的な必要にうまく反応できないことを、強く批判している。ファーマーはこのことを、「犠牲や自責の念、憐れみについてさえ弁護されなければならないことが数多くある」と述べている（Kidder, 2003, p. 40）。

　効果的な養育行動には、いつ介入するか、いつ距離を置くかについての感受性が求められる。またこれと同時に、対処の仕方や自信、独立心を子どもの中に育てるように、その環境をどう構造化するかにも敏感である必要がある。効果的な援助についても、これと同じことが求められる。自分の子どもを愛することは、感受性のある、効果的な養育行動に必要とされることの全部ではない。共感によって誘発された利他性についても、それが感受性のある、効果的な援助に求められることのすべてではない（Fisher, Nadler, & DePaulo, 1983）。「腹を空かした人に魚を与えるよりも、魚をとることを教えるほうがよい」ということわざを思い返してほしい。

　他者がその置かれた状況についてどう感じているかを想像すること――視点取得――は、一般化された両親の養育性を他者が実際に何を求めているかに敏

感にさせるのに、きわめて重要なことである。内科医と精神科医としての自分自身の実践からジョーディ・ハルパーン（Halpern, 2001）は、成功した経営者で家族の長老であった「スミス氏」の事例を示している。スミス氏は突然に首から下が麻痺症状になり、人工呼吸装置に頼ることになった。彼の救いようのない状況を見て、ハルパーンは深い同情と悲しみを感じ、それを伝えてなぐさめようと試みた。これに対する彼の反応は、怒りとフラストレーションであった。「元気一杯な老人が、急激に衰弱し、次の日には若い医者にあしらわれているのがどのようなことであるのか」（2001, p. 87）を想像する積極的な努力をして初めて、ハルパーンはこの老人の怒りとフラストレーションを理解し、それに対応できるようになり、——そして、彼に働きかけるよりも彼といっしょに取り組む準備ができたのだった。ハルパーン（2001）はこう回想している。

> 私の最初の同情は、スミス氏の明らかな無力さへの、想像力を欠いた反応であって、それが彼をやさしく扱うことにつながっていた。…［この事例は］単純に患者が困惑していると知ることではなく、特定の困惑した状況でどう感じているかを想像することの実際上の重要さに光を当てるものであった。自分は動きが取れないという状態、「自分の」家族の前で憐れみの対象になっていることに激怒していることを想像した。こうした特定の経験を想像することが、私をスミス氏との交流に導いた。自分の意見を言うタイミング、彼への尊敬を伝える身体言語と彼の怒りに耐える私の能力とが、そこから作られた。(pp. 87-88)

共感によって誘発された利他性は自己的な関心によって覆され得る

　援助への間違った方向づけを生み出すことに加えて、共感によって誘発された利他性が他の動機によって覆されてしまうことがある。3章で議論したように、利他的な動機づけは自分に可能なそれぞれの行為について、そのコストと利益を計算させるようにさせる。たとえ本心から他者の福利を増す方向に動機づけられている場合であっても、この利他的な目標を先送りして、差し迫った自己への関心を先行させる決定をすることがあるかもしれない。この可能性と一致した結果がバトソンほか（Batson et al., 1983, 研究3）によって見出されている。援助のコストが高い場合——与えられるショックは「明らかに痛みを伴う

が、言うまでもなくケガはしない」——には、援助を必要としている人に対して以前に高い共感的配慮を報告していた者の動機であっても、利己的なものになっていたのである（5章参照）。この結果は、他者への配慮が「ひ弱な花であり、自己への関心によって簡単に粉々にされてしまう」ことを示している（Batson et al., 1983, p. 718：また、Bunzl, 2007 も参照）。

5章では、自己への関心がたやすく共感的な配慮を押しつぶしてしまうかどうかは、利他的な動機づけの強度の関数であることがほぼ確かであることを示唆しておいた。またそこでは、幼い娘が接近してくるクルマの前に急に飛び出したのを見た父親についての思考実験を提示して、この場合には、娘を助けようとする欲求が自己への関心のすべてを越え、自分の生命をも越えているであろうと示唆しておいた。

悲しいことには、この思考実験とほとんど同じことが現実に起きていたのである。2000年12月のニューヨーク・タイムスの日曜版に、「あなたがこれまでに立ち会った、いちばん無私無欲な、寛容な行為」の報告を読者に求めた調査結果が載せられている。その回答の一つがこれである。

> 私は13歳でした。家族みんなで金曜日の夕方、映画を見に行き、クルマから降りようとしていました。その郊外の映画館は、広くてクルマの往来の激しい道に面していたのです。通りを横切ったところにお気に入りのハンバーガー屋さんがあって、そこから小さな子が出てきて、その後からおじいさんがついてきました。思いもかけないことに、その子が突然、そのクルマいっぱいの道に飛び出したんです。すぐにそのお年寄りがその子の後を追い、一台のクルマの進路に入り込んだんですが、クルマは止まれませんでした。おじいさんはどうにか間に合い、その子を抱き上げ、危険な場所から放り出したんです。そして、ドスンという音がしました。おじいさんは即死でした。その時の小さな女の子は、いまはおばあさんです。

言うまでもなく、利他性という花は、いつもひ弱なものではないのである。

共感回避：利他的な動機づけを避ける利己的な動機づけ

　共感によって誘発された利他性を覆すような競合的な動機があるだけでなく、それが生ずるのを妨げる動機もある。上で引用した例がよく示しているように、利他的な動機づけはわれわれにコストをかけることができる。われわれの生命と引き替えにしないまでも、他者のために、われわれに時間やお金、エネルギーを使わせる。共感的な配慮が利他的な動機づけを生み出すと意識する程度に応じて、われわれは共感を感じるのを避けようとする利己的な動機を経験するようになる。この動機には、路上のホームレスの人に出会ったり、難民の窮状の話を聞いたり、飢餓の惨状をテレビのニュースで見たりした際に引き起こされる。われわれは、目をそむけ、通りを横切って向こうへ行ったり、チャンネルを変えたりする。

　どのような条件から共感回避は生まれるのだろうか。ショウほか（Shaw, Batson, & Todd, 1994）は、援助を求めている相手に出会う前に、（a）この相手を援助するよう求められるであろうこと（b）その援助にはコストがかかることを知っている場合に、この動機が生じやすくなるとしている。

　ショウほか（Shaw et al., 1994）は、男女の大学生に、ホームレスの人が援助を求めるアピールをしている録音2組の中で、どちらを選択するかを問うことで、共感回避を生み出すこの2つの条件を検証している。高インパクト版では、感情が喚起されやすく、共感的な配慮が導かれやすく描かれている。低インパクト版は客観的で、感情喚起的ではなくなっている。自分たちの選択をする前に、ある参加者たちはこのアピールを聴いた後で、ホームレスの男性をボランティアで援助する機会が与えられると告げられた。この参加者の半分では、ボランティア活動は低いコスト（寄付予定者に送る手紙を作成するのに1時間を費やす）であり、残りの半分では高コスト（ホームレスの男性との1時間半の対面のミーティングへの参加と、それ以上の接触の可能性）だと告げられた。共感回避に特定した条件から予想されたように、援助を求められると告げられた参加者でその援助が高コストであるとされた者は、ホームレスの男性のアピールの高インパクト版を聴くことを選択することが、援助の機会があると告げられなかった参加者とその援助が低コストだと告げられた参加者と比較して、

有意に少なかった。共感回避は、現実に存在するようである。共感によって誘発された利他性を経験する可能性——とこの可能性についてのわれわれの気づき——が、こうした人びとへの援助を断わらせることになり得るのである。

共感回避は、援助を専門とする人びとの間でのバーンアウト（燃え尽き）の一因であるかもしれない（Maslach, 1982）。しかし、援助の専門家たちの間での共感回避の条件は、ショウほか（1994）によって特定されたものとはおそらくは同じではない。専門家たちの間では共感回避は、援助についての認知されたコストよりも、効果的な援助をすることの認知上の不可能さから生じているように思われる。不治の何もしてあげられない必要に直面して、福祉のケース・ワーカー——あるいは心理療法家やカウンセラー、また終末期の患者をケアしている看護師（Stoland et al., 1987）——のなかには、利他的な動機を満足させることができないフラストレーションを避けるために、共感的配慮を感じることを回避しようとする者がいるかもしれない。彼らは、クライエントや患者を物として考えるようにし、そのように扱うかもしれない。

7章では、少なくも攻撃が喚起されるに先だって共感があった場合に、共感によって誘発された利他的な動機づけが攻撃を抑制できると述べた。共感回避は、この限定条件を説明するのに役立つだろう。侮辱やこれ以外の攻撃への挑発が共感の導入よりも先行した場合には、報復しようとする動機は共感とこの動機に相反する利他的な動機づけとを回避したいという欲求を生み出すこととなろう。

この示唆に一致する結果が、ウォーチェルとアンドレオリ（Worchel & Andreoli, 1978）によって報告されている。この実験では、男子大学生が他の参加者によって侮辱されたが、彼らは後になって他の参加者にショックを与える機会があることを知っている。侮辱された大学生は他の参加者について、脱個人化された、脱人格的な情報を選択して再生した（Zimbardo, 1970）。この種の情報は、相手の必要への意識や視点取得、共感などを抑制するはずのものである。これと同様にジンバルドとバンクスほか（Zimbardo, Banks, Haney, & Jaffe, 1973）は、彼らの有名な刑務所シミュレーションで「監視役」がさまざまな脱個人化の方略を用いたと報告している（そうすることで、「囚人」を容易に虐待できた）。こうした方略は、監視役が囚人に気の毒さを感じるのを避けられるようにしたのだろう。これと同じ過程のさらに極端な例が、アウシュビッツの司令官であったルドルフ・ヘスの報告である。彼は自分の任務——290万

人の人びとを組織的に絶滅する——を遂行できないといけないので、「軟弱な感情はすべて抑え込んだ」と報告している（Hoess, 1959）。

共感回避は、壊滅的な結果——それが妨げるもの・それが許すものの双方において——をもたらし得るように思われる。ポール・スロヴィック（Slovic, 2007）はこう考察している。

> 毎日のようにランダムに起きるとしか思えない数多くの災害についての知識に直面して、人間のこころはその扉をピシャンと閉じるほかに何ができるというのだろうか。それほどの悲しみに耐えられる人間などいない。われわれは地球規模の悲劇に対処するようには進化しなかった。われわれの防御法は、自分たちを結びつけるような出来事の筋道などはないかのように、そしてこうした生命が自分たち自身のものほどには貴くもリアルでもないかのように装うことである。これはある程度は実際的な方略であるが、しかし共感を失うことは人間性を失うことでもある。これは決して小さな取り引きとはいえない。(p. 9)

共感によって誘発された利他性は、ある種の必要によっては喚起されにくい

共感によって誘発された利他性が効果がなかったり、覆されたり、回避されたりする可能性に加えて、ある種の援助の必要には、それが引き起こされなかったりもする。

非人格化された他者の援助の必要

7章で論じたように、共感的な配慮は人格化された他者の援助の必要によって引き起こされるように思われる。しかし、この肯定的な言い方には否定的な側面が含まれている。共感によって誘発された利他性は、非人格化された他者の援助の必要によっては引き起こされそうもないのである。非人格化された他者というのは誰なのだろうか。この疑問については、半ダースほどの回答が出されている。(a) 遠くに住んでいる人 (b) 同じ集団のメンバーでない人 (c) 自分に似ていない人 (d) 自分自身が経験したことのない必要をもっている人 (e) 嫌いな人 (f) 類似した必要をもっている多くの者の一人として出会った

人。

　こうした特徴のそれぞれは、脱人格化の原因として、また共感的配慮の制限条件として提案されてきた。しかしながら、これまでの研究が支持しているのは、(e) と (f) だけである。この2つを考える前に、ほかの4つについて述べておきたい。(a) 他者の援助の必要についての意識化のレベルを一定にした場合には、距離そのものは、共感的配慮の重要な限界とはならない。地球の反対側の自然災害や残虐行為の犠牲者について聞いたときにも、心配することができる。相手との距離は、行為への責任や道徳的な義務を低下させるかもしれないが、責任と義務の感情と、共感的配慮あるいはそれが生み出す利他的な動機づけとを混同するべきではない。(b) 共感によって誘発された利他性にとって、同じ集団のメンバーであることが必須の条件であると主張する者（たとえば、Stürmer et al., 2006; Turner, 1987）もいるが、研究の結果はそうではないことを明確に示している（たとえば、Batson, Polycarpou et al., 1997; Batson, Sager et al., 1997; 6章も参照）。(c) これと同じことが類似性についてもいえる。2章では、共感を導入するのに類似性を用いることについて論じた。知覚された非類似性が反感を引き起こさない限り、自分自身と全く似ていないが同じ集団のメンバーである人びとだけでなく、他の種のメンバーを含めて、われわれは広い範囲の相手に対して共感的な配慮を感じることができるということを指摘した (Batson, Lishner et al., 2005; Kahneman & Ritov, 1994; Shelton & Rogers, 1981; もう一度6章を参照)。

　(d) オルポート (Allport, 1924)、バンデューラ (Bundura, 1969)、ホフマン (Hoffman, 1981a) たちの主張にもかかわらず、同じ必要を経験することが必須であるということはない。このことが相手に与えるインパクトを理解し評価することはでき、その限りでいうと、この必要についての事前の経験は必要ではない (Batson, Sympson et al., 1996; Hodges, 2005; Hygge, 1976)。事前の経験は、他者の必要をよく理解することになるだろうし、そこから共感的配慮が出てくることにもなるが、こうした認識はこれとは別の原因からも出てこよう。こういう訳なので、特定の必要について全く経験したことがない人でも、病気やケガ、不安になっている人に対して少なからぬ共感を感じることができるのである。アダム・スミス (Smith, 1759/1853) は、「男性も出産の床にある女性に共鳴することができるのであって、彼が自分自身の固有の身体と性格において彼女の諸苦痛をうけていると考えることは不可能であるにしても、そうなのである」

（Ⅶ , ⅲ , 1.4／水田訳・下巻 , pp. 340-341. 一部変更）と述べている。実際に研究の結果では、出産の事前の経験をもっていることは、一部の女性の注意を他者の経験から自分自身の経験へと移行させ、共感的な配慮の感情を減退させてしまうことが明らかになっている（Hodges, 2005; Hodges et al., 2010）。

　終わりの２つは、脱人格的な特徴が、共感的配慮に重要な限界となることを述べている。(e) ２章で議論したように、他者についての嫌悪や反感——敵対的指向——は、共感的配慮の不可欠な先行要因の一つ（他者の福利を尊重すること）を弱める作用をする。バトソンとエクルンドほか（Batson, Eklund et al., 2007）は、嫌悪感が共感的配慮や援助行動に抑制的な効果をもつことをはっきりと示した証拠を提出している。

　(f) 援助を必要としている人が、同じような必要をもっている多くの者の中の一人である場合には、人格化や共感、それと同時に援助の意思についても、それらを抑制する効果があることが明確にされている（Kogut & Ritov, 2005a, 実験１と２; Kogut & Ritov, 2005b, 実験３; Small et al., 2007）。スターリンの言うところを言い替えると、「援助を求めているのが一人なら悲劇だが、百万人になるとそれは統計値だ」ということになる。今日われわれが直面している差し迫った社会問題の多く——大量の飢餓、大量殺戮、エイズの流行——は、援助を必要としている個人の問題としてではなく、統計としてわれわれに襲いかかってくる。この結果は、スロヴィック（Slovic, 2007）が主張するように、「心の麻痺」と「同情心の崩壊」とをもたらすことになる（Epstein, 2006 も参照）。大勢の人びとを効果的に援助するコストが高いために、共感回避はここでも役割をもっている。

抽象的な必要

　さらにいっそう複雑なことがある。多くの緊急の社会問題は、一人の個人あるいは人びとの集まりを援助するという問題なのではない。環境汚染や核の拡散、人口の急増といった問題は、いずれももっと抽象的なものである。「地球のレイプ」といった人格化による暗喩がわれわれを動かすことはあるにしても、環境問題あるいは世界の人口問題に共感的配慮を感じることは、不可能ではないが難しいことであろう。

　こうした必要に共感することが困難であるばかりでなく、個人としての援助

的な対応ができないことが多い。こうしたことは、制度的構造や官僚構造を通じて、政治の世界でとり上げられるべきものである。しかしこの過程は時間もかかり、遅々としたものなので、共感によって誘発された配慮のような情動を基礎にした動機づけが効果をもちやすいのとは違った種類のことである。ガレット・ハーディン（Hardin, 1977）は次のようにいっている。

> 純粋の利他性は可能なのだろうか。もちろん可能である——小さなスケールで、短い時間で、ある状況の中で、そして小さくて親密な集団の中でなら可能である。家族に似た集団では、「損得の巧みな計算」をほとんど考慮しないこともできるにちがいない。しかし、数千人（あるいは数百万人）のメンバーからなる集団で、そこには多くの敵意が存在していることが知られていて、より多くの対立が疑われているところでは、計算なしの政策に固執するのは素朴な希望でしかない…。
>
> 大集団の本質を理解しない人びとが、素朴に「利他的な機会を提供するエイジェントとして［動く］社会政策的な制度」を求めるのは、不可能なことを求めているのである。大集団での社会政策的な制度は、私が政策の基本的ルールと呼んだもの——その人自身の自己利益に反するような行為を求めてはならない——によって、ガイドされることが不可欠なのである。(Hardin, 1977, pp. 26-27. 強調は原著。)

慢性的な必要

特定の個人の必要に応じる場合であっても、その必要が慢性的なときには、共感によって誘発された利他性は十分には作用しないであろう。他の情動（たとえば、幸福感、悲しみ、恐怖）と同じように、共感によって誘発された利他性は、時間とともに弱くなる。その結果として、たとえば地域でのボランティア活動でしばしば求められる長期の援助といった種類のことを維持することはできなくなる可能性がある（Omoto & Snyder, 2002）。共感によって誘発された利他性は、エイズの犠牲者やホームレスのボランティアとして働くようにうながすことができるが、ボランティア活動を長時間継続するには、これとは別の動機が必要となるかもしれない。これと同じように、共感によって誘発された利他性は、援助を求めている相手に次々と、また日々出会っている専門家の援

助者——内科医や看護師、ソーシャルワーカー、心理療法家、カウンセラー、教師など——の仕事を維持していくのには、十分なものではない。利他性は、援助の専門職に就くことを動機づけはするが、そのことだけでは、その仕事の有効さを保つのには十分ではない。時間とともに感情が減退していくだけでなく、7章に述べたように、この感情の源泉からその力をどの程度繰り返し引き出せるかにも限界がある（Epstein, 2006）。時間がたつと専門家の援助者たちは、共感的配慮を感じる自分の力が枯渇してしまっているのを知り、共感疲労（あわれみ疲れ）と呼ばれる状態に入り込んでしまう可能性がある（Figley, 2002; Rainer, 2000）。

共感によって誘発された利他性は不道徳的な行為を引き起こすことができる

　共感－利他性仮説のさらに驚くべきことは——少なくとも多くの人びとにとって——、共感によって誘発された利他性が、われわれを不道徳的に行動するように導くことができることである。このことが驚きなのは、多くの人びとが利他性と道徳性とは同じものだとしているからである。共感－利他性仮説ではそうではない（1章を参照）。この仮説では、利他性は他者の福利の増大を最終の目的とする動機づけの状態を意味する。辞書では、道徳性の定義として次の最初の2つが与えられている。(1)「正しい行為の原理をもつこと、あるいはこの原理に関心をもつこと」(2)「そのような原理に合致していること」。このような利他性と道徳性との定義から、利他性は利己性と同じ関係を道徳性についてもっていることになる。たとえば、公正あるいは正義の道徳原理を考えてみよう。自分自身に利する利己的な欲求は、自分の必要や利益を、それに対応する他者の必要や利益に優先させるという不公正なやり方を採らせるであろう。これと同じように利他的な欲求は、その他者の必要や利益をそれ以外の他者のそれに対応する必要や利益よりも優先するという不公正なやり方を採らせることができるのである。どちらの場合も、公正の原理に反している。

共感によって誘発された不道徳についての実験的証拠

　共感－利他性仮説から出てきたこの問題を検証するために、バトソンとクラ

インほか (Batson, Klein, Highberger, & Shaw, 1995) は2つの実験をしている。最初の実験では、60人の心理学入門の受講生の女子学生が、タテマエ上はランダムに、監督者の役割に配置された。監督者として彼女らは、2人の他の心理学入門の学生——作業者——に仕事を割り当てる。仕事の一つは肯定的な結果をもたらすもので、作業者は自分のやった課題に正答するたびにクジ券1枚（当たると30ドルのギフト券がもらえる）を受けとる。別の仕事では結果は否定的で、作業者は自分の誤答ごとに不快な電気ショック（静電気強度の2〜3倍）を与えられる。公正の道徳原理がよく目立つようにするために、監督者が仕事の割り当ての決定をする前に、全員が次の文章を読んだ。「監督者の大半は、仕事の割り当てを決めるのにコインを投げるのがいちばん公正だと感じていますが、しかし決定の仕方は完全にあなたに任されています。作業者の割り当て方は、あなたの望むようにやってください」。コイン投げを選んだ監督者のためにコインが用意されていた。作業者は、どのようにして仕事が割り当てられるかは知らされておらず、どちらが自分の仕事かだけを教えられる。

共感の操作は、7章で述べた囚人のジレンマ研究 (Batson & Ahmad, 2001; Batson & Moran, 1999) を用いてなされた。監督者は作業者の一人からのコミュニケーションを受けとったか・受けとらなかったかのいずれかであるが、その相手は簡単に参加者Cだとされた。ここでのコミュニケーションは、この参加者Cに最近起こった何か興味をひくことについて書いた手記の形をとっている。タテマエ上は、この手記はCがこの研究の性質について知る前に書いたことになっており（この手記が監督者の同情を得る試みとは受けとられないようになっている）、実験のあるセッションではコミュニケーションがあり、別のセッションではそれがないために、Cには自分の手記が、監督者によって読まれたかどうかはわからないことになっている。

囚人のジレンマ研究と同様に参加者Cの手記は、最近彼女がボーイフレンドに捨てられたばかりで、元気になれるようないいことが起きないかなと思っているという言葉で終わっている。前の実験のように、Cに肯定的な結果をもたらす仕事（クジ券）に配することは彼女を元気にするし、否定的な結果が与えられる仕事（電気ショック）に配することはそうではないと参加者は考えるであろうと仮定された。この手記を読んだ40人の半分の者は、客観的で無関心でいるようにと教示されていた（低共感条件）が、残りの半分の者は、この手記を書いた学生がそこに書かれたことについてどう感じているかを想像する

ように教示された（高共感条件）。

　監督者はどうやって作業者に仕事を割り当てただろうか。手記を読まなかった「コミュニケーションなし」の条件では、20人の参加者の全部が、ランダムの方法（コイン投げ）を使ったと報告した。この報告と一致して、また公正な手続きの基準とも合致して、この条件の50％の監督者が参加者Cに肯定的な仕事を割り当てた。「コミュニケーション／低共感」条件では、20人中の17人がランダム法（コイン投げ）を使ったと報告した。残りの3人は、コインを投げずにCに肯定的な結果を割り当てたと述べた。こうした3人がいたにもかかわらず、この条件での正味の結果は「コミュニケーションなし」条件と同じであって、50％の者がCに肯定的な結果を割り当てていた。この結果は、「コミュニケーション／高共感」条件とははっきりと違っていた。そこでは20人中の10人だけが、ランダム法を使ったと報告した。この10人も、5人（50％）はCを肯定的な結果に割り当てていた。このほかの10人は、コインを投げることなしに、Cに肯定的な結果を割り当てていた。この条件で、Cに肯定的な仕事の結果を割り当てた全体の比率は75％で、手続き的な公正さを指示される場合の50％とは、有意に異なっていた。

　後になって、仕事を割り当てるのにいちばん公正なやり方はどれかと自由回答式の質問紙で聞かれた際に、それぞれの条件の20人中18人の監督者が、コインを投げる（あるいはこれ以外のランダムな方法）が最も公正だと回答した。それぞれのコミュニケーション条件で監督者の1人だけが、コインを投げることなしにCに肯定的な結果を割り当てるのがいちばん公正だと述べた。何が公正だと回答したかにかかわらず、「コミュニケーション／高共感」条件の監督者の半数が、共感を感じるように導かれた参加者にえこひいき（不公平）をしていた。

　2番目の実験でバトソンとクラインほか（1995）は、さらに大きなえこひいき（不公平）の結果を得ている。参加者たちは神を演じるという、本質的にやっかいな立場に置かれた。60人の心理学入門の受講生（男女半々）のそれぞれが、シェリ・サマーズのインタビューを聴いた。この子は10歳で、進行性の不治の病気にかかっている。次に参加者たちは、シェリを助ける、予想もしなかった機会を与えられる。それは、シェリを待機リストからはずして、もっと厳しい不治の病気にかかっているか、より長いこと処置を待っているかする子どもたちを飛び越して、直ちに処置するグループに入れるというものである。

シェリへの共感はこの場合にも、参加者たちがインタビューを聴く際に異なる視点をとるよう教示することで操作された。低共感条件では客観的なままでいるよう教示され、高共感条件ではシェリの感情を想像するように教示された。

　低共感条件の大半の参加者は公正に行動し、より必要な子どもたちを飛び越してシェリを直ちに処置するグループに移す機会を辞退した。彼女をリストから移すことを選択したのは、わずかに33％であった。高共感条件の者は公正に行動したとは言い難く、73％がシェリを早期処理グループに移すことを選んだ。

　この2つの実験は、共感によって誘発された利他性が、公正の道徳原理に背かせることが可能であるという提案を支持している。どちらの実験でも、援助を求めている者の中の一人に共感的配慮を感じるようにされなかった参加者は、公正に行動することが多かった。共感的配慮の感情を導入された参加者は、自分の共感の相手にえこひいき（不公正）をすることが多かった。えこひいき（不公正）を示した高共感の参加者は原理としての公正さを捨てたのではない。他の参加者と同じように、彼らもえこひいきは公正さに欠け、道徳的ではないと認めていた。にもかかわらず、この原理にあえて背いて、配慮するように導かれた人の利益になるように行動したのである。

実験室の外での共感による不道徳性

　言うまでもなく、実験室の外でも共感によって誘発された不道徳性が起きるかどうか、知りたいに違いない。それは起きると思われる。たとえば、援助を求めている多くの人びととの中で、個人的にも国家としても、どの人びとがわれわれの援助を受けるかについて、共感的配慮から生まれた利他的な動機づけが決定にえこひいき（不公正）をもたらすと信じる理由がある。災害時の写真にコメントしたタイム誌のエッセイストであるワルター・イザックソンは、1992年にスーダンではなくソマリアに介入する決定がなされたのは、ソマリアの苦難の写真が共感的配慮の感情を引き起こさせるのに、スーダンの写真がそうではなかったためだとしている。彼はまたこうした決定は、不公正で、近視眼的な方針をもたらす可能性があると指摘している。

　民主主義では、政策は（秘密裏に実行されるのでなければ）公衆の心情を反映

したものでなくてはならない。しかし、特に地球規模の情報化の時代にあっては、ネットワークやニュース雑誌が苦しんでいるソマリアの子どもやボスニアの孤児のイメージを、数百万の人びとの優しいこころに焼き付けることができる時代では、心情からは感傷がにじみ出てくる。あちこちで迫力ある写真から引き起こされた同情の爆発は、クリスマスの慈善事業には格好の土壌ではあっても、はたして対外政策の基礎として適当なものだろうか。ソマリアを救い、スーダンを無視するという結果が、主として前者のほうが写真の訴える力が大きいからという理由で良いのだろうか。(Isaacson, タイム, 1992年12月21日号)

共感によって誘発された利他性は、利己的な自己的関心とほぼ同じように近視眼的な考えを作り出せるように見える。こうした動機のそれぞれは、特定の相手の福利に目を向けていて、そのために公正や正義のような偏りのない道徳原理への要請に反するものになる可能性がある。

共感によって誘発された利他性は共益の脅威となることができる

共感によって誘発された利他性がわれわれに不道徳的に行動させることができるという予測に加えて、共感-利他性仮説は、共益（コモン・グッド）が手を差し伸べる他者の福利と対立する場合には、それに逆らって行動させることができると予測する。個人的な福利と共益との間の葛藤は、社会的ジレンマとして表面化してくる。

社会的ジレンマ――その単純な様式が7章で議論した1試行型の囚人のジレンマだが――は、次のような場合に生じる。それは、(a) 乏しい資源（たとえば、時間やお金、エネルギー）をどう配分するかについての選択があり、そして、他の人がどうするかにかかわりなく、(b) 集団への配分は、集団全体のためにされるのがベストであるが、しかし、(c) 単一の個人（自分自身や他の集団のメンバー）への配分がその個人にとってはベストであるのに、それにもかかわらず、(d) 全部の配分が別々の個人になされる場合には、全部の配分が集団向けの場合よりも、それぞれの個人がいっそう苦しい状況になる場合である。近代社会には社会的ジレンマに満ち満ちている。リサイクルすべきかどうか、車の相乗りをするかどうか、投票すべきか、公共テレビあるいは地域の

管弦楽団に寄付すべきかなどなど、多くの決定をするたびに、われわれは社会的ジレンマに直面している。

社会的ジレンマの条件のリストでは、人びとが自分自身以外の個人に資源を配分する可能性のあることに言及した。興味深いことには、社会的ジレンマについての研究と議論では、この可能性は全く考えられてこなかった。ゲーム理論と合理的選択理論の根底にある利己性が普遍的とする前提に導かれて、乏しい資源を自分自身に配分する個人だけがいるということが当然のように考えられてきた。しかし共感－利他性仮説では、集団の他のメンバーに共感的配慮を感じた場合には、われわれはこの相手の利益になるように利他的に動機づけられるだろうと予測される。社会的ジレンマで葛藤を起こすと伝統的に仮定されてきた２つの動機――自己利益的な利己性と集合的利益についての関心――に加えて、第３の動機が登場してくる。

共感的配慮とそれがもたらす利他的な動機づけとが、社会的ジレンマにおいて共益と葛藤を起こすのは、どのような場合なのだろうか。次の３つの条件がある場合にはいつもそうだといえる。(a) 集団の他者全部ではなくその中の何人かについて、配分者がその福利に価値を置く――あるいは、そのような視点をとるよう導かれる場合 (b) 配分者が手を差し伸べる他者が資源の必要があると知覚する場合 (c) 配分者が個人としての他者に、資源を与えることができる場合。こうした条件はどれくらいの頻度で見られるのだろうか。それはしばしばあって、現実世界の社会的ジレンマで、これらの条件が存在しないと考えることはできない。こうした条件は、自分の時間やお金を自分自身の利益のために、あるいは地域のために、あるいは特に気を配っている他者のために使うかどうかをわれわれが決定しようとするときには、いつも存在している。ある父親がユナイテッド・ウエイ（代表的な福祉慈善団体）に寄付しなかったのは、自分のために新しいシャツを買うためではなく、娘が新しい靴をほしがっていると感じていたためかもしれない。捕鯨者たちがクジラを絶滅させかねないほど殺すのは、個人的な強欲からではなく家族を養うためかもしれない。重役が、無能な社員でも同情を感じていて首にせず、そのために会社に損害を与えるかもしれない。

言うまでもなく、全体の人たちのためのより大きな利益のために、個人的な利益と気遣う相手の利益を共に控えることもある。しかしこうした行動の源となっている高潔さは、この行動に対抗する力の強さを示す手がかりでもある。

映画『カサブランカ』の主人公リックは、自分自身の欲求はもちろん、最愛のイルザの欲求さえも脇に置いておいて、現在の夫であるヴィクターといっしょにイルザを送り出すことを決めたときに、ある世代の人びとを魅了し、挑戦したが、そう決定したのは、そうすることが反対派にとって最善のことだったからである。記憶に値するセリフはこうだ。「高潔であるほど、俺は善い人間じゃない。でもちっちゃな3人の人間の問題なんて、この狂った世界の問題の山に比べられるものじゃないってことは、すぐにわかることさ」。高潔であるほど、善い人間じゃないのだろうか。自分の欲求と彼女の欲求を脇に置いたのは、十分に高潔なことである。

　上で見たような例は、共感によって誘発された利他性が共益を害する可能性があることを示唆している。しかしながら、それぞれの例は自己利益の点からも容易に説明できる。娘が新しい靴を手にすることができなければ、父親は罪悪感を感じるであろう。リックは自分たちの愛が、すぐに消えてしまうであろうことを知っていた。そして、そしてという具合である。共感によって誘発された利他性が共益への脅威となり得るかどうかを決めるには、事例以上のものが必要である。そこで、以下では4つの実験をとり上げる。

2つの最初の実験

　バトソンとバトソンほか（Batson, Batson, Todd, Brummett, Shaw, & Aldeguer, 1995）は2つの実験をしているが、そこでは参加者は、16枚のクジ券（券1枚につき、30ドルのギフト券をもらえるチャンス1回）を配分することができる。16枚のチケットは8枚ずつ2つのブロックに分けられている。それぞれのブロックは、(a) 参加者自身のために (b) 集団の中の他の3人の参加者の一人のために (c) 集団全体のために配分できる。集団に向けて配分がされた場合にはチケットは50％増しになり、12枚になる。この12枚は集団の4人のメンバーに均等に分けられるから、それぞれが3枚である。こうした配分の可能性は、社会的ジレンマを生み出すことになる。それぞれのブロックを集団に配分するやり方は、12枚のチケットが集団全体に与えられるので、集合的な利益をもたらす最良の方法になる。個人に配分する方法は、配分された人の個人的利益にとって最良の方法で、8枚のチケットが提供される（しかし他の集団のメンバーはもらえない）。配分の決定はプライベート（私的）に行われ、

しっぺ返しのような方略的な配分の可能性を除くために、1試行だけ（1回だけの配分）である。

共感的配慮が導入されなかった場合には、合理的選択理論、社会的規範理論、それに共感-利他性仮説のいずれもが、他の参加者に配分するという選択肢を加えてもその効果はほとんど、あるいはまったくないと予測する。それぞれの参加者は、個人的な自己利益と集団利益との間——自分への配分と集団全体への配分との間——の葛藤に注目しているはずである。しかし、他の集団のメンバーへの共感的配慮が導入された場合には、共感-利他性仮説では、結果としてもたらされた利他的な動機づけが付加的な葛藤を生み出すであろうと予測される。

ある集合の他のメンバーに共感的な配慮を経験したときにも、自分の利益になるような動機づけ、あるいは集団全体の利益になるような動機づけがなくなるわけではない。むしろ第3の動機がつけ加えられる。それは共感的な配慮を感じた他者に利するようにしようとする動機である。この第3の動機がつけ加えられたことの効果は、この3つの動機の相対的な強さによる。共感によって誘発された利他的な動機が十分に強ければ、少なくもいくらかの資源が、共感を感じた相手に配分される。自分自身のためと集団のためのどちらか、あるいは双方が犠牲になる。このどれが起きるのだろうか。

実験1：共感的配慮を操作する

最初の実験でバトソンとバトソンほか（Batson & Batson et al., 1995）は、参加者たちをランダムに3つの実験条件に割り当てた。コミュニケーションなしの条件は、ベースラインを提供する。この条件での参加者は、同性の他の3人の参加者（実際には架空）について、ファーストネーム以外の情報なしに配分の決定をする。2つのコミュニケーション条件では、参加者は実験室に着いた直後に、この実験の性質について何もわからないうちに、タテマエ上は他の参加者の一人（女性にはジェニファー、男性にはマイク）が書いたとされる手記を受けとる。

コミュニケーション条件の参加者全員が、同じ内容の手記を受けとった（手書きで、女性の参加者にはジェニファーとサインされ、男性の参加者にはマイクとサインされている）。手記は7章で報告した囚人のジレンマ研究で用いたのとほぼ同じもので、この章の前の節で報告したバトソンとクラインほか

(1995; 実験1）の研究と同じである。それは長いことつき合っていたボーイフレンド（ガールフレンド）に捨てられてしまったという最近の出来事で、すっかり参ってしまっていることを記述している。「コミュニケーション／低共感」の条件では、手記を読む間、客観的で、公平にと教示された。「コミュニケーション／高共感」の条件では、手記の書き手がどう感じているかを想像するよう教示された。共感を操作するのに視点取得の教示を用いた別の研究（たとえば、Batson & Ahmad, 2001; Batson, Klein et al., 1995; Batson & Moran, 1999; また、5章も参照）と同じように、「コミュニケーション／高共感」条件の参加者は、「コミュニケーション／低共感」の参加者に比較して、ジェニファー（マイク）に有意により多くの共感的配慮を感じたと報告した。

表8.1は、それぞれの実験条件で、自分自身と集団全体、それにジェニファー（マイク）に配分されたチケットのブロックの数を要約したものである。共感-利他性仮説の予想通り、「コミュニケーション／高共感」条件の参加者は、他の2つの実験条件（「コミュニケーションなし」・「コミュニケーション／低共感」）よりも、ブロックをジェニファー（マイク）に配分することが多い傾向があった。さらには、この配分の増加は、集団の全体を犠牲にして生じている。自分への配分は「コミュニケーション／高共感条件」で減少していない。

表8.1 それぞれの実験条件での自分自身・全体としての集団・ジェニファー（マイク）に配分されたチケットのブロック数（Batson, Batson et al., 1995, 実験1）

	実験条件		
		コミュニケーション	
配置されたブロック	コミュニケーションなし	低共感	高共感
自分に	32	36	36
集団に	46	42	29
ジェニファー（マイク）に	0	2	15
合計	78	80	80

Batson, Batson et al.,（1995）から作成。

実験2：共感的配慮を測定する

2番目の実験ではバトソンとバトソンほか (1995) は、実験1で低・高の共感を導入するために用いられたような教示を参加者の全員が何も受けずに「ふられた」手記を読む以外は、実験1とほぼ同じ手続きを使っている。手記を読んだ後で参加者たちは、ジェニファー（マイク）にどの程度共感的配慮を感じたかを自己報告した。低・高の共感グループを作るのには、この結果の中央値を用いて分割した。表8.2に見られるように、相対的に高い共感的配慮を報告した参加者は、ジェニファー（マイク）により多くのクジ券のブロックを配分する傾向があった。この場合にも再び、この配分の移行は集団の犠牲によって起きている。高共感の参加者の自分自身への配分は、減少していなかった (Van Lange, 2008 も参照)。

表8.2　低・高の共感参加者が自分自身・集団全体・ジェニファー（マイク）に配分したチケットのブロック数 (Batson, Batson et al., 1995, 実験2)

配置されたブロック	共感的配慮の自己報告	
	低	高
自己に	20	21
集団に	25	15
ジェニファー（マイク）に	1	8
合計	46	44

Batson, Batson et al., (1995) から作成。

　この2つの実験結果は、共益のためになろうとする動機づけは、自己利益によってだけではなく、共感によって誘発された利他性によっても低下させられ得るという考えを支持している。この結果は、利己的な動機だけを強調してきた、社会的ジレンマにおける集合的利益に与える脅威についての慣習的な考え方を越えたところに、われわれを連れていくものである。利他的な動機もまた、脅威となる力をもっているのである。この結論から、次のような疑問が出てくる。共感によって誘発された利他性は、どの程度の脅威なのだろうか。結局のところいえるのは、自分の必要は直接に感じられ、他者の必要は代理的に感じられるということである。利己的な動機は圧倒的で強力なものであるために、共感によって誘発された利他性はある特定の状況下でだけ引き起こされるので

ある。われわれは本当のところ、利他性によって引き起こされる脅威について悩んだりする必要があるのだろうか。

社会的ジレンマにおける共益への脅威としての利己性と利他性の比較：さらに2つの実験

バトソンとアーマドほか（Batson & Ahmad, Yin, Bedell, Johnson, Templin, & Whiteside, 1999）は、共益を脅かすものとしての利己性と利他性の強さを評定するようデザインされた、2つの実験を報告している。利己的な動機と利他的な動機とが2つの別々の実験条件に導入され、それぞれ集団全体としての利益を重視する動機と対抗させられた。この2つの条件での反応は、利己性も共感によって誘発された利他性も関係をもたない、集合的利益を支える動機のみのベースライン条件での反応と比較された。こうした比較は、利己性と共感によって誘発された利他性とによって引き起こされた脅威のレベルを評価することによってなされた。

実験3：共益を脅かすものとしての利己性と利他性の力

バトソンとアーマドほか（1999）による最初の実験は、3セルのデザインである。ベースライン条件での参加者は集団のメンバーではなく、そのことは資源（この場合も、30ドルのギフト券が当たるクジ券）を受けとれないことを意味している。その代わりに、この条件での参加者は、クジ券を4人集団全体に配分するか、あるいは特定の集団メンバーに個人として配分するかを選ぶ代理人の役割を果たす。（他の集団のメンバーのそれぞれは、代理人がいたり・いなかったりする。）クジ券配分の決定を単純化するため、参加者は1ブロックとして配分する8枚のチケットだけをもっている。手持ちのブロックを集団に配分した参加者は、8枚のチケットが12枚に増え、これは4人のメンバーに等分に分けられるので3枚ずつになり、集団全体としては最良のことになる。ブロックを集団メンバーのうちの一人の個人に配分するのは、そのメンバーにいちばん利益がもたらされ、8枚のチケットを手にする。ベースライン条件の参加者は、タテマエ上、配分可能なある特定の集団のメンバーによって書かれたことになっている「ふられた」手記を読むが、その際、共感的配慮を引き起こさないよう客観的な視点からそれを読む。

このように工夫されているので、ベースラインの参加者は個人に配分するか

集団に配分するかに関係なしに、利益を得ることができない。それだけでなく、配分可能な特定個人に共感を導入されてもいない。この結果として、利己的あるいは利他的な動機づけはどちらも生じないはずで、3つの動機の中で共益に利する動機づけの一つだけが、ベースライン条件に残されることになる。

　利己性条件では、参加者を集団のメンバーの一員にし、自分も配分先にできるようにして自己利益が導入された（集団の他のメンバーからの手記は受けとらない）。こうした変更によって、古典的な1試行型の社会的ジレンマが作られた。この場合、集団に対する配分は、自分自身に対する配分よりも、より大きな集合的利益を生み出す。自分への配分は、集団への配分よりも、より大きな自己利益をもたらす。この条件では、利己性と集合的利益とが競合する。

　利他性条件では、共感によって誘発された利他性が集合的な利益と競合する。ベースライン条件におけると同じように、この条件の参加者は代理人であって、集団のメンバーではない。彼らはチケットを受けとることができないので、動機として利己性は除かれている。またこれもベースライン条件と同じように、集団全体か、読んだ「ふられた」手記の書き手である集団の特定のメンバーかのどちらかに、配分をする機会が与えられている。利他性条件とベースライン条件の手続きの違いはただ一点、参加者が取るよう教示された視点だけである。利他性条件に割り当てられた者は、自分たちの読む手記の書き手の考えや感情を想像するように教示された。この視点取得の教示によって、共感的配慮の感情が引き起こされるはずで、その結果として利他的な動機づけが生じるはずである。

　この実験デザインでは、利他性条件における集団に対する配分の減少は共感によって誘発された利他性の関数であって、(a) 配分可能な集団のメンバーから、コミュニケーションを受けとったこと、あるいは (b) その相手が援助を必要としているのを知っていることだけの関数ではないことが保証されている。ベースライン条件の参加者も、手記を読み、書き手の必要を承知していた。

　結果は予想通りで、ベースライン条件の大半の参加者は、自分のチケットのブロックを集団全体に配分した（80％）。利己的あるいは利他的な動機づけが導入されるとそのどちらでも、集団への配分は有意に低下した。利己性条件ではわずかに43％の参加者が、自分自身ではなく集団に与えた。利他性条件では40％の参加者だけが、共感的配慮を感じるよう導かれた特定のメンバーにではなく、集団に与えた。

この実験から出てくる結論は、利己性と利他性が何時もいつも同じような可能性をもっているのではないということである。以前に論じたように、共感によって誘発された利他性はときには自己への関心によって圧倒されてしまうが、別のときには、共感によって誘発された利他性が自己への関心を圧倒できるのである。私の信じるところでは、この場合の適切な結論は、利己性と利他性の両方が共益への脅威となる可能性をもち、共感によって誘発された利他性は、これまで知られている以上にこの可能性をもっているということである。

実験4：公的になること

　その2番目の実験でバトソンとアーマドほか（1999）は、利他性が利己性よりも共益に対してより大きな脅威となり得るような、特に重要な状況に着目した。それは自分の配分の決定が公的なものになる場合である。共益を考慮に入れるという社会的・道徳的な規範を破って、自分を利することには、はっきりとした社会的制裁がある（Kerr, 1995）。こうした制裁は、社会的非難を避けるという利己的な動機づけを引き起こしやすい。そうだとすると、自分の配分が公的なものになる場合には、配分が私的な場合よりも、チケットを自分自身に配分することに大きな抵抗感が出てきやすい——そして非難を避けようとする利己的な動機づけも起きやすい——ように思われる。こうした非難の強さを示しているのがドーズほか（Dawes, McTavish, & Shaklee, 1977）の実験で、一つの集団だけの予備テストの結果を報告している。それは選択が公的にされる、標準的な1試行型の社会的ジレンマ状況（自己利益 対共益の競合）で、自分自身に配分した参加者は、集団の他のメンバーからの辛辣な批評にさらされ、ドーズたちは、それ以上公的な選択グループを設けるつもりはないといっている。「自分勝手」とか「強欲」というのは、辛辣なあざけりの言葉であった。

　他者の利益になるように利他的な配慮を示すことに対する規範や制裁は、そうすることが共益を減少させる場合であっても、よりはっきりしたものではない。ときには、「ナイーブだ」とか「すぐいいなりになる」、「軟弱」とか「同情しやすい」とかと非難されるかもしれないが、こうした表現は弱さへの非難であっても強欲さについてのものではない。こういう訳なので、自分が共感を感じる相手への配分は、それが公的になっても、自分自身へ配分する場合と同程度に抑制されることはなさそうである。

　バトソンとアーマドほか（1999）はこの可能性を明らかにするために、2×3

のデザインを用いている。このデザインには、最初の実験と同じベースライン・利己性・利他性の3条件が含まれていて、この3条件が2番目の独立変数――配分の決定が私的か公的か――と因子的にクロスされていた。この節で先に述べた3つの実験と同じように、私的条件の参加者はすべての配分の決定が秘密にされ、参加者たちに会うことは決してないと告げられた。公的条件の参加者は、自分の配分の決定を（私的に）した後に、それぞれの個人と集団への配分を記録するセッションで他の全部の参加者と会うこと、そこではそれぞれの参加者が配分者の決定を全部知ることができることが告げられた。この結果、公的条件の参加者は集合的利益に貢献するのに失敗した場合の、他の集団のメンバーからの社会的非難――苦々しい様子やイライラした嘆息以上ではないにしても――を受ける可能性があると予想することができる。

この実験の私的条件での結果は、前の実験結果を繰り返すことになった。「私的／ベースライン」条件の大半の参加者は、自分のチケットを集団全体に配分していた（70％）が、集団への配分は「私的／利己性」条件（30％）でも「私的／利他性」条件（35％）でも、実質的に、有意に減少した。

「利己性」条件での結果は、参加者が配分を終えた後で他の参加者に会わなければならないと信じている場合には、たいへん異なったものであった。集団全体への配分の比率は「公的／利己性」条件で、「私的／利己性」条件よりもっと高かった（75％）。そして、「公的／ベースライン」条件（85％）とは信頼性ある違いはなかった。しかし、「利他性」条件での配分は他の参加者に会うことの影響をわずかながら受けていた。「公的／利他性」条件で、集団に配分した参加者の比率は低いまま（40％）であった。こうした結果は、共感によって誘発された利他性から共益を守るための社会的制裁はないという考えと、きわめて合致するものである。

利他性に対する制裁がないのはなぜか

これはどうしてなのだろうか。2つの可能性がある。第1は広く知られている信念で、前にも述べておいたが、利他的な動機づけは余儀なく善であって、そこから必然的に道徳的な結果が生まれるというものである。この信念が正しいとすると、利他性は共益の脅威にはなり得ず、どんな制裁も必要ではない。しかしこの節やそれ以前の節で見た研究結果は、この信念が間違いであること

を示している。いま要約した4つの実験のそれぞれでは、共感によって誘発された利他性が集合的な利益を縮小させている。以前の節でも、それはえこひいきを生み出し、公正や正義の基準に背かせている。

　利他性に対する制裁が欠けていることの第2の可能性のある理由は、もっと基本的なものである。利他的な動機づけが存在しないか、もしあったとしても、それは他の動機のどれについての脅威としても、あまりにも弱いものであるというのが、西欧社会での前提となっている（Miller & Ratner, 1998; Wallach & Wallach, 1983）。利他性が存在しなかったり、それが弱いものであったりすれば、その力に制限を加えるような制裁を社会がつくり出す必要はない。そのために、制裁はないことになる。しかし本当のところは、見境いのない利他性や脅迫的な利他性に対する制裁はある。こうした行動は分別のないもの、独りよがりの善行だというラベルを貼られよう。しかしこのような制裁は、社会の利益というよりも自己利益を守るためのものであるように思われる。5・6章で見た研究結果では、この前提もまた誤りであることが示唆されている。

　要約してみると、人口が増え・資源が減少している現代社会では、自己利益は共益に対する強力で危険な脅威となっている。たとえ手でつかみとるよりも与える方が──他者も同じように与えるならば──自分自身を含めて全体に利益をもたらすとしても、自分自身のためにつかみとるようにさせてしまう。しかし社会的ジレンマは、自分にとってのベストと全体にとってのベストとの間で生じる葛藤よりも、複雑なものであることが多い。自分が配慮している特定の人にとってのベストともっと多くの特別な人びとのベストとの間で引き裂かれることもある。共感によって誘発された利他性は、社会的に害のない──情け深くさえある──動機だと思えるかも知れないが、それはまた、共益に対する強力な脅威ともなり得るものでもある。実際、自分の行動が公的になっている場合のような重要な状況では、物質的な自己利益よりも、それはより強力な脅威となることができる。自分が特別に心に掛けている一人の相手──援助を必要としている友人──に集中するあまり、血を流している大勢の人びとに背を向けることになるかもしれないのである。

共感によって誘発された利他性は健康に害を与えられる

　個人的な生存と狭い自己利益の観点からすると、利他的な動機づけは危険である可能性がある。それはわれわれに、深刻なダメージを与えることになりかねない、時間とお金のコストを負わせることがあり得る。飛行機の墜落事故でおぼれかけていた犠牲者を救うために、あちこちに氷の浮かぶポトマック川になぜ飛び込んだのかを聞かれた28歳のレニー・スクトニックは、「ぼくはやらなければならないことをやっただけです」と答えている。スクトニックにこの行動をとらせた動機づけがどの程度利他的なものだったかは私にはわからないが、しかし何が彼を動機づけたにしろ、彼は安全なクルマを離れて、あやうく自分の生命を犠牲にするところだった。また、自分の孫娘の命を救うためにクルマの前に飛び込んで死んでしまった祖父を駆り立てたのが、どういう動機だったのかについても確かなことは私にはわからない。しかしながら、彼の動機づけがその多くの部分で利他的なものであったこと——孫娘の福利に向けられたものであったことについては、賭けてもよい。そしてまた、自分の仲間たちを救うために、信管が作動している手榴弾やその他の爆発装置の上に身を投じて仲間たちを救った兵士の死の場合（Blake, 1978）にも、共感によって誘発された利他性が重要な役割を果たしたことを賭けてもよいと思っている。痛みと危険を伴う医学研究に貢献したいという患者の意思にも、この利他性が役割を果たしているだろう。こうした状況では、共感によって誘発された利他性は生命を脅かすものとなる。

　これほど極端ではない状況でも同じように、利他性はわれわれの健康に害を与え得る。あわれみ疲れや援助者のバーン・アウトなどでは、共感によって誘発された利他性が有効に作用する種類の援助の必要に限界を課してしまう。しかしあわれみ疲れやバーン・アウトは、健康の利益を限定してしまうことがあり、実際に健康を損ねることもある。愛する相手が長期の医学的ケアを必要とする不治の身体的障害をもつ場合、あるいは不治の病である場合には、ケアをする側の身体的・精神的な健康に深刻な犠牲を伴う可能性がある（Figley, 2002; Rainer, 2000; Schultz & Beach, 1999; Schultz et al., 1991）。

　最後に、直接に健康へのリスクはないものの、誰もが出会う憐れみの悪用が

あって、共感的配慮の自由な流れを阻んでしまうことがある。物乞いのプロから電球を売りつける「身体障害の」電話勧誘業者まで、われわれの感じる共感的配慮につけ込もうとする者がいる。憐れみの鎖につけこまれたと気づくと——そう疑っても——、われわれは「決して二度とは」と誓うだろう。ダン・ギルバート（Gilber, 2007）が描いているように、冷笑のくさびがわれわれと援助を必要としている相手との間に打ち込まれる。このくさびはわれわれを傷つけるとともに、相手をも傷つけるのである。

結　論

　共感によって誘発された利他性がすべて善ではないのは明らかなことである。7章では、利他性が重要な利益をもたらすデータを示した。この章では、そこには重要な不利益もあることを明らかにした。無分別に行動したり、冷静さが求められたりしている場合には、共感によって誘発された利他性が援助を必要としている相手に不利益を与える可能性がある。利他性は、自己利益によって覆されもする。共感回避によって制約されたりもする。個人的でない、抽象的な、長期的な必要によっては、引き起こされることが少なくなる。利他性は、非道徳的な行為の源となり、共益への脅威となる力をもっている。最後に、利他性は、精神的・身体的な健康、生命さえ危機に直面させる可能性がある。利益となりやすい、あるいは不利益をもたらしやすい条件の違いを確認することで、われわれの生活を高め、豊かなものにするために、共感によって誘発された利他性がもつ可能性を実際に引き出す方法についてのマニュアルの枠組みを提供できたならばよいと思う。

向社会的動機の多元性、そしてより人間的な社会に向けて 9

ビッツアー：ぼくはね、社会の仕組み全体がね、自己利益の問題だっていうことは君も知っていると思うがね。君が常に訴えるべきは、その人の利益なんだ。それだけが君に出来ることなのさ。ぼくたちはそう作られているんだ。

スリアリー氏：世の中には愛ってものがある。決して自分の利益だけじゃなくって、それとは大いに違ったものが…。それはそれ独自の計算の仕方なんだ。
——どちらもチャールス・ディケンズ『ハード・タイムズ』(1854/1969, pp. 303, 308) による。(スリアリー氏のことばは、ディケンズがひどい舌もつれの発音を反映するために表現形式を変更したよりは、標準的な英語のように思える。)

　経済的人間として話している賢い若者ビッツアーと同じように、行動科学者や社会科学者は長いこと、他者の利益あるいは社会全体の利益になることを願う行為を含めて、すべての人間の行為の動機は利己的なものであると仮定してきた (Bowles, 2008; Campbell, 1975; Hoffman, 1981a; Mansbridge, 1990; Margolis, 1982; Wallach & Wallach, 1983 を参照)。他者の利益となるように、あるいは社会に利益となるように行動している者は、そうすることが自分自身の利益になるからであるにすぎない。共感‐利他性仮説はこの前提に挑戦する。その一見間抜けな老いたスリアリー氏を——デイケンズを——支持して、かなり違った提案をしている。それは、共感的配慮の感情が、共感を感じている相手の利益となるという最終目標をもつタイプの動機づけをつくり出すという提案である。

　第Ⅱ部で概観した共感‐利他性仮説についての実証的な検証の結果は、この提案を支持している。他者はわれわれにとって、自分の福利を求める際の情報や刺激、罰、報酬などの源以上のものであることは明らかである。われわれは、他者の福利もまた気遣う潜在的力をもっている。アダム・スミス (Smith, 1759/1853) がその著書『国富論』(1776/1976) のほぼ20年前に、次のように

書いたのは正しかったように思われる。

> 人間がどんなに利己的なものと想定されうるにしても、あきらかにかれの本性のなかには、いくつかの原理があって、それらは、かれに他の人びととの運不運に関心をもたせ、かれらの幸福を、それを見るという快楽のほかにはなにも、かれらはそれからひきださないのに、かれにとって必要なものとするのである。この種類に属するのは、哀れみまたは同情であって、それはわれわれが他の人びとの悲惨を見たり、たいへんいきいきと心にえがかせられたりするときに、それにたいして感じる情動である。（Ⅰ, ⅰ, 1.1／水田訳・上巻, p. 23）

人気のある、長く維持されてきた普遍的な利己性による人間の動機づけの説明は、利他性を含む多元的な説明に道を譲るべきである。スリアリー氏が言ったように、結局のところすべてが自己利益ではないのである。共感によって誘発された利他性は、それ独自の計算法をもっている。人間の条件を理解しようとするのであれば、この計算法をわれわれのものとする必要がある。

合理的選択理論の価値仮説に挑戦する

ビッツアーの考えについてのいちばん影響力のある今日の表現は、合理的選択理論である（Downs, 1957; Sen, 1977; Taylor, 1976; Von Neumann & Morgenstern, 1944）。もともとの公式化では、この理論は2つの仮説——合理性仮説と価値仮説——に基づいている（Batson & Ahmad, 2009a）。合理性仮説は、人間は自分の欲するものをいちばん入手しやすい行為を選択するだろうというものである。価値仮説は、人間が望むのは自己利益を最大化することだとするものである。経済学者のマンカー・オルソン（Olson, 1971）の言葉では、「合理的で自己利益的な個人は、その共益や集団の利益を得るようには行動しない」（p. 2）。そしてまた、他の個人の利益を達成するために行動することはないのである。

カーネマンとトヴァスキーほかによる多くの研究は、この理論の合理性仮説に挑戦して、人びとが自分の欲するものを入手するには、決定がしばしば論理的でなく、最良でもないことを示している（たとえば、Kahneman, Slovic, & Tversky, 1982）。しかしこの方向での研究は、価値仮説——人びとは自己利益を最大化しようとする——には挑戦していない。共感によって誘発された利他性

仮説を検証する研究は、これに挑戦している。

　この2番目の挑戦が重要なのはなぜだろうか。われわれが実際の人間について、説明したり予測を立てたりしようとする場合には、人間の動機づけの範囲と性格とについての正確な記述を与える理論を必要とする。それなしには、人間がなぜそうするのかということについてのポンチ絵（概念図）だけが残されることになる。4章に記したように、注意深く念入りに作られたポンチ絵は、少なからぬ洞察を与えてくれる力をもっている。しかしポンチ絵は、過大な単純化と歪曲、誤解をもたらす可能性もある。

　経済学的なモデルは合理的選択理論におおいに依存していて、それが強力で生産的であることが示されてきた。しかし、共感‐利他性仮説が正しいとすると、人間の動機づけのレパートリーは物質的な利益よりも広い。それは、あらゆるかたちの自己利益よりも広いのである。合理的選択理論はかなりの欠陥のあるポンチ絵であり、誤解を招く可能性をもっている。

　結局のところ、売買や取引のために市場にやってくるのは、やはり人間なのである。ある経営者が手抜きをし法の拡大解釈をするのは、自分のポケットに入れるためだけではなく、少なくもその一部は他者——家族や使用人、株主への配慮から出ている可能性を考える必要がある。きこりが樹を切りはらってしまうのには、個人的な欲求に駆られた以上のことがある可能性を考えなくてはいけない。彼らにも世話しなくてはいけない家族がいる。こうした動機が経済行動に影響しているのだとすると（これはほぼ確かなことだが）、それを無視している経済学的なモデルには欠陥がある。経済学者のサミュエル・ボウルズ（Bowles, 2008）は、経済学的なモデルに自己利益以外の動機を含める可能性を考え、次のように言っている。「政策立案者へのメッセージはあるだろうか。より現実的な心理学的仮定を考慮しないメカニズムのデザイン（あるいは全体としての経済学）には、それがまったくない」(p. 1609)。私が思うに、実際にはそれはある。より現実的な仮定にはコストがかかるのである。

しぶちん的な見方の退場

　共感‐利他性仮説を検証した実証的な証拠は、普遍的な自己利益という神話によって与えられたエデンの園の単純さに背を向けたいという思いに、われわれを駆り立てる。われわれは自ら、より複雑でやりがいのある、多様な向社会

的動機の世界に入り込んでいることに気づくのである。

　他者あるいは社会のために行動するときに、その動機が何であるかがはっきりしていることはめったにない。まずまちがいなく徹底した利己的な動機づけである場合もあるが、しかしその動機が少なくも部分的には利他的である場合も数多くある。子どもをなぐさめようと公園を急いで横切った母親が、転んでひざにケガしてしまう。中年の男が涙ながらに、ガンの母親の安楽死したいという申し立てに同意する決意をし、生命維持装置を取り外してもらう。あなたは失恋で傷ついた友人と一晩中つき合い、なぐさめる。われわれはお金を慈善や市民訴訟のために、アフリカの飢餓の犠牲者を助けるために、あるいはクジラを救うために寄付する。こうした事例のそれぞれで、その動機は部分的に利他的なものであるであろう。しかしこのそれぞれについて、そしてこれ以外の援助をするどんな場合についても、徹底的に利己的な説明をすることもできるのである。

　共感−利他性仮説についての証拠を見る前に、こうした普遍的な利己性を支持してしぶちん的（倹約的）な裁定が下されてしまう。それは、こうした事例の全部が利己的な動機によって説明でき、いくつかの事例だけが、利他的な動機によって——部分的にのみ——説明できるからである。こうした事情の下では、徹底的に利己的な説明が支持されるのももっともであるように思われる。

　しかしいまや、状況は別のものになっている。ある人の動機づけが部分的にせよ利他的である場合があるとすると、もはやしぶちん的な説明は利己性に有利とはいえない。われわれはこの双方の動機が、人間のレパートリーの中にあることを受け入れなくてはならない。そして一度それを受け入れたならば、動機づけが部分的に利他的である可能性のある多くの事例について、徹底した利己的な説明をする論理的な理由はなくなってしまう。こうした事例には議論の余地があり、利己性も利他性もそれぞれ、主張する正当性がある。こうして、しぶちん的な見方はもはや退場である。

　利己性のエデンの園の外にある向社会的動機の世界は、どのくらい広いのだろうか。門の外に立っているだけでは、誰がそれをいえるのだろうか。しぶちん的な見方の支配が終われば、この園の中にあると以前は考えられていた多くの領域が、そうではないという可能性が出てくる。利己性と利他性の範囲について、多くの考え直し——研究のし直し——が必要なことは明らかである。ミルトン（Milton, 1667/2005）の『失楽園』の最終行でのカップルにとってそう

であったように、われわれはより安心の持てない、複雑な世界にいることに気づく。彼らのように、人間であるとはどんな意味をもつのかを評価し直してみなくてはならない。

利己性と利他性を越えて

エデンの園の外にある世界は、これまで示唆した以上に複雑で挑戦のしがいのあるものである可能性がある。この点について、向社会的動機づけの2つの様式——利己性と利他性とを考えてきた。しかし、少なくも注意を向けるに値する、4つの可能性のある様式があると考える（Batson, 1994; Jenks, 1990 を参照）。

1. **利己性** 自分自身の福利を増加することを最終目標とする動機づけ。
2. **利他性** 他者の福利を増加することを最終目標とする動機づけ。
3. **集団性** 集団の福利を増加させることを最終目標とする動機づけ。
4. **原理性** ある道徳的原理を守ることを最終目標とする動機づけ（すなわち、道徳的であることへの動機づけ）。

それぞれが独自の最終目標をもっていることから、この4つの動機は別々のものである。この4つを他者の利益になる動機づけとして一つのカテゴリーにまとめてしまうよりも、それぞれの独自の特徴を認識することが重要である。このそれぞれの動機づけは、はっきりとした強さをもっているが、それぞれ弱さももっている。より思いやりのある人間的な社会を創造していくためのもっとも効果的な方略は、ある動機の強さが他の動機の弱さを克服するようにこれらの動機づけを協調的に調整することであろう。しかしこの可能性を考える前に、これまでのことを思い返して、価値、情動、目標、動機、行動の間の関係をスケッチすることを試みたい。こうした関係の中に、向社会的な動機づけの別々の様式の強さと弱さがあるといえる。

価値ある状態を入手し、あるいは維持する目標指向的な力としての動機

このスケッチを描くためには、1章で述べた動機づけについての展望を思い

出し、それを組織化することが役に立とう。1章ではレヴィン（Lewin, 1951）に従って、動機を価値と目標に関係づけた。われわれは動機を、自分の価値とかかわる脅威あるいは機会によって引き起こされる目標指向的な力として考えていることを指摘した。われわれは価値を、相対的な選好として考えていると指摘した。たとえば、メアリーが他のことが同じだとしたときに、一貫して状態Bよりも状態Aを選択するならば、彼女は状態Aを状態Bよりも価値あるものとしている。現在の状態あるいは予想される状態と価値づけられた状態との間に、マイナスの差が知覚された場合には、価値づけられた状態を入手したりあるいは維持したりすることが、目標になる可能性が高い。目標指向的な力——動機——は、この目標に向けてわれわれを引っ張っていく。たとえば、海辺での時間に価値を置いているとしたら、そこで休暇を過ごすことが目標（望むこと）になりやすい。この欲求（目標指向的な動機）が次には、休日のために海辺を選ぶ可能性を高める。自分が通る自転車の通行路に価値を置いている場合には、それを自分の地域に作る計画案が承認されることが目標になり、次にはそれが目標指向的な動機づけを導くこととなろう。この動機づけは、この計画を支持する署名を集めることに導くことになるかもしれない。

最終目標を道具的目標や意図せざる帰結と区別する

1章と3章に記したように、最終目標を道具的目標や意図せざる帰結と区別することが重要である。最終目標とは、われわれが入手したり維持したりすることを求める価値づけられた状態のことである。この文脈では、「最終的」というのは「包括的な」とか「いちばん重要な」とかいう意味ではなく、ある個人がある時に、意識的あるいは無意識的に探し求めている状態のことだけを意味している（たとえば、海辺での時間・自分が乗る自転車の通行路）。それぞれの最終目標は、別々の目標指向的な動機を定義する。言い替えると、それぞれの別々の動機は独自の最終目標をもっている。

道具的目標は、それが最終目標への踏み石であるために求められる。ある最終目標が別の手段によってより容易に達せられるのであれば、その道具的目標は無視される。あなたの市の市長は、肯定的な公的イメージを得る手段として、自転車路を支持するように動機づけられるかもしれない。もしそうだとすると、魅力的なイメージを高める別の機会が出てくれば、市長はこの案に興味をなく

すことはありそうである。(道具的・最終的目標の区別は、2章で述べたミルトン・ロキーチ (Rokeach, 1973) の道具的・最終的価値の区別と混同してはいけない。ロキーチが名づけたすべての価値は、それ——たとえば、平和な世界——が目標そのものとして求められるのか、それとも他の目標——たとえば、個人的安全——への手段であるかによって、道具的・最終的目標のいずれにもなる。)

　道具的あるいは最終目標を追求すると、ときに劇的な結果が生まれることになるが、これ自体は目標ではない。これらは意図せざる帰結である。別の目標を追いかけたことの意図せざる帰結として、他者あるいは社会全体の利益になることはあり得ることである。安全で、安く、快適な職場への道を望んだことが、私や私に似た人びとを自転車路を作るボランティア活動に導き、その結果はガソリンの消費と空気の汚染の減少、緑のスペースの保存をもたらすことになり、このすべてが地域社会の利益になるかもしれない。収益を最大にしようとした経営者は、安い労働力を求めて、工場を貧困にあえぐ地域に移すかもしれない。全く意図せざる帰結として、この収益を上げることを目指した行動が、仕事をもたらす——たとえ安い賃金であっても——ことで、そこの住民に利益を与えることができる。(価値、目標、動機の間の関係についてのこれ以上の議論は、Batson, 1994; Batson et al., 1992; Lewin, 1951 を参照。)

行動ではなく、動機に注目

　レヴィン (Lewin, 1951) が最終目標、道具的目標、意図せざる帰結を区別することで引き出したいと望んだことの主要な意味は、たとえ援助を求めている人びとを助けている人びとのように、あるタイプの行動を増進させたいと望んでいる場合であっても、行動や帰結ではなく、目標指向的な動機に注目することが重要だということである。行動はきわめて変化しやすいものである。特定の行動が起きるかどうかは、その行動を起こさせた動機あるいはいくつかの動機の強さに依存するが、それと同時に、(a) 対立する動機の強さ (b) この行動がこうした動機のそれぞれとどう関係しているか (c) そのときにある他の行動的な選択の可能性にもよることである。この行動がより直接的に最終の目的を達成すればするほど、そして他の選択の可能性の中でこの行動がより独自なものとして機能すればするほど、この行動が起きやすくなる。

道具的目標の達成を促す行動は、道具的目標と最終目標の間の因果関係が変化したり、その道具的な目標をパスできるような、最終目標に到達するよりコストの低い行動的な方法があったりすれば、あっさりと変わってしまう。意図せざる帰結もまた、この帰結が最終目標を直接的に、独自のやり方で達成する行動から生まれたのでない場合には、行動的な選択肢が変われば容易に変化する。レヴィン（1951）は、人間の行動を説明し理解する力は、行動そのもの、あるいはその結果に見出されるのではなく、それを支えている価値と目標指向的な動機に見出されると論じている（4章で論じた彼のアリストテレス的－ガリレオ的な区別を思い返してもらいたい）。

動機は協力したり対立したりできる――そして変わり得る

　われわれはしばしば、一時に一つ以上の最終目標をもつし、動機についても同じである。こうしたことが起きると、別々の動機は協力しあったり、対立したりする。さらには、目標指向的な動機は変化し得るし、ときに急激にそれが起きる。ある状況で経験した動機は、個人のいだく価値と状況の性質との関数である。ある状態の価値は相対的に安定していて、状況を通じて持続する動機（たとえば、呼吸する空気の価値）をつくり出す。これとは別の状態の価値はより変化しやすく、それを入手したり維持したりする機会があっても、一定の状況の下でだけ動機を引き起こす（たとえば、温かいコートの価値）。

動機は現在の目標指向的な力であって、資質あるいは要求ではない

　目標指向的な動機は現在の心理的な状態をいうのであって、持続的なパーソナリティのタイプ資質ではない。この点について、レヴィン（1951）の動機づけについての見方は、動機づけ研究の他の先駆者であるヘンリー・マレーとは違っている。レヴィンは目的を、その個人の現在の生活空間内での力の場として考えた。そして動機は、この場での目標指向的な力としてとらえている。さらには価値を、適切な環境の下で目標と動機づけ的な力とを活性化することのできる影響力の場として考えた。一方で動機づけ的な力は、行動あるいは生活空間での動きを作り出す。これとは対照的にマレー（Murray, 1938）と彼の弟子たちは、動機を相対的に安定した資質あるいは要求（たとえば、達成への要求、

親和への要求）として扱い、これはレヴィンの枠組みでの動機よりも価値に近い。レヴィンは道具的目標、最終目標、意図せざる帰結の区別を重視したが、マレーはこの区別にはほとんど注意を払っていない。レヴィンにとっては、われわれの動機の可能性のあるもののリストは、終わりのない——われわれが価値ありとする状態と同じくらい豊かで変化に富んだ——ものである。マレーと弟子たちの試みは、相対的に少数の基本的動機を確認することであった。

情動を挿入する

　レヴィン（1951）は、その価値・動機・行動の分析に情動を含めることはしなかった。しかし私は含めることができるし、そうするべきだと信じている。1章の終わりで示唆したように、価値づけられた状態との関係である変化が経験されたときには、情動が感じられるのが普通である。価値づけられた状態を入手したり、失ったりしたときには、それぞれ、幸福感や悲しみのような最終状態情動が生まれる。自分の現在あるいは将来の状態と自分の価値づけた状態との食い違いに気づくと、切望や懸念、そして——価値づけられた状態が他者の福利である場合には——共感的配慮のような必要状態情動をつくり出す。最終状態・必要状態の双方の情動は、われわれが何に価値を置いているのか、またこの価値を置いているものとの関係でどういう立場にいるのかについての情報を与えてくれる。これに加えて、必要状態情動の生理的喚起要素が、価値を置く状態を作り出し、あるいは維持する動機状態を増幅する。こうした情動が潜在的なエネルギーを運動エネルギーに変える。こうして、必要状態情動はレヴィンの一連の流れの中で、価値づけ（影響力の場）の後と動機（場内での力）を生み出す目標（力の場）との間に挿入できる。必要状態情動はこのプロセスに活気を与え、われわれに価値の食い違いの気づき——必要——を越えて、それと取り組む欲求を感じさせる。もっと平たくいえば、必要状態情動がわれわれに配慮するようにさせるのである（Batson, 1990）。

なぜ他者のために：4つの回答

　この価値・情動・目標・動機、行動の流れを頭に置いて、他の個人あるいは

社会全体の利益になるように行動させる動機の範囲を考えることにしよう。こうした利益を生み出す可能性のある目標指向的な動機が何であるかを確認するには、(a) どのような価値がこの行動と結びついているのか (b) こうした価値への脅威によって、どのような必要状態情動が引き起こされたのかを考える必要がある。それとともに、行動の源としての動機のそれぞれの、強さと弱さについて考えることも重要である。先に、向社会的動機づけには、考えに入れておかなくてはならない4つの様式があることを指摘しておいた。利己性、利他性、集団性、原理性である。前の2つについてはある程度の議論をしたので、比較的簡単に済ますことができるが、後の2つについては、より注意を向ける必要がある。表9.1は、この4つのそれぞれに関係する価値、必要状態情動、強さ、弱さをまとめたものである。

利己性：自分自身の福利への配慮

最終目標が自己の利益にあるとき、その動機づけは利己的なものである（1章を参照）。このことは、それがどれほど他者の利益になるか、また結果としての行動がどんなに高貴なものであるかにかかわらず言えることである。ある社会奉仕家は、皆に認められ、ある形式の不死性を手にするために、病院や大学に寄付をするかもしれない。ある資本家は、アダム・スミス（Smith, 1776/1976）のいう見えざる手に押されて、私的な財産へのあくなき追求に動機づけられながら、地域社会に仕事をつくり出し、そこでの生活水準を高めるかもしれない。ある学生は、自分の履歴書にコミュニティでの奉仕を書き加えるために、養護ホームでのボランティアをするかもしれない。このどれもが他者そして地域社会全体の利益になるが、それぞれの動機は利己的なものである。

われわれが自分の福利に価値を置くことについてはほとんど疑う余地がない。自分の福利が脅威にさらされると、気持が混乱したり、悩んだりするし、そうする機会に出会えば、自分の福利を高めるように動機づけられる。ジェレミー・ベンサム（Bentham, 1798/1876）はその古典的な書物の冒頭で、こう巧みに表現している。「自然は人類を2人の至高の支配者――痛みと快楽の下に置いた」（1章・パラグラフ1）。利己性、つまり最終目標が自分自身の福利にある動機づけは、明らかに存在する。それは他者の利益となるようにはたらく強力な動機になり得るものである。

表9.1 他の個人と社会全体に利益を与える4つの動機

動機	最終目標/価値づけられた状態	必要-状態情動	強さ	弱さ
利己性	自分自身の福利の増大	多数(痛み・悩み・不快・恐れ・不安・恥・罪悪・称賛・楽しみ・プライドほかを含めた)	多くの様式;強力:容易に喚起される;快一痛みでの強力な情動的基礎	他人に利すること(個人あるいは社会全体)、利己的な動機づけにつながるのは、道具的な手段あるいは意図せざる結果としてだけである。
利他性	一人あるいは複数の他の個人の福利の増大	共感的配慮(同情・憐み・優しさ・共感的苦痛・共感的怒りなどを含めた)	強力;最終目標としての他人の福利への注目;おそらくは他人がメンバーである集団の福利への般化;共感的配慮での強力な情動的基礎	共感に誘導された個人に限られる利他性は共感を感じられた個人に限られる。;社会全体の福利が利他的動機づけにつながるのは、道具的な手段あるいは意図せざる結果としてだけである。
集団性	ある集団あるいは集合の福利の増大	集団的プライド・精神・忠誠・愛国心・集合的恥・集合的罪悪感など	強力;集団プライド・精神・忠誠・愛国心・忠誠などでの強力な情動的基礎	集団に限られる;援助を求めている個人の福利が集合的な動機づけにつながるのは、道具的な手段あるいは意図せざる結果としてだけである。
原理性	ある道徳的原理の支持(たとえば、公平さ・正義・最大の利益・損失を与えない)	嫌悪・正当な原理の侵犯について怒り・対立する原理の侵犯についての道徳的激怒の可能性	普遍的で公平無私な原理への指向	道徳的な原理は抽象的で、変化しやすいものである;対立する道徳的動機づけは損なわれやすい;不注意・合理化・自己欺瞞に弱い;強力な情動的基礎を欠く;動機づけとして「望む」ことではなく「すべき」こととして経験される。

9章 向社会的動機の多元性、そしてより人間的な社会に向けて

利己的動機のさまざま

3章では、他者の利益になるように行動することが最終目標になり得るような、いくつかの自己利益の場合を考えてみた。われわれは、(a) 物質的・社会的・自己報酬的（たとえば、収入あるいは賞賛、承認、名誉の拡大）を入手するため (b) 物質的・社会的・自己的な罰（たとえば、罰金、非難、有罪）を避けるため (c) 他者の苦痛によって引き起こされる嫌悪的な喚起を低減させるために行動することがある。長期にわたる結果や無形の利益を考えて直接の物質的な利益の先を見越すときには、自己利益は「見通しに立ったもの」(Dawes, van de Kragt, & Orbell, 1990) になる。この見通しに立った視点から見ると、次のように言えそうである。人づき合いがよく親切なやり方にくらべると、自己利益を容赦なく追求するやり方では、より長期的でない個人的利益しか入手できない。そしてわれわれは、将来の自己利益を最大化することのための道具的な手段として、他者や社会全体に利益を与えるかもしれない。

見通しに立った自己利益の呼びかけは、他者や社会全体の利益となる行動をとらせるように試みる政治家や社会活動家によってしばしば用いられる。彼らは、環境汚染や予算不足の学校がわれわれ自身と子どもたちとに及ぼす結果に、警告を発する。チェックされていない流行病がいずれわれわれの家の玄関口に至るかもしれず、貧しい人びとの窮状があまりに厳しくなった場合には、革命に直面する可能性があると、われわれに思い起こさせる。見通しに立った自己利益はまた、(a) 互恵性（たとえば、しっぺ返し。Axelrod, 1984; Komorita & Parks, 1995 を参照)、あるいは (b) 他者の貢献にただ乗りしようとする者を罰する制裁 (Fehr & Gächter, 2002; Hardin, 1977; Yamagishi, 1986) を基にした集合的な行動への方略を支えてもいる。

他者の利益になるように行動することの無形の自己利益は、ほまち稼ぎ（サイド・ビジネス）と呼ばれることがある (Dawes et al., 1990)。たとえば、われわれは社会的な非難や罪悪感を避ける手段として、他者の利益になるように、あるいは共益に奉仕するように行動することができる。ジョン・スチュワート・ミル (Mill, 1861/1987) は功利主義を弁護して次のようにいう。「なぜ私には、一般の人びとの幸福を増すようにする義務があるのだろうか。もし私自身の幸福がそれとは別のことにあるとすれば、なぜそれを選択してはいけないのだろうか」(p. 299)。ミルの答えは、そう行動することには制裁が伴うことを学ぶまでは、われわれは自分自身の幸福を選択できるだけでなく、進んでそう

するというものである。われわれは、社会的な非難、神の叱責、良心の苦しみを恐れることを学ぶ。フロイト（Freud, 1930）もこれと似た見解を示しているし、社会的学習論者や規範論者も同じである。

ほまち稼ぎは、肯定的・否定的双方であり得る。他者あるいは社会を援助することには重要な無形の報酬がある。人は、「ウオーム・グロー（心地よい満足）」を得るために、援助するかもしれない（Harbaugh et al., 2007）。自分自身を思いやりある、関心のある、責任ある人物として見る——あるいはそう他者から見られる——（つまり、そうした評判を手にする）ために、援助をすることができる。こうしたほまち稼ぎを求めることは、おおいに他者に利することになるが、その底にある動機づけは依然として利己的なものである。

他者に利する動機としての利己性の見込みと問題

利己的な向社会的動機づけは見込みを提供するが、それはこの動機づけが強力であり、容易に喚起され、快と苦痛の感情の強い情動的基礎となるからである。しかしこれには重要な問題がある。それはこの動機づけが不安定なことである。利己的に動機づけられた個人が、他者を思いやることなしに同じように（あるいは、うまく）やれることがわかれば、他者などどうでもよくなる。地域の介護施設でボランティアをしようとしている学生の最終目標が、履歴書に地域での奉仕活動を追加することにあるとすると、これは長続きしないだろう。この学生の目的は、この建物に一回入れば達成されてしまう。

利他性：一人あるいは複数の他者の福利への配慮

利他性とは、自分自身以外の他の個人あるいは複数の個人の福利の増大を最終目標とする動機づけのことである。1章で注意したように利他性は、援助行動と混同してはならない。援助行動は、利他的に動機づけられることもあればそうでないこともある。また自己犠牲とも混同してはならない。自己犠牲は、他者の利益よりも自分へのコストに関心がある。

見込み

これまでの各章で見た研究結果では、共感によって誘発された利他性は、援助を必要としている相手に利する驚くほど強力な動機であることが示されてい

る。共感的配慮は、強い情動的基礎を提供する。共感によって誘発された利他性はまた、社会全体の利益を与えることもできる。7章で見た研究を思い出してもらいたいが、そこでは共感を導入することで葛藤状況での協力や思いやりを増すことができ、またさまざまな外集団への肯定的な態度や行動をつくり出すことができることが示されていた。共感の誘導は、多くの基金募集の広告で用いられている。障害をもった子どものための広告、ビッグ・ブラザーあるいはシスターへの参加を求める広告、ホームレスあるいは餓えている避難民のための広告などがそれである。それはまた、タテゴトアザラシやゴリラのような絶滅危惧種の保護に――ピットブルテリア（闘犬）への態度の改善にさえ――用いられている（Landon Pollack, 2009年7月14日の私信）。

問　題

　しかし利他性は、それ独自の問題もかかえている。多くの状況で、共感によって誘発された利他性は簡単には引き起こされないのである。8章で指摘したように、利他性、特に共感によって誘発された利他性は特定の他の個人の利益に向けられている。自分の地域やAIDSに罹った人びと、年長者、ホームレス、そして人間全体といったような抽象的な社会的カテゴリーについて共感を感じるのは、難しいことであろう。この点についてわれわれが希望できるのは、こうしたカテゴリーの個々の事例に感じた共感的配慮を基にして、肯定的な感情を般化させることであろう（7章）。さらには、別々の個人の援助の必要がどのような共感的な感情を引き起こすかは、さまざまである。われわれは、自分が特にこころにかけている相手（すなわち、その福利に高い価値を置いている相手）やその必要がはっきりしている相手（2章）には、共感的配慮を感じやすい。最後に、共感的配慮の感情は時間とともに消え去っていく。7章で述べたような特別の努力なしには、持続的な社会問題――貧困、集団虐殺、ホームレスの人びと、人口統制――の多くは、ほとんど共感的配慮を引き起こすことができないのである。

　共感的配慮の感情が引き起こされたとしても、共感によって誘発された利他性は利己性とほとんど同じように、限定的なものである。共感が感じられている相手個人あるいは複数の相手に利益をもたらすことが社会にも同じようにそうであるとしたら、それは素晴らしいことである。しかしそうでないとしたら、社会は不利益を被るだろう。自分の息子のジョンのことを気にかけていて、少

年サッカー・リーグを組織するボランティアを買って出た父親がいたら、誰がそこでプレーしようと思うだろうか。ジョンの興味がテニスに移ってしまったら、どうなるのだろうか。8章で見た研究結果の示唆するところでは、この父親の興味もまたシフト（移行）するであろう。

集団性：ある集団の福利への配慮

　集団性は、ある集団あるいは集合の福利の増大を最終目標とする動機づけのことである。ロビン・ドーズとその共同研究者たちは、それを「われや汝にではなく、われわれに」と簡潔に表現した（Dawes, van de Kragt, & Orbell, 1988）。集団は小さなものから大きなものまで、2人から20億人以上までがあり得る。それは結婚や家族のこともあり、スポーツのチームや大学、近隣の人びと、一つの市、国家であることもある。さらには人間全体であるかもしれない。集団は、自分の人種、宗教、性、政党、社会階級であることもある。われわれが気にかけている集団は、自分が所属している集団であることが多いが、そこに所属していることは必要条件ではない。われわれはその集団のメンバーでなくとも、障害をもった人びとの集団や迫害されている集団——ホームレス、ゲイとレスビアン、集団殺戮の犠牲者——の福利を気づかうことができる。ある集団の福利に内発的な価値が置かれていて、この福利が脅威にさらされたり、何らかのしかたでその福利を高めたりするることができる場合に、集団性的な動機づけが引き起こされ、この集団の利益をもたらすような行動がうながされる。

　配偶者を支え慰めている人が、配偶者への配慮からではなく、思い描く自己利益のためでもなく、「結婚のため」であるならば、それは集団性的な動機づけを示している。自分の地域を繁栄させるために、地域の慈善福祉団体に寄付する人もまたそうである。貧困な人びとの生活を楽にするために、ボランティア団体の一員となる大学生もそうである。人類全体への愛のために行動した、ナチス・ヨーロッパからユダヤ人の家族を救い出した人もそうである。最終目標がある集団——大きいか小さいか、包括的か排他的かにかかわらず——の利益である場合には、その動機は集団性である。

　近年では、集団への所属を基にした他者の利益となる行為は、社会的アイデンティティ理論によって説明されてきた。この理論では、自分がメンバーである集団の地位向上をはかることから出てくる自尊感情が強調されている

(Tajfel, 1981; Tajfel & Turner, 1986)。6章で論じた自己カテゴリー化理論(Turner, 1987)では論をさらに進めて、この種の行動を集団レベルの自己の概念によって説明している。この場合、自己は「脱人格化」されている。自分自身をパートナー、チームのメンバー、女性、ヨーロッパ人、ニューヨークの住民などとして見て、この集合のすべてのメンバーをお互いに交換可能な例として見る。この種の集団レベルでの自己カテゴリー化が起きた場合には、集団や集団の他のメンバーの利益のために行動することは、自己利益の表現であるということになる。この動機づけは集団性ではなく、利己性の特殊な場合である。

　自己の脱人格化というより、集団性では自己と集団とを依然として概念的に別々のものとしてとらえ、自己利益を越えた価値が導入されるが、それが集団の福利である。この価値がある位置を占めるに伴って、集団の福利が脅威にさらされたり、何らかのしかたでそれを増強できる場合には、集団性的な動機づけが引き起こされ、集団の利益となるような行動をとることがうながされる。ときには、集団全体の利益となるように行動する機会に出会うことがある。しかし、集団の数人だけのメンバー——おそらくは一人だけ——の利益となるように行動できる機会に出会うことのほうがもっと多い。そうではあっても、われわれが自己と集団とを別々のものとして見ていて、集団の福利を増強させることが最終目標であるならば、このときの動機は集団性のものである。利益を手にする人びとの数ではなく、最終目標がこの動機の性質を決めるのである。

見込み

　集団性は、利己性や利他性がもっていない美点をもっている。前に述べたように、利己性と利他性とはどちらも個人の福利に向けられたものである。だが、多くの社会的な必要は、われわれの自己利益（見通しに立った自己利益であっても）や、自分が特に気にかけている個人の利益からは遠く離れている。さらには8章で論じたように、多くの社会的な必要は社会的ジレンマ（リサイクルやエネルギー問題、水の保存問題、公共テレビの支援、慈善への献金など）となってやってくる。8章で見た研究が明らかにしたことは、自分にとって、あるいは自分が気にかけている相手にとって何がベストなのかということと、集団全体にとっては何がベストなのかということとの間に対立が生じた場合には、利己性と利他性とは集合的な利益に対して脅威となるということである。こうした緊急の社会的な必要に対応するために利己性と利他性を頼りにするとすれ

ば、その見通しは暗いといえる。海に向かうレミングの群れのように、われわれ自身、破滅に向けてあたふたと走り競うことになろう。

　実のところは、状況はこれほどひどいものではない。実験室の研究であれ実際の生活であれ、社会的ジレンマに直面した際には、多くの人びとが集団の福利に目を向けることを示すかなりの証拠がある（Alfano & Marwell, 1980; Brewer & Kramer, 1986; Dawes et al., 1977; Kramer & Brewer, 1984; Orbell, van de Kragt, & Dawes, 1988; Yamgishi & Sato, 1986）。集団の福利に目を向けることについてのもっとも一般的な説明は、それを集合的な動機づけだとするものである。この説明では、われわれが自分たちの集団の福利を増すという最終目標をもって行動できるし、またそうすることが仮定されている（たとえば Brewer & Kramer, 1986; Dawes et al., 1990）。そしてこの動機が、忠誠、団結心、愛国心、国家的プライド、連帯意識などの感情の強力な情動的基礎となっていると仮定している（Petrocell & Smith, 2005; Smith, Seger, & Mackie, 2007）。

問　題

　集団性的な動機づけは、個人としての他者の必要、特に気にかけている集団のメンバーではない他者の必要に応える場合には、あまり有効にははたらかない。この問題は、利己性と利他性が出会う問題の逆の問題である。ある相手に利することが集団の福利を推進するとすれば、まことに結構。そうならないとしたら、「忘れてしまえ」である。

　社会全体の利益となる行動の源としても、集団性的な動機の問題は依然としてある。われわれは自分がメンバーである集合——つまりわれわれ——について気にかけることが多い。ある集合あるいは集団を確認することには、多くの場合に外集団——われわれではない、彼ら——を認定することが含まれている（集団の定義には彼ら‐われわれの対照が欠かせないとさえ指摘している研究者もいる——Tajfel & Turner, 1986; しかし、Gaertner, Iuzzini, Guerrero Witt, & Oriña, 2006 ではこれとは違うデータが示されている）。彼ら‐われわれの枠組みの中では、自分の必要に合うように配慮すると、彼らの必要に対しては冷淡な無関心になるかもしれない。AIDS は当初は、ゲイの人びとの病気だとレッテルが貼られていたから、ゲイ社会の外の多くの人びとは、ほとんど援助しようとしなかった。それは彼らの問題であった。こうした状況下では、関心をもつことが困難なことは明らかである。一つの有益な方略は、人びとに集団の境界をより包括的な

レベル（彼らがわれわれの一部となるレベル）で再定義するように導いて、集団性の範囲に入るようにすることであった（Gaertner & Dovidio, 2009 を参照）。しかしこの方略は、アイデンティティと多様性の喪失の問題を引き起こす可能性がある（Dovidio et al., 2009）。7章で議論したように、これとは別の方略として、外集団の一人のメンバーに、その人の福利に高く価値を置く共感的配慮の感情が生じ、それが逆に集団全体に般化して、集団性の範囲に持ち込まれるという可能性もあるであろう。

集団性は実際に存在するのか

一見集団性のように見えるものが、実際には個人的な利己性であったり、ターナー（Turner, 1987）によって提案された利己性の脱人格化された様式でさえなかったりする可能性を考えてみることが大切である。おそらく集団の福利への注目は、単に見通しに立った自己利益やほまち稼ぎの結果だけなのかもしれない。

集団性が利己性とは独立の向社会的動機づけの一様式であることをもっとも直接に証拠立てたのは、ドーズほか（Dawes et al., 1990）の研究である。彼らは、お金を自分自身あるいは集団に割り当てる社会的ジレンマで選択をする個人の反応を検討した。自己への割り当てでは、個人的な利得が最大化され、集合的利得ではそうではない。集団への割り当てでは、集合的な利得が最大化され、個人的利得はそうでない。ドーズたちが見出したのは、集団の他のメンバーと討論をしてから割り当てをした場合には、事前の討論なしの場合よりも、集団に多くを割り当てていたことである。さらには、この効果は討論をした特定の内集団に限られていて、外集団への割り当ては増加しなかった。

この結果を基にしてドーズほか（1990）は、集合的な動機づけが利己性とは独立のものであることの証拠であると主張した。ドーズたちの実験の参加者は、「将来の互恵性の期待、目下の報酬あるいは罰、他の集団のメンバーからの評判という結果についてさえ何らの予期をもたずに」（p. 99）、集団の福利を高めるように行動したと、ドーズたちは主張している。また彼らは、この行動は良心の命令とも独立のものだという。

ドーズ（1990）たちはあまりにも多くのことを主張し過ぎている。参加者に単一の、匿名の割り当ての決定をさせることで、すべての様式の見通しに立った自己利益とほまち稼ぎとを実験から取り除いたと主張している。彼らは、あ

る参加者には自分自身か外集団（討論をしていない）かのどちらかに割り当てる選択をさせ、他の参加者には、自分自身と内集団（討論した）との間での割り当ての選択をさせることで、良心の効果を検証したと主張している。ドーズたちは、社会的に注ぎ込まれた共有の規範が、内集団と外集団とに同じような割り当てをさせるだろうと推測した。しかし、操作された規範が単に「共有する」ではなく「仲間と共有する」だったとしたら、どうだろうか。このようなローカル化された規範は可能であるし、その結果はドーズたちが報告した結果のパターンを正確に生み出すだろう。

　こうしたローカル化された規範の可能性と一致して、ドーズほかは、実験の討論の間、参加者たちは共有すると約束したことが多かったことを見出している。約束は、もちろん参加者たちが討論した内集団のメンバー——仲間——に対してだけなされ、外集団のメンバーにはなされなかった。多くの人にとって、数ドルのために約束を破ることは、決して小さな付帯的コストではなかっただろう。たとえ他のメンバーが約束が破られたと知らなくても、本人は知っている。さらに一致することとして、ドーズほか（1977）は、参加者たちがジレンマや可能な方略について討論すること——すなわち、ローカル化された規範を作ること——を許されなかった場合には、事前の討論が協力的な反応を増大させはしないことを初期の実験で見出している。この増大が見られないことは、もし討論が集団への配慮と集団的動機づけをもたらしたのだとすると、説明しがたいことである。

　このような説明の問題に対処するため、ドーズほか（1990）は、共有した研究の参加者たちが後で、なぜ共有したのかについて何を述べたかを調べた。事前の討論がなかった場合には、大半の答えは「正しいことをする」を主な動機としてあげた。討論がされた場合では、大半が「集団の福利」を挙げていた。こうした自己報告は示唆的なものではあるが、集合的な動機づけが利己性には還元できないという結論を正当化するのに十分だとは思えない。1章と4章で論じたように、この実験の参加者たちは、このように行動した本当の理由を知っていなかったかもしれないし、もし知っていたとしても、そのことを正確に報告しなかったのかもしれない。このことは、共有することへの動機と価値的に重い決定が多重のものであったことを考えると、ドーズたちの実験（1990）に特にいえそうである。

　集団性が利己性とは独立した向社会的な動機として存在する可能性は、確か

に魅力的なテーマであり、追求する価値がある。しかし結論をいう前に、もっと多くの、よりよい証拠が必要である。5・6章で吟味した、共感−利他性仮説を利他的な代替仮説に対して検証した実験は、集団性の存在について賛否のはっきりした証拠が得られる研究デザインのモデルとなると私は考えている。

原理性：ある道徳的原理を守ることへの関心

原理性は、ある道徳的な原理——たとえば、公正や正義の原理、最大多数の最大利益を目指す功利主義の原理——を守ることを最終目標とする動機づけのことである。大半の道徳哲学者たちが、利己性よりも向社会的な動機の重要性について論じてきたのは、おそらく驚くことではない。しかしカント（Kant, 1785/1898）以後の大半の哲学者たちは、利他性も集団性も避けてきた。彼らは利他性、特に共感によって誘発された利他性に訴えることを拒否してきたが、それは共感、同情、憐れみの感情があまりにも変わりやすく、限定的だからである。共感的配慮の感情は、援助を必要としている人びと全員に感じられるものではなく、その程度も同じではないことは明らかである。彼らは集団性に訴えることも拒否してきたが、それは集団的な利益が集団の境界によって限定されているからである。集団性は、集団の外の人びとに危害を与えることを許すだけでなく、それを奨励しさえする。利他性と集団性にはこうした問題があるため、道徳哲学者たちは多くの場合に、普遍的で公平な原理を守ることを目標とした動機づけを求めている。これまでのとは別の「…性」として、私はこの道徳的動機づけを原理性と呼んでいる。

カントは、「汝の隣人を自分自身のごとく愛せよ」というユダヤ−キリスト教の戒律は、個人的同情の表現ではなく、守られるべき道徳的原理だと論じた（1785/1898, 1節；パラグラフ 13）。トルストイ（Tolstoy, 1908/1987）はカントの考えに呼応して、愛の律法を「人生最高の原理」と呼び、愛は「個人的なものすべてから、その対象についての個人的バイアスの一滴からも」自由であるべきで、「こうした愛は自分の敵に対してだけ、憎しみと不快感とをいだく相手に対してだけ感じられるものである」（p. 230）と主張した。この種の原理化された愛は高貴な理想であろうが、私が定義した意味での利他性からは遠いものである。これと同様に、最大多数の最大利益という功利主義の原理は、普遍的で公平無私なものである。この原理は、自分自身あるいは自分が特に気にかけ

ている相手に利益となるようにではなく、誰にとっても利益となるようにすべきであると主張する（Mill, 1861/1987）。

もっと最近ではジョン・ロールズ（Rawls, 1971）が、無知のヴェールで覆われた原初状態——そこでは、誰も自分の社会における立場、王子か乞食か、泥棒か法律家か、男か女か、黒人か白人かについて何も知らない——から、社会のメンバーに物を割り振ることを基礎とした正義の原理を論じた。この立場からの割り振りでは、特定の利害からのえこひいきや誘惑が取り除かれる。ロールズの原理のような普遍的で公平無私な正義の原理は、ローレンス・コールバーグ（Kohlberg, 1976）の後習慣的あるいは原理化された道徳的推論（道徳的発達の段階での最高水準）の基礎となっている。

道徳性についての普遍主義者たちの見解は、挑戦を受けないではいなかった。ローレンス・ブラム（Blum, 1980）、キャロル・ギリガン（Gilligan, 1982）、トーマス・ナゲル（Nagel, 1991）、ネル・ノッデングス（Noddings, 1984）、ヨハン・トロント（Tront, 1987）、バーナード・ウイリアムス（Williams, 1981）などは、ある他者やある関係をもつ人びとの福利に特別の関心をもつことを許すような、道徳性の様式を承認するように求めた。公平と正義を基にした倫理に反対して、こうした著者たちはケアの倫理学を提案している。ある場合にはケアは、正義に対するもう一つの原理（正義の代替、あるいは正義と緊張関係にある原理）として提案されている。別の場合には、ケアは原理づけられた道徳性全体についての別の原理であるように見える。ケアがもう一つの原理だとすれば、それはまた原理性の別の様式であるケアの原理を守ろうとする動機づけ（たとえば、カントやトルストイの原理に基づいた愛）、あるいは害を与えないという原理（Baron, 1996）を呼び起こすことになる。しかし、ケアが（a）他の個人への特別の感情（b）自分自身への特別の感情（c）ある関係への特別の感情のいずれかだとすれば、ケアはこの順に、利他性・利己性・集団性の一つの様式であるように見える。

他者の福利についての利他性を基にしたケアと原理を基にしたケアとを区別する一つの方法は、カント（1785/1898）の定言命法の第二定式を考えることである。この定式では、われわれはいかなる人をも手段として扱ってはならず、常に目的として扱うべきであることが述べられている。利他的な動機づけによって行動する場合、すなわち他者の福利を道具的目標としてよりも最終目標とする場合には、他者を最終的なものとして扱っている。こうした行動がうまく

いくとすれば、相手を最終的なものとして扱う至上命令と合致した結果がもたらされる。しかし、カントによればこうした行動は、利他的な目標が他者の福利の増大にあって、原理に従ったものではないので、道徳的に動機づけられたものとはいえない。この行動は原理に合致していないという点で不十分であり、行動は原理を守るように遂行されなければならない。

これと同じ区別が、原理性と利己性・集団性の双方との間にもできる。集団性を考えてみよう。一般的な福利のために行動するように呼びかけることは、多くの場合、社会の利益のため（集団性）の訴えではなくて、原理への訴えである。われわれは、投票するのは義務だ、散らかったゴミをそのままにして、誰かに掃除させるのは正当ではない、慈善団体に「公平な分担」をすべきだ、そして自分たちの住んでいる地域にケアすべきだといわれる。こうした場合のそれぞれで、こうした訴えに従うことによって共益が高められるけれども、この訴えは原理性のものである。

見込み

利己性や利他性、集団性とは違って、原理性のもたらす他者の必要に反応しようとする動機は、自己利益や、ある特定の他者あるいは集団の福利への関心、それへの感情を超越している。普遍的で公平無私の道徳的原理は、すべての人びとの福利にかかわっている。これはすでに述べたように、最大多数のための最大利益という功利主義の原理について言える（Mill, 1861/1987）。カントの定言命法の第一定式（この原理は普遍的な法となる力をもっている）を満足させるようなどのような原理についても言える。そして、ロールズ（1971）の正義の基準（無知のヴェールの後での利益や機会の割り当て）にも、害をあたえないという原理にも、黄金律（己の欲するところ人にもこれを施せ）にも言える。

問題

しかしながら、原理への訴えかけにも問題がある。他者あるいは社会全体の利益となるような動機の原因としての原理についての主要な問題は、それが腐敗しやすいことである。道徳的な動機づけは、合理化にたいへん弱いように思われる。自分に利益となる状況あるいは自分が気にかけている相手が、なぜ道徳的原理に反したことにならないのかについて、われわれの大半は自分自身を——他者をではないにしても——正当化するのが上手である。たとえば、合衆

国の貧困地域・富裕地区間での公立学校のシステムの不公平さは、実際には不公平ではないのはなぜか（Kozol, 1991）。世界の自然資源の不均衡な取り分の権利があるのはなぜか。核廃棄物を他所に貯蔵するのがなぜ公正なのか。お金を払わずに公共テレビを見たり、リサイクルの努力を先送りしたりするのが、間違っていないのはどうしてか。敵の攻撃は残忍なのに、味方の側からの攻撃は必要なのはなぜか。たとえ罪のない人を傷つけるときであっても、命令に従わなくてはならないのはなぜか。道徳的原理の抽象性と多様性とは、適切な原理がたまたま自分の利益になるものだったと、われわれに容易に信じ込ませてしまう。

 われわれの大半は、自分が大いに道徳的だと思っている（Sedikides & Strube, 1997; Van Lange, 1991）。しかし自分の認めている道徳原理に反することで自分の利益がいちばんうまく手に入る場合には、まさにそうする方法を見つけがちである。われわれは、実際に公平であることにかかる自分へのコストは避けながら、自分を公平な――少なくも不公平ではない――人間として見ようとする。道徳的原理は受け入れても、こうした原理を守ろうとする動機づけは弱いように見える。

 この道徳的動機づけの弱さには、多くの心理的プロセスが関係をもっているようである。第1に、道徳原理を外すことが自分の利益に適う場合には、それについて考えるのを都合良く忘れるかもしれない（Bersoff, 1999）。第2に、この原理は自分自身の利益と対立する特定の他者には適用されない（道徳的除外―― Staub, 1990）か、あるいは特定の状況には適用されない（道徳的非拘束―― Bandura, 1991, 1999）と信じ込んで、積極的に合理化するかもしれない（Tsang, 2002）。第3は、実際にはそうでない場合でも、道徳的に行動していると自分をごまかしている可能性がある（道徳的偽善―― Batson, Kobrynowicz, Dinnerstein, Kampf, & Wilson, 1997）。第4は、道徳的原理の内在化の程度が、「なすべきこと」として経験されているだけで、「そうしたい」というところにまで至っていないかもしれない（Batson, 2002; Deci, Eghrari, Patrick, & Leone, 1994）。

 第5として、道徳的情動についての議論が近年盛んになされているにもかかわらず（たとえば、Haidt, 2003; Prinz, 2006）、堅固にいだかれている道徳的原理に背いた場合でさえも、しばしば非常にわずかな情動しか喚起されないように見える。この明らかな例外の一つは、身体臓器の売買、ペットの食肉、近親相

姦などのような正当性原理の侵犯について感じる嫌悪と怒りである（Haidt, 2003; Rozin, Markwith, & Stoess, 1997; Tetlock, Kristel, Elson, Green, & Lerner, 2000）。正当性の道徳性は、自然と社会の秩序に注意を向ける。この秩序に従うことを求める文化的な習慣は、本来的に価値づけられているようであり、それに反することは強い情動と強い動機づけとを生み出すことができる。この点で、正当性の原理は対立原理と対照的なものであろう。対立原理は、自分自身の利益と相手の利益とが対立するような状況で、他者の利益を考慮に入れるべきであることを求めている。西洋の社会では、公平と正義の原理が、相手に害を与えることを禁ずる原理とともに、対立する道徳性の核を構成している。私が道徳的情動が小さいことに疑問をもつのは、対立的な道徳性についてのもので、正当性についての道徳性に向けられたものではない。

公平と正義の原理についていうと、おそらくこれは西洋の社会でいちばん広く支持されている対立－道徳原理であろう。この原理の侵犯は、道徳的な激怒を引き起こすといわれている。しかし、不公平に対する激怒や怒りは、本当に公平さの基準を侵犯したことについての反応なのだろうか。それとも、自分自身に与えられた不利益についての反応（個人的怒り）、あるいは自分が同一視している集団のメンバーの一人に与えられた不利益への反応（同一視を基礎とした怒り）なのだろうか。さらには、自分が気にかけている誰かについての同種のことへの反応（共感的怒り）なのだろうか。これまでの研究では、不公平さがこの後の3種の怒りのそれぞれを引き起こし得ることが示されているが、自分以外の誰か、集団の一メンバー、気にかけている他者以外に不利益が与えられた場合には、不公平さはごくわずかの怒りしか引き起こさない。この結果が示唆しているのは、ここで経験された怒りが本当のところは原理の侵犯への反応ではなくて、自分が気にかけている誰かに与えられた不利益に対する反応だということである（Batson, Kennedy, Nord, Stocks, Fleming, Marzette, Lishner, Hayes, Kolchinsky, & Zerger, 2007; O'Mara, Jackson, Batson, & Gaertner, 印刷中）。拷問に対する激怒や怒りについても、これと同じことがいえる（Batson, Chao, & Givens, 2009）。利己性、共感によって誘発された利他性、集団性は、それぞれ強力な情動的な基礎をもっている。対立－道徳性の原理を守る動機づけでは、そうではないように見える。

強力な情動的基礎が欠けていることと、自分が支持する原理からのひと押しを避けるスキルとを結びつけて考えると、原理づけられた道徳性と向社会的行

動との実証された関係が弱いものであることが説明できる（Blasi, 1980）。われわれはその道徳的原理——少なくも対立原理——を、われわれ自身を動機づけるものとしてよりも、他者の行動を非難あるいは賞賛するものとして用いるようである。

原理性は実際に存在するのか

実のところ、ある道徳的原理を守るという最終目標をもって行動することは、本当にできることなのだろうか。カント（1785/1898）が「どうあるべきか」から「どうあるか」へと焦点を束の間移行させたときに、他者についてのわれわれの関心が原理への義務によって引き起こされているように見える場合でも、実際にはそれは自己愛によって引き起こされているかもしれないことを認めている。

> たしかにどれほど厳密な自己吟味を実行してみても、わたしたちが善行や、大きな自己犠牲を伴う行為を行った背景に、義務という道徳的な根拠よりも強力な動因を発見することができないことがある。しかし［道徳的な根拠で善行を行ったとしか考えざるをえない］そのような場合にも義務という理念はたんに表向きのものであって、自己愛がひそかな原動力となっていなかったと、確実に結論することはできないものである。この自己愛こそが、意志をもともと規定していた原因であるのに、自己を偽ってもっと高尚な動因を考えだして、自己を甘やかしたがるのである。しかし実際には、どれほど厳しく吟味したところで、ひそかな動機の背後にあるものを完全に明らかにすることはできない。……そしてある瞬間には、実際にこの世において真の意味での徳というものに出会うことができるものであろうかと、疑うようになるものである。とくに年齢を重ねて、経験によって判断力が分別を増し、観察する力が研ぎ澄まされてくると、こうした疑いが強まるのである。（2部、パラグラフ2・3／中山訳2章の038・039, pp.69-71）

ここには、はっきりとした、道徳的に行動することから出てくる自己利益がある。他者から善い人間として見られ、自分もそう見ることから、社会的な報酬と自己的な報酬とが得られる。正しいやり方で行動するのに失敗した場合の恥や罪悪感のような、社会的罰と自己的罰とを避けることができる。おそらく

はフロイト (Freud, 1930) が示唆したように、社会は反社会的な衝動を抑制するために、道徳的に行動することが若者の利益となるようにする (Bandura, 1991; Campbell, 1975 も参照) ことで、こうした原理を教え込もうとする。しかし、道徳的原理がこのやり方で学習されたとしても、それは機能的に自律して実行されるようになるだろう (Allport, 1961)。内在化によって (Staub, 1989)、あるいはより発達した道徳的推論によって (Gilligan, 1982; Kohlberg, 1976)、原理はそれ自体としての価値をもつようになり——少なくもある人びとにとっては——単に自己奉仕的な目的への道具的手段ではなくなる (いくつかの例については、Colby & Damon, 1992 を参照)。もしそうだとすれば、原理性は実際に存在する。

ここでの論点は、利他性と集団性とが直面したのと同じ論点である。ここでも、目標の性質について知る必要がある。公平と正義の原理 (あるいはこれ以外の道徳的原理) を守ることは、自己利益的な最終目標へ導く道具的目標なのだろうか。もしそうだとすれば、この動機は利己性の巧妙で洗練された様式である。最終目標は原理を守ることであり、それに伴う自己利益は意図せざる帰結なのだろうか。そうだとすれば、原理性は、利己性、利他性、集団性とは独立した、向社会的動機づけの4番目のタイプである。

現在でも、カントの率直な評価は意味をもっている。私はわれわれが、原理性が動機づけの他の様式であるのか、あるいは利己性の一つの様式であるにすぎないのかを知っているとは思っていない。少なくともコールバーグの普遍的正義の原理 (Kohlberg, 1976) のようないくつかの道徳原理が、向社会的行動の増加と結びついていることを支持する実証的な証拠——限られており、しばしば弱いが——がある (Eisenberg, 1991; Emler, Renwick, & Malone, 1983; Erkut, Jaquette, & Staub, 1981; Sparks & Durkin, 1987)。しかしこうした証拠は、最終目標を確認してはいない。別の研究が明らかにしたところでは、人びとはしばしば自分が道徳的であると見えるように動機づけられる一方で、それができるのであれば、実際に道徳的であることのコストを避けようとする (Batson, Kobrynowicz et al., 1997; Batson, Thompson, & Chen, 2002; Batson, Thompson, Seuferling, Whitney, & Strongman, 1999)。道徳的であるように見えることへの動機づけは利己性の巧妙な様式であるが、それは原理性と間違ってとらえられやすい。私の知る限りでは、正義 (あるいは、それ以外の道徳的原理のどれか) を守ることが最終目標として機能するという明確な実証的証拠は得られていな

い。かといって、この可能性を除外してしまうような明確な証拠もまたないのである。集団性についてそうであったように、第Ⅱ部で報告した利他性の存在を検証した実験が、原理性が存在するかどうかを決めるのに必要な研究のデザインに役立つモデルとなるであろう。

向社会的動機の対立と協力

　向社会的動機づけに4つの様式があることを認めるとすると、より人間的な社会を創造するのに、もっと多くの資源が使えることになる。大ざっぱな言い方だが、押すことのできるもっと多くの動機づけのボタンがあるといえる。それと同時に、可能性が増せばことはもっと複雑になる。向社会的動機を含めてそれぞれの動機は、何時もいつも調和のとれたはたらきをするとはいえない。こうした動機はお互いに、その力を弱め合ったり、対立し合ったりする。

対　立

　自己利益（見通しに立った自己利益であっても）に訴えて社会的に利益のある行動をうながすよう、きわめて意図的に試みるやり方は、他の向社会的動機を弱めてしまうことで、裏目に出てしまうことがある。金銭的な誘因（たとえば租税優遇措置）、法律、規範的な圧力、これら以外の誘因を用いて、他者と社会全体に関心をもつように刺激することは、関心を示す理由がこうした誘因を手にすることにあると人びとに信じ込ませてしまう可能性がある。こうした人びとは、当初はそうでなかったかもしれないのに、自分の動機づけは利己的なものだと解釈する（Batson, Coke, Jasnoski, & Hanson, 1978; Bowles, 2008; Thomas & Batson, 1981）。この結果として、行動は誘因に依存したものになってしまう。誘因がなくなってしまったり、施行されなくなってしまった場合には、行動は姿を消してしまう（Stukas, Snyder, & Clary, 1999）。なぜわれわれは共益のために行動するのかという疑問には一つだけの答え——利己性——があるとする仮定は、自己実現的予言としてはたらくことになり（Batson, Fultz, Schoenrade, & Paduano, 1987）、このことが自己利益についての永続的な規範をつくり出す（Miller, 1999）。たとえば、貧困プログラムへの支持が、法と税金

によって強制されていると感じている人びとの間で、貧しい人びとへの関心が損なわれてしまっていることを思い出してみよう。

　利他性、集団性、そして原理性も、何時もいつも力を合わせあっているわけではない。この3つにも対立する可能性がある。たとえば、利他性は集団性と原理性の双方と対立する可能性があるし——しばしばそうなっている。8章では、共感によって誘発された利他性が、集団にとって最善であることを犠牲にして、自分が共感を感じている相手の利益になるようにすることがあることを示した4つの実験結果を述べた。そこでは、最初の2つの実験で、動機的な葛藤を評定する質問紙が使われていたことには言及しなかった。この実験の参加者は、(a) 自分自身 (b) 集団全体 (c) 集団の他のメンバーそれぞれの中の誰にクジ券の枚数を最大化したいかについて聞かれていた。コミュニケーションなし条件と低共感条件の参加者にくらべて、高共感条件の参加者は、共感を感じさせられた手記の書き手である集団のメンバーが受け取るクジ券の数を最大にしたいという欲求のレベルがより高かった。自分自身のためにクジ券を入手しようとする欲求は、実験条件間・実験間を通じて高く、共感的配慮の感情によっては低下しなかった。集団が受けとるクジ券を最大にしようとする欲求は、それぞれの実験の高共感条件で低下していた。集団全体の利益のためにという欲求を最終目標にする限り、また自己報告が妥当なものである限り、参加者たちは共感によって誘発された利他性と集団性との間で葛藤を感じたと指摘している。

　しかしながらおそらくは、集団の利益のためということは、公平（平等）の道徳的原理を守ろうとする欲求、あるいは最大多数の最大利益の原理を守ろうという欲求を反映しているのだろう。もしそうだとすると、そこで生じる葛藤は利他性と原理性との間でのものである。この後者の可能性に合わせて、8章で述べた4つの実験の中の後の2つの参加者たちに、「あなたのクジ券を配分したやり方は道徳的に正しかったと思いますか」（1＝まったくそうでない、9＝完全にそうだ）と聞いている。この両方の実験で、この質問の回答への分配決定の効果は強力なものであったが、条件の効果と相互作用なしの効果は見られなかった。自分自身に配分した者あるいは共感的配慮を感じた相手に配分した者は、集団全体に配分した者よりも、自分の行動をより道徳的でないと考えていた。こうした結果は、原理性が利己性と共感によって誘発された利他性の両方との間に葛藤があることを示唆している。このことはまた、原理性と共感

によって誘発された利他性との間の葛藤をも示唆しているが、この点についてはバトソンとクラインほか（Batson, Klein et al., 1995, 実験1）の結果を思い出してもらいたい。そこでは、2人の作業者のうちの一人に共感を感じるようにされた参加者は、不公平だと考えていたときでさえも、その一人にえこひいきを示していた。

協　力

　向社会的動機づけのさまざまな様式もまた、協力しあうことができる。利己性・利他性・集団性・原理性は、それぞれその強さと弱さとをもっている。前に示唆したように、最大の利益はこうした動機づけが協調的に調整され、ある動機の強さが他の動機の弱さを補うところから出てくる。

　利他性あるいは集団性のいずれかの良い点と、原理性の良い点とを結びつける方略が特に期待できそうである。たとえば、公平あるいは正義の原理をもう一度考えてみよう。この原理は普遍的で公平無私なものだが、正義を守る動機づけは堕落しやすい——見過ごし、合理化、自己欺瞞に弱い——ように思われる。この動機づけは、強力な情動的基礎を欠いている。これに対して、共感によって誘発された利他性と集団性とは潜在的に強力な向社会的な動機であって、それぞれが強力な情動的基礎をもっている。しかし、その範囲が限られているという性質がある。こうした動機づけは、特定の人あるいは人びと、集団についての特別の関心を生み出す。不正の犠牲者に共感を感じるように導くことができる場合、あるいはこうした人びとと共通の集団にいると知覚するように導くことができる場合には、おそらくわれわれはこの2つの動機の独特の強さを結合できるはずである。正義への欲求は視野と理由とを与えてくれる。共感によって誘発された利他性あるいは集団性は、特に犠牲者の苦しみの終わりを見ることへ向けての情動的な炎と力——道徳的な「義務」に伴う「願望」——を与えるだろう。この組み合わせが、見過ごしや合理化を思い止まらせることになる（Solomon, 1990 を参照）。

　共感によって誘発された利他性と正義を守る動機づけの協調的調整に注目して、いくつかの具体的な例を挙げてみよう。こうした協調的調整は、ナチスが支配していたヨーロッパでのユダヤ人救援者の生活で起きていたと思われる。サミュエル・オリナーとパール・オリナー、それにその共同研究者たちが収集

したデータ（Oliner & Oliner, 1988）を注意深く見てみると、救援活動にかかわるようになるのは、同情を感じた特定の個人あるいは複数の個人——多くは以前からの知り合い——への配慮から始まっていることが多いのに気づかされる。この最初のかかわりにつづいて、さらなる接触、救援活動への参加、そして正義への関心という具合に、最初の共感的配慮の範囲を超えて広がっていったのである。いくつかの事例では、フランスのル・シャンボン村が有名だが、結果はまったく劇的なものだった。

　こうした協調的調整はまた、1950年代のアラバマ州バーミンガムでのバス・ボイコットのときに起きたように思われる。地域警察の指揮の下で、消火ホースからの水で道路になぎ倒された黒人の小さな子どものテレビ・ニュースの恐ろしい光景——そしてこの光景が喚起した情動——は、市民の権利についての何時間もの理性的な討論以上に、人種平等と正義についての関心を引き起こしたように見える。

　この2つの例では、動機の協調的調整は計画されたものではなく、事態の展開につれて起きている。ときには、この協調的調整には人間の指揮者がいる。マハトマ・ガンジーとマーチン・ルース・キング・ジュニアによってなされた恒常的不正義に直面しての非暴力の抗議行動の核心には、抑圧の犠牲者に対して共感的配慮を感じさせるように計画された意図的な対決があったように思われる。

　このような協調的調整は、ジョナサン・コゾルの著書にも見ることができる。合衆国の貧困地域・富裕地域の間の公立教育の「過酷な不平等」を深く憂慮したコゾル（Kozol, 1991）は、この二地域間の相違を明確に記録し、その不公平さを指摘した。しかし、彼はそれだけに留まらなかった。彼はわれわれを一人ひとりの子どもたちの生活に連れていく。われわれはこの子どもたちの福利に強い関心をもち、その結果として、不平等を深く気にかけるようになる。コゾルの目的は、われわれに感じさせるだけでなく、貧困地域の学校の基金を改善する行動にわれわれを巻き込むことである。彼はこの目的を、共感によって誘発された利他性の動機と原理性の動機とを協調的に調整することによって追い求めた。

　ことが実際になると難しいことはあるにしても、不公平に扱われている犠牲者への共感を導入することで利他性と正義とを協調させることには、理論的には複雑なところはない。しかし、これがこの2つの動機を結びつける唯一の方

法ではない。賢王ソロモンの物語は、正義に奉仕するのに共感によって誘発された利他性——そして、それがもたらすえこひいき——を用いたより巧妙な例である。2人の女がソロモン王の前にやってきた話を思い出してみよう。一方の女は、他方の女の幼い息子が死んだときに、この悲しみにくれた母親が、死んだ息子と自分の子どもを取り換えたと申し立てた。他方の母親は、死んだのは最初の母親の子で、生きているほうは自分の子だと申し立てた。

> そこで王［ソロモン］は「剣を持て」といい、剣が王の前に運ばれた。王はこう言った。「この生きている子を2つにわけよ。半分はこちらに、別の半分はあちらにだ」。しかし息子が生きているほうの母親は王に——息子へのあふれる思いに動転して——こう言った「王様に申し上げます。どうか彼女にこの生きたままこの子を与えてください。決して殺したりはしないでください」。一方の母親は、「この子は私のでもなければ、あなたのでもない。切り分けてください」。そこで王が答えた。「この生きている子を最初の母親に渡せ。この子を殺してはならない。彼女がこの子の母親だ」。(1 Kings 3：24-27 NRSV)

こうしてソロモン王は「正義を遂行した」(1 Kings 3：28)。向社会的動機のこれ以上にうまい協調的調整は考えられない。

これとは別の正義のジレンマに目を転じてみよう。ソロモン王のような叡智が必要とされるのは公的な福利と貧困とを考えるときである。福利と貧困の計画に用いる税を新たに創設することは、共感によって誘発された利他性に訴え、公平な行政を確保する正義に訴えることで、前に見た利己的な攻撃を避けることが可能だろうか。利己性、利他性、集団性、そして原理性が対立し協力する仕方について、もっと知らなければならないことは明らかである。

動機の協調的調整は、援助を求めている人びとと社会全体の双方のための行動をうながす上で、見込みのある方略である。この方略は劇的な結果をもたらし得るやり方のように思われる。にもかかわらず、これが考慮の対象となることは少なかった。人間の動機づけのすべてが自己利益的なものであるとする仮定が、われわれにこの方略の可能性を考えることを妨げてきた。この仮定はもはや維持できない。新しい可能性が生まれている。

結　論

　他者のためになる行動（他の個人、集団、社会全体のいずれであれ）を励ますことに興味をもつ場合、その注意を行動を追い求めることから、この行動を奨励したり、やる気を失わせたりするさまざまな動機に移すことを勧めたい。また、問題となる動機のそれぞれと結びついたその強さと弱さにも注意を向けてもらいたい。そして、こうした動機のあるもの、あるいは全部の動機に手当たり次第の訴えかけをするよりも、注意深い協調的調整を勧めたい。そうすれば、動機の間でお互いに相殺することなく、ある動機の強さが他の動機の弱さを補うことになる。利他性と集団性のいずれかの良い点と原理性の良い点とを結びつける方略が、有望なことは明らかである。これ以外の有望な組み合わせも考えることができよう。この章で示した概念的な分析がこうしたことを考える材料となるとすれば、その役目を十分に果たしたと思う。

要約と結論

　われわれの大半にとって、自分自身に対する心からの愛情が、その生活で重要な役割を演じていることは明らかである。これにくらべると明確さは少ないが同じく確かなのは、利他性もまた重要だということである。自己に対する愛情は、われわれの愛情の全部を使い切ってしまうものではない。われわれは、少なくも他の誰かが幸福であることを心から気遣うことができる。

　言うまでもなくこうした主張の重要さは、利他性という表現で何を意味しているかによって違ってくる。それが個人的なコストがかかる援助行動、あるいはウオーム・グロー（心地よい満足）を感じたり罪悪感を回避したりする場合のように、巧みに自己利益を手にするのを目的としてなされる援助行動——多くの行動科学者と社会科学者によって利他性の意味だとされている——を意味するとすれば、利他性の存在は疑いのないことである。しかし、こうした利他性の存在をいくら言い立てても、われわれに何も教えてはくれないし、これまで知っている以上のことはそこからは出てこない。こうした定義は、何世紀にもわたる古くからの利己性－利他性論争をつまらないものにするだけである。この論争では、利他性は他者の福利を増すことを最終目標とする動機づけの状態のことを、利己性は自分自身の福利を増すことを最終目標とする動機づけの状態を意味している。こうした動機づけ的な定義を守ることによってのみ、この論争の中心に横たわっている、人間の可能性と人間の本質についての根本的な問題を直視することができる。この用語を別に定義することで利他性の存在についての疑問を解決するとすれば、こうした問題に光が当たることはない。

　この動機づけ的な定義を守りながら、私は利他性の存在の問題を道理やレトリック、あるいは例示ではなく、科学によって扱おうと努力してきた。この目的のために、利他的な動機づけが、いつ、なぜ、どのようにして、どんな結果をもたらすものとして生起するのかを明確にする理論を提出した。この理論の中心的な見解から引き出される実証的な予測を検証するようにデザインされた、

広範囲にわたる一連の実験を報告し、その意味するところを探ってきた。

その理論

　1章で展開したように、本書の中心的な見解は共感‐利他性仮説である。共感的配慮——援助を必要としている相手の福利を知覚することによって引き起こされ、またこの知覚と適合する他者指向的な情動——は、利他的な動機づけをつくり出す。利他性の存在についての疑問の中心にあるのは、相手を尊重すること、思いやりの人間的な能力についての疑問である。われわれ人間はこれまで、他者の福利を尊重することを、どのような程度であれ、それ自体を目的とすることができてきたのだろうか。それとも、自分自身の福利だけを目的としてきたのだろうか。ここで提案した理論は価値拡張理論であるが、それは人間が自分自身の福利以上のものを実際に尊重できることを主張している。この理論は、自分が尊重している状態への脅威が情動を引き起こし、次にはこの情動が、この尊重した状態を入手し・維持するような目標指向的な動機づけを作り出すという、心理学理論の一般的な種類の説明と一致している。しかしながら、この理論はこうした種類の理論の多くとは、われわれの尊重するのが最愛の自分自身に限られないことを主張している点で異なっている。

　この理論の価値拡張的な性格と一致するように、共感的配慮のカギとなる2つの先行要因が2章で提出された。それは、(a) 他者を援助を必要としている者と知覚すること (b) 他者の福利を尊重する内発的な傾向である。以前の公式化で、私は共感的配慮の先行要因として必要の知覚と他者の視点を採用することを提案したが、多くの研究がこの提案と一致した結果になっている。しかし最近の資料では、毎日の生活の流れの中では、視点取得は他者の福利を尊重することから出てくる自然の結果であること、そしてこの後者が共感的配慮のより基本的な源であることが示されている。このことから、ここでの公式化では、相手の必要の知覚と相手を尊重する内発的傾向とに注目することとする。またそれと同時に、特に実験室では、視点取得がしばしば相手を尊重することの代わりになることも知っておきたい。一般的な情動性、情動の統制、愛着のスタイル、そしてジェンダーなどを含めてのいくつかの個人差もまた、共感的配慮のレベルに影響を与える可能性がある。しかしこれらは、2つのカギとな

る先行要因——相手の必要の知覚と相手の福利の尊重——の効果の仲介要因として作用するように思われるので、ここで新しい先行要因が加わったわけではない。

　2章ではまた私は、情動をもとにした目標指向的な人間の親本能の認知的な般化が、可能性をもち、おおいにそうであるとさえ思われるような、他者の福利の尊重と共感によって誘発された利他性との遺伝的な基層ではないかと推測した。マクドゥーガル（McDougall, 1908）を受けて私は、この般化が見知らぬ者に——他の種のメンバーにさえも——適用される可能性のあることを示唆した。親の養育性が人間の利他性の遺伝的基礎となっていると提案することは、包括的適応度、互恵的利他性、社会性あるいは集団的選択などに訴える現今の人気のある説明とは別のものである。

　親‐養育性の提案が妥当なものかどうかは、はっきりとはしていない。この考えと一致する一定範囲の証拠はあるし、それは現今の人気のある別の理論を支持する証拠よりずっと多いが、こうした証拠は結論的なものではない。しかし、この提案がまじめな注目を引くに値するものであることは示されている。

　人間の利他性のルーツが般化された親の養育性にあるのだとすれば、「はじめに」で述べたように、利他性は縁取りの飾りにだけでなく、毎日の生活の織物全体にしっかりと織り込まれている。それは決して例外や普通でないものではなく、人間的条件の中心的特質なのである。利他性は極端な自己犠牲の行為だけに限定されたものではなく、あなたや私のような人びととの日々の経験によく見られるはずのものである。

　3章では、行動的な帰結を考えた。共感‐利他性仮説が提案している利他的な動機づけは、共感によって誘導された必要を解消させるような目標指向的な力である。この動機づけは、必要を解消するために援助行動をさせもするが、援助行動だけがこの場合にできる結果ではない。どんな目標指向的な動機とも同じように、共感によって誘発された利他性はコスト‐利益分析をさせることになる。特定の状況とその時点での他の動機の強さによって、利他的な動機づけは援助をさせたり、援助者になる可能性のある他者にそれをさせたり、何もしなかったりといったことを引き起こす。利己的な動機もまた、こうした行動のそれぞれに導く可能性をもっているが、そこからは共感的配慮によって作り出された動機づけが利己的で、利他的ではないという可能性も出てくる。共感的配慮から出た動機づけを説明する、6つの別々の利己的な動機づけの様式が

実際に提案された。嫌悪‐喚起の低減、共感特定的な罰の２つの様式（社会的なものと自己的なもの）、そして共感特定的な報酬の３つの様式（援助への報酬、共感的喜び、否定的状態の緩和）がそれである。それぞれの様式には、それ独自の可能な行動のセットが結びついている。

共感的配慮から生じる利己的な動機の範囲が広いこと、そのそれぞれに結びついている可能な行動、利他的な動機づけと結びついているこうした行動がお互いに重なりあっていることは、共感的配慮から出てきた動機づけが利他的なものか、あるいは利己的なものかを決める仕事を複雑なものにしている。しかし注意深い概念分析をすれば、この複雑さのなかに、共感‐利他性仮説を利己的な代替仮説に対して検証するカギがあることが明らかになる。くわしくは３章に述べたが、提案された利己的な動機のそれぞれは、少なくも一つの行動あるいは状況的条件との関連において、共感によって誘発された利他的動機づけとは違っている。こうした違いが、共感‐利他性仮説を、それぞれの代替仮説、そしてそのさまざまな組み合わせに対して検証する機会を与えてくれる。

その証拠

４章で私は、共感‐利他性仮説を検証する際に用いる研究法の中で、実験室での実験がもっとも適切だと考えているのはなぜかを説明した。私の知る限りでは、これ以外に適切な方法はない。人間によって——そして他の種のメンバーによって——なされた、個体的なコストがかかる援助行動の劇的な例や、感動的な例を挙げるのは容易なことである。残念なことにはこうした例は、その底にある動機づけを明らかにしてはくれない。ある場合には、そしておそらくは多くの場合に、この動機づけは部分的に利他的なものであろうが、われわれはそれを知ることができない。そのすべての場合に、動機づけは利他性とは違って、徹底して利己的なものである可能性がある。行動が起きる状況を組織的に変えること（実験ではこれが可能）によってだけ、その底にある動機づけについてはっきりとした推論をすることができるのである。実験はすべての研究上の疑問に対応する方法ではないが、利他性の存在についての疑問に対応する唯一のうまく準備された方法であるように思われる。

５章は、共感‐利他性仮説を６つの利己的な代替仮説の一つあるいは複数の

代替仮説と対比して検証するために行われた30を超す実験の結果を要約した。こうした実験はさまざまな、しばしば複雑な手続きを用いている。にもかかわらずその結果は、共感－利他性仮説を支持する点で一貫しており、はっきりもしている。いくつかの実験は、その当初は利己的な代替仮説の一つを支持するものと解釈されたが、しかしそれぞれの場合に、あいまいさや混同の可能性を除いたそれに続く実験では、共感－利他性仮説を支持する明確な結果となっている。そこでのデータは、実験に持ち込まれた6つの利己的な代替仮説の全部を不適としただけでなく、この6つの組み合わせのどれについても同じ結果であった。このデータは、共感的配慮の感情が6つの利己的な動機を同時に引き起こすとする、全部同時の組み合わせでさえも不適だとしている。

　最近では、共感－利他性仮説についてこれとは別の2つの挑戦がなされている。その一つは、既存のデータは嫌悪－喚起－低減的な利他性を適切には検証してはいないのではないかというものである。というのは、このことに関係する実験の全部が実際にやっているのは、共感によって誘発された援助の必要から物理的に逃げやすいかどうかを操作しているが、嫌悪－喚起－低減的な仮説の検証に必要とされている逃げやすさは心理的なものだからである。共感によって誘発された必要が視界から消えてしまうと、それはこころからも消えてしまうと予測できないとしたら、物理的な逃げやすさを操作することでは嫌悪－喚起－低減仮説のよい検証法にはならない。

　この最初の挑戦とは反対に、6章で見た研究は、物理的な逃げやすさが操作された状況で、物理的な逃げやすさは心理的な逃げやすさの効果的な操作となるだろうことを示している。さらには、この目的のためにデザインされたものではないが、1991年に報告された2つの実験で、心理的な逃げやすさ・逃げにくさという条件の効果に光が当てられている。ここから出てきたデータはいずれも、嫌悪－喚起－低減仮説の予測とは逆のもので、共感－利他性仮説を支持するものであった。最後に、心理的に逃げることをはっきりと操作した最近の2つの実験では、嫌悪－喚起－低減仮説ではなく、共感－利他性仮説を明らかに支持するデータが得られている。この研究に照らせば、最初の挑戦は葬り去ってしまってよい。こうして結論は、嫌悪－喚起－低減仮説は共感的配慮から生じた動機づけを説明できないことが、以前にも増して正当化されたということである。

　2番目の挑戦は、共感的な配慮を感じることが、自己と他者との概念が心理

的に「ひとつ」のものとして同化されることを経験することだというものである。こうして自己利益は、共感的に導かれた者に自己－他者ユニットの福利について配慮させるようになる。このことが起きるとすれば、共感によって引き起こされた援助への動機は、前にしたこの用語の定義によれば、利他的とも利己的ともいえないものである。このどちらの用語も、その福利を増すようにこちらが動機づけられる相手は、別個の個人——他者か自己——である。

　数多くの研究者たちが、自己－他者の同化のある形態で共感的配慮の効果を説明できると主張してきている。しかしながら、手にすることのできる実証的証拠（6章の後半）を注意深く見てみると、こうした主張のどれをもはっきりと支持するものはなく——それとは反対の証拠が多いことが明らかになる。こうした証拠によれば、自己－他者の同化が共感的配慮から出てきた動機づけを説明できないのは、はっきりしているように思われる。

　1990年に、当時見ることのできた共感－利他性についての研究を総攬し、併せて社会学、経済学、政治科学、生物学でのこれと関連する研究を見たうえで、ピリアヴィンとチャーン（Piliavin & Charng, 1990）は次のように結論している。

> 利他的であるように見える行動が、精密に検討すると、利己的な動機を反映したものであることが明らかになるに違いないとする以前の立場からの、「パラダイム・シフト」が起きているように見える。というよりも、現にある理論とデータとはより進んでいて、本当の利他性——他者の利益を目的に行為すること——は確かに存在し、それは人間性の一部であるとする見解とより一致している。(p. 27)

　20年たった後も、このピリアヴィンとチャーン（1990）の結論は依然として正しいようである。新しい証拠やこれまでの証拠についての利己性からの新しい説明はあり得るが、共感－利他性仮説は正しいようである。そして、これまでの証拠が多方面にわたるものであるにもかかわらず、信頼するに足る新しい利己的な説明が見出される可能性はきわめて低いように思われる。いまや、共感的配慮が利他的な動機づけを生むという提言を——少なくも作業仮説として——受け入れる時である。そしてまた、この提言の意味を考える時でもある。

　この意味に目を転じる前に、最後に2つの理論的ポイントを指摘したい。第

Ⅰ部の導入で述べたように、第1に現在の理論は、利他性がどのようにして人間の中に生じ、機能するかについての唯一の理論というわけではない。共感－利他性仮説を支持する根拠を見出すことは、共感的配慮以外にも利他的な動機づけの原因となるものがあるかもしれないという可能性を決して排除するものではない。「利他的パーソナリティ」(Oliner & Oliner, 1988)、原理づけられた道徳的推論 (Kohlberg, 1976)、内在化された向社会的価値 (Staub, 1974) を含めて、いくつかの提言がされてきた。こうした可能性のある原因が援助する動機づけの増加と結びついていることについてはいくつかの証拠はあるが、しかしいまのところ、この動機づけが利他的なものかどうかは明確ではない。このそれぞれについて、動機づけはその代わりに、(a) 肯定的な自己概念の維持、あるいは (b) 罪悪感の回避という利己的な最終目標への道具的手段である可能性がある。この可能性について、より多くの研究が必要である。共感－利他性仮説を検証する研究が、人間における利他性についての他の理論を検証するための基準となり、かつモデルともなればよいと思う。

　第2のポイントは、価値の実証的な位置づけが、ここでの理論の先行要因だということである。5・6章で報告した広範な実験的証拠は、この理論の中核となる部分である共感－利他性仮説の妥当性に向けられている。2章で強調したように、価値づけが共感的配慮に先行することの証拠と、特に共感によって誘発された利他性の遺伝的基層としての親の養育性についての証拠は、これまでも限られたもので、結論的なものではない。これからの研究によって、この理論の部分的な改定が必要なことがわかってくるかもしれない。共感的配慮の先行要因とされたものには以前にも変化があったし、この変化はまた起きるかもしれない。こうした変化からここで提案したものとは別の理論が出てくるかもしれないが、ここでの中核的な提言——共感－利他性仮説——は残り、今後も共感によって誘発された利他的動機づけの一理論としてつづいていくであろう。先行要因についての変化は、共感的配慮を導入するための異なった状況や方略に注意を向けさせる。共感によって誘発された利他的な動機づけは一度起きているが、その意味することの多くについては、第Ⅲ部で示したように、変化はないであろう。

その意味するところ

　第Ⅲ部で見た証拠は全体として、これまで知られてきたよりも、共感によって誘発された利他性が広い範囲に見られ、われわれの生活で強い力をもっていることを示している。7章で示した考え方と証拠とは、利他性が人間の生活で重要な肯定的な力となることができることを明らかにしている。共感によって誘発された利他性は、援助を必要としている相手に援助を提供することに敏感になり、攻撃を少なくし、競争的な状況での協力を増し、スティグマ化されている集団に対する態度を改善し、こうした集団のために行動し、より密接な人間関係をもつようにさせることで利益を与える。それはまた、利他的な援助者の健康に利することもある。

　そうは言っても、共感によって誘発された利他性は何時もいつも善いことへの力ではない。この力を賢明に用いるには、7章で考えたように、その利益の可能性を意識するだけでなく、8章で考えたような不利益についても考慮する必要がある。共感によって誘発された利他性は、時によっては、援助が必要である相手に不利益を与えたり、自己への関心によって覆されたりもする。こうした条件下では、われわれは共感的配慮から生じた利他的動機づけを避けるために、共感的配慮そのものを避けるように動機づけられる。多くの重要な社会的な必要は、少なくも容易には、また直接的には、共感的配慮の感情を引き起こしはしない。共感によって誘発された利他的な動機づけは、われわれに自分自身の道徳的原理を破らせたり、集合的利益を低下させるようなやり方で行動させたりもする。またこの種の動機づけは、自分自身の健康を損ない——ときには死に至らしめさえもする。共感によって誘発された利他性を人間的な福利の増進のために用いる試みをする際には、こうした利益と不利益とを考えに入れることが必要である。

　9章では、人間が内発的な価値を自分自身を越えて、他者の福利に配慮するように拡張できるとすれば、行動科学と社会科学（特に心理学と経済学）で優勢な考え方であった利己性の普遍性という見解は、利他性を含めての向社会的動機の多元性に道を譲るべきであると指摘した。合理的選択理論の中心にある自己の利益だけを考える価値の考え方は、排除されるべきである。そして一度

利他性を考慮に入れるならば、われわれは内発的な価値が自分自身の福利や他者の福利以外へと拡張できる可能性を考えることになる。おそらくは、利己性や利他性とは別の向社会的動機があるのだろう。

ここで考えるに値する2つの向社会的動機とは、集団性と原理性である。集団性——ある集団あるいは集合の全体についての利益を、最終目標とする動機づけ——は、近代の生活の中で悩まされている社会的ジレンマに直面した際に、強力な資源となる可能性がある。原理性——ある道徳的原理を強力に守ろうとする動機づけ——は、これまで宗教的指導者や哲学者によって強く勧められてきている。集団性と原理性とが、利他性とは別の独立したものなのか、またそれに還元できないものなのかは、まだはっきりとはしていない。共感によって誘発された利他性が独立した地位をもったものかどうかを検証した研究が、それぞれが利己性から独立したものであるかどうかを評価する研究に役立つモデルを提供するはずである。

利己性と利他性について言えるのと同じように、集団性と原理性の双方についても——仮にそれが存在するとして——、利点と弱点とがある。より人間的な社会を創造するためには、一方の利点が他方の弱点を克服するように向社会的動機を協調的に調整することがもっとも望ましいであろう。

前を向いて

4章では、クルト・レヴィンのよく引用される格言「良い理論ほど実際的なものはない」(Lewin, 1951, p. 169) に言及した。この意見はしばしば、実際的であるように努力せよという理論家への忠告であるとされている。実のところは、レヴィンの文章全体を読めば、この意見が実務家に向けられたものであることは明らかである。現実の世界の問題を扱う際の試行錯誤的なやり方を越えたいと思うならば、そのことに関連する基本的な過程についての良い理論的理解を基に努力する必要があるというアドバイスである。実証的な研究を基礎にして努力するだけでは十分とはいえず、その理論が重要である。（この文章の前の部分で、レヴィンは忠告を理論家たちに向けて、「知識人的な嫌悪感…恐怖をいだいて、応用的な問題を見てはいけない」と励ましている。）

レヴィンの言いたかったことは、エンジニアは物理学の良い理論を基にして

自分の仕事をすべきだし、内科医は化学と生物学とを基にしてそうすべきであり、それと同じように、教育者、カウンセラー、セラピスト、ソーシャル・ワーカー、牧師、ビジネス関係者、弁護士、判事、社会政策の立案者も、行動科学と社会科学の良い理論を基に仕事をする必要があるということである。では、何が良い理論を作るのか。それは問題になっている表面的現象の底にあるプロセスについて、正確で見通しを与えるような理解をもたらす能力である。こうした理解はわれわれを、特定の経験的な発見を越えて、一般的で適用範囲の広い原理へと導いてくれる。本書で提出した共感によって誘発された利他性の理論が、この意味での良い理論の資格があると私は思うし——そう希望している。

　良い理論は、それだけでは十分でないのは言うまでもない。理論は実務への重要な案内役はできるが、実務に命令はできない。どのような適用であれ、それは直面している特定の状況と問題に適合されなければならない。第Ⅲ部では、私は自分が提出した理論の実用の可能性を示唆することを試みるとともに、その限界も明らかにした。しかし私のこうした示唆は、われわれが現在、共感によって誘発された利他性について知っていることの利点を活かした、実行可能なプログラムや制度の開発にとっての最初のステップを示したにすぎない。次のステップは実務家たちに任されているのである。実行可能なプログラムや制度は、抽象のままでは作られも実行もされない——頭の中だけで橋をかけたり患者を治したりすることができないのと同じである。

　次のステップは実務家に任されているといったが、それは研究の仕事が終わったといったのではない。どのような手続き、プログラムや制度も、それが良い理論に基づいているとしても、それには注意深く、持続的な評価が欠かせない。この評価は実行の流れを明らかにできるだけでなく、理論的な欠点の指摘と新しい示唆を与えることができ、そこから今後基礎的な研究で検証されなければならないことが出てくる。7章と8章で述べたように、共感によって誘発された利他性の利益と不利益について、追加的な研究も必要であるし、向社会的な動機の協調的統合についても、同じことがいえる（9章）。

　これまでの40年にわたっての共感－利他性研究の結果、人間の動機づけ、さらには人間の本質についてさえ、これまでに知っていた以上のことを知ることになった。普遍的な利己性の単純さから、利他性へと——おそらくは集団性と原理性をも含んだ、向社会的動機の多次元性へと——移る必要のあることを知った。また、共感によって誘発された利他性の先行要因とその帰結について、

これまでに知った以上のことを知り、その実際的な意味あいと限界についても知っている。われわれは知りたいと思ったことと知る必要のあることのすべてを知ってはいないが、かなりのことは手に入れている。

　われわれがいま知っていることを利用するのに失敗するとすれば、そのコストはわれわれに重くかかってくる可能性がある。共感−利他性仮説についていえることの大半は、暫定的な真実であることを強調しておきたい。どんな経験的な仮説も、現にある証拠が完全な確かさをもってそれを支持していると主張することはできない。しかし、完全な確実性を待つには長い時間がかかる。われわれ全員は、その前に死んでしまう。

　われわれは今日、多くの問題に直面している。欲情と憎悪の犯罪、子どもと配偶者への虐待、ホームレスへのネグレクト、AIDSの人びとの逆境、人口の爆発と資源の枯渇、富める者と貧しい者との格差の増大（そして後者への独善的な無感覚さ）、社会的な排斥、孤立、孤独、あざけり、いじめ、偏見、抑圧、学校や社会、世界全体での人種的・民族的・宗教的対立。こうした緊急の必要は待ってはくれない。共感によって誘発された利他性はこうした問題のどれについても、魔法のような解決策を提供できないが、しかし、こうした解決策のそれぞれについて、貢献できる可能性をもっている。われわれは学んだことを使う必要があるし、現にそうしている。われわれはこの過程の中で、さらに多くを学ぶことは確かである。

訳者あとがき

　誰でもそうかもしれないが、自分が興味をもっているテーマについて次々に論文を発表している研究者がいると、あわててそれを追いかけようとしたりする。1980年代のバトソンは、ぼくにとってこうした研究者であった。それに気づいたのはかなり後になってからであったが、彼の論文を遡って探し出し、コピーしてファイルにため込むことを続けていた時期がある。そのコピーを次々に読んだかといえば、そうはならなかった。その理由の1つは、ぼくが実験社会心理的手法に慣れていなかったことである。ぼくがこの手法（当時はまだこういう名前はなかったが）を使ったのは50年以上も前の卒業論文のときで、レファレンス・グループについての小さな実験でのことである。そこからぼくは実験社会心理学者になったということであれば話は面白いのだが、そうはならなかった。

　結局、よく読まなくてはというコピーがたくさんファイルにたまった頃に、バトソンの最初の本（『利他性への疑問』1991）が出た。それではというわけで、ある本屋さんに頼んで翻訳権を取ってもらったが、この際にも、期限内に仕事に手をつけることができなかった。こういうわけで、バトソンという名前はぼくにとっては、どうにも避けて通れない鬼門みたいなものである。二宮さんから、バトソンがライフ・ワークに当たる本を出した、いっしょに訳本を作らないかという話が来たときには、これはやらなくてはならないなという気持と、これはしんどいことになりそうだという気持とが交錯した。この後の気持は確かに当たっていて、二宮さんもぼくも実験社会心理学者ではないし、この領域の現状がきわめて専門的でテクニカルなものになっていることは、本書にも見られるとおりである。こうした事情を背景に、一般の読者にも分かってもらえるように訳文を整えるのは、実にしんどい仕事であった。それが成功しているかどうかは、読者に判断していただくほかはない。

　バトソンはこの本を自分自身のために書いたと言い、「年老いてわけがわからなくなる前に」これをまとめたかったとも言っている。数年前に、長年勤め

てそこでこの本の実験の大半をやった大学（カンザス大学）を退職して、この本がまとめられている。引用された文献を見ると、その年次は出版間際にも及んでいて、バトソンが依然としてこのテーマに関心を持ちつづけていることがわかる。彼の生涯を通しての関心は一貫して共感－利他性仮説の確立にあって、ほとんどぶれることがない。あちこちのテーマを食い散らかしてきたぼくとは、まったく違った個性がそこにあると感じられる。こうして訳本を作り終えたのも、この強靱な個性に惹かれてのことかもしれない。ともあれ今は、長年の責務を果たしたような気がしている。

（菊池章夫）

　本書は、Batson, C. D. (2011). *Altruism in Humans.* Oxford University Press. の訳本である。原著には750項目を超える詳細な事項索引がついているが、今回はそれを参考にして新しく簡便な索引を作成した。人名索引は省略して、文献に載せられた著書・論文の後に、それが扱われているページを示した。またそこには、邦訳のある文献も載せてある。

　著者のバトソンは1943年生まれで、プリンストン大学で神学博士の学位を得た後に、1972年には同じ大学から博士（心理学）の学位を得ている。その後、カンザス大学に職を得て、2008年の退職までそこで研究と教育に当たってきた。本書でまとめられている共感－利他性仮説についての研究は、その多くがこの大学で、そこの女子大学生を実験の参加者として、行われたものである。この間の40年近く、ひたすらこの仮説を立証することに、その努力が注がれてきている。

　Batson, C. D (1991). *Altruism Question: Toward a Social Psychological Answer.* Lawrence Erlbaum Associates. は、その時点でのデータを中心にまとめたものだが、この著書と今回の著書との関係は、「はじめに」で説明されている。これ以後の20年間に、新たな実験が繰り返され、その考察の視野は心理学だけでなく、行動経済学や哲学、進化生物学や神経科学、文学や宗教研究にまで及んでいる。今回の著書は、そのことばの本来の意味で、ライフ・ワークと呼ぶことができる。

　このほかにバトソンには、Batson, C. D, Schoerade, P. & Venis, L. (1993). *Religion and the Individual.* Oxford University Press. の共著がある。この著書で述べられている彼の宗教心理学の特色は、内発的・外発的な指向から宗教行動

を理解しようとするオルポート，G. W. に反対して、「探求 quest」（質問することとそれに答えることの双方の重視）をその中心に据えたことにあり、このことは宗教研究者の間で大きな議論を巻き起こした。また、宗教的経験を、ウォーレス，G. の創造的問題解決の4段階を借りて論じたところにも特色があるとされている。

　原著については、フベリング（Hubbeling, D.）の書評（*Evolutionary Psychology*, *10* (1), 95-99, 2012）がある。この雑誌の性格からして、この書評は進化心理学の立場から書かれているが、予想外に肯定的で、バトソンの実験と進化心理学とは相補的だとしている。バトソンは自己報告式の質問紙に批判的なのに、自分の実験の操作のチェックにそれを使っているとか、バトソンの長期にわたった実験の参加者たち（カンザス大学の学生たち）が、この実験の背景を知っていたのではないかといった、基本的な点についての指摘もある。「本書は優れた本であるが、これまでになされた調査研究はあるにしても、利他性についての多くのことが今後の発見に委ねられている」というのが、フベリングの結論である。

　2人の訳者は、これまでも2冊の訳書を協力して作った経験がある。その1冊目は、Eisenberg, N., & Mussen, P. H. (1989). *The Roots of Prosocial Behavior in Children*. Cambridge University Press. で、『思いやり行動の発達心理』として1991年に金子書房から、もう1冊は、Hoffman, M. L. (2000). *Empathy and Moral Development: Implications for Caring and Justice*. Cambridge University Press. で、『共感と道徳性の発達心理学：思いやりと正義とのかかわりで』として2001年に川島書店から、出版したものである。

　今回のバトソンの著書は昨年初めに刊行されたもので、早速翻訳に取りかかったものの、思いのほか時間がかかり1年以上の時間が過ぎてしまった。ぼくらはほぼ10年ごとに3冊の翻訳を出版したことになるが、いずれの本も扱っているテーマの中心は「思いやり」ということになろう。今回の訳書の中にも、アイゼンバーグやホフマンの名前は至る所に出てきており、この3冊が深い関連をもっていると言える。

　しかし今回の訳業では、ぼくらはこれまでの2回とはいささか違った経験をすることになった。たとえばこの訳書では、need を「必要」と訳しているが、これは心理学で常用されている「要求」とは違っている。たしかに「要求」は心理学の基本的な概念で、ある種の欠乏状態を指すが、そのことは一般の読者

には理解されていないことかもしれない。「必要」という訳語をもちだしたのも、こうした理由からである。

　訳書の初稿は、新曜社の塩浦暲さんの徹底したチェックを受けたが、この訳語もそこから出てきたものの一つである。このほかにも塩浦さんの指摘によって、いくつかの訳語が替えられたし、多くの誤解や誤訳、それに見落としなどのミスが訂正された。ただ、塩浦さんの指摘は文章のスタイル（たとえば、読点のつけ方や文字使い）にまで及んでいて、この点では、ぼくらのこれまでの訳書とは違った印象を与える訳業になっているようにも思われる。いずれにしても、塩浦さんの出版人としての熱意に敬意を表するとともに、お礼を申したい。

　なお、Ⅱ部と付録とを二宮が担当し、それ以外の部分（Ⅰ部とⅢ部）を菊池が担当したが、その後の作成過程でお互いに訳文を検討しあったので、訳の責任は言うまでもなく、ぼくら2人にある。

　こうして、「思いやり」を心理学的に語るうえで外すことのできない3冊を訳し終え、少し肩の荷をおろした感じになっているところである。このテーマについて3冊の本から言えることは、アメリカを中心とした研究が着実に進んでいるということである。それに対し、日本での研究の歩みは遅い。わが国の多くの若手研究者が、このテーマをめぐっての研究を進展させてくれることを願って、この訳書を上梓することとしたい。　　　　　　（二宮克美・菊池章夫）

付録 A
交差分割的独立変数、従属変数および共感-利他性仮説を利己的な代替仮説と対比させて検証できる競合する予測

1. **嫌悪-喚起-低減仮説**
a. **交差分割的独立変数**. 援助を必要としている人と接することからの逃げやすさの程度(やさしい・難しい)
b. **従属変数**. 低・高レベルの共感的配慮を感じる援助を必要としている人への援助
c. **競合する予測**. 低共感を経験する者について、共感-利他性仮説・嫌悪-喚起-低減仮説とも、逃げることが難しい場合よりもやさしい場合に、援助行動は少なくなると予測。高共感を経験する者では、共感-利他性仮説は、逃げることが難しい場合と同じくらい逃げやすい場合も援助行動がされ、嫌悪-喚起-低減仮説では、逃げにくい場合と逃げやすい場合とで同じくらいの援助行動がされると予測。
d. **関連する実験**. 付録 B に、競合する予測についてのデータを示した実験の手続きと結果の要約がある。

2. **共感-特定的-罰仮説のバージョン 1：否定的な社会的評価の回避**
a. **交差分割的独立変数**. 援助の機会があることが他の人びとによって知られていること(知られている・知られていない)
b. **従属変数**. 低・高レベルの共感的配慮が感じられる援助を必要としている人への援助
c. **競合する予想**. 低共感を経験する者については、共感-利他性仮説・否定的-社会的-評価バージョンとも、相対的に低い援助行動を予測。またこの両方とも、社会的非難についての一般的な関心は共感的配慮とは結びつかないために、援助の機会のあることを他人が知っている場合よりも知らない場合のほうが、援助の申し出は少なくなり得ると予測。高共感を経験する者では、共感-利他性仮説は、他人が援助の機会のあることを知らない場合と知っている場合とで同じような援助行動がされ、否定的-社会的-評価バージョンは、援助の機会のあることを他人が知らない場合のほうが、知っている場合よりもわずかの援助しかされないと予測。
d. **関連する実験**. 付録 C に、競合する予測に関係するデータを示した 2 つの実験と 1 つの相関的研究の手続きと結果の要約を載せた。

3. **共感－特定的－罰仮説のバージョン2：否定的な自己評価の回避**
a. **交差分割的独立変数.** （1）援助しないことへの正当化（正当化なし・正当化）（2）援助努力の失敗についての正当化（正当化なし・正当化）（3）ストループ（1938）の認知的干渉課題の潜時――必要に関連した語／否定的自己評価に関連した語（例えば、罪悪感・恥）の3つ。
b. **従属変数.** 上の（1）では、低・高の共感的配慮を感じた援助を必要とする人への援助　（2）では、必要を除く努力に失敗したことを知った後での感情の状態（3）では、ストループ課題（要求に関連した語／否定的自己評価に関連した語）のインクの色名呼称の潜時。
c. **競合する予測.** 上の（1）では、低共感を経験する個人については、共感－利他性仮説・否定的－自己的－評価のバージョンとも、援助しないことについての低正当化よりも高正当化のほうが、援助が少ない（自己非難についての一般的な関心が共感的配慮と関連しないために）と予測。高共感を経験する者については、共感－利他性仮説は援助しないことについての高正当化の時と同じくらい低正当化の時も援助すると予測。否定的－自己的－評価バージョンは、低正当化よりも高正当化のほうが援助が少ないと予測。

　上の（2）では、低共感を経験する者については、共感－利他性仮説・否定的－自己的－評価のバージョンとも、援助の試みが失敗したことが正当化されなかったことを知った後よりも、それが正当化されたことを知った後のほうが否定的な気分の変化が少ない（自己非難についての一般的関心が共感配慮と関連しないために）と予測。高共感を経験する者については、共感－利他性仮説は、援助の試みが失敗したことが正当化されなかったことを知った後と正当化されたことを知った後とは同じくらいの否定的な気分の変化があると予測。否定的－自己的－評価バージョンは、援助の試みが失敗したことが正当化されなかったことを知った後よりも知った後で否定的な気分の変化が少ないと予測。

　上の（3）では、低共感を経験する者については、共感－利他性仮説・否定的－自己的－評価のバージョンとも、援助行動は必要に関連した語についての認知的干渉の潜時の増加と関連がもたれないであろうこと、しかし罰－関連の語の潜時の増加とは関連するであろうこと（自己非難についての一般的な関心が共感的配慮と関連しないために）を予測。高共感を経験する者では、共感－利他性仮説は、援助行動が必要－関連的な語についての認知的干渉の潜時の増加と結びつき、罰－関連的な語とは結びつかないと予測。否定的－自己的－評価の説明は、援助行動は罰－関連的な語についての認知的干渉の潜時の増加と関連し、必要－関連的な語では関連が見られないであろうと予測。
d. **関連する実験.** 付録Dに、こうした競合する予測に関連するデータを示した6つの実験の手続きと結果の要約を載せた。

4. 共感−特定的−報酬仮説のバージョン1：援助への報酬の追求

a. **交差分割的独立変数**．(1) 必要の除去の源（自分自身の援助／そのほかの源）(2) 自分の援助の失敗の正当化（正当化なし・正当化）(3) ストループの認知的干渉課題（必要に関連した語・肯定的自己評価に関連した語——例えば賞賛・プライド）の潜時の3つ。

b. **従属変数**．上の(1)では、相手が援助されることを予想したことで、これ以外の方法で必要を除去できたり、できなかったりしたことを知った後での感情の状態。(2)では、自分の援助の努力が相手の必要の除去に失敗したことを知った後での感情の状態。(3)では、ストループ課題での色名呼称の潜時（相手の必要／肯定的な自己評価に関連した語についての）の3つがある。

c. **競合する予測**．上の(1)では、低共感を経験する者は、共感−利他性仮説／肯定的−自己的−評価のバージョンの両方で、援助する機会がなくなった後では、肯定的な感情の減少は見られないと予測。高共感を経験する者では、共感−利他性仮説は、共感によって減少された必要が残っている場合にだけ、援助（低コスト）の機会がなくなった後で、肯定的な感情が減少すると予測。肯定的−自己的−評価のバージョンでは、必要が残っているかいないかにかかわりなく、援助（低コスト）の機会がなくなった後では、肯定的な感情は減少すると予測。

(2)では、低共感を経験する者は、共感−利他性仮説・肯定的−自己的−評価のバージョンの両方で、自分の援助への試みが失敗したことが正当化されない場合よりもそれが正当化された場合（自己非難についての一般的な関心が共感的配慮とは関連しないために）に、否定的な感情の変化は少ないと予測。高共感を経験する者では、共感−利他性仮説は自分の援助への試みが失敗したことが正当化されてもされなくとも、それを知った後では、同じような否定的感情の変化を予想。肯定的−自己的−評価のバージョンでは、自分の援助の試みが失敗したことが正当化されないと知った後よりも、それが正当化されていると知った後のほうが、否定的感情の変化は少ないと予測。

(3)では、低共感を経験する者は、共感−利他性仮説・肯定的−自己的−評価のバージョンの両方で、援助行動は必要に関連した語の認知的干渉の潜時の増加とは関連がなく、報酬−関連的な語についての潜時の増加と関連する（自己報酬についての一般的な関心が共感と関連しないために）と予測。高共感を経験する者については、共感−利他性仮説では、援助行動は必要−関連的な語での認知的干渉の色名呼称潜時の増加と結びつくし、報酬関連的な語ではそうではないと予測。肯定的−自己的−評価のバージョンでは、援助行動は報酬−関連的な語の認知的干渉の潜時の増加と結びつき、必要−関連的な語ではそうではないと予測。

d. **関連する実験**．付録Eに、こうした競合する予測に関連するデータを示した実験の手続きと結果を要約してある。

5. 共感－特定的－報酬仮説、バージョン2：共感的喜びの追求
a. **交差分割的独立変数**. (1) 自分の援助努力の効果についてのフィードバックの期待（フィードバックなし・あり）(2) 援助する機会がない状況で、共感に誘導された必要が除去されていることについての追加的な報告があることへの期待（低・中・高）の2つがある。
b. **従属変数**. 上の (1) については、低・高のレベルの共感的配慮が感じられている援助を必要としている相手 (2) では、援助を必要としている相手について追加的な報告を受けとることの選択。
c. **競合する予測**. 上の (1) については、低共感を経験する者では、共感－利他性仮説・共感－喜び－仮説の双方が、フィードバックが期待できるかどうかに関係なく、低い援助を予想。共感－利他性仮説は、フィードバックが期待されないときであっても、低共感を感じる者よりも高共感を感じる者のほうが援助が多くなると予測。共感－喜び仮説では、フィードバックが期待されるときだけに、低共感を感じる者よりも高共感を感じる者のほうが援助が多くなると予測。

    上の (2) については、低共感を経験する者では、共感－利他性仮説・共感－喜び仮説とも、報告で必要が除去されているといわれるかどうかに関係なく、追加的な報告を受けとるほうを選ぶ可能性は相対的に低いと予測。共感－利他性仮説は、高共感を経験する者は、報告で必要が除去されているといわれる可能性が高くないときであっても、高共感を経験する者は低共感を経験する者よりも、追加的な報告を受けとることを選ぶ傾向があると予測。共感－喜び仮説では、報告で必要が除去されていることをいう可能性が高いときだけに、高共感を経験する者は低共感を経験する者よりも、追加的な報告を受けとることを選ぶ傾向があると予測。
d. **関連する実験**. 付録Fに、こうした競合する予測に関連するデータを示した実験の手続きと結果の要約がある。

6. 共感－特定的－報酬仮説、バージョン3：否定的状態の緩和の追求
a. **交差分割的独立変数**. (1) 他人を援助するよりも気分を高揚させる経験を選択したり、あるいは期待したりすること（いいえ・はい）(2) 援助することで自分の気分が改善されることの期待（いいえ・はい）(3) 援助することで除去できる必要（共感に誘導された必要・それ以外の必要）(4) 援助努力が失敗した場合の正当化（正当化なし・あり）(5) ストループの認知的干渉課題での潜時――必要に関連した語・肯定的な自己評価に関連した語（例えば、賞賛・誇り）の5つがある。
b. **従属変数**. 上の (1)(2)(3) については、低あるいは高共感的配慮を感じた援助を必要としている相手への援助行動。(4) については、相手への援助行動がその要求の除去に失敗したことを知った後での感情の状態。(5) では、ストループの色名呼称の潜時――相手の必要に関連した語・肯定的な自己評価に関連した語。

c. **競合する予測**. 上の (1) については、低共感を経験する者では、共感-利他性仮説も否定的-状態-緩和仮説も、援助行動以外の気分-高揚的な経験についての期待にもかかわらず、気分高揚への必要がもたれていなかったために、相対的に低い援助行動を予測。共感-利他性仮説は、援助行動以外の気分-高揚的な経験をしたり・そのことが期待されたりする場合であっても、低共感を感じる者よりも高共感を感じる者のほうが援助行動が多いと予測。否定的-状態-緩和仮説では、援助行動以外の気分-高揚的な経験がされなかったり・そのことが期待されなかったりした場合に限って、低共感感情の者よりも高共感感情の者のほうが援助行動が多くなると予測。

上の (2) については、低共感を経験する者では、共感-利他性仮説も否定的-状態-緩和仮説も、援助行動の気分-高揚的な効果の期待にもかかわらず、気分高揚への必要が喚起されなかったので、相対的に援助行動の少なさを予測。共感-利他性仮説は、援助行動によって自分の気分が改善されることが期待されない場合であっても、低共感を感じる者よりも高共感を感じる者によって多くの援助行動がされると予測。否定的-状態-緩和仮説は、援助行動によって自分の気分が改善されることが期待される人びとに限って、低共感を感じる者よりも高共感を感じる者によって多くの援助行動がされると予測。

上の (3) については、低共感を経験する者では、共感-利他性仮説も否定-状態-緩和仮説も、援助が共感-誘導的な必要あるいはそれ以外の必要のどちらを除去するにしても、相対的に少ない援助行動を予測。共感-利他性仮説は、援助が共感-誘導的な必要を除去する場合に限って、低共感を感じる者よりも高共感を感じる者によって、多くの援助行動がされると予測。これ以外の必要を除去する援助は、共感-特定的-利他的な目標を達成しない。否定的-状態-緩和仮説は、援助が共感-誘導的な必要あるいはそれ以外の必要のどちらを除去するにしても、低共感を感じるものよりも高共感を感じる者によって、多くの援助行動がされると予測。このどちらの場合も、援助者は気分-高揚的な自己-報酬を手にすることができる。

上の (4) については、低共感を経験する者では、共感-利他性仮説も否定的-状態-緩和仮説も、自分の援助の試みの失敗が正当化されない（自己非難についての一般的な関心が共感とは関連していないために）ことを知る後よりも、それが正当化されることを知る後のほうが、否定的効果は少ないと予測。高共感を感じる者について、共感-利他性仮説は、自分の援助の試みの失敗が正当化されないこと知った後よりも、それが正当化されるのを知った後のほうが、否定的効果は低下しないと予測。この場合に、否定的-状態-緩和仮説は、自分の援助の試みの失敗が正当化されないことを知った後（気分の高揚が妨げられる）よりも、それが正当化されることを知った後のほうが、否定的効果は少なくなると予測。

上の (5) については、低共感を経験する者では、共感-利他性仮説も否定的-状態-緩和仮説も、援助行動が必要-関連的な語への認知的干渉の潜時の増加とは

相関関係をもたず、報酬 - 関連的な語への潜時の増加と相関関係をもつ（自己 - 報酬への一般的関心が共感とは関連しないために）可能性があることを予測。高共感を経験する者では、共感 - 利他性仮説は、認知的干渉の色名呼称の潜時の増加の点で、援助行動が必要 - 関連的な語と相関関係をもち、報酬 - 関連的な語ではそうではないと予測。否定的 - 状態 - 緩和仮説は、同じ点で、報酬 - 関連的な語と相関をもち、必要 - 関連的な語ではそうではないと予測。

d. **関連する実験**．こうした競合する予測に関連したデータを提供した10の実験の手続きと結果が付録Gに要約されている。

付録 B
嫌悪－喚起－低減仮説の検証

研究	参加者	必要場面	共感の変数	交差分割的変数	競合する予測	結果（セルごと）	結論
a. 嫌悪－喚起－低減仮説を支持すると解釈される研究							
なし							
b. 共感－利他性仮説を支持すると解釈される研究							
コークほか (Coke et al., 1978, 実験1)	44名の大学生：（女子29名、男子15名、4セル実験計画で各セル11名。	大学4年、ケイディ。自動車事故で両親の死後、弟や妹を養うのに奮闘している。	ケイディのインタビューを聴いている間の視点取得の操作（客観的：彼女が想像していることの効果を想像）。また、情動喚起によるものだということを確実にするために誤帰属操作（リラックスした：喚起のチェック p<.001）。	すべての参加者は、援助しない場合でも、ケイディの将来の援助の必要を思い出すことから逃げやすかった。	共感－利他性仮説は、ケイディを援助することよりも、リラックスした誤帰属条件だけで、客観的条件よりも援助すると予測した。援助しないで逃げやすいから、嫌悪－喚起－低減仮説は、リラックスした誤帰属条件であっても、客観的条件で想像的条件よりも援助しないと予測する。	自発的に援助した平均の量： リラックスした/客観的 1.27 リラックスした/想像的 2.60 喚起/客観的 0.68 喚起/想像的 0.68	共感－利他性仮説の予測が支持された（p<.002）。嫌悪－喚起－低減仮説の予測は支持されなかった。
コークほか (Coke et al., 1978, 実験2)	33名の女子大学生：(低喚起条件16名、高喚起条件17名)。	教育修士の学生であるキャシー。彼女の修士論文の研究に参加してくれるボランティアを探している。	ケイディの訴えを聴いている間の共感喚起についての問違ったた生理学的フィードバックの操作（高、低。操作のチェック p<.01）。	すべての参加者は、援助しない場合でも、ケイディの将来の援助の必要を思い出すことから逃げやすかった。	共感－利他性仮説は、低喚起条件よりも高喚起条件で、援助が多いと予測する。援助しないで逃げやすいから、嫌悪－喚起－低減仮説は、喚起条件間には援助量に差はないと予測する。	自発的な援助の平均の量： 低喚起 0.81 高喚起 1.94	共感－利他性仮説の予測が支持された（p<.002）。嫌悪－喚起－低減仮説の予測は支持されなかった。

研究	参加者	シナリオ	操作	援助の比率		結果
バトソンほか (Batson et al., 1981, 実験1)	44名の女子大学生：(4セル実験計画で各セル11名)。	女子大学生エレイン、電気ショックにつらい反応をする。	エレインと参加者の類似度の操作(似ている、似ていない)。操作のチェック p<.001。	援助しないでも、エレインの苦痛を逃げることからの逃げやすさの程度の操作(やさしい：難しい)。	やさしい/非類似 やさしい/類似 難しい/非類似 難しい/類似 (同じ有意のパターンで示された二ショックの引き受け試行数)	.18 .91 .64 .82	共感－利他性仮説の予測が支持された (p<.001)。嫌悪－喚起－低減仮説の予測は支持されなかった。
バトソンほか (Batson et al., 1981, 実験2)	48名の女子大学生：(4セル実験計画で各セル12名)。	女子大学生エレイン、電気ショックにつらい反応をする。	情動－特定の誤帰属操作(困惑：共感)。操作のチェック p<.02。	援助しないでも、エレインの苦痛を見ることからの逃げやすさの程度の操作(やさしい：難しい)。	やさしい/困惑 やさしい/共感 難しい/困惑 難しい/共感	.33 .83 .75 .58	共感－利他性仮説の予測が支持された (p<.02)。困惑条件で逃げやすい場合には、援助の代わりに電気ショックを受けると予測する。嫌悪－喚起－低減仮説は、共感、類似－低減仮説も逃げやすい条件には援助は少ないと予測する。
トイとバトソン (Toi & Batson et al., 1982)	84名の女子大学生：(4セル実験計画で各セル21名)。	女子大学生キャロル、交通事故で両足を骨折したので授業のノートをとる援助を必要としている。	キャロルのインタビューを聴いている間の視点取得の操作(客観的：彼女がどう感じているかを想像)。操作のチェック p<.02。	援助しないでも、キャロルの将来の援助の必要を思い出すことからの逃げやすさの程度の操作(やさしい：難しい)。	やさしい/客観的 やさしい/想像的 難しい/客観的 難しい/想像的	.33 .71 .76 .81	共感－利他性仮説の予測が支持された (p<.001)。嫌悪－喚起－低減仮説の予測は支持されなかった。

研究	参加者	必要場面	共感の変数	交差分割的変数	競合する予測	結果（セルごと）	結論
バトソンほか (Batson et al., 1983, 研究1)	40名の大学生：（逃げやすさの程度セルにつき、男子10名、女子10名）。	同性の大学生エレイン／チャーリーが電気ショックにつらい反応をする。	エレイン／チャーリーの苦痛を見ることに対する自発生的で優勢な情動反応（困惑：共感）。	援助しないでも、エレイン／チャーリーの苦痛を見ることからの逃げやすさの程度の操作（やさしい；難しい）。	共感－利他性仮説は、優勢な情動が困惑で逃げやすい場合の援助（代わりに電気ショックを受ける）が減少すると予測する。嫌悪－喚起－低減仮説は、優勢な情動が共感でも、逃げやすい場合には援助は少ないと予測する。	援助の比率： やさしい／困惑 .40 やさしい／共感 .70 難しい／困惑 .89 難しい／共感 .63 （同じパターンで示されたショックの引き受け試行数、$p < .09$）	共感－利他性仮説の予測がかろうじて支持された（$p < .06$）。嫌悪－喚起－低減仮説の予測は支持されなかった。
バトソンほか (Batson et al., 1983, 研究2)	40名の大学生：（逃げやすさの程度セルにつき、男子10名、女子10名）。	同性の大学生エレイン／チャーリーが電気ショックにつらい反応をする。	エレイン／チャーリーの苦痛を見ることに対する自発生的で優勢な情動反応（困惑：共感）。	援助しないでも、エレイン／チャーリーの苦痛を見ることからの逃げやすさの程度の操作（やさしい；難しい）。	共感－利他性仮説は、優勢な情動が困惑で逃げやすい場合には、援助（代わりに電気ショックを受ける）が減少すると予測する。嫌悪－喚起－低減仮説は、優勢な情動が共感でも、逃げやすい場合には援助は少ないと予測する。	援助の比率： やさしい／困惑 .25 やさしい／共感 .86 難しい／困惑 .89 難しい／共感 .63 （同じ有意なパターンで示されたショックの引き受け試行数）	共感－利他性仮説の予測が支持された（$p < .005$）。嫌悪－喚起－低減仮説の予測は支持されなかった。
バトソンほか (Batson et al., 1986)	60名の女子大学生：（逃げやすさの程度条件ごとに30名）。	女子大学生エレインが電気ショックにつらい反応をする。	エレインの苦痛を見ることに発生的な優勢的な情動反応（困惑：共感）。「利他的パーソナリティ」の測度もとられた。	援助しないでも、エレインの苦痛を見ることからの逃げやすさの操作（やさしい；難しい）。	共感－利他性仮説は、状況的パーソナリティと逃げやすい条件でエインの代わりに電気ショックを受けることとの間に正の相関があると予測する。嫌悪－喚起－低減仮説は、逃げやすい条件では何の相関もないと予測する？	逃げやすい条件で正の相関（$r = .25$）が見られたが、偏相関にようて「利他的パーソナリティ」の効果は去された時のみの有意な効果であった（偏相関 $r = .34$）。利他的パーソナリティの測度は利己的動機づけというよりも利他的動機づけと関連していることを示している。	共感－利他性仮説の予測が支持された（$p < .005$）。嫌悪－喚起－低減仮説の予測は支持されなかった。

著者（年）	参加者	状況・刺激	予測	結果
アイゼンバーグほか (Eisenberg et al., 1988)	46か月から68か月の62名の中流階級の子どもたち。	参加者の持ち物であるおもちゃで魅力的なおもちゃで遊びたがっている他の子ども。	傷ついた子どものビデオを見ている時の悲しそうな顔面/身振りの表出（すなわち、共感を経験するから、共感を経験する傾向の非言語的測度）。	自発的な分与との間に正の相関（$r=.27$）が見られた。要請を受けた分与との間の相関は有意ではなかった（$r=.12$）。	共感‐利他性仮説の予測が支持された（$p<.05$）。嫌悪‐低減仮説の予測は支持されなかった。
アイゼンバーグ、フェイブスほか (Eisenberg, Fabes et al., 1989)	小学校2年生66名（約8歳）、5年生69名（約11歳）、男女大学生69名。	自動車事故でケガをして病院で快復した後の2人の子どもの世話に懸命な独身の母親。	病院で母親にインタビューしているビデオを見ている時の、心配そうな注意の顔面表出、心拍数の減少、ならびに自己報告の共感（大学生のみ）。	すべての参加者は、援助しないとしても、母親と子どもの要求に将来的に接することから逃げやすいから、逃げやすいので、嫌悪‐低減仮説は、何らの予測をしない。共感‐利他性仮説は、配慮の顔面表出、心拍数の減少、自己報告の共感と援助との間に正の相関を予測する。	心拍数の減少は、最低限のレベルを超えて（かろうじて）、援助行動と関連していた。大学生では配慮の共感と援助との共感は自己報告の共感と関連していた。共感‐利他性仮説の予測が支持されたが、ほとんどきり関連はなかった。嫌悪‐低減仮説は支持されなかった。

付録 C

共感 - 特定的 - 罰仮説の社会的 - 評価バージョンの検証

研究	参加者	必要場面	共感の変数	交差分割的変数	競合する予測	結果（セルごと）	結論

a. 社会的-評価バージョン (ESP-Soc) を支持すると解釈される研究

| アーチャーほか (Archer et al., 1981) | 120名の女子大学生 (4セル実験計画で各セル30名)：質的な共感の測度上で、各セルの半分は中央値より上で、半分は下。 | 教育の修士課程の女子学生で、彼女の研究に参加してくれるボランティアを探している。 | 訴えを聴いている間に感じる共感レベルについてのフィードバックの操作 (高／低)。その操作は喚起条件における質的共感の高い参加者に、共感を引き起こすのに効果的であった。 | 参加者の生理学的な喚起レベルの生理学的に喚起されたときの実験者の気づきの操作（知っていない；知っている）。 | 共感-利他性仮説は、高い喚起フィードバックを与えられた参加者と、知っている条件と知っていない条件で同じ評価的行動はほぼ同じと予測する。社会的-評価バージョンは、高い喚起フィードバックを与えられた参加者で、知っていない条件より知っている条件の学生の援助行動は少ないと予測する、そして質的共感性が高い時のみあり得ると予測する。 | 知っている条件で高い資質的共感の参加者の間でのみ、高い喚起が低い喚起よりも多くの援助を導いた（正確な平均値は報告されていない）。 | 共感-利他性仮説の予測は支持されなかった。社会的-評価バージョンの予測は支持された（p<.02）が、質的参加者における高い共感性についてのみであった。 |

b. 共感－利他性仮説を支持すると解釈される研究

フルツほか (Fultz et al., 1986, 研究1)	女子大学生 21 名。	女子大学生、ジャネット。極度な孤独を経験しているということが手記に認められる。	ジャネットからの手記を読んだ後で報告された自然に生じた状況的共感。	参加者が助けないということを誰も知らないし、実験者もジャネットもそえないようなという方法で要求が示された。	共感－利他性仮説は、否定的な社会的評価の機会がない時でさえ、状況的共感と援助行動との間に正の相関を予測する。社会的評価ページョンは、否定的な社会的評価の機会がないので、援助行動と何らの相関はないと予測する。	援助行動の2分法（助ける/助けない）で、状況的共感と援助行動には.68の相関があった。また、計測された援助行動（時間数）との間には.70の相関があった。	共感－利他性仮説の予測が支持された ($p < .001$)。対社会的－評価バージョンの予測は支持されなかった。
フルツほか (Fultz et al., 1986, 研究2)	32 名の女子大学生：(4セル実験計画で2つのセルには9名、残りの2つのセルには7名)。	女子大学生、ジャネット。極度な孤独を経験しているということがノートに認められる。	ジャネットからの手記を読んでいる間の視点取得の操作（客観的：彼女がどう感じているかを想像）。操作のチェック $p < .01$。資質的共感の測度も取られた。	実験者もジャネットもともに参加者が援助しないことを知っている（公的）、あるいはどちらも知っていない（私的）という方法で要求が示された。操作のチェック $p < .01$。	共感－利他性仮説は、他者が知っている場合（公的）でも知っていない場合（私的）でもともに、客観的なセルよりも想像のセルのほうが援助行動が多いと予測する。社会的－評価バージョンは、他者が知っている場合（公的）にのみ、客観的セルよりも想像のセルで援助が多いと予測する。	ジャネットと一緒に過ごす申し出た平均時間数： 公的／客観的 0.67 公的／想像的 1.71 私的／客観的 1.29 私的／想像的 2.44 （資質的共感性の得点を統制した場合、結果のパターンは同じ）	共感－利他性仮説の予測が支持された ($p < .01$)。社会的－評価バージョンの予測は支持されなかった。

付録 D
共感 – 特定的 – 罰仮説の自己 – 評価バージョンの検証

研究	参加者	必要場面	共感の変数	交差分割的変数	競合する予測	結果（セルごと）	結論
a. 自己-評価バージョン（ESP-Self）を支持すると解釈される研究							
なし							
b. 共感-利他性仮説を支持すると解釈される研究							
バトソンほか (Batson et al., 1988, 研究2)	120名の大学生：6セル実験計画で各セル男子10名、女子10名。	大学4年生、ケイティ。自動車事故で両親の死後、弟や妹を養うのに奮闘している。	ケイティのインタビューを聴いている間の視点取得の操作（客観的、想像的）：彼女がどう感じているかを想像。操作のチェック $p<.001$。	援助しないことの正当化。ケイティを実際に援助するのに事前に質問されたに参加者の比率によって与えられた（高低）。操作のチェック $p<.04$。何の正当化の情報がない再現セルも含まれていた。	共感-利他性仮説は、ケイティを援助することが、客観的条件でのみ正当化が高い場合には援助行動が少ないと予測する。自己-評価バージョンは、想像条件でも正当化が高い場合には援助行動が少ないと予測する。	援助の比率： 低い正当化/客観的 .55 低い正当化/想像的 .60 高い正当化/客観的 .15 高い正当化/想像的 .60 情報なし/客観的 .35 情報なし/想像的 .70 （同じ有意のパターンで示された自発的な時間数）	共感-利他性仮説の予測が支持された（$p<.001$）。自己-評価バージョンの予測は支持されなかった。
バトソンほか (Batson et al., 1988, 研究3)	88名の大学生（高正当化条件：女子20名、男子25名、低正当化条件：女子20名、男子23名）。	同性の大学生：ジャネットとブライアンが電気ショック（否定的結果）を避けたいという願望を表明した音声インターホンを聴いた	ジャネット/ブライアンのインタビューを聴いた後、銀報告された自然発生的な状況的共感。	ジャネット/ブライアンが電気ショックの代わりに自己に利益がある課題を選ぶことについて、帰属のあるインターホンで提供されたことの援助しないことの正当化（高低正当化）。	共感-利他性仮説は、低い共感を経験している参加者において正当化のみにおいての高いジャネット/ブライアンへの援助行動は少ないと予測する。自己-評価バージョンは、高い共感を経験しても、高い正当化の間では、援助が少ないと予測する。	平均の援助量： 低い正当化/低共感 .65 低い正当化/高共感 .61 高い正当化/低共感 .28 高い正当化/高共感 .50	共感-利他性仮説の予測が支持された（$p<.001$）。自己-評価バージョンの予測は支持されなかった。

研究	参加者	シナリオ	操作	結果	結論
バトソンほか (Batson et al., 1988, 研究4)	60名の女子大学生：高い正当化条件35名、低い正当化条件25名。	女子大学生エレインが、電気ショックにつらい反応をする。	エレインの苦痛を見ることに対する自然発生的な情動反応（困惑；共感）。エレインの代わりに電気ショックを受けることによって援助を申し出ないことの正当化の難しさで提供される援助する資格の基準（高い正当化、低い正当化）。操作のチェックは、p<.03。	資格課題の成績の平均： 低い正当化／困惑 11.30 低い正当化／共感 9.90 高い正当化／困惑 8.25 高い正当化／共感 13.00 共感-利他性仮説は、困惑に感じている者に優勢に経験していると者の間でも高い正当化の場合に、資格課題での成績の悪さを予測する。自己-評価バージョンは、共感を優勢に経験している者の間でも高い正当化の場合に、成績の悪さを予測する。	共感-利他性仮説の予測が支持された (p<.01)。自己-評価バージョンの予測は支持されなかった。
バトソンほか (Batson et al., 1988, 研究5)	48名の女子大学生：視点取得条件それぞれ24名。	大学4年生、ケイティ。自動車事故で両親の死後、弟や妹を養うのに奮闘している。	ケイティのインタビューを聴いている間の視点取得の操作（客観的、想像的）。操作のチェックは、p<.03。語のタイプ（参加者はそれぞれくる語のインクの色の命名が求められる）。ある語は罰に関連（例えば、罪悪感）し、ある語は必要に関連（例えば、養子）していた。	申し出た援助の量の諸語に対する回帰のβ係数（調整済み）： 罰-関連語／ 客観的 −.29 想像的 −.30 必要-関連語／ 客観的 −.06 想像的 +.62 共感-利他性仮説は、想像的条件で、必要-関連の語のインクの色の命名に対する潜時と援助することには罰-関連の語のインクの色の命名すると援助することには正の関連があると予測する。自己-評価バージョンは、罰-関連の語のインクの色の命名すると援助することには正の関連があると予測する。	共感-利他性仮説の予測が支持された (p<.01)。自己-評価バージョンの予測は支持されなかった。

研究	参加者	必要場面	共感の変数	交差分割的変数	競合する予測	結果（セルごとの平均値）	結論
バトソンとウィークス (Batson & Weeks, 1996, 実験1)	60名の女子大学生：4セル実験計画で各セル15名。	女子大学生ジュリー、負の課題結果（電気ショック）を避けたいという願望を表明した。	ジュリーからの音声コミュニケーションを聴いている間の視点取得の操作（客観的：彼女がどう感じているかを想像）。操作のチェック p<.001。	ジュリーがショックを避けるための援助の試みが成功しなかったの正当化（低い正当化：高い正当化）。操作のチェック p<.001。	共感－利他性仮説は、たとえ援助の試みが成功しなかった場合にのみ、援助の試みが成功しなかったと正当化されない場合にのみ、想像的条件で否定的な気分の変化が多いと予測する。自己－評価バージョンは、援助の試みが成功しなかったと正当化されない場合にのみ、想像的条件で否定的な気分の変化が多いと予測する。	気分変化の平均値： 失敗が正当化されない/客観的 −2.23 失敗が正当化されない/想像的 −3.17 失敗が正当化される/客観的 −1.25 失敗が正当化される/想像的 −2.83	共感－利他性仮説の予測が支持された (p<.01)。自己－評価バージョンの予測は支持されなかった。
バトソンとウィークス (Batson & Weeks, 1996, 実験2)	30名の女子大学生：視点取得条件で各セル15名。	女子大学生ジュリー、負の課題結果（電気ショック）を避けたいという願望を表明した。	ジュリーからのノートを読んでいる間の視点取得の操作（客観的：彼女がどう感じているかを想像）。操作のチェック p<.05。	すべての参加者は、ジュリーがショックを避けるための助けの試みが成功しないことについて高い正当化が与えられる（彼女らの試みはジュリーに無表向きは割り当てられた不可能な課題が与えられ、その課題を彼女が失敗した）。	共感－利他性条件よりも客観的条件で想像的な気分の変化が多いと予測する。自己－評価バージョンは、客観的条件よりも想像的条件で否定的な気分の変化が少ないと予測する。	気分変化の平均値： 失敗が正当化される/客観的 −0.68 失敗が正当化される/想像的 −2.70	共感－利他性仮説の予測が支持された (p<.01)。自己－評価バージョンの予測は支持されなかった。

付録 E
一般的な共感 – 特定的 – 報酬仮説の検証

研究	参加者	必要場面	共感の変数	交差分割的変数	競合する予測	結果（セルごと）	結論

a. 共感－特定的－報酬仮説を支持すると解釈される研究

なし

b. 共感－利他性仮説を支持すると解釈される研究

バトソンほか (Batson et al., 1988, 研究1)	80名の大学生：4セル実験計画で各セル男子10名、女子10名。	同性の大学生：ジャネット／ブライアン。ブライアン／ジャネットが電気ショック否定的な課題の結果（電気ショック）を避けたいという願望を表明していた。	ジャネット／ブライアン／ブライアン／ジャネットが電気ショックについての心配を表明するのを音声インターホンで聴いた後に、報告された状況的発生的な共感。	援助する機会の前に、参加者は要求がまだ存在している（事前の緩和：事前の緩和なし）かどうか、援助する課題を達成する（する；しない）かどうかを知っている。	共感－利他性仮説は、高い共感性を経験している人の間で、事前の緩和なし／達成しないというセルの場合、否定的な気分の変化を予測する。共感－特定的－報酬仮説は、事前の緩和－達成なしセルを除くすべてのセルで否定的な気分の変化があると予測する。	高い共感性を経験している人の間での気分の変化の平均： 事前の緩和なし／達成しない +.50 事前の緩和なし／達成しない −.30 事前の緩和あり／達成しない +.31 事前の緩和あり／達成しない +1.36	共感－利他性仮説の予測が支持された（$p < .02$）。共感－特定的－報酬仮説の予測は支持されなかった。

	参加者	シナリオ	視点取得の操作	語のタイプ	申し出た援助の量の潜時に対する回帰のβ係数（調整済み）	共感−利他性仮説の予測が支持された ($p<.01$)。共感−特定的の予測は支持されなかった。
バトソンほか (Batson et al., 1988, 研究5)	48名の女子大学生：各視点取得条件ごとに24名。	大学4年生、ケイティ。自動車事故で両親の死後、弟や妹を養うのに奮闘している。	ケイティのインタビューを聴いている間の視点取得の操作（客観的：彼女がどう感じているかを想像）。操作のチェック $p<.03$。	語はそれぞれ出てくる語のインクの色の命名が求められる。ある語は報酬に関連（例えば、賃貸）し、ある語は必要に関連（例えば、養子）していた。	報酬−関連語／客観的 −.15 想像的 −.30 必要−関連語／客観的 −.06 想像的 +.62	共感−利他性仮説は、想像的条件で、必要−関連語の色の命名に対する潜時とケイティを援助することには正の関連がある と予測する。共感−特定的−報酬仮説は、想像的条件で、報酬−関連語の色の命名に対する潜時とケイティを援助することには正の関連がある と予測する。
バトソンとウィークス (Batson & Weeks, 1996, 実験1)					付録Dに報告。	
バトソンとウィークス (Batson & Weeks, 1996, 実験2)					付録Dに報告。	

付録 F
共感 – 特定的 – 報酬仮説の共感的 – 喜びバージョンの検証

研究	参加者	必要場面	共感の変数	交差分割的変数	競合する予測	結果（セルごと）	結論
a. 共感的-喜び仮説を支持すると解釈される研究							
スミスほか (Smith et al., 1989)	64名の大学生：女子33名、男子28名、不明3名　4セル実験計画で各セル16名。	苦戦している1年生女子、大学に適応するのに苦しんでいる。	人のアドバイスの効果に関する予想されたフィードバックの操作（答観的／想像的）。視点取得の操作（客観的／想像的）。報告の条件間の信頼できる差異はなかった。共感の条件間の操作のチェックの $p < .001$。	インタビューのビデオを見ている間のどのように対処するかについてのアドバイスを1年生に提供することを選ぶことができる（フィードバックなし）、あり）。共感－喜び仮説は、フィードバックが予想される場合に、共感－喜びの条件で援助行動が多いと予測する。	共感－利他性仮説は、フィードバックが予想されるかにかかわらず、客観的条件よりも想像的条件で、（提供された）1年生への援助行動が多いと予測する。	援助の比率： フィードバックなし/客観的　.38 フィードバックなし/想像的　.69 フィードバックあり/客観的　.62 フィードバックあり/想像的　.93 共感性操作の成功について疑義があるため、スミスらは自己報告の共感－自己報告の苦痛(E-D)に基づく内部分析に注意を向け、以下の結果を見出した。 フィードバックなし/E<D　.53 フィードバックなし/E>D　.53 フィードバックあり/E<D　.62 フィードバックあり/E>D　.93	実験計画では、共感－利他性仮説の予測が支持された（$p<.01$）、共感－喜び仮説の予測は支持されなかった。共感－利他性仮説の内部分析では、共感－利他性仮説の予測は支持されなかった。共感－喜び仮説の予測が支持された（$p<.01$）。

b. 共感−利他性仮説を支持すると解釈される研究

研究	参加者	シナリオ	視点取得の操作	第2の操作	予測	援助の比率	結果
バトソンほか (Batson et al., 1991, 実験1)	72名の女子大学生：各セル12名に(フィードバックの情報もないセルに合わさせれているが、ここでは要約はしない)。	大学4年生、ケイティ。自動車事故で両親の死後、弟や妹を養うのに苦闘している。	ケイティのインタビューを聴いている間の視点取得の操作(客観的：彼女が何を感じているかを想像：彼女がどう感じているかを想像)。操作のチェック $p<.001$。	努力の効果に関する予想されたフィードバック：ケイティを援助することを選ぶはずである(フィードバックへの、し：あり)。操作のチェック $p<.001$。	共感−利他性仮説は、フィードバックが予想されるかどうかにかかわらず、客観的条件よりも想像的条件でケイティへの援助行動が多いと予測する。共感−喜び仮説は、フィードバックが予想される場合にだけ、客観的条件よりも想像的条件で援助行動が多いと予測する。	フィードバックなし/客観的 .33 フィードバックなし/想像的 .83 フィードバックあり/客観的 .67 フィードバックあり/想像的 .58 (自発的な援助の時間数は同じく予想のパターンを示した)	共感−利他性仮説の予測が支持された($p<.005$)。共感−喜び仮説は支持されなかった。
バトソンほか (Batson et al., 1991, 実験2)	72名の女子大学生、(6セル計画で各セル12名)。	大学1年生、スーザン。大学に適応するのに苦しんでいる。	スーザンへのインタビューのビデオの視点取得の操作間の操作(客観的：彼女がどう感じているかの想像)。操作のチェック $p<.001$。	2回のインタビューの時に、スーザンの気持ちが良くなる可能性(客観的：想像的 20%：80%)。操作のチェック $p<.001$。	共感−利他性仮説は、スーザンが気持ち良くなるかどうかにかかわらず、想像的条件でスーザンの2回目のインタビューを見ることを比較的高い割合で選ぶと予測する。共感−喜び仮説は、想像的条件で彼女が良い気持ちになる可能性が増加するにつれ、比率が増加すると予測する。	スーザンとの2回目のインタビューを見ることを選んだ比率： 20%客観的 .17 20%想像的 .33 50%客観的 .17 50%想像的 .58 80%客観的 .33 80%想像的 .42	共感−利他性仮説の予測が支持された($p<.05$)。共感−喜び仮説の予測は支持されなかった。

研究	参加者	必要場面	共感の変数	交差分割的変数	競合する予測	結果（セルごと）		結論
バトソンほか (Batson et al., 1991, 実験3)	108名の大学生（6セル計画で両名でセル男子9名、女子9名）。	大学4年生、ケイティのインタビューを聴いている間に。自動車事故で両親の死後、弟や妹を養うのに奮闘している。	ケイティのインタビューを聴くまでに、ケイティの視点取得の操作（客観的：彼女がどう感じているかを想像）。操作のチェック p <.001。	2回目のインタビューの時までに、ケイティの状態が改善されている可能性（20%：50%：80%）。操作のチェック p <.001。	共感−利他性仮説は、ケイティの状態が改善される可能性にかかわらず、想像的条件で彼女の2回目のインタビューを見ることを比較的高い割合で選ぶと予測する。共感−喜び仮説は、想像的条件での彼女の状態が改善する可能性が増加するにつれ、直線的に比率が増加すると予測する。	スーザンとの2回目のインタビューを見ることを選んだ比率		共感−利他性仮説の予測が支持された（p <.04）。共感−喜び仮説の予測は支持されなかった。
						20%客観的	.22	
						20%想像的	.50	
						50%客観的	.33	
						50%想像的	.67	
						80%客観的	.44	
						80%想像的	.44	

付録 G
共感 – 特定的 – 報酬仮説の否定的 – 状態 – 緩和バージョンの検証

a. 否定的-状態-緩和バージョン (NSR) を支持すると解釈される研究

研究	参加者	必要場面	共感の変数	交差分割的変数	競合する予測	結果（セルごと）	結論
チャルディーニほか (Cialdini et al., 1987, 実験1)	80名の女子大学生：8セル実験計画で各セル7〜12名。	女子大学生エレインが電気ショックを受けているらい反応をする。	エレインの苦痛を見る間の視点取得の操作（客観的：彼女がどう感じているかを想像）。操作は、想像視点条件では、気分高揚が報酬で操作されたように思えるが、逃げやすさ条件ではそうではなかった。	援助しないでも、エレインの苦痛を見ることからの逃げやすさの程度の操作（やさしい：難しい）。また、想像視点条件では、気分高揚が報酬で操作されたよう思えるが、逃げやすさ条件ではそうではなかった（報酬なし；賞賛；お金）。	共感-利他性仮説は、客観的条件で逃げやすい場合に、少ない援助（エレインの代わりに電気ショックを受ける）を予測する。否定的-状態-緩和仮説は、気分が高揚されない場合よりも高揚される場合に、逃げやすい／想像的条件で援助が少ないと予測する。	ショックの試行を引き受けた数の平均： 逃げやすい／客観的／報酬なし 1.75 逃げやすい／想像的／報酬なし 3.60 逃げやすい／想像的／賞賛 2.27 逃げやすい／想像的／お金 1.71 逃げ難い／客観的／報酬なし 2.60 逃げ難い／想像的／報酬なし 5.63 逃げ難い／想像的／賞賛 4.00 逃げ難い／想像的／お金 1.82 （援助の比率は類似のパターンを示したが、差は統計的に有意ではなかった。）	共感-利他性仮説の予測は支持されなかった。否定的-状態-緩和仮説は支持されたが（$p < .05$）、尺度化された測度についてだけであった。逃げやすさ条件の共感の操作が効果的でなかったこと、気分高揚がない場合の援助行動の1対3パターンの再現に失敗したために、解釈はあいまいであった。

研究	参加者	手続き	操作	測定	結果
チャルディーニほか (Cialdini et al., 1987, 実験2)	35名の女子大学生：4セル実験計画で各セル8〜10名。	女子大学生キャロルが交通事故で両足を骨折したので、授業のノートをとる援助を必要としている。	キャロルのインタビューを聴いている間の気分の不安定さを開いた後、答観的の要求も：気分（キャロルのためにノートを取得した参加者は、以前に服用した薬の副作用として30分は気分の変化はないと告げられた：不安定条件の参加者は何も告げられなかった。	気分の不安定さの操作（固定：不安定）。操作のチェック（客観的／想像的）。操作のチェック $p<.01$。	自発的に援助した時間数の平均： 固定／客観的 0.56 固定／想像的 0.63 不安定／客観的 0.75 不安定／想像的 1.30 （援助の比率は類似のパターンを示したが、差は統計的に有意ではなかった。）	共感−利他性仮説の予測は支持されなかった。否定的−状態−緩和仮説は支持されたが $p<.02$、援助の尺度化された測度（自発的に援助した時間数）に関してだけであった。2分法の測度（非援助 対 援助）では支持されなかった。
シャラーとチャルディーニ (Schaller & Cialdini, 1988)	90名の女子大学生（6セル実験計画で各セル15名−2セルは共感−特定的と報酬仮説の否定的−状態−緩和バージョンに関連しないので省略）。	女子大学生キャロルのインタビューを聴いている間の視点取得の操作（客観的：彼女がどう感じているかを想像）。操作のチェック $p<.01$。	キャロルのインタビューを聴いた後、2回目の録音テープを聴くことの気分効果の操作（予想される気分−高揚：予想されない気分−高揚）。操作のチェック $p<.05$。	援助の尺度化された測度上の平均： 予想されない高揚／客観的 0.40 予想されない高揚／想像的 1.13 予想された高揚／客観的 0.80 予想された高揚／想像的 0.73 （せルごとの援助の比率は：.27, .73, .53, .60 であった。）	共感−利他性仮説の予測は支持されなかった。否定的−状態−緩和仮説は支持されたが、援助の尺度化された測度についてだけであり、学期を要因として含んだ修正なしのポストホックの分析についてだけであった。

b. 共感−利他性仮説を支持すると解釈される研究

研究	参加者	必要場面	共感の変数	支差分割的変数	競合する予測	結果（セルごと）		結論
シュレーダーほか (Schroeder et al., 1988)	120名の大学生（女子63名、男子57名）；8セル実験計画で各セル15名。	女子大学生（女）アンは白血病と診断され、最近白血病と診断され、毎週の輸血のために献血可能な人に電話をかけるという援助を必要としている。	アンのインタビューを聴いている間の視点取得の操作（客観的：彼女がどう感じているかを想像）。操作のチェックp<.001。	気分の固定の操作（固定：非固定）。アンの必要を聴く前に、固定−気分条件の参加者は飲んだ薬の副作用はないと告げられた。非固定−気分条件の参加者は薬の主たる副作用として彼らの気分は20分間変化しないと告げられた。	共感−利他性仮説は、気分の固定・非固定にかかわらず視点3つのセルよりも、客観的/逃げやすい/逃げやすい計画の3つのセルよりも、客観的/逃げやすいのセルで自発的に電話をかけて援助をすると予測する。	援助の比率：逃げやすい/客観的	.53	共感−利他性仮説の予測は支持された（p<.05）。否定的−状態−緩和仮説は支持されなかったが、2分法の測度での結果では、実際にはどちらの仮説が優勢とはいえない。尺度化された測度上の差は、統計的には有意でなかった。
						固定	.60	
						逃げやすい/想像的	.73	
						固定	.60	
						逃げ難い/客観的	.60	
						固定	.73	
						逃げ難い/想像的	.87	
						固定	.87	
						（自発的に電話をかけた数は、共感−利他性仮説によって予測されたよりもはっきりしたパターンを示したが、差は統計的に有意ではなかった。）		

研究	参加者	シナリオ	操作のチェック	援助の比率	結果
バトソンほか (Batson et al., 1989, 研究2)	40名の大学生（気分－高揚が予想される条件：女子11名、男子8名、気分－高揚が予想されない条件：女子11名、男子10名）。	同性の大学生エレイン／チャーリーが、電気ショックにつらい反応を示す。	エレイン／チャーリーの苦痛を見ることに対する自然発生的で優勢な情動反応（困惑：共感）。	高揚が予想されない／困惑 .33 高揚が予想されない／共感 .70 高揚が予想される／困惑 .45 高揚が予想される／共感 .70 （引き受けたショックの試行数は、同じパターンを示した。$p<.11$）	共感－利他性仮説の予測は支持された（$p<.05$）。否定的－状態－緩和仮説は支持されなかった。
		エレイン／チャーリーの観察に続き、メディア研究で視聴するビデオの予想された気分の効果（子想された気分：予想されない気分－高揚）。操作のチェック $p<.001$。	共感－利他性仮説は、気分高揚が予想される場合であっても、優勢な情動が困惑より共感の場合に、援助（代わりにショックを受けること）が多いと予測する。否定的－状態－緩和仮説は、気分高揚が予想されない場合のみ、優勢な情動が困惑より共感に援助が多いと予測する。		
バトソンほか (Batson et al., 1989, 研究3)	60名の大学生（4セル実験計画で各セル女子10名、男子5名）。	大学4年生、ケイティ。自動車事故で両親の死後、弟や妹を養うのに奮闘している。	ケイティのインタビューを聴いている間の視点取得の操作（客観的：彼女がどう感じているか想像）。操作のチェック $p<.001$。	高揚が予想されない／困惑 .40 高揚が予想されない／共感 .80 高揚が予想される／困惑 .33 高揚が予想される／共感 .73 （自発的な時間数は、同じパターンを示した。）	共感－利他性仮説は支持された（$p<.001$）。否定的－状態－緩和仮説は支持されなかった。
		ケイティを聴くことに続き、メディア研究で視聴するビデオの予想された気分の効果（予想された：予想されない気分－高揚）。操作のチェック $p<.001$。	共感－利他性仮説は、気分高揚が予想される場合でさえ、客観的条件よりも想像的条件でケイティを援助することが多いと予測する。否定的－状態－緩和仮説は、気分高揚が予想されない場合のみ客観的条件よりも想像的条件で援助が多いと予測する。		

研究	参加者	必要場面	共感の変数	交差分割的変数	競合する予測	結果(セルごと)		結論
ドヴィディオほか (Dovidio et al., 1990)	192名の大学生(第1の提示順序について女子大学4年生、トレーニーを聴いている女子16名、男子16名、第2の提示順序について協力を求める情報をキャンパスに貼り札を掲示することでセルごとに女子8名、男子8名)。計画は順序は何の効果もなかったので、4つのセルにまとめられた(セルごとに女子24名、男子24名)。	病気になっている女子大学4年生、トレーニーの活動に関する調査について協力を求める情報をキャンパスに貼り札を掲示する援助を求めている。	トレーニーのインタビューを聴いている間の視点取得の操作(客観的/想像的)。操作のチェック p<.001。	共感が引き起こされた必要について同じ問題でトレーニーを援助するか、異なる問題で援助する機会が与えられているかを想像的(同じ;異なる)か参加者に与えられるという操作。	共感-利他性仮説は、共感が引き起こされた同じ必要について援助する機会で援助する機会が与えられた場合に、客観的条件よりも想像的条件で援助する(トレーニーのために自発的に貼り札を掲示する)が多いと予測する。否定的-状態-緩和仮説は、異なる問題で援助する機会があっても、客観的条件よりも想像的条件で援助が多いと予測する。	援助の比率 同じ/客観的 同じ/想像的 異なる/客観的 異なる/想像的 (参加者が掲示することに同意した貼り札の数は、同じパターンを示した。)	.34 .62 .46 .34	共感-利他性仮説の予測は支持された(p<.01)。否定的-状態-緩和仮説は支持されなかった。
バトソンほか (Batson et al., 1988, 研究5)				否定的-状態-緩和仮説の予測は、共感-特定的-報酬仮説と同じ。付録Eに報告。				
バトソンとウィークス (Batson & Weeks, 1996, 実験1)				否定的-状態-緩和仮説の予測は、共感-特定的-報酬仮説と同じ。付録Dに報告。				
バトソンとウィークス (Batson & Weeks, 1996, 実験2)				否定的-状態-緩和仮説の予測は、共感-特定的-報酬仮説と同じ。付録Dに報告。				

文　献

人名索引は省略し、著書・論文の後の【　】に、それが扱われているページを示した。また、邦訳のある文献は［　］内にそれを載せた。

Adams, F. (2001). Empathy, neural imaging, and the theory versus simulation debate. *Mind and Language, 16*, 368-392.【6】

Aderman, D., & Berkowitz, L. (1970). Observational set, empathy, and helping. *Journal of Personality and Social Psychology, 14*, 141-148.【87, 105】

Aderman, D., & Berkowitz, L. (1983). Self-concern and the unwillingness to be helpful. *Social Psychology Quarterly, 46*, 293-301.【38】

Aderman, D., Brehm, S. S., & Katz, L. B. (1974). Empathic observation of an innocent victim: The just world revisited. *Journal of Personality and Social Psychology, 29*, 342-347.【239】

Adolphs, R. (1999). Social cognition and the human brain. *Trends in Cognitive Science, 3*, 469-479.【13】

Alexander, R. D. (1987). *The biology of moral systems*. Hawthorne, NY: Aldine de Gruyter.【23】

Alfano, G., & Marwell, G. (1980). Experiments on the provision of public goods by groups Ⅲ: Non-divisibility and free riding in "real" groups. *Social Psychology Quarterly, 43*, 300-309.【315】

Allen, K. (2003). Are pets a healthy pleasure? The influence of pets on blood pressure. *Current Directions in Psychological Science, 12*, 236-239.【266】

Allman, J. M., Watson, K. K., Tetreault, N. A., & Hakeem, A. Y. (2005). Intuition and autism: A possible role for Von Economo neurons. *Trends in Cognitive Sciences, 9*, 367-373.【44, 49, 63】

Allport, F. H. (1924). *Social psychology*. Boston: Houghton Mifflin.【10, 278】

Allport, G. W. (1937). *Personality: A psychological interpretation*. New York: Holt.［オールポート／詫摩武俊ほか訳 (1982).『パーソナリティ：心理学的解釈』新曜社］【7, 56】

Allport, G. W. (1961). *Pattern and growth in personality*. New York: Holt, Rinehart and Winston.［オルポート／今田 恵監訳 (1968). 人格心理学』上・下，誠信書房］【324】

Ames, D. L., Jenkins, A. C, Banaji, M. R., & Mitchell, J. P. (2008). Taking another person's perspective increases self-referential neural processing. *Psychological Science, 19*, 642-644.【224】

Anderson, S. W., Bechara, A., Damasio, H., Tranel, D., & Damasio, A. R. (1999). Impairment of social and moral behavior related to early damage in human prefrontal cortex. *Nature Neuroscience, 2*, 1032-1037.【49】

Aquinas, T. (1917). *The summa theologica, Vol. 2, Part Ⅱ*. (Fathers of the English Dominican Province, Trans.). New York: Benziger Bros. (Original work produced 1270)［アクィナス／高田三郎ほか訳 (1963).『神学大全』第 2 冊，創文社］【29, 87, 98】

Archer, R. L. (1984). The farmer and the cowman should be friends: An attempt at reconciliation with Batson, Coke, and Pych. *Journal of Personality and Social Psychology, 46*, 709-711.【160-162】

Archer, R. L., Diaz-Loving, R., Gollwitzer, P. M., Davis, M. H., & Foushee, H. C. (1981). The role of dispositional empathy and social evaluation in the empathic mediation of helping. *Journal of Personality and Social Psychology, 40*, 786-796.【72, 97, 160-163, 360】

Aristotle. (1932). *The Rhetoric of Aristotle* (Lane Cooper, Trans.). New York: Appleton-Century-Crofts. ［アリストテレス／戸塚七郎訳（1992）．『弁論術』岩波文庫］【51】

Aron, A., & Aron, E. N. (1986). *Love and the expansion of self*. New York: Hemisphere. 【207】

Aron, A., Aron, E. N., Tudor, M., & Nelson, G. (1991). Close relationships as including other in the self. *Journal of Personality and Social Psychology, 60*, 241-253. 【207, 208, 211, 212】

Aronfreed, J. (1968). *Conduct and conscience: The socialization of internalized control over behavior*. New York: Academic Press. 【23, 87】

Aronson, E. (2004). Reducing hostility and building compassion: Lessons from the Jigsaw Classroom. In A. G. Miller (Ed.), *The social psychology of good and evil* (pp. 469-488). New York: Guilford Press. 【249, 250】

Aronson, E., Blaney, N., Stephan, C., Sikes, J., & Snapp, M. (1978). *The jigsaw classroom*. Beverly Hills, CA: Sage. ［アロンソン／松山安雄訳（1986）．『ジグソー学級』原書房］【249】

Aronson, E., & Bridgeman, D. (1979). Jigsaw groups and the desegregated classroom: In pursuit of common goals. *Personality and Social Psychology Bulletin, 5*, 438-446. 【250】

Aronson, E., & Carlsmith, J. M. (1963). Effects of the severity of threat on the devaluation of forbidden behavior. *Journal of Abnormal and Social Psychology, 66*, 584-588. 【56】

Aronson, E., & Carlsmith, J. M. (1968). Experimentation in social psychology. In G. Lindzey & E. Aronson (Eds.), *The handbook of social psychology* (Vol. 2, pp. 1-79). Reading, MA: Addison-Wesley. 【130】

Aronson, E., Ellsworth, P. C., Carlsmith, J. M., & Gonzales, M. H. (1990). *Methods of research in social psychology* (2nd ed.). New York: McGraw-Hill. 【138, 145, 146, 151】

Axelrod, R. (1984). *The evolution of cooperation*. New York: Basic Books. ［アクセルロッド／松田裕之訳（1998）．『つきあい方の科学：バクテリアから国際関係まで』ミネルヴァ書房］【310】

Axelrod, R., & Hamilton, W. D. (1981). The evolution of cooperation. *Science, 211*, 1390-1396. 【239】

Bain, A. (1899). *Emotions and the will*. London: Longmans, Green. 【4】

Balzac, H. de (1962). *Pere Goriot* (H. Reed, Trans.). New York: New American Library. (Original work published 1834) ［バルザック／高山鉄男訳（1997）．『ゴリオ爺さん』上・下，岩波文庫］【269】

Bandura, A. (1969). *Principles of behavior modification*. New York: Holt, Rinehart & Winston. 【278】

Bandura, A. (1991). Social cognitive theory of moral thought and action. In W. M. Kurtines & J. L. Gewirtz (Eds.), *Handbook of moral behavior and development* (Vol. 1: Theory, pp. 45-103). Hillsdale, NJ: Erlbaum. 【321, 324】

Bandura, A. (1999). Moral disengagement in the perpetration of inhumanities. *Personality and Social Psychology Review, 3*, 193-209. 【321】

Bandura, A., & Rosenthal, L. (1966). Vicarious classical conditioning as a function of arousal level. *Journal of Personality and Social Psychology, 3*, 54-62. 【41】

Bargal, D., & Bar, H. (1992). A Lewinian approach to intergroup workshops for Arab-Palestinian and Jewish youth. *Journal of Social Issues, 48*, 139-154. 【248】

Barnett, M. A. (1987). Empathy and related responses in children. In N. Eisenberg & J. Strayer (Eds.), *Empathy and its development* (pp. 146-162). New York: Cambridge University Press.

[10]

Bar-On, D., & Kassem, F. (2004). Storytelling as a way to work through intractable conflicts: The German-Jewish experience and its relevance to the Palestinian-Israeli context. *Journal Social of Social Issues, 60*, 289–306. 【248】

Baron, J. (1996). Do no harm. In D. M. Messick & A. E. Tenbrunsel (Eds.), *Codes of conduct: Behavioral research into business ethics* (pp. 197–213). New York: Russell Sage Foundation. 【319】

Barraza, J. A., & Zak, P. J. (2009). Empathy toward strangers triggers oxytocin release and subsequent generosity. *Annals of the New York Academy of Science, 1167*, 182–189. 【66】

Barrett-Lennard, G. T. (1981). The empathy cycle: Refinement of a nuclear concept. *Journal of Counseling Psychology, 28*, 91–100. 【13】

Bar-Tal, D. (1976). *Prosocial behavior: Theory and research*. Washington, DC: Hemisphere Publishing Co. 【28】

Bar-Tal, D., Sharabany, R., & Raviv, A. (1982). Cognitive basis for the development of altruistic behavior. In V. J. Derlega & J. Grzelak (Eds.), *Cooperation and helping behavior: Theories and research* (pp. 377–396). New York: Academic Press. 【28】

Bartels, A., & Zeki, S. (2000). The neural basis of romantic love. *NeuroReport, 11*, 3829–3834. 【67】

Bartels, A., & Zeki, S. (2004). The neural correlates of maternal and romantic love. *NeuroImage, 21*, 1155–1166. 【58, 62, 67】

Bates, L. A., Lee, P. C., Njiraini, N., Poole, J. H., Sayialel, K., Sayialel, S., Moss, C. J., & Byren, R. W. (2008). Do elephants show empathy? *Journal of Consciousness Studies, 15*, 204–225. 【47】

Batson, C. D. (1987). Prosocial motivation: Is it ever truly altruistic? In L. Berkowitz (Ed.), *Advances in experimental social psychology* (Vol. 20, pp. 65–122). New York: Academic Press. 【15, 53, 64, 80, 95, 97, 163, 190】

Batson, C. D. (1990). How social an animal? The human capacity for caring. *American Psychologist, 45*, 336–346. 【307】

Batson, C. D. (1991). *The altruism question: Toward a social-psychological answer*. Hillsdale, NJ: Erlbaum Associates. 【vi, 14, 53, 80, 168, 185, 190, 267】

Batson, C. D. (1994). Why act for the public good? Four answers. *Personality and Social Psychology Bulletin, 20*, 603–610. 【303, 305】

Batson, C. D. (1997). Self-other merging and the empathy-altruism hypothesis: Reply to Neuberg et al. (1997). *Journal of Personality and Social Psychology, 73*, 517–522. 【214】

Batson, C. D. (1998). Altruism and helping behavior. In D. T. Gilbert, S. T. Fiske, & G. Lindzey (Eds.), *The handbook of social psychology* (4th ed), (Vol. 2, pp. 282–316). Boston: McGraw-Hill. 【80】

Batson, C. D. (2002). Justice motivation and moral motivation. In M. Ross & D. T. Miller (Eds.), *The Justice motive in everyday life* (pp. 91–106). New York: Cambridge University Press. 【321】

Batson, C. D. (2010). The Naked Emperor: Seeking a more plausible genetic basis for psychological altruism. *Economics and Philosophy, 26*, 149–164. 【69】

Batson, C. D., & Ahmad, N. (2001). Empathy-induced altruism in a Prisoner's Dilemma Ⅱ: What if the target of empathy has defected? *European Journal of Social Psychology, 31*, 25–36. 【241, 282, 289】

Batson, C. D., & Ahmad, N. (2009a). Empathy-induced altruism: A threat to the collective good. In S. R. Thye & E. J. Lawler (Eds), *Altruism and prosocial behavior in groups: Advances in group processes* (Vol. 26, pp. 1–23). Bingley, UK: Emerald Group. [68, 300]

Batson, C. D., & Ahmad, N. (2009b). Using empathy to improve intergroup attitudes and relations. *Social Issues and Policy Review, 3*, 141–177. [257]

Batson, C. D., Ahmad, N., Yin, J., Bedell, S. J., Johnson, J. W., Templin, C. M., & Whiteside, A. (1999). Two threats to the common good: Self-interested egoism and empathy-induced altruism. *Personality and Social Psychology Bulletin, 25*, 3–16. [291, 293, 294]

Batson, C. D., Batson, J. G., Griffitt, C. A., Barrientos, S., Brandt, J. R., Sprengelmeyer, P., & Bayly, M. J. (1989). Negative-state relief and the empathy-altruism hypothesis. *Journal of Personality and Social Psychology, 56*, 922–933. [181, 182, 218, 379]

Batson, C. D., Batson, J. G., Slingsby, J. K., Harrell, K. L., Peekna, H. M., & Todd, R. M. (1991). Empathic joy and the empathy-altruism hypothesis. *Journal of Personality and Social Psychology, 61*, 413–426. [174, 175, 185, 195, 218, 373, 374]

Batson, C. D., Batson, J. G., Todd, R. M., Brummett, B. H., Shaw, L. L., & Aldeguer, C. M. R. (1995). Empathy and the collective good: Caring for one of the others in a social dilemma. *Journal of Personality and Social Psychology, 68*, 619–631. [287–289, 290]

Batson, C. D., Bolen, M. H., Cross, J. A., & Neuringer-Benefiel, H. (1986). Where is the altruism in the altruistic personality? *Journal of Personality and Social Psychology, 50*, 212–220. [72, 194, 200, 235, 356]

Batson, C. D., Chang, J., Orr, R., & Rowland, J. (2002). Empathy, attitudes, and action: Can feeling for a member of a stigmatized group motivate one to help the group? *Personality and Social Psychology Bulletin, 28*, 1656–1666. [255, 257]

Batson, C. D., Chao, M. C., & Givens, J. M. (2009). Pursuing moral outrage: Anger at torture. *Journal of Experimental Social Psychology, 45*, 155–160. [322]

Batson, C. D., Coke, J. S., Jasnoski, M. L., & Hanson, M. (1978). Buying kindness: Effect of an extrinsic incentive for helping on perceived altruism. *Personality and Social Psychology Bulletin, 4*, 86–91. [325]

Batson, C. D., Coke, J. S., & Pych, V. (1983). Limits on the two-stage model of empathic mediation of helping: A reply to Archer, Diaz-Loving, Gollwitzer, Davis, and Foushee. *Journal of Personality and Social Psychology, 45*, 895–898. [161, 273, 274]

Batson, C. D., Duncan, B., Ackerman, P., Buckley, T., & Birch, K. (1981). Is empathic emotion a source of altruistic motivation? *Journal of Personality and Social Psychology, 40*, 290–302. [52, 133, 141, 161, 178, 234, 355]

Batson, C. D., Dyck, J. L., Brandt, J. R., Batson, J. G., Powell, A. L., McMaster, M. R., & Griffitt, C. (1988). Five studies testing two new egoistic alternatives to the empathy-altruism hypothesis. *Journal of Personality and Social Psychology, 55*, 52–77. [164, 165, 169, 171, 172, 177, 185, 218, 232, 234, 364, 365, 368, 369, 380]

Batson, C. D., Early, S., & Salvarani, G. (1997). Perspective taking: Imagining how another feels versus imagining how you would feel. *Personality and Social Psychology Bulletin, 23*, 751–758. [11, 13, 15, 43, 217, 218, 223]

Batson, C. D., Eklund, J. H., Chermok, V. L., Hoyt, J. L., & Ortiz, B. G. (2007). An additional antecedent of empathic concern: Valuing the welfare of the person in need. *Journal of*

Personality and Social Psychology, 93, 65-74. 【53, 54, 279】

Batson, C. D., Engel, C. L., & Fridell, S. R. (1999). Value judgments: Testing the somatic-marker hypothesis using false physiological feedback. *Personality and Social Psychology Bulletin, 25*, 1021-1032. 【33】

Batson, C. D., Floyd, R. B., Meyer, J. M., & Winner, A. L. (1999). "And who is my neighbor?" Intrinsic religion as a source of universal compassion. *Journal for the Scientific Study of Religion, 38*, 445-457. 【258】

Batson, C. D., Fultz, J. N., & Schoenrade, P. A. (1987). Distress and empathy: Two qualitatively distinct vicarious emotions with different motivational consequences. *Journal of Personality 55*, 19-40. 【17】

Batson, C. D., Fultz, J., Schoenrade, R A., & Paduano, A. (1987). Critical self-reflection and self-perceived altruism: When self-reward fails. *Journal of Personality and Social Psychology, 53*, 594-602. 【325】

Batson, C. D., Kennedy, C. L., Nord, L.-A., Stocks, E. L., Fleming, D. A., Marzette, C. M., Lishner, D. A., Hayes, R. E., Kolchinsky, L. M., & Zerger, T. (2007). Anger at unfairness: Is it moral outrage? *European Journal of Social Psychology, 37*, 1272-1285. 【322】

Batson, C. D., Klein, T. R., Highberger, L., & Shaw, L. L. (1995). Immorality from empathy-induced altruism: When compassion and justice conflict. *Journal of Personality and Socr Psychology, 68*, 1042-1054. 【281, 283, 289, 327】

Batson, C. D., Kobrynowicz, D., Dinnerstein, J. L., Kampf, H. C., & Wilson, A. D. (1997). In a very different voice: Unmasking moral hypocrisy. *Journal of Personality and Social Psychology, 72*, 1335-1348. 【321, 324】

Batson, C. D., Lishner, D. A., Carpenter, A., Dulin, L., Harjusola-Webb, S., Stocks, E. R., Gale, S., Hassan, O., & Sampat, B. (2003). "… As you would have them do unto you": Does imagining yourself in the other's place stimulate moral action? *Personality and Social Psychology Bulletin, 29*, 1190-1201. 【15】

Batson, C. D., Lishner, D. A., Cook, J., & Sawyer, S. (2005). Similarity and nurturance: Two possible sources of empathy for strangers. *Basic and Applied Social Psychology, 27*, 15-25. 【52, 67, 226, 278】

Batson, C. D., & Moran, T. (1999). Empathy-induced altruism in a Prisoner's Dilemma. *European Journal of Social Psychology, 29*, 909-924. 【240, 282, 289】

Batson, C. D., O'Quin, K., Fultz, J., Vanderplas, M., & Isen, A. (1983). Self-reported distress and empathy and egoistic versus altruistic motivation for helping. *Journal of Personality and Social Psychology, 45*, 706-718. 【157, 158, 356】

Batson, C. D., Polycarpou, M. P., Harmon-Jones, E., Imhoff, H. J., Mitchener, E. C., Bednar, L. L., Klein, T. R., & Highberger, L. (1997). Empathy and attitudes: Can feeling for a member of a stigmatized group improve feelings toward the group? *Journal of Personality and Social Psychology, 72*, 105-118. 【53, 226, 253, 278】

Batson, C. D., Sager, K., Garst, E., Kang, M., Rubchinsky, K., & Dawson, K. (1997). Is empathy-induced helping due to self-other merging? *Journal of Personality and Social Psychology, 73*, 495-509. 【214-219, 278】

Batson, C. D., & Shaw, L. L. (1991a). Evidence for altruism: Toward a pluralism of prosocial motives. *Psychological Inquiry, 2*, 107-122. 【53】

Batson, C. D., & Shaw, L. L. (1991b). Encouraging words concerning the evidence for altruism. *Psychological Inquiry, 2*, 159-168. 【186】

Batson, C. D., Shaw, L. L., & Oleson, K. C. (1992). Differentiating affect, mood, and emotion: Toward functionally based conceptual distinctions. In M. S. Clark (Ed.), *Review of personality and social psychology: Vol. 13*, Emotion (pp. 294-326). Newbury Park, CA: Sage Publications. 【33, 34, 305】

Batson, C. D., Sympson, S. C., Hindman, J. L., Decruz, P., Todd, R. M., Weeks, J. L., Jennings, G., & Burns, C. T. (1996). "I've been there, too": Effect on empathy of prior experience with a need. *Personality and Social Psychology Bulletin, 22*, 474-482. 【52, 278】

Batson, C. D., Thompson, E. R., & Chen, H. (2002). Moral hypocrisy: Addressing some alternatives. *Journal of Personality and Social Psychology, 83*, 330-339. 【324】

Batson, C. D., Thompson, E. R., Seuferling, G., Whitney, H., & Strongman, J. (1999). Moral hypocrisy: Appearing moral to oneself without being so. *Journal of Personality and Social Psychology, 77*, 525-537. 【324】

Batson, C. D., Turk, C. L., Shaw, L. L., & Klein, T. R. (1995). Information function of empathic emotion: Learning that we value the other's welfare. *Journal of Personality and Social Psychology, 68*, 300-313. 【52, 54】

Batson, C. D., & Weeks, J. L. (1996). Mood effects of unsuccessful helping: Another test of the empathy-altruism hypothesis. *Personality and Social Psychology Bulletin, 22*, 148-157. 【164, 167, 168, 171, 172, 182, 185, 232, 366, 369, 380】

Baumeister, R. F. (1998). The self. In D. T. Gilbert, S. T. Fiske, & G. Lindzey (Eds.), *The handbook of social psychology* (4th ed.), (*Vol. 1*, pp. 680-740). Boston: McGraw-Hill. 【225】

Bavelas, J. B., Black, A., Lemery, C. R., & Mullett, J. (1986). "I show you how you feel": Motor mimicry as a communicative act. *Journal of Personality and Social Psychology, 50*, 322-329. 【9】

Bavelas, J. B., Black, A., Lemery, C. R., & Mullett, J. (1987). Motor mimicry as primitive empathy. In N. Eisenberg & J. Strayer (Eds.), *Empathy and its development* (pp. 317-338). New York: Cambridge University Press. 【7】

Becker, H. (1931). Some forms of sympathy: A phenomenological analysis. *Journal of Abnormal and Social Psychology, 26*, 58-68. 【4, 5, 7, 10, 12, 14】

Bell, D. C. (2001). Evolution of parental caregiving. *Personality and Social Psychology Review, 5*, 216-229. 【57-60, 62, 63】

Belman, J., & Flanagan, M. (2010). Designing games to foster empathy. *Cognitive Technology, 14*, 5-15. 【255】

Bentham, J. (1876). *An introduction to the principles of morals and legislation.* Oxford: The Clarendon Press. (Original work published 1789)［ベンサム／山下重一訳「道徳および立法の諸原理説」関 嘉彦責任編集 (1979).『世界の名著 49　ベンサム／J. S. ミル』所収, 中公バックス］【308】

Berenguer, J. (2007). The effect of empathy in proenvironmental attitudes and behaviors. *Environment and Behavior, 39*, 269-283. 【254】

Berger, S. (1962). Conditioning through vicarious instigation. *Psychological Review, 69*, 450-466. 【10, 41, 42】

Berscheid, E. (1983). Emotion. In H. H. Kelley, E., Berscheid, A. Christiansen, J. H. Harvey, T. L. Houston, G. Levinger, E. McClintock, L. A. Peplau, & D. L. Peterson, *Close relationships* (pp.

110-168). New York: W. H. Freeman.【56, 258】

Berscheid, E., & Reis, H. T. (1998). Attraction and close relationships. In D. T. Gilbert, S. T. Fiske, & G. Lindzey (Eds.), *The handbook of social psychology* (4th ed.), (Vol. 2, pp. 193-281). Boston: McGraw-Hill.【258】

Bersoff, D. M. (1999). Why good people sometimes do bad things: Motivated reasoning and unethical behavior. *Personality and Social Psychology Bulletin, 25*, 28-39.【321】

Bierhoff, H.-W., & Rohmann, E. (2004). Altruistic personality in the context of the empathy-altruism hypothesis. *European Journal of Personality, 18*, 351-365.【157】

Blair, R. J. R. (2004). The roles of orbital frontal cortex in the modulation of antisocial behavior. *Brain and Cognition, 55*, 198-208.【49】

Blair, R. J. R. (2007). The amygdala and ventromedial prefrontal cortex in morality and psychopathy. *Trends in Cognitive Sciences, 11*, 387-392.【49】

Blake, J. A. (1978). Death by hand grenade: Altruistic suicide in combat. *Suicide and Life-Threatening Behavior, 8*, 46-59.【114, 296】

Blakemore, S. J., & Frith, C. D. (2003). Self-awareness and action. *Current Opinion in Neurobiology, 13*, 219-224.【224】

Blasi, A. (1980). Bridging moral cognition and moral action: A critical review of the literature. *Psychological Bulletin, 88*, 1-45.【322】

Blum, L. A. (1980). *Friendship, altruism, and morality*. London: Routledge & Kegan Paul.【4, 319】

Boehm, C. (1999). The natural selection of altruistic traits. *Human nature, 10*, 205-252.【65】

Bowlby, J. (1969). *Attachment and loss: Vol 1*. Attachment. New York: Basic Books.［ボウルビィ／黒田実郎ほか訳（1991）.『母子関係の理論Ⅰ：愛着行動』岩崎学術出版社］【57, 60, 258, 259】

Bowles, S. (2008). Policies designed for self-interested citizens may undermine "the moral sentiments": Evidence from economic experiments. *Science, 320*, 1605-1609.【299, 301, 325】

Brehm, J. W., & Cole, A. H. (1966). Effect of a favor which reduces freedom. *Journal of Personality and Social Psychology, 3*, 420-426.【178】

Breskin, D. (1985). *We are the world*. New York: Putnam.【116】

Bretherton, I., McNew, S., & Beeghly-Smith, M. (1981). Early person knowledge as expressed in gestural and verbal communication: When do infants acquire a "theory of mind"? In M. E. Lamb & L. R. Sherrod (Eds.), *Infant social cognition* (pp. 333-373). Hillsdale, NJ: Erlbaum.【43】

Brewer, M. B. (1988). A dual process model of impression formation. In T. K. Srull & R. S. Wyer, Jr. (Eds.), *Advances in social cognition* (Vol. 1, pp. 1-36). Hillsdale, NJ: Erlbaum.【246, 257】

Brewer, M. B., & Kramer, R. M. (1986). Choice behavior in social dilemmas: Effects of social identity, group size, and decision framing. *Journal of Personality and Social Psychology, 50*, 543-549.【315】

Bridgeman, D. L. (1981). Enhanced role-taking through cooperative interdependence: A field study. *Child Development, 52*, 1231-1238.【250】

Brosnan, S. F., Silk, J. B., Henrich, J., Mareno, M. C., Lambeth, S. P., & Schapiro, S. J. (2009). Chimpanzees (*Pan troglodytes*) do not develop contingent reciprocity in an experimental task. *Animal Cognition, 12*, 587-597.【47, 149】

Brothers, L. (1989). A biological perspective on empathy. *American Journal of Psychiatry, 146*, 10-

19.【5】
Brown, C. (1965). *Manchild in the promised land*. New York: Macmillan. [ブラウン／小松達也訳 (1971). 『ハーレムに生まれて：ある黒人青年の手記』サイマル出版会]【252】

Brown, R., & Hewstone, M. (2005). An integrative theory of intergroup contact. In M. Zanna (Ed.), *Advances in experimental social psychology* (Vol. 37, pp. 255–343). San Diego, CA: Academic Press.【254】

Brown, S. L., & Brown, R. M. (2006). Selective investment theory: Recasting the functional significance of close relationships. *Psychological Inquiry, 17*, 1–29.【70】

Brown, S. L., Nesse, R., Vinokur, A. D., & Smith, D. M. (2003). Providing support may be more beneficial than receiving it: Results from a prospective study of mortality. *Psychological Science, 14*, 320–327.【264】

Brown, S. L., Smith, D. M., Schultz, R. Kabeto. M. U., Ubel, P. A., Poulin, M, Yi, J., Kim, C., & Langa, K. M. (2009). Caregiving behavior is associated with decreased mortality risk. *Psychological Science, 20*, 488–494.【264】

Buck, R. (1984). *The communication of emotion*. New York: Guilford Press.【73】

Buck, R. (1985). Prime theory: An integrated view of motivation and emotion. *Psychological Review, 92*, 389–413.【34】

Buck, R., & Ginsburg, B. (1991). Spontaneous communication and altruism: The communicative gene hypothesis. In M. S. Clark (Ed.), *Review of personality and social psychology: Vol. 12. Prosocial behavior* (pp. 149–175). Newbury Park, CA: Sage.【9】

Bunzl, M. (2007). The next best thing. In K. A. Appiah & M. Bunzl (Eds.), *Buying freedom: The ethics and economy of slave redemption* (pp. 235–248). Princeton, NJ: Princeton University Press.【274】

Burnstein, E., Crandall, C., & Kitayama, S. (1994). Some neo-Darwinian decision rules for altruism: Weighing cues for inclusive fitness as a function of the biological importance of the decision. *Journal of Personality and Social Psychology, 67*, 773–789.【69】

Burton, J. W. (1986). The procedures of conflict resolution. In E. E. Azar & J. W. Burton (Eds.), *International conflict resolution: Theory and practice* (pp. 92–116). Boulder, CO: Lynne Reiner.【247】

Burton, J. W. (1987). *Resolving deep-rooted conflict*. Lanham, MD: University Press of America.【247】

Buss, D. M., & Kenrick, D. T. (1998). Evolutionary social psychology. In D. T. Gilbert, S. T. Fiske, & G. Lindzey (Eds.), *The handbook of social psychology* (4th ed.) (Vol. 2, pp. 982–1026). Boston: McGraw Hill.【69】

Byrnes, D. A., & Kiger, G. (1990). The effect of a prejudice-reduction simulation on attitude change. *Journal of Applied Social Psychology, 20*, 341–356.【254】

Caldwell, M. C., & Caldwell, D. K. (1966). Epimeletic (care-giving) behavior in Cetacea. In K. S. Norris (Ed.), *Whales, dolphins, and porpoises* (pp. 755–789). Berkeley: University of California Press.【47, 49, 117】

Call, J., & Tomasello, M. (2008). Does the chimpanzee have a theory of mind? 30 years later. *Trends in Cognitive Sciences, 12*, 187–192.【45, 62】

Campbell, D. T. (1975). On the conflicts between biological and social evolution and between psychology and moral tradition. *American Psychologist, 30*, 1103–1126.【26, 69, 70, 299, 324】

Campbell, D. T., & Stanley, J. C. (1966). *Experimental and quasi-experimental designs for research*. Chicago: Rand McNally. 【124, 145, 265】

Caporeal, L. R., Dawes, R., Orbell, J. M., & van de Kragt, A. J. C. (1989). Selfishness examined: Cooperation in the absence of egoistic incentives. *Behavioral and Brain Sciences, 12*, 683-739. 【65, 70】

Carlo, G., Eisenberg, N., Troyer, D., Switzer, G., & Speer, A. L. (1991). The altruistic personality: In what contexts is it apparent? *Journal of Personality and Social Psychology, 61*, 450-458. 【72】

Carter, C. S. (1998). Neuroendocrine perspectives on social attachment and love. *Psychoneuroendocrinology, 23*, 779-818. 【64】

Carter, C. S. (2007). Monogamy, motherhood, and health. In S. G. Post (Ed.), *Altruism and health: Perspectives from empirical research* (pp. 371-388). New York: Oxford University Press. 【266】

Cassirer, E. (1921). *Substance and function* (W. C. Swabey, Trans.). Chicago: Open Court. (Original work published 1910) 【126】

Chartrand, T. L., & Bargh, J. A. (1999). The Chameleon Effect: The perception-behavior link and social interaction. *Journal of Personality and Social Psychology, 76*, 893-910. 【8】

Church, R. M. (1959). Emotional reaction of rats to the pain of others. *Journal of Comparative and Physiological Psychology, 52*, 132-134. 【25】

Cialdini, R. B. (1991). Altruism or egoism? That is (still) the question. *Psychological Inquiry, 2*, 124-126. 【183】

Cialdini, R. B., Baumann, D. J., & Kenrick, D. T. (1981). Insights from sadness: A three-step model of the development of altruism as hedonism. *Developmental Review, 1*, 207-223. 【27, 28】

Cialdini, R. B., Brown, S. L., Lewis, B. P., Luce, C., & Neuberg, S. L. (1997). Reinterpreting the empathy-altruism relationship: When one into one equals oneness. *Journal of Personality and Social Psychology, 73*, 481-494. 【208, 209, 212-217, 219, 226】

Cialdini, R. B., Darby, B. L., & Vincent, J. E. (1973). Transgression and altruism: A case for hedonism. *Journal of Experimental Social Psychology, 9*, 502-516. 【27, 178】

Cialdini, R. B., & Kenrick, D. T. (1976). Altruism as hedonism: A social development perspective on the relationship of negative mood state and helping. *Journal of Personality and Social Psychology, 34*, 907-914. 【27】

Cialdini, R. B., Schaller, M., Houlihan, D., Arps, K., Fultz, J., & Beaman, A. L. (1987). Empathy-based helping: Is it selflessly or selfishly motivated? *Journal of Personality and Social Psychology, 52*, 749-758. 【96, 170, 176, 178-180, 376, 377】

Clark, M. S., & Mills, J. (1979). Interpersonal attraction in exchange and communal relationships. *Journal of Personality and Social Psychology, 37*, 12-24. 【258】

Clark, R. D., & Word, L. E. (1972). Why don't bystanders help? Because of ambiguity? *Journal of Personality and Social Psychology, 24*, 392-401. 【38】

Clark, R. D., & Word, L. E. (1974). Where is the apathetic bystander? Situational characteristics of the emergency. *Journal of Personality and Social Psychology, 29*, 279-288. 【38】

Clore, G. L., & Jeffrey, K. M. (1972). Emotional role playing, attitude change, and attraction toward a disabled person. *Journal of Personality and Social Psychology, 23*, 105-111. 【254】

Cohen, D., & Taylor, L. (1989). *Dogs and their women*. Boston: Little, Brown. 【120, 263, 266】

Cohen, T. R., & Insko, C. A. (2008). War and peace: Possible approaches to reducing intergroup conflict. *Perspectives on Psychological Science, 3*, 87-93.【241】

Coke, J. S., Batson, C. D., & McDavis, K. (1978). Empathic mediation of helping: A two-stage model. *Journal of Personality and Social Psychology, 36*, 752-766.【14, 53, 89-93, 141, 161, 169, 198, 219, 220, 354】

Colby, A., & Damon, W. (1992). *Some do care: Contemporary lives of moral commitment.* New York: Free Press.【150, 324】

Collins, N. L., Ford, M. B., Guichard, A. C., Kane, H. S., & Feeney, B. C. (2008). Responding to need in intimate relationships: Cognitive, emotional, and behavioral responses to partner distress. Unpublished manuscript, University of California Santa Barbara.【261】

Collins, N. L., Ford, M. B., Guichard, A. C, Kane, H. S., & Feeney, B. C. (2010). Responding to need in intimate relationships: Social support and care-giving processes in couples. In M. Mikulincer & P. R. Shaver (Eds.), *Prosocial motives, emotions, and behavior: The better angels of our nature* (pp. 367-389). Washington, DC: American Psychological Association.【262】

Connor, R. C, & Norris, K. S. (1982). Are dolphins reciprocal altruists? *American Naturalist, 119*, 358-374.【47, 49】

Cooley, C. H. (1902). *Human nature and the social order.* New York: Charles Scribner's Sons.［クーレー／納武津訳（1921）.『社会と我：人間性と社会秩序』日本評論社］【10】

Craig, A. D. (2005). Forebrain emotional asymmetry: A neuroanatomical basis? *Trends in Cognitive Sciences, 9*, 566-571.【44, 63】

Craig, K. D., & Lowery, J. H. (1969). Heart-rate components of conditioned vicarious autonomic responses. *Journal of Personality and Social Psychology, 11*, 381-387.【41】

Craig, K. D., & Wood, K. (1969). Psychophysiological differentiation of direct and vicarious affective arousal. *Canadian Journal of Behavioral Science, 1*, 98-105.【41】

Crocker, J., & Canevello, A. (2008). Creating and undermining social support in communal relationships: The role of compassionate and self-image goals. *Journal of Personality and Social Psychology, 95*, 555-575.【259】

Cronbach, L. J. (1955). Process affecting scores on "understanding of others" and "assumed similarity." *Psychological Bulletin, 52*, 177-193.【5】

Curtis, J. T., & Wang, Z. (2003). The neurochemistry of pair bonding. *Current Directions in Psychological Science, 12*, 49-53.【64, 66】

Damasio, A. R. (1994). *Descartes' error: Emotion, reason, and the human brain.* New York: Avon Books.［ダマシオ／田中三彦訳（2010）.『デカルトの誤り』ちくま学芸文庫］【33, 34, 49, 162】

Damasio, A. R. (1999). *The feeling of what happens: Body and emotion in the making of consciousness.* New York: Harcourt Brace & Company.［ダマシオ／田中三彦訳（2003）.『無意識の脳自己意識の脳：身体と情動と感情の神秘』講談社］【33, 62, 225】

Damasio, A. R. (2002). A note on the neurobiology of emotions. In S. G. Post, L. G. Underwood, J. P. Schloss, & W. B. Hurlbut (Eds.), *Altruism and altruistic love: Science, philosophy, and religion in dialogue* (pp. 264-271). New York: Oxford University Press.【5, 59】

Damasio, A. R. (2003). *Looking for Spinoza: Joy, sorrow, and the feeling brain.* Orlando, FL: Harcourt.［ダマシオ／田中三彦訳（2005）.『感じる脳：情動と感情の脳科学よみがえるスピノザ』ダイヤモンド社］【9, 33, 34, 62】

Damasio, H. (2002). Impairment of interpersonal social behavior caused by acquired brain damage. In S. G. Post, L. G. Underwood, J. P. Schloss, & W. B. Hurlbut (Eds.), *Altruism and altruistic love: Science, philosophy, and religion in dialogue* (pp. 272-283). New York: Oxford University Press.【61】

Danziger, N., Faillenot, I., & Peyron, R. (2009). Can we share a pain we never felt? Neural correlates of empathy in patients with congenital insensitivity to pain. *Neuron, 61*, 203-212.【8】

Darwall, S. (1998). Empathy, sympathy, care. *Philosophical Studies, 89*, 261-282.【4, 9, 13, 14】

Darwin, C. (1871). *The descent of man and selection in relation to sex.* New York: Appleton.［ダーウィン／長谷川眞理子訳（1999-2000).『人間の進化と性淘汰』Ⅰ・Ⅱ, 文一総合出版］【4, 10, 47, 57】

Davidson, R. J. (2000). The functional neuroanatomy of affective style. In R. D. Lane & L. Nadel (Eds.), *Cognitive neuroscience of emotion. Series in affective science* (pp. 371-388). London: Oxford University Press.【99】

Davis, M. H. (1983). Measuring individual differences in empathy: Evidence for a multidimensional approach. *Journal of Personality and Social Psychology, 44*, 113-126.【71, 194】

Davis, M. H. (1994). *Empathy: A socialpsychological approach.* Madison, WI: Brown & Benchmark.［デイヴィス／菊池章夫訳（1999）.『共感の社会心理学：人間関係の基礎』川島書店］【4, 13, 14, 51, 72, 94, 248】

Davis, M. H., Conklin, L., Smith, A., & Luce, C. (1996). The effect of perspective taking on the cognitive representation of persons: A merging of self and other. *Journal of Personality and Social Psychology, 70*, 713-726.【91, 208, 212, 215, 221, 222】

Davis, M. H., Luce, C., & Kraus, S. J. (1994). The heritability of characteristics associated with dispositional empathy. *Journal of Personality, 62*, 369-391.【73】

Davis, M. H., Soderlund, T, Cole, J., Gadol, E., Kute, M., Myers, M., & Weihing, J. (2004). Cognitions associated with attempts to empathize: How do we imagine the perspective of another? *Personality and Social Psychology Bulletin, 30*, 1625-1635.【221】

Davis, M. R. (1985). Perceptual and affective reverberation components. In A. P. Goldstein & G. Y. Michaels (Eds.), *Empathy: Development, training, and consequences* (pp. 62-108). Hillsdale, NJ: Erlbaum.【10】

Dawes, R. M. (1991). Social dilemmas, economic self-interest, and evolutionary theory. In D. R. Brown & J. E. K. Smith (Eds.), *Frontiers of mathematical psychology: Essays in honor of Clyde Coombs* (pp. 53-79). New York: Springer-Verlag.【240】

Dawes, R. M., McTavish, J., & Shaklee, H. (1977). Behavior, communication, and assumptions about other people's behavior in a commons dilemma situation. *Journal of Personality and Social Psychology, 35*, 1-11.【293, 315, 317】

Dawes, R. M., van de Kragt, A. J. C., & Orbell, J. M. (1988). Not me or thee but we: The importance of group identity in eliciting cooperation in dilemma situations: Experimental manipulations. *Acta Psychologica, 68*, 83-97.【313】

Dawes, R., van de Kragt, A. J. C., & Orbell, J. M. (1990). Cooperation for the benefit of us—not me, or my conscience. In J. J. Mansbridge (Ed.), *Beyond self-interest* (pp. 97-110). Chicago: University of Chicago Press.【310, 315-317】

Dawkins, R. (1976). *The selfish gene.* New York: Oxford University Press.［ドーキンス／日高敏隆・岸 由二・羽田節子訳（1991）.『利己的な遺伝子』紀伊國屋書店］【23, 117】

Dawkins, R. (1979, February). Ten misconceptions about kin selection. Lecture presented at Oxford University, Oxford, England.【24】

Decety, J. (2010a). To what extent is the experience of empathy mediated by shared neural circuits? *Emotion Review, 2,* 204–207. 【8】

Decety, J. (2010b). Dissecting the neural mechanisms mediating empathy. *Emotion Review, 2.* 【72】

Decety, J., & Chaminade, T. (2003). Neural correlates of feeling sympathy. *Neuropsychologia, 41,* 127–138. 【9, 10, 61】

Decety, J., & Lamm, C. (2007). The role of the right temporoparietal junction in social interaction: How low-level computational processes contribute to meta-cognition. *The neuroscientist, 13,* 580–593. 【222, 224】

Deci, E. L., Eghrari, H., Patrick, B. C., & Leone, D. R. (1994). Facilitating internalization: The self-determination theory perspective. *Journal of Personality, 62,* 119–142. 【321】

Deigh, J. (2004). Nussbaum's account of compassion. *Philosophy and Phenomenological Research, 68,* 465–472. 【39】

de Paúl, J., & Guibert, M. (2008). Empathy and child neglect: A theoretical model. *Child Abuse and Neglect, 32,* 1063–1071. 【237】

de Paúl, J., Pérez-Albéniz, A., Guibert, M., Asia, N., & Ormaechea, A. (2008). Dispositional empathy in neglectful mothers and mothers at high risk for child physical abuse. *Journal of Interpersonal Violence, 23,* 670–684. 【237】

Des Pres, T. (1976). *The survivor: An anatomy of life in the death camps.* New York: Oxford University Press. 【271】

de Vignemont, F., & Singer, T. (2005). The empathic brain: How, when, and why? *Trends in Cognitive Sciences, 10,* 435–441. 【8】

de Waal, F. B. M. (1996). *Good natured: The origins of right and wrong in humans and other animals.* Cambridge, MA: Harvard University Press.［ドゥ・ヴァール／西田利貞・藤井留美訳（1998）.『利己的なサル、他人を思いやるサル：モラルはなぜ生まれたのか』草思社］【4, 5, 45–48, 57, 70, 118】

de Waal, F. B. M. (2006). *Primates and philosophers: How morality evolved.* Princeton, NJ: Princeton University Press. 【7, 48】

de Waal, F. B. M. (2008). Putting the altruism back into altruism: The evolution of empathy. *Annual Review of Psychology, 59,* 279–300. 【7, 25, 26, 46, 48】

de Waal, F. B. M. (2009). *The age of empathy: Nature's lessons for a kinder society.* New York: Harmony Books.［ドゥ・ヴァール／柴田裕之訳（2010）.『共感の時代へ：動物行動学が教えてくれること』紀伊國屋書店］【7, 10, 26, 46, 60, 73】

de Waal, F. B. M. (2010). The evolution of empathy. In D. Keltner, J. Marsh, & J. A. Smith (Eds.), *The compassionate instinct* (pp. 16–25). New York: W. W. Norton. 【10】

de Waal, F. B. M., Leimgruber, K., & Greenberg, A. R. (2008). Giving is self-rewarding for monkeys. *Proceedings of the National Academy of Sciences, 105,* 13685–13689. 【46】

Dickens, C. (1913). *A Christmas carol in prose, being a ghost story of Christmas.* Boston: Houghton Mifflin. (Original work published 1843)［ディケンズ／村岡花子訳（2011）.『クリスマス・キャロル』新潮文庫］【263】

Dickens, C. (1969). *Hard times.* New York: Penguin. (Original work published 1854)［ディケンズ／山村元彦・竹村義和・田中孝信共訳（2000）.『ハード・タイムズ』英宝社］【299】

Dijker, A. J. (2001). The influence of perceived suffering and vulnerability on the experience of pity. *European Journal of Social Psychology, 31*, 659-676.【40】

Dimberg, U., Thunberg, M., & Elmehed, K. (2000). Unconscious facial reactions to emotional facial expressions. *Psychological Science, 11*, 86-89.【7, 8】

Dixon, T. (2008). *The invention of altruism: Making moral meanings in Victorian Britain*. New York: Oxford University Press.【17】

Dizon, M., Butler, L. D., & Koopman, C. (2007). Befriending man's best friends: Does altruism toward animals promote psychological and physical health? In S. G. Post (Ed.), *Altruism and health: Perspectives from empirical research* (pp. 277-291). New York: Oxford University Press.【266】

Donaldson, Z. R., & Young, L. J. (2008). Oxytocin, vasopressin, and the neurogenetics of sociality. *Science, 322*, 900-904.【64】

Dondi, M., Simion, F., & Caltran, G. (1999). Can newborns discriminate between their own cry and the cry of another newborn infant? *Developmental Psychology, 35*, 418-426.【11】

Dovidio, J. F. (1984). Helping behavior and altruism: An empirical and conceptual overview. In L. Berkowitz (Ed.), *Advances in experimental social psychology* (Vol. 17, pp. 361-427). New York: Academic Press.【97, 98, 163】

Dovidio, J. F., Allen, J. L., & Schroeder, D. A. (1990). The specificity of empathy-induced helping: Evidence for altruistic motivation. *Journal of Personality and Social Psychology, 59*, 249-260.【93, 181, 184, 186, 380】

Dovidio, J. F., Gaertner, S. L., & Saguy, T. (2009). Commonality and the complexity of "we": Social attitudes and social change. *Personality and Social Psychology Review, 13*, 3-20.【247, 316】

Dovidio, J. F., Johnson, J. D., Gaertner, S. L., Pearson, A. R., Saguy, T., & Ashburn-Nardo, L. (2010). Empathy and intergroup relations. In M. Mikulincer & P. R. Shaver (Eds.), *Prosocial motives, emotions, and behavior: The better angels of our nature* (pp. 393-408). Washington, DC: American Psychological Association.【254, 256】

Dovidio, J. F., Piliavin, J. A., Gaertner, S. L., Schroeder, D. A., & Clark, R. D., Ⅲ (1991). The arousal/cost-reward model and the process of intervention: A review of the evidence. In M. S. Clark (Ed.), *Prosocial behavior* (pp. 86-118). Newbury Park, CA: Sage.【29】

Dovidio, J. F., Piliavin, J. A., Schroeder, D. A., & Penner, L. A. (2006). *The social psychology of prosocial behavior*. Mahawan, NJ: Lawrence Erlbaum Associates.【80, 264】

Dovidio, J. F., ten Vergert, M., Stewart, T. L., Gaertner, S. L., Johnson, J. D., Esses, V. M., Rick, B. M., & Pearson, A. R. (2004). Perspective and prejudice: Antecedents and mediating mechanisms. *Personality and Social Psychology Bulletin, 30*, 1537-1549.【254】

Downs, A. (1957). *An economic theory of democracy*. New York: Harper & Row.［ダウンズ／古田精司監訳（1980).『民主主義の経済理論』成文堂］【300】

Doyle, A. C. (1890). *The sign of four*. London: Spencer Blackett.［ドイル／伊村元道訳「四つの署名」小池滋監訳（1997).『シャーロック・ホームズ全集5』所収，筑摩書房，115-116 頁］【227】

Dunn, J., & Kendrick, C. (1982). *Siblings: Love, envy, and understanding*. Cambridge: Harvard University Press.【43, 65】

Dymond, R. F. (1950). Personality and empathy. *Journal of Consulting Psychology, 14*, 343-350.【5】

Eisenberg, N. (1986). *Altruistic emotion, cognition, and behavior*. Hillsdale, NJ: Erlbaum. [26]

Eisenberg, N. (1991). Meta-analytic contributions to the literature on prosocial behavior. *Personality and Social Psychology Bulletin, 17*, 273-282. [26, 324]

Eisenberg, N. (2000). Emotion, regulation, and moral development. *Annual review of psychology, 51*, 665-697. [10, 26, 87]

Eisenberg, N., Fabes, R. A., Miller, P. A., Fultz, J., Shell, R., Mathy, R. M., & Reno, R. R. (1989). Relation of sympathy and personal distress to prosocial behavior: A multimethod study. *Journal of Personality and Social Psychology, 57*, 55-66. [176, 177, 217, 218, 357]

Eisenberg, N., Fabes, R. A., Murphy, B., Karbon, M., Maszk, P., Smith, M., O'Boyle, C., & Suh, K. (1994). The relations of emotionality and regulation to dispositional and situational empathy-related responding. *Journal of Personality and Social Psychology, 66*, 776-797. [73]

Eisenberg, N., & Lennon, R. (1983). Sex differences in empathy and related capacities. *Psychological Bulletin, 94*, 100-131. [73]

Eisenberg, N., Losoya, S., & Spinrad, T. (2003). Affect and prosocial responding. In R. J. Davidson, K. R. Scherer, & H. H. Goldsmith (Eds.), *Handbook of affective sciences* (pp. 787-803). New York: Oxford University Press. [73]

Eisenberg, N., McCreath, H., & Ahn, R. (1988). Vicarious emotional responsiveness and prosocial behavior: Their interrelations in young children. *Personality and Social Psychology Bulletin, 14*, 298-311. [156, 190, 193, 357]

Eisenberg, N., & Miller, P. A. (1987). Empathy and prosocial behavior. *Psychological Bulletin, 101*, 91-119. [94]

Eisenberg, N., Miller, P. A., Schaller, M., Fabes, R. A., Fultz, J., Shell, R., & Shea, C. L. (1989). The role of sympathy and altruistic personality traits in helping: A reexamination. *Journal of Personality, 57*, 41-67. [72]

Eisenberg, N., & Morris, A. S. (2001). The origins and social significance of empathy-related responding. A review of *Empathy and Moral Development: Implications for Caring Justice* by M. L. Hoffman. *Social Justice Research, 14*, 95-120. [250]

Eisenberg, N., Strayer, J. (Eds.) (1987). *Empathy and its development*. New York: Cambridge University Press. [4, 10]

Eliasz, H. (1980). The effect of empathy, reactivity, and anxiety on interpersonal aggression intensity. *Polish Psychological Bulletin, 11*, 169-178. [235]

Emde, R. N., Plomin, R., Robinson, J., Corley, R., DeFries, J., Fulker, D. W., Reznick, J. S., Campos, J., Kagan, J., & Zahn-Waxler, C. (1992). Temperament, emotion, and cognition at fourteen months: The MacArthur Longitudinal Twin Study. *Child Development, 63*, 1437-1455. [71]

Emler, N., Renwick, S., & Malone, B. (1983). The relationship between moral reasoning and political orientation. *Journal of Personality and Social Psychology, 45*, 1073-1080. [324]

Englis, B. G., Vaughan, K. B., & Lanzetta, J. T. (1982). Conditioning of counter-empathetic emotional responses. *Journal of Experimental Social Psychology, 18*, 375-391. [10]

Epley, N., Keysar, B., Van Boven, L., & Gilovich, T. (2004). Perspective taking as egocentric anchoring and adjustment. *Journal of Personality and Social Psychology, 87*, 327-339. [14]

Epstein, K. (2006, Spring). Crisis mentality: Why sudden emergencies attract more funds than do chronic conditions, and how nonprofits can change that. *Stanford Social Innovation Review*, 48-

57. 【279, 281】
Erkut, S., Jaquette, D. S., & Staub, E. (1981). Moral judgment-situation interaction as a basis for predicting prosocial behavior. *Journal of Personality, 49*, 1-14. 【324】

Eslinger, P. J. (1998). Neurological and neuropsychological bases of empathy. *European Neurology, 1998*, 193-199. 【5, 10, 61】

Esses, V. M., & Dovidio, J. F. (2002). The role of emotions in determining willingness to engage in intergroup contact. *Personality and Social Psychology Bulletin, 28*, 1202-1214. 【254】

Essock-Vitale, S. M., & McGuire, M. T. (1980). Predictions derived from the theories of kin selection and reciprocation assessed by anthropological data. *Ethology and Sociobiology, 1*, 233-243. 【69】

Evans, V. E., & Braud, W. G. (1969). Avoidance of a distressed conspecific. *Psychonomic Science, 15*, 166. 【25】

Feeney, B. C., & Collins, N. L. (2001). Predictors of care-giving in adult intimate relationships: An attachment theoretical perspective. *Journal of Personality and Social Psychology, 80*, 972-994. 【260, 261】

Feeney, B. C., & Collins, N. L. (2003). Motivations for care-giving in adult intimate relationships: Influences on care-giving behavior and relationship functioning. *Personality and Social Psychology Bulletin, 29*, 950-968. 【260, 261】

Fehr, E., & Fischbacher, U. (2004). Third-party punishment and social norms. *Evolution and Human Behavior, 25*, 63-87. 【26】

Fehr, E., & Gächter, S. (2002). Altruistic punishment in humans. *Nature, 415*, 137-140. 【26, 310】

Fehr, E., & Zehnder, C. (2009). Altruism (economic perspective). In D. Sander & K. Scherer (Eds.), *The Oxford companion to Emotion and Affective Sciences* (pp. 24-26). New York: Oxford University Press. 【26】

Feldman, R., Weller, A., Zagoory-Sharon, O., & Levine, A. (2007). Evidence for a neuroendocrinological foundation of human affiliation: Plasma oxytocin levels across pregnancy and the postpartum period predict mother-infant bonding. *Psychological Science, 18*, 965-970. 【63】

Feshbach, N. D., & Roe, K. (1968). Empathy in six- and seven-year-olds. *Child Development, 39*, 133-145. 【10】

Figley, C. R. (2002). Compassion fatigue: Psychotherapists' chronic lack of self-care. *Journal of Clinical Psychology* (Special Issue: *Chronic illness*), *58*, 1433-1441. 【281, 296】

Fincham, F. D., Paleari, F. G., & Regalia, C. (2002). Forgiveness in marriage: The role of relation-Ship quality, attributions, and empathy. *Personal Relationships, 9*, 27-37. 【236, 263】

Finlay, K. A., & Stephan, W. G. (2000). Reducing prejudice: The effects of empathy on intergroup attitudes. *Journal of Applied Social Psychology, 30*, 1720-1737. 【254】

Fisher, J. D., Nadler, A., & DePaulo, B. M. (Eds.) (1983). *New directions in helping: Vol. 1. Recipient reactions to aid.* New York: Academic Press. 【272】

Fisher, R. (1994). General principles for resolving intergroup conflict. *Journal of Social Issues, 50*, 47-66. 【247】

Frank, R. H. (2003). Adaptive rationality and the moral emotions. In R. J. Davidson, K. R. Scherer, & H. H. Goldsmith (Eds.), *Handbook of affective sciences* (pp. 891-896). New York: Oxford Uiversity Press. 【70】

Frank, R. H., Gilovich, T., & Regan, D. T. (1993). Does studying economics inhibit cooperation? *Journal of Economic Perspectives, 7*, 159–171.【145】

Freud, S. (1922). *Group psychology and the analysis of the ego.* London: International Psycho-Analytic Press［フロイト／小此木啓吾訳「集団心理学と自我の分析」井村恒郎・小此木啓吾ほか訳（1970）.『フロイト著作集6　自我論・不安本能論』所収, 人文書院］【5, 10】

Freud, S. (1930). *Civilization and its discontents* (J. Riviere, Trans.). London: Hogarth.［フロイト／浜川祥枝訳「文化への不満」高橋義孝ほか訳（1969）.『フロイト著作集3　文化・芸術論』所収, 人文書院］【97, 311, 323】

Frodi, A. M., & Lamb, M. E. (1980). Child abusers' responses to infant smiles and cries. *Child Development, 51*, 238–241.【237】

Fultz, J., Batson, C. D., Fortenbach, V. A., McCarthy, P. M., & Varney, L. L. (1986). Social evaluation and the empathy-altruism hypothesis. *Journal of Personality and Social Psychology, 50*, 761–769.【162, 361】

Gaertner, L., Iuzzini, J., Guerrero Witt, M., & Oriña, M. M. (2006). Us without them: Evidence for an intragroup origin of positive ingroup regard. *Journal of Personality and Social Psychology, 90*, 426–439.【315】

Gaertner, S. L., & Dovidio, J. F. (2000). *Reducing intergroup bias: The Common Ingroup Identity Model.* Philadelphia, PA: Psychology Press.【316】

Gaines, T., Kirwin, P. M., & Gentry, W. D. (1977). The effect of descriptive anger expression, insult, and no feedback on interpersonal aggression, hostility, and empathy motivation. *Genetic Psychology Monographs, 95*, 349–367.【236】

Galileo. (1952). *Dialogues concerning the two new sciences* (H. Crew & A. de Salvio, Trans.). Chicago: Encyclopedia Britannica. (Original work published 1638)［ガリレオ／今野武雄・日田節次訳（1995）.『新科学対話』上・下, 岩波文庫］【129】

Galinsky, A. D., & Ku, G. (2004). The effects of perspective-taking on prejudice. *Personality and Social Psychology Bulletin, 30*, 594–604.【256】

Galinsky, A. D., Maddux, W. W., Gilin, D., & White, J. B. (2008). Why it pays to get inside the head of your opponent: The differential effects of perspective taking and empathy in negotiations. *Psychological Science, 19*, 378–384.【243–245】

Galinsky, A. D., & Moskowitz, G. B. (2000). Perspective-taking: Decreasing stereotype expression, stereotype accessibility, and in-group favoritism. *Journal of Personality and Social Psychology, 78*, 708–724.【91, 256】

George, C., & Solomon, J. (1999). Attachment and caregiving: The caregiving behavioral system. In J. Cassidy & P. R. Shaver, *Handbook of attachment: Theory, research, and clinical applications* (pp. 649–670). New York: Guilford.【60】

Gibbons, F. X., & Wicklund, R. A. (1982). Self-focused attention and helping behavior. *Journal of Personality and Social Psychology, 43*, 462–474.【38】

Gies, M. (1987). *Anne Frank remembered: The story of the woman who helped to hide the Frank family.* New York: Simon & Schuster.【113】

Gilbert, D. (2007, March 25). Compassionate commercialism. *New York Times*, Op-Ed Contribution.【297】

Gillberg, C. L. (1992). Autism and autistic-like conditions: Subclasses among disorders of empathy. *Journal of Child Psychology and Psychiatry and Allied Disciplines, 33*, 813–842.【49】

Gilligan, C. (1982). *In a different voice: Psychological theory and women's development*. Cambridge, MA: Harvard University Press. ［ギリガン／岩男寿美子監訳（1986）.『もうひとつの声：男女の道徳観のちがいと女性のアイデンティティ』川島書店］【319, 324】

Goetz, J. L., Keltner, D., & Simon-Thomas, E. (2010). Compassion: An evolutionary analysis empirical review. *Psychological Bulletin, 136*, 351-374.【4】

Goldman, A. I. (1992). Empathy, mind, and morals. *Proceedings from the American Philosophical Association, 66*, 17-41.【9, 12, 14】

Goldman, A. I. (1993). Ethics and cognitive science. *Ethics, 103*, 337-360.【6】

Goodall, J. (1986). *The chimpanzees of Gombe: Patterns of behavior*. Cambridge, MA: University Press. ［グドール／杉山幸丸・松沢哲郎監訳（1990）.『野生チンパンジーの世界』ミネルヴァ書房］【118】

Goodall, J. (1990). *Through a window: My thirty years with the chimpanzees of Gombe*. Boston: Houghton Mifflin.【47, 118】

Gordon, M. (2005). *Roots of empathy: Changing the world child by child*. Markham, ON: Thomas Allen & Son.【250, 251】

Gordon, R. M. (1995). Sympathy, simulation, and the impartial spectator. *Ethics, 105*, 727-742.【6, 7】

Gottfried, J. A., O'Doherty, J., & Dolan, R. J. (2003). Encoding predictive reward value in human amygdale and orbitofrontal cortex. *Science, 301*, 1104-1107.【33】

Graves, S. B. (1999). Television and prejudice reduction: When does television as a vicarious experience make a difference? *Journal of Social Issues, 55*, 707-725.【257】

Greene, J. T. (1969). Altruistic behavior in the albino rat. *Psychonomic Science, 14*, 47-48.【25】

Grewen, K. M., Girdler, S. S., Amico, J., & Light, K. C. (2005). Effects of partner support on resting oxytocin, cortisol, norepinephrine, and blood pressure before and after warm partner contact. *Psychosomatic Medicine, 67*, 531-538.【66】

Gruen, R. J., & Mendelsohn, G. (1986). Emotional responses to affective displays in others: The distinction between empathy and sympathy. *Journal of Personality and Social Psychology, 51*, 609-614.【4, 10, 51】

Grusec, J. E. (1981). Socialization processes in the development of altruism. In J. P. Rushton & R. M. Sorrentino (Eds.), *Altruism and helping behavior* (pp. 65-90). Hillsdale, NJ: Erlbaum Associates.【28】

Grusec, J. E. (1991). The socialization of altruism. In M. S. Clark (Ed.), *Review of personality and social psychology: Vol. 12. Prosocial behavior* (pp. 9-33). Newbury Park, CA: Sage.【28】

Haidt, J. (2003). The moral emotions. In R. J. Davidson, K. R. Scherer, & H. H. Goldsmith (Eds.), *Handbook of affective sciences* (pp. 852-870). New York: Oxford University Press.【321, 322】

Halpern, J. (2001). *From detached concern to empathy: Humanizing medical practice*. New York: Oxford University Press.【273】

Hamilton, W. D. (1964). The genetical evolution of social behavior (I, II). *Journal of Theoretical Biology, 7*, 1-52.【23, 25, 68-70, 117】

Hancock, G. (1989). *Lords of poverty: The power, prestige, and corruption of the international aid business*. New York: Atlantic Monthly Press. ［ハンコック／武藤一羊監訳（1992）.『援助貴族は貧困に巣喰う』朝日新聞社］【269】

Harbaugh, W. T., Mayr, U., & Burghart, D. R. (2007). Neural responses to taxation and voluntary giving reveal motives for charitable donations. *Science, 316*, 1622-1625. 【26, 80, 311】

Hardin, G. (1977). *The limits of altruism: An ecologist's view of survival*. Bloomington: Indiana University Press. [ハーディン／竹内靖雄訳 (1983). 『サバイバル・ストラテジー』思索社] 【280, 310】

Harlow, H. K., Harlow, M. K., Dodsworth, R. O., & Arling, G. L. (1966). Maternal behavior of rhesus monkeys deprived of mothering and peer association in infancy. *Proceedings of the American Philosophical Society, 110*, 58-66. 【66】

Harmon-Jones, E., Vaughn-Scott, K., Mohr, S., Sigelman, J., & Harmon-Jones, C. (2004). The effect of manipulated sympathy and anger on left and right frontal cortical activity. *Emotion, 4*, 95-101. 【237】

Harris, M. B., & Huang, L. C. (1973). Helping and the attribution process. *Journal of Social Psychology, 90*, 291-297. 【88, 89】

Harrison, M.-C. (2008). The paradox of fiction and the ethics of empathy: Reconceiving Dickens's realism. *Narrative, 16*, 256-278. 【257】

Hatfield, E., Cacioppo, J. T., & Rapson, R. L. (1994). *Emotional contagion*. New York: Cambridge University Press. 【10】

Hayes, M. L., & Conklin, M. E. (1953). Intergroup attitudes and experimental change. *Journal of Experimental Education, 22*, 19-36. 【257】

Heatherton, T. F., Wyland, C. L., Macrae, C. N., Demos, K. E., Denny, B. T., & Kelley, W. M. (2006). Medial prefrontal activity differentiates self from close others. *Social Cognitive and Affective Neuroscience, 1*, 18-25. 【224】

Hebb, D. O., & Thompson, W. R. (1968). The social significance of animal studies. In G. Lindzey & E. Aronson (Eds.), *The handbook of social psychology* (2nd ed.). *Vol. 2*: Research methods (pp. 729-774). Reading, MA: Addison-Wesley. 【118】

Heider, F. (1958). *The psychology of interpersonal relations*. New York: Wiley. [ハイダー／大橋正夫訳 (1987). 『対人関係の心理学』誠信書房] 【4, 10, 100, 205】

Hickok, G. (2008). Eight problems for the mirror neuron theory of action understanding in monkeys and humans. *Journal of Cognitive Neuroscience, 21*, 1229-1243. 【8】

Hindley, M. P. (1985). Human/animal communication: Cetacean roles in human therapeutic situations. In M. W. Fox & L. D. Mickley (Eds.), *Advances in animal welfare science 1984* (pp. 75-85). Boston: Martinus Nijhoff Publishers. 【47】

Hobbes, T. (1651). *Leviathan; or the matter, form, and power of a commonwealth, ecclesiastical and civil*. London: A. Crooke. [ホッブズ／永井道雄・上田邦義訳 (1979). 『リヴァイアサン』Ⅰ・Ⅱ, 中公クラシックス] 【29】

Hodges, S. D. (2005). Is how much you understand me in your head or mine? In B. F. Malle & S. D. Hodges (Eds.), *Other minds: How humans bridge the divide between self and others* (pp. 298-309). New York: Guilford Press. 【53, 278, 279】

Hodges, S. D., Kiel, K. J., Kramer, A. D. I., Veach, D., & Villanueva, B. R. (2010). Giving birth to empathy: The effects of similar experience on empathic accuracy, empathic concern, and perceived empathy. *Personality and Social Psychology Bulletin, 36*, 398-409. 【53, 279】

Hodges, S. D., & Wegner, D. M. (1997). Automatic and controlled empathy. In W. Ickes (Ed.), *Empathic accuracy* (pp. 311-339). New York: Guilford. 【10】

Hoess, R. (1959). *Commandant at Auschwitz: Autobiography*. London: Weidenfeld and Nicholson.

［ヘス／片岡啓冶訳（1999）．『アウシュヴィッツ収容所』講談社学術文庫］【277】
Hoffman, M. L. (1975). Developmental synthesis of affect and cognition and its implications for altruistic motivation. *Developmental Psychology, 11*, 607–622.【43, 49】
Hoffman, M. L. (1976). Empathy, role-taking, guilt, and development of altruistic motives. In T. Lickona (Ed.), *Moral development and behavior: Theory research, and social issues* (pp. 124–143). New York: Holt, Rinehart, & Winston.【1】
Hoffman, M. L. (1977). Sex differences in empathy and related behaviors. *Psychological Bulletin, 84*, 712–722.【73】
Hoffman, M. L. (1981a). Is altruism part of human nature? *Journal of Personality and Social Psychology, 40*, 121–137.【4, 57, 58, 64, 66, 278, 299】
Hoffman, M. L. (1981b). The development of empathy. In J. P. Rushton & R. M. Sorrentino (Eds.), *Altruism and helping behavior: Social, personality, and developmental perspectives* (pp. 41–63). Hillsdale, NJ: Erlbaum.【4, 10, 15, 84, 98】
Hoffman, M. L. (1987). The contribution of empathy to justice and moral judgment. In N. Eisenberg & J. Strayer (Eds.), *Empathy and its development* (pp. 47–80). New York: Cambridge University Press.【26, 43】
Hoffman, M. L. (1989). Empathic emotions and justice in society. *Social Justice Research, 3*, 283–311.【26】
Hoffman, M. L. (1991). Is empathy altruistic? *Psychological Inquiry, 2*, 131–133.【183, 190–192, 195, 199, 203】
Hoffman, M. L. (2000). *Empathy and moral development: Implications for caring and justice.* New York: Cambridge University Press.［ホフマン／菊池章夫・二宮克美訳（2001）．『共感と道徳性の発達心理学：思いやりと正義とのかかわりで』川島書店］【4, 7, 8, 10, 26, 43, 49, 86, 234】
Hornstein, H. A. (1976). *Cruelty and kindness: A new look at aggression and altruism.* Engelwood Cliffs, NJ: Prentice-Hall.【29】
Hornstein, H. A. (1978). Promotive tension and prosocial behavior: A Lewinian analysis. In L. Wispé (Ed.), *Altruism, sympathy, and helping: Psychological and sociological principles* (pp. 177–207). New York: Academic Press.【29, 30, 98, 206, 211】
Hornstein, H. A. (1982). Promotive tension: Theory and research. In V. Derlega & J. Grzelak (Eds.), *Cooperation and helping behavior: Theories and research* (pp. 229–248). New York: Academic Press.【15, 29, 30, 206】
Hornstein, H. A. (1991). Empathic distress and altruism: Still inseparable. *Psychological Inquiry 2*, 133–135.【191, 192】
Houston, D. A. (1990). Empathy and the self: Cognitive and emotional influences on evaluations of negative affect in others. *Journal of Personality and Social Psychology, 59*, 859–868.【51】
Hrdy, S. B. (1999). *Mother nature: A history of mothers, infants, and natural selection.* New York: Pantheon.［ハーディー／塩原通緒訳（2005）．『マザー・ネイチャー：「母親」はいかにヒトを進化させたか』上・下，早川書房］【65, 70】
Hrdy, S. B. (2009). *Mothers and others: The evolutionary origins of mutual understanding.* Cambridge, MA: Harvard University Press.【65, 66】
Hume, D. (1896). *A treatise of human nature.* (L. A. Selby-Bigge, Ed.). Oxford: Oxford University Press. (Original work published 1740)［ヒューム／土岐邦夫訳「人性論」大槻春彦責任編集（1980）．『世界の名著32 ロック／ヒューム』所収，中公バックス］【1, 4, 10, 27】

Hygge, S. (1976). Information about the model's unconditioned stimulus and response in vicarious classical conditioning. *Journal of Personality and Social Psychology, 33*, 764–771.【15, 41, 42, 53, 278】

Ickes, W. (1993). Empathic accuracy. *Journal of Personality, 61*, 587–610.【5, 6】

Immordino-Yang, M. H., McCall, A., Damasio, H., & Damasio, A. (2009). Neural correlates of admiration and compassion. *Proceedings of the National Academy of Sciences, USA, 106*, 8021–8026.【61, 67】

Insel, T. R. (1997). A neurobiological basis of social attachment. *American Journal of Psychiatry, 154*, 726–735.【64】

Insel, T. R. (2000). Toward a neurobiology of attachment. *Review of General Psychology, 4*, 176–185.【64】

Insel, T. R. (2002). Implications for the neurobiology of love. In S. G. Post, L. G. Underwood, J. P. Schloss, & W. B. Hurlbut (Eds.), *Altruism and altruistic love: Science, philosophy, and religion in dialogue* (pp. 254–263). New York: Oxford University Press.【64, 65】

Isaacson, W. (1992, December 21). Sometimes, right makes might. *Time* (p. 82).【285】

Jackson, P. L., Brunet, E., Meltzoff, A. N., & Decety, J. (2006). Empathy examined through the neural mechanisms involved in imagining how I feel versus how you feel pain. *Neuropsychologia, 44*, 752–761.【15, 67, 222–224】

Jackson, P. L., & Decety, J. (2004). Motor cognition: A new paradigm to study self-other interactions. *Current Opinion in Neurobiology, 14*, 1–5.【224】

Jacob, P. (2008). What do mirror neurons contribute to human social cognition? *Mind and Language, 23*, 190–223.【8】

James, W. (1890). *The principles of psychology* (Vol. 1). New York: Henry Holt.［ジェームズ／今田 恵訳（1992）.『心理学』上・下．岩波文庫］【50】

Jansen, L. A. (2009). The ethics of altruism in clinical research. *Hastings Center Report, 39*, no. 4, 26–36.【296】

Jarymowicz, M. (1992). Self, we, and other (s): Schemata, distinctiveness, and altruism. In P. M. Oliner, S. P. Oliner, L. Baron, L. A. Blum, D. L. Krebs, & M. Z. Smolenska (Eds.), *Embracing the other: Philosophical, psychological, and historical perspectives on altruism* (pp. 194–212). New York: New York University Press.【15】

Jenks, C. (1990). Varieties of altruism. In J. J. Mansbridge (Ed.), *Beyond self-interest* (pp. 53–67). Chicago University of Chicago Press.【303】

Jensen, K., Hare, B., Call, J., & Tomasello, M. (2006). What's in it for me? Self-regard precludes altruism and spite in chimpanzees. *Proceedings of the Royal Society B, 273*, 1013–1021.【47, 149】

Johnson, D. W., & Johnson, R. T. (1987). *Learning together and alone: Cooperative, competitive, and individualistic learning*. Englewood Cliffs, NJ: Prentice-Hall.【249】

Johnson, M. K., Beebe, T., Mortimer, J. T., & Snyder, M. (1998). Volunteerism in adolescence: A process perspective. *Journal of Research on Adolescence, 8*, 309–332.【264】

Jones, E. E., & Davis, K. E. (1965). From acts to dispositions: The attribution process in person perception. In L. Berkowitz (Ed.), *Advances in experimental social psychology* (Vol. 2, pp. 219–266). New York: Academic Press.【100】

Kagan, J. (2000). Human morality is distinctive. *Journal of Consciousness Studies, 7*, 46–48.【43】

Kahneman, D., & Ritov, I. (1994). Determinants of stated willingness to pay for public goods: A

study in the headline method. *Journal of Risk and Uncertainty, 9*, 5-38.【278】
Kahneman, D., Slovic, P., & Tversky, A.(Eds.)(1982). *Judgment under uncertainty: Heuristics and biases.* New York: Cambridge University Press.【300】
Kant, I.(1898). Fundamental principles of the metaphysic of morals. In Kant's *Critique of Practical Reason and other works on the theory of ethics*(5th ed.)(T. K. Abbott, Trans.). New York: Longmans, Green & Co.(Original work published 1785)［カント／中山元訳（2012）.『道徳形而上学の基礎づけ』光文社古典新訳文庫］【27, 318, 319, 323】
Karylowski, J.(1982). Two types of altruistic behavior: Doing good to feel good or to make the other feel good. In V. J. Derlega & J. Grzelak(Eds.), *Cooperation and helping behavior: Theories and research*(pp. 397-413). New York: Academic Press.【29, 98】
Kelley, H. H.(1979). *Personal relationships: Their structures and processes.* Hillsdale, NJ: Erlbaum.［ケリー／黒川正流・藤原武弘訳（1989）.『親密な二人についての社会心理学：パーソナル・リレーションシップ』ナカニシヤ出版］【56, 258】
Kelley, H. H.(1983). Love and commitment. In H. H. Kelley, E., Berscheid, A. Christiansen, J. H. Harvey, T. L. Houston, G. Levinger, E. McClintock, L. A. Peplau, & D. L. Peterson, *Close relationships*(pp. 265-314). New York: Freeman.【260, 261】
Kelly, R. L.(1995). *The foraging spectrum: Diversity in hunter-gatherer lifeways.* Washington, DC: Smithsonian institution Press.【65】
Kelman, H. C.(1990). Interactive problem-solving: A social psychological approach to conflict resolution. In J. W. Burton & F. Dukes(Eds.), *Conflict: Readings in management and resolution*(pp. 199-215). New York: St. Martin's Press.【247】
Kelman, H. C.(1997). Group processes in the resolution of international conflicts: Experienced from the Israeli-Palestinian case. *American Psychologist, 52*, 212-220.【247, 248】
Kelman, H. C.(2005). Building trust among enemies: The central challenge for international conflict resolution. *International Journal of Intercultural Relations, 29*, 639-650.【248】
Kelman, H. C., & Cohen, S. P.(1986). Resolution of international conflict: An interactional approach. In S. Worchel & W. G. Austin(Eds.), *Psychology of intergroup relations*(pp. 323-432). Chicago: Nelson Hall.【247】
Kendrick, K. M.(2000). Oxytocin, motherhood, and bonding. *Experimental Physiology, 85s*, 111s-124s.【64】
Kerr, N. L.(1995). Norms in social dilemmas. In D. A. Schroeder(Ed.), *Social dilemmas: Perspectives on individuals and groups*(pp. 31-47). Westport, CN: Praeger.【293】
Kesey, K.(1962). *One flew over the cuckoo's nest.* New York: Viking.［キージー／岩元 厳訳（1996）.『カッコーの巣の上で』冨山房］【252】
Kidder, T.(2003). *Mountains beyond mountains.* New York: Random House.［キダー／竹迫仁子訳（2004）.『国境を越えた医師』小学館プロダクション］【271, 272】
Kim, J-W., Kim, S-E., Kim, J-J., Jeong, B., Park, C-H., Son, A. R., Song, J. E., & Ki, S. W.(2009). Compassionate attitude toward others' suffering activates the mesolimbic neural system. *Neuropsychologia, 47*, 2073-2081.【61, 67】
Kitcher, R.(1998). Psychological altruism, evolutionary origins, and moral rules. *Philosophical Studies, 89*, 283-316.【25】
Kitcher, P.(2010). Varieties of altruism. *Economics and Philosophy, 26*, 121-148.【20】
Klin, A.(2000). Attributing social meaning to ambiguous visual stimuli in higher-functioning

autism and Asperger syndrome. *Journal of Child Psychology and Psychiatry, 41*, 831-846. 【49】

Knafo, A., Zahn-Waxler, C., Van Hulle, C, Robinson, J. L., & Rhee, S. H. (2008). The developmental origins of a disposition toward empathy: Genetic and environmental contributions *Emotion, 8*, 737-752. 【56, 71】

Kogut, T., & Ritov, I. (2005a). The "identified victim" effect: An identified group, or just a single individual? *Journal of Behavioral Decision Making, 18*, 157-167. 【279】

Kogut, T., & Ritov, I. (2005b). The singularity effect of identified victims in separate and joint evaluations. *Organizational Behavior and Human Decision Processes, 97*, 106-116. 【245, 279】

Kohlberg, L. (1976). Moral stages and moralization: The cognitive-developmental approach. In T. Lickona (Ed.), *Moral development and behavior: Theory, research, and social issues* (pp. 31-53). New York: Holt, Rinehart, & Winston. 【319, 324, 337】

Kohler, W. (1927). *The mentality of apes*. London: Kegan Paul, Trench, & Trubner. [ケーラー／宮 孝一訳 (1962). 『類人猿の智恵試験』岩波書店] 【47】

Kohler, W. (1929). *Gestalt psychology*. New York: Liveright. 【5】

Kohut, H. (1959). Introspection, empathy, and psychoanalysis. An examination of the relationship between mode of observation and theory. *Journal of the American Psychoanalytic Association, 7*, 459-483. 【7, 14】

Komorita, S. S., & Parks, C. D. (1995). Interpersonal relations: Mixed-motive interaction. *Annual Review of Psychology, 46*, 183-207. 【310】

Korchmaros, J. D., & Kenny, D. A. (2001). Emotional closeness as a mediator of the effect of genetic relatedness on altruism. *Psychological Science, 12*, 262-265. 【69】

Kozol, J. (1991). *Savage inequalities: Children in America's schools*. New York: Crown. 【321, 328】

Kramer, R. M., & Brewer, M. B. (1984). Effects of group identity on resource use in a simulated commons dilemma. *Journal of Personality and Social Psychology, 46*, 1044-1057. 【315】

Krebs, D. L. (1975). Empathy and altruism. *Journal of Personality and Social Psychology, 32*, 1134-1146. 【1, 15, 52, 88, 98, 137】

Krebs, D. L., & Russell, C. (1981). Role-taking and altruism: When you put yourself in the shoes of another, will they take you to their owner's aid? In J. P. Rushton & R. M. Sorrentino (Eds.), *Altruism and helping behavior: Social, personality, and developmental perspectives* (pp. 137-165). Hillsdale, NJ: Erlbaum. 【14】

Lakin, J. L., & Chartrand, T. L. (2003). Using nonconscious behavioral mimicry to create affiliation and rapport. *Psychological Science, 14*, 334-339. 【8】

Lamm, C., Batson, C. D., & Decety, J. (2007). The neural substrate of human empathy: Effects of perspective-taking and cognitive appraisal. *Journal of Cognitive Neuroscience, 19*, 1-17. 【15, 61, 67, 223, 224】

Lamm, C., Meltzoff, A. N., & Decety, J. (2010). How do we empathize with someone who is not like us? A functional magnetic resonance imaging study. *Journal of Cognitive Neuroscience, 22*, 362-376. 【8, 42】

Langer, E. J. (1989). Minding matters: The consequences of mindlessness-mindfulness. In L. Berkowitz (Ed.), *Advances in experimental social psychology* (Vol. 22, pp. 137-173). San Diego, CA: Academic Press. 【265】

Langford, D. J., Crager, S. E., Shehzad, Z., Smith, S. B., Sotocinal, S. G., Levenstadt, J. S., Chanda, M. L., Levitin, D. J., & Mogil, J. S. (2006). Social modulation of pain as evidence for empathy in mice. *Science, 312*, 1967-1970.【46】

Lanzetta, J. T., & Englis, B. G. (1989). Expectations of cooperation and competition and their effects on observers' vicarious emotional responses. *Journal of Personality and Social Psychology, 56*, 543-554.【50】

La Rochefoucauld, F., Duke de (1691). *Moral maxims and reflections, in four parts.* London: Gillyflower, Sare, & Everingham.［ラ・ロシュフコー／二宮フサ訳（1989）.『ラ・ロシュフコー箴言集』岩波文庫（「はじめに」の該当項目は含まれていない）］【i, 95】

Latané, B., & Darley, J. M. (1970). *The unresponsive bystander: Why doesn't he help?* New York: Appleton-Century-Crofts.［ラタネ＆ダーリー／竹村研一・鈴木和子訳（1997）.『冷淡な傍観者』ブレーン出版］【38, 39】

Lavery, J. J., & Foley, P. J. (1963). Altruism or arousal in the rat? *Science, 140*, 172-173.【25】

Lepper, M. R. (1983). Social-control processes and the internalization of social values: An attributional perspective. In E. T. Higgins, D. N. Ruble, & W. W. Hartup (Eds.), *Social cognition and social development* (pp. 294-330). New York: Cambridge University Press.【56】

Lerner, M. J. (1970). The desire for justice and reactions to victims. In J. Macaulay & L. Berkowitz (Eds.), *Altruism and helping behavior* (pp. 205-229). New York: Academic Press.【29, 30, 40, 83, 238】

Lerner, M. J. (1980). *The belief in a just world: A fundamental delusion.* New York: Plenum.【206】

Lerner, M. J., & Meindl, J. R. (1981). Justice and altruism. In J. P. Rushton & R. M. Sorrentino (Eds.), *Altruism and helping behavior: Social, personality, and developmental perspectives* (pp. 213-232). Hillsdale, NJ: Lawrence Erlbaum Associates.【206, 207】

Levenson, R. W., & Ruef, A. M. (1992). Empathy: A physiological substrate. *Journal of Personality and Social Psychology, 63*, 234-246.【5, 10】

Lewin, K. (1935). *Dynamic theory of personality.* New York: McGraw-Hill.［レヴィン／相良守次・小川隆訳（1957）.『パーソナリティの力学説』岩波書店］【126, 127, 129-131】

Lewin, K. (1938). The conceptual representation and measurement of psychological forces. *Contributions to psychological theory, 1* (4), Whole Issue (pp. 1-247).【18】

Lewin, K. (1951). *Field theory in social science.* New York: Harper.［レヴィン／猪股佐登留訳（1956）.『社会科学における場の理論』誠信書房］【18, 131, 303, 305-307, 339】

Lipps, T. (1903). Einfühlung, inner Nachahmung, und Organ-empfindungen. *Archiv für die gesamte Psychologie, 2*, 185-204.【7, 12】

Lishner, D. A. (2003). The components of empathy: Distinguishing between sympathy and tenderness. Unpublished Ph. D. dissertation, University of Kansas.【40, 52】

Lishner, D. A., Oceja, L. V., Stocks, E. L., & Zaspel, K. (2008). The effect of infant-like characteristics on empathic concern for adults in need. *Motivation and Emotion, 32*, 270-277.【67】

Lucke, J. F., & Batson, C. D. (1980). Response suppression to a distressed conspecific: Are laboratory rats altruistic? *Journal of Experimental Social Psychology, 16*, 214-227.【25, 26】

Luks, A. (1991). *The healing power of doing good: The health and spiritual benefits of helping others.* New York: Fawcett Columbine.【264】

McCullough, M. E., Rachal, K. C., Sandage, S. J., Worthington, E. L., Jr., Brown, S. W., & Hight, T. L. (1998). Interpersonal forgiving in close relationships: II. Theoretical elaboration and measurement. *Journal of Personality and Social Psychology, 75*, 1586-1603.【236, 263】

McCullough, M. E., Worthington, E. L., Jr., & Rachal, K. C. (1997). Interpersonal forgiving in close relationships. *Journal of Personality and Social Psychology, 73*, 321-336.【236, 263】

McDougall, W. (1908). *An introduction to social psychology*. London: Methuen.［マクドーガル／宮崎市八訳（1925）.『社会心理学概論』アテネ書院（1919年の18版の訳）］【1, 4, 10, 15, 29, 58, 59, 64, 70, 73, 333】

MacIntyre, A. (1967). Egoism and altruism. In P. Edwards (Ed.), *the encyclopedia of philosophy (Vol. 2*, pp. 462-466). New York: Macmillan.【20】

McIntyre, J. (1974). *Mind in the waters*. New York: Scribners.［マッキンタイアー／今泉吉晴ほか訳（1983）.『クジラの心』平凡社.］【47, 117】

MacLean, P. D. (1967). The brain in relation to empathy and medical education. *Journal of Nervous and Mental Disease, 144*, 374-382.【7, 271】

MacLean, P. D. (1990). *The triune brain in evolution: Role in paleocerebral functions*. New York: Plenum Press.［マクリーン／法橋登編訳（1994）.『三つの脳の進化：反射脳・情動脳・理性脳と「人間らしさ」の起源』工作舎］【18, 58-62】

Macpherson, K., & Roberts, W. A. (2006). Do dogs (*Canis familiaris*) seek help in an emergency? *Journal of Comparative Psychology, 120*, 113-119.【47】

Maisel, N. C., & Gable, S. L. (2009). The paradox of received social support: The importance of responsiveness. *Psychological Science, 20*, 928-932.【260】

Malhotra, D., & Liyanage, S. (2005). Long-term effects of peace workshops in protracted conflicts. *Journal of Conflict Resolution, 49*, 908-924.【248】

Mandeville, B. (1732). *The fable of the bees: or, private vices, public benefits*. London: J. Tonson. (Original work published 1714)［マンデヴィル／泉谷 治訳（1985）.『蜂の寓話』法政大学出版局］【29, 95, 97】

Maner, J. K., & Gailliot, M. T. (2007). Altruism and egoism: Prosocial motivations for helping depend on relationship context. *European Journal of Social Psychology, 37*, 347-358.【213】

Maner, J. K., Luce, C. L., Neuberg, S. L., Cialdini, R. B., Brown, S., & Sagarin, B. J. (2002). The effects of perspective taking on motivations for helping: Still no evidence for altruism. *Personality and Social Psychology Bulletin, 28*, 1601-1610.【215-219】

Mansbridge, J. J. (Ed.) (1990). *Beyond self-interest*. Chicago: University of Chicago Press.【26, 299】

Manucia, G. K., Baumann, D. J., & Cialdini, R. B. (1984). Mood influences on helping: Direct effects or side effects? *Journal of Personality and Social Psychology, 46*, 357-364.【179】

Margolis, H. (1982). *Selfishness, altruism, and rationality: A theory of social choice*. New York: Cambridge University Press.【299】

Marques, A. H., & Sternberg, E. M. (2007). The biology of positive emotions and health. In S. G. Post (Ed.), *Altruism and health: Perspectives from empirical research* (pp. 149-188). New York: Oxford University Press.【266】

Martin, G. B., & Clark, R. D., III (1982). Distress crying in neonates: Species and peer specificity. *Developmental Psychology, 18*, 3-9.【11】

Maslach, C. (1982). *Burnout: The cost of caring*. Englewood Cliffs, NJ: Prentice-Hall.【267, 276】

Masserman, J., Wechkin, M. S., & Terris, W. (1964). Altruistic behavior in rhesus monkeys. *American Journal of Psychiatry, 121*, 584-585.【26】

Mathews, K. E., & Canon, L. K. (1975). Environmental noise level as a determinant of helping;

behavior. *Journal of Personality and Social Psychology, 32*, 571-577.【38】
Mead, G. H. (1934). *Mind, self, and society*. Chicago: University of Chicago Press.［ミード／稲葉 三千男・滝沢正樹・中野 収訳（1973）.『精神・自我・社会』青木書店］【10, 14】
Mehrabian, A., & Epstein, N. (1972). A measure of emotional empathy. *Journal of Personality, 40*, 525-543.【71】
Meindl, J. R., & Lerner, M. J. (1983). The heroic motive: Some experimental demonstrations. *Journal of Experimental Social Psychology, 19*, 1-20.【95】
Meltzoff, A. N. (1995). Understanding the intentions of others: Re-enactment of intended acts by 18-month-old children. *Developmental Psychology, 31*, 838-850.【43】
Meltzoff, A. N., & Decety, J. (2003). What imitation tells us about social cognition: A rapprochement between developmental psychology and cognitive neuroscience. *Philosophical Transactions of the Royal Society of London: Biological Sciences, 358*, 491-500.【6】
Meltzoff, A. N., & Moore, M. K. (1997). Explaining facial imitation: A theoretical model. *Early Development and Parenting, 6*, 179-192.【7, 9, 11】
Midlarsky, E. (1991). Helping as coping. In M. S. Clark (Ed.), *Review of personality and social psychology: Vol. 12. Prosocial behavior* (pp. 238-264). Newbury Park, CA: Sage.【265】
Midlarsky, E., & Kahana, E. (1994). *Altruism in later life*. Newbury Park, CA: Sage.【264】
Midlarsky, E., & Kahana, E. (2007). Altruism, well-being, and mental health in late life. In S. G. Post (Ed.), *Altruism and health: Perspectives from empirical research* (pp. 56-69). New York: Oxford University Press.【264】
Mikulincer, M., Gillath, O., Halevy, V., Avihou, N., Avidan, S., & Eshkoli, N. (2001). Attachment theory and reactions to others' needs: Evidence that activation of the sense of attachment security promotes empathic responses. *Journal of Personality and Social Psychology, 81*, 1205-1224.【12, 73】
Mikulincer, M., & Shaver, P. R. (2003). The attachment behavioral system in adulthood: Activation, psychodynamics, and interpersonal processes. In M. P. Zanna (Ed.), *Advances in experimental social psychology* (Vol. 35, pp. 53-152). San Diego, CA: Academic Press.【73, 258, 259】
Mikulincer, M., Shaver, P. R., Gillath, O., & Nitzberg, R. A. (2005). Attachment, caregiving, and altruism: Boosting attachment security increases compassion and helping. *Journal of Personality and Social Psychology, 89*, 817-839.【73, 262】
Milgram, S. (1963). Behavioral study of obedience. *Journal of Abnormal and Social Psychology, 67*, 371-378.【151】
Milgram, S. (1970). The experience of living in cities. *Science, 167*, 1461-1468.【38】
Mill, J. S. (1987). Utilitarianism. In J. S. Mill & Jeremy Bentham, *Utilitarianism and other essays* (pp. 272-338). London: Penguin Books. (Original work published 1861)【97, 310, 319, 320】
Miller, D. T. (1999). The norm of self-interest. *American Psychologist, 54*, 1053-1060.【325】
Miller, D. T,, & Ratner, R. K. (1998). The disparity between the actual and assumed power of self-interest. *Journal of Personality and Social Psychology, 74*, 53-62.【295】
Miller, N. (2002). Personalization and the promise of contact theory. *Journal of Social Issues, 58*, 387-410.【246】
Miller, P. A., & Eisenberg, N. (1988). The relation of empathy to aggressive and externalizing/antisocial behavior. *Psychological Bulletin, 103*, 324-344.【234, 235】

Miller, R. E. (1967). Experimental approaches to the physiological and behavioral concomitants of affective communication in rhesus monkeys. In S. A. Altmann (Ed.), *Social communication among primates* (pp. 125-134). Chicago: University of Chicago Press.【26】

Miller, R. E., Banks, J. H., & Ogawa, N. (1963). Role of facial expression in "cooperative-avoidance conditioning" in monkeys. *Journal of Abnormal and Social Psychology, 67*, 24-30.【26】

Milner, J. S., Halsey, L. B., & Fultz, J. (1995). Empathic responsiveness and affective reactivity to infant stimuli in high-and low-risk for physical child abuse mothers. *Child Abuse and Neglect 19*, 767-780.【16, 237】

Milo, R. D. (Ed.). (1973). *Egoism and altruism*. Belmont, CA: Wadsworth.【20】

Milton, J. (2005). *Paradise lost* (Introduction by Philip Pullman). New York: Oxford University Press. (Original work published 1667) [ミルトン／平井正穂訳 (1981). 『失楽園』上・下, 岩波文庫]【302】

Mitchell, J. P. (2008). Activity in right temporo-parietal junction is not selective for theory-of-mind. *Cerebral Cortex, 18*, 262-271.【224】

Momaday, N. S. (1968). *House made of dawn*. NewYork: Harper & Row.【252】

Monette, P. (1988). *Borrowed time: An AIDS memoir*. San Diego, CA: Harcourt Brace Jovanovich. [モネット／永井明訳 (1990). 『ボロウドタイム』上・下, 時空出版]【252】

Monroe, K. R. (1996). *The heart of altruism: Perceptions of a common humanity*. Princeton, NJ: Princeton University Press.【50, 122】

Mook, D. G. (1983). In defense of external invalidity. *American Psychologist, 38*, 379-388.【130】

Morrison, I., & Downing, P. E. (2007). Organization of felt and seen pain responses in the anterior cingulated cortex. *NeuroImage, 37*, 642-651.【8】

Moss, C. (2000). *Elephant memories: Thirteen years in the life of an elephant family* (2nd ed.). Chicago: University of Chicago Press.【47, 49】

Murphy, G. (1947). *Personality: A biological approach to origins and structure*. New York: Harper.【7】

Murray, H. A. (1938). *Explorations in personality*. New York: Oxford University Press. [マァレー／外林大作訳編 (1961-1962). 『パーソナリティ』I・II, 誠信書房]【18, 306】

Nadler, A., Fisher, J. D., & DePaulo, B. M. (Eds.) (1983). *New directions in helping: Vol. 3. Applied perspectives on help-seeking and -receiving*. New York: Academic Press.【272】

Nadler, A., & Halabi, S. (2006). Intergroup helping as status relations: Effects of status stability, identification, and type of help on receptivity to high-status group's help. *Journal of Personality and Social Psychology, 91*, 97-110.【272】

Nagel, T. (1986). *The view from nowhere*. New York: Oxford University Press. [ネーゲル／中村昇ほか訳 (2009). 『どこでもないところからの眺め』春秋社]【124】

Nagel, T. (1991). *Equality and partiality*. New York: Oxford University Press.【319】

Naqvi, N., Shiv, B., & Bechara, A. (2006). The role of emotion in decision making: A cognitive neuroscience perspective. *Current Directions in Psychological Science, 15*, 260-263.【33】

Nelson, E. E., & Panksepp, J. (1998). Brain substrates of infant-mother attachment: Contributions of opioids, oxytocin, and norepinephrine. *Neuroscience and Biobehavioral Reviews, 22*, 437-452.【64】

Netting, F. E., Wilson, C. C., & New, J. C. (1987). The human-animal bond: Implications for practice. *Social Work, 32*, 60–64.【266】

Neuberg, S. L., Cialdini, R. B., Brown, S. L., Luce, C., Sagarin, B. J., & Lewis, B. P. (1997). Does empathy lead to anything more than superficial helping? Comment on Batson et al. (1997). *Journal of Personality and Social Psychology, 73*, 510–516.【213, 214】

Newman, S., Vasudev, J., & Onawola, R. (1985). Older volunteers' perceptions of impacts of volunteering on their psychological well-being. *Journal of Applied Gerontology, 4*, 123–127.【264】

Neyer, F. J., Banse, R., & Asendorpf, J. B. (1999). The role of projection and empathic accuracy in dyadic perception between older twins. *Journal of Social and Personal Relationships, 16*, 419–442.【13】

Nichols, S. (2001). Mindreading and the cognitive architecture underlying altruistic motivation. *Mind & Language, 16*, 425–455.【9, 14, 191】

Nichols, S. (2004). *Sentimental rules: On the natural foundations of moral judgment.* New York: Oxford University Press.【191】

Nickerson, R. S. (1999). How we know—and sometimes misjudge—what others know: Imputing one's own knowledge to others. *Psychological Bulletin, 125*, 737–759.【14, 15】

Niedenthal, P. M. (2007). Embodying emotion. *Science, 316*, 1002–1005.【8, 9】

Niedenthal, P. M., Winkielman, P., Mondillon, L., & Vermeulen, N. (2009). Embodiment of emotion concepts. *Journal of Personality and Social Psychology, 96*, 1120–1136.【9】

Nisbett, R. E., & Wilson, T. D. (1977). Telling more than we can know: Verbal reports on mental processes. *Psychological Review, 84*, 231–259.【21, 151, 260】

Noddings, N. (1984). *Caring: A feminine approach to ethics and moral education.* Berkeley: University of California Press.［ノディングズ／立山善康ほか訳（1997）.『ケアリング：倫理と道徳の教育―女性の観点から』晃洋書房］【319】

Nowak, M. A., May, R. M., & Sigmund, K. (1995). The arithmetics of mutual help. *Scientific American, 272*, 50–55.【239】

Nussbaum, M. C. (2001). *Upheavals of thought: The intelligence of emotions.* New York: Cambridge University Press.【4, 13, 39, 51, 205】

Nussbaum, M. C. (2004). Responses. *Philosophy and Phenomenological Research, 68*, 473–486.【39】

Oakley, B., Knafo, A., Madhavan, G., & Wilson, D. S. (Eds.) (in press). *Pathological altruism.* New York: Oxford University Press.【269】

Oatley, K. (2002). Emotions and the story worlds of fiction. In M. C. Green, J. J. Strange, & T. C. Tock (Eds.), *Narrative impact: Social and cognitive foundations* (pp. 39–69). Mahwah, NJ: Lawrence Erlbaum Associates.【257】

O'connell, S. M. (1995). Empathy in chimpanzees: Evidence for theory of mind? *Primates, 36*, 397–410.【6, 118】

Odendaal, J. S. J., & Meintjes, R. A. (2003). Neurophysiological correlates of affiliative behavior between humans and dogs. *The Veterinary Journal, 165*, 296–301.【66, 266】

Öhman, A. (2002). Automaticity and the amygdala: Nonconscious responses to emotional faces. *Current Directions in Psychological Science, 11*, 62–66.【8】

Olazábal, D. E., & Young, L. J. (2006). Species and individual differences in juvenile female alloparental care are associated with oxytocin receptor density in the striatum and the lateral septum. *Hormones and Behavior, 49*, 681–687. 【64】

Oliner, S. P., & Oliner, P. M. (1988). *The altruistic personality: Rescuers of Jews in Nazi Europe*. New York: The Free Press. 【1, 122, 327, 337】

Olson, M., Jr. (1971). *The logic of collective action: Public goods and the theory of groups*. Cambridge, MA: Harvard University Press. [オルソン／依田博・森脇俊雅訳（1996）.『集合行為論：公共財と集団理論』ミネルヴァ書房] 【300】

Oman, D. (2007). Does volunteering foster physical health and longevity? In S. G. Post (Ed.), *Altruism and health: Perspectives from empirical research* (pp. 15–32). New York: Oxford University Press. 【265】

O'Mara, E. M., Jackson, L. E., Batson, C. D., & Gaertner, L. (in press). Will moral outrage stand up? Distinguishing among emotional reactions to a moral violation. *European Journal of Social Psychology*. 【322】

Omoto, A. M., & Snyder, M. (2002). Considerations of community: The context and process of volunteerism. *American Behavioral Scientist, 45*, 400–404. 【267, 280】

Orbell, J. M., van de Kragt, A. J., & Dawes, R. M. (1988). Explaining discussion-induced cooperation. *Journal of Personality and Social Psychology, 54*, 811–819. 【313, 315】

Orne, M. (1962). On the social psychology of the psychological experiment: With particular reference to demand characteristics and their implications. *American Psychologist, 17*, 776–783. 【145】

Oswald, P. A. (1996). The effects of cognitive and affective perspective taking on empathic concern and altruistic helping. *Journal of Social Psychology, 136*, 613–623. 【93】

Paluck, E. L. (2009). Reducing intergroup prejudice and conflict using the media: A field experiment in Rwanda. *Journal of Personality and Social Psychology, 96*, 574–587. 【255, 257】

Paluck, E. L., & Green, D. P. (2009). Prejudice reduction: What works? A review and assessment of research and practice. *Annual Review of Psychology, 60*, 339–367. 【250】

Panksepp, J. (1986). The psychobiology of prosocial behaviors: Separation distress, play, and altruism. In C. Zahn-Waxier, E. M. Cummings, & R. Iannotti (Eds.), *Altruism and aggression: Biological and social origins* (pp. 19–57). New York: Cambridge University Press. 【10】

Panksepp, J. (1998). *Affective neuroscience: The foundations of human and animal emotions*. New York: Oxford University Press. 【63, 64】

Penn, D. C., Holyoak, K. J., & Povinelli, D. J. (2008). Darwin's mistake: Explaining the discontinuity between human and nonhuman minds. *Behavioral and Brain Sciences, 31*, 109–178. 【62】

Penner, L. A., Cline, R. J. W., Albrecht, T. L., Harper, F. W. K., Peterson, A. M., Taub, J. M., & Ruckdeschel, J. C. (2008). Parents' empathic responses and pain and distress in pediatric patients. *Basic and Applied Social Psychology, 30*, 102–114. 【45, 233】

Peters, W. (1987). *A class divided: Then and now*. New Haven, CT: Yale University Press. [ピータース／白石文人訳（1988）.『青い目茶色い目：人種差別と闘った教育の記録』日本放送出版協会] 【254】

Petrocelli, J. V., & Smith, E. R. (2005). Who am I, who are we, and why: Links between emotions and causal attributions for self and group-discrepancies. *Personality and Social Psychology Bulletin, 31*, 1628–1642. 【315】

Pettigrew, T. F. (1997). Generalized intergroup contact effects on prejudice. *Personality and Social*

Psychology Bulletin, 23, 173-185. 【254】
Pettigrew, T. F. (1998). Intergroup contact theory. *Annual Review of Psychology, 49*, 65-85. 【246, 254, 257】
Piaget, J. (1965). *The moral judgment of the child*. New York: Free Press. (Original work published 1932). [ピアジェ／大伴 茂訳（1977）.『児童道徳判断の発達』同文書院] 【14】
Piliavin, I. M., Piliavin, J. A., & Rodin, J. (1975). Costs, diffusion and the stigmatized victim. *Journal of Personality and Social Psychology, 32*, 429-438. 【78】
Piliavin, J. A., & Charng, H.-W. (1990). Altruism: A review of recent theory and research. *American Sociological Review, 16*, 27-65. 【336】
Piliavin, J. A., Dovidio, J. F., Gaertner, S. L., & Clark, R. D., Ⅲ (1981). *Emergency intervention*. New York: Academic Press. 【15, 17, 29, 86】
Piliavin, J. A., Dovidio, J. F., Gaertner, S. L., & Clark, R. D. Ⅲ (1982). Responsive bystanders: The process of intervention. In V. J. Derlega and J. Grzelak (Eds.), *Cooperation and helping behavior: Theories and research* (pp. 279-304). New York: Academic Press. 【29】
Piliavin, J. A., & Piliavin, I. M. (1973). The Good Samaritan: Why does he help? Unpublished manuscript, University of Wisconsin. 【29, 84, 98】
Poole, J. (1997). *Coming of age with elephants*. New York: Hyperion. 【47, 49】
Post, S. G. (Ed.). (2007). *Altruism and health: Perspectives from empirical research*. New York: Oxford University Press. 【265】
Povinelli, D. J. (1993). Reconstructing the evolution of mind. *American Psychologist, 48*, 493-509. 【14, 47】
Povinelli, D. J., & Bering, J. M. (2002). The mentality of apes revisited. *Current Directions in Psychological Science, 11*, 115-119. 【43, 47】
Povinelli, D. J., Bering, J. M., & Giambrone, S. (2000). Toward a science of other minds: Escaping the argument by analogy. *Cognitive Science, 24*, 509-541. 【6, 43, 44, 47, 62】
Povinelli, D. J., & Vonk, J. (2003). Chimpanzee minds: Suspiciously human? *Trends in Cognitive Sciences, 7*, 157-160. 【45】
Premack, D., & Woodruff, G. (1978). Does the chimpanzee have a theory of mind? *Behavioral and Brain Sciences, 1*, 515-526. 【6】
Preston, S. D., & de Waal, F. B. M. (2002a). The communication of emotions and the possibility of empathy in animals. In S. G. Post, L. G. Underwood, J. P. Schloss, & W. B. Hurlbut (Eds.), *Altruism and altruistic love: Science, philosophy, and religion in dialogue* (pp. 284-308). New York: Oxford University Press. 【47】
Preston, S. D., & de Waal, F. B. M. (2002b). Empathy: Its ultimate and proximate bases. *Behavioral and Brain Sciences, 25*, 1-72. 【4, 5, 7, 10, 42】
Prinz, J. (2006). The emotional basis of moral judgments. *Philosophical Explorations, 9*, 29-43. 【321】
Prinz, W. (1987). Ideo-motor action. In H. Heuer & A. F. Sanders (Eds.), *Perspectives on perception and action* (pp. 47-76). Hillsdale, NJ: Lawrence Erlbaum Associates. 【7】
Prinz, W. (1997). Perception and action planning. *European Journal of Cognitive Psychology, 9*, 129-154. 【7】
Rainer, J. P. (2000). Compassion fatigue: When caregiving begins to hurt. In L. Vandecreek & T. L. Jackson (Eds.), *Innovations in clinical practice: A source book* (Vol. 18, pp. 441-453).

Sarasota, FL: Professional Resource Exchange.【281, 296】
Rand, A. (1964). *The virtue of selfishness: A new concept of egoism.* New York: New American Library. [ランド／藤森かよこ訳 (2008). 『利己主義という気概：エゴイズムを積極的に肯定する』ビジネス社]【27】
Rapoport, A., & Chammah, A. M. (1965). *Prisoner's dilemma.* Ann Arbor: University of Michigan Press. [ラパポート＆チャマー／広松 毅ほか訳 (1983). 『囚人のジレンマ』啓明社]【239】
Ravenscroft, I. (1998). What is it like to be someone else? Simulation and empathy. *Ratio, XI,* 170–185.【6】
Rawls, J. (1971). *A theory of justice.* Cambridge, MA: Harvard University Press. [ロールズ／川本隆史・福間 聡・神島 裕子訳 (2010). 『正義論』紀伊國屋書店]【26, 319, 320】
Regan, D., & Totten, J. (1975). Empathy and attribution: Turning observers into actors. *Journal of Personality and Social Psychology, 32,* 850–856.【13, 91, 256】
Reykowski, J. (1982). Motivation of prosocial behavior. In V. J. Derlega & J. Grzelak (Eds.), *Cooperation and helping behavior: Theories and research* (pp. 352–375). New York: Academic Press.【29, 30】
Rheingold, H. (1982). Little children's participation in the work of adults, a nascent prosocial behavior. *Child Development, 53,* 114–125.【49】
Ribar, D. C. & Wilhelm, M. O. (2002). Altruistic and joy-of-giving motivations in charitable behavior. *Journal of Political Economy, 110,* 425–457.【26, 232】
Ribot, T. (1911). *The psychology of the emotions* (2nd ed.). New York: Scribner's.【7】
Ricard, M. (2006). *Happiness: A guide to developing life's most important skill* (J. Browner, Trans.). New York: Little, Brown & Co. [リカール／竹中ブラウン・厚子訳 (2008). 『Happiness 幸福の探求：人生で最も大切な技術』評言社]【258】
Rice, G. E., Jr. (1965, September). Aiding responses in rats: Not in guinea pigs. Paper presented at the annual meeting of the American Psychological Association, Chicago.【25】
Rice, G. E., Jr., & Gainer, P. (1962). "Altruism" in the albino rat. *Journal of Comparative and Physiological Psychology, 55,* 123–125.【25】
Richardson, D. R., Hammock, G. S., Smith, S. M., Gardner, W., & Signo, M. (1994). Empathy as a cognitive inhibitor of interpersonal aggression. *Aggressive Behavior, 20,* 275–289.【236】
Richerson, P. J., & Boyd, R. (2005). *Not by genes alone: How culture transformed human evolution.* Chicago: University of Chicago Press.【70】
Ridley, M., & Dawkins, R. (1981). The natural selection of altruism. In J. P. Rushton & R. M. Sorrentino (Eds.), *Altruism and helping behavior: Social, personality, and developmental perspectives* (pp. 19–39). Hillsdale, NJ: Erlbaum.【23, 24】
Rogers, C. R. (1975). Empathic: An unappreciated way of being. *The Counseling Psychologist, 5,* 2–10.【5, 7】
Rokeach, M. (1973). *The nature of human values.* New York: Free Press.【55, 305】
Romero, T., Castellanos, M. A., & de Waal, F. B. M. (2010). Consolation as possible expression of sympathetic concern among chimpanzees. *Proceedings of the National Academy of Sciences, 107.*【46】
Rouhana, N. N., & Kelman, H. C. (1994). Promoting joint thinking in international conflicts: An Israeli-Palestinian continuing workshop. *Journal of Social Issues, 50,* 157–178.【247】
Roy, B., & Hartigan, J. (2008). Empowering the rural poor to develop themselves: The Barefoot

approach. *Innovations: Technology, Governance, and Globalization, 3,* 67-93.【270】

Rozin, P., Markwith, M., & Stoess, C.(1997). Moralization and becoming a vegetarian: The transformation of preferences into values and the recruitment of disgust. *Psychological Science, 2,* 67-73.【322】

Ruby, P., & Decety, J.(2004). How would you feel versus how do you think she would fee? A neuroimaging study of perspective taking with social emotions. *Journal of Cognitive Neuroscience, 16,* 988-999.【13, 61, 222, 224】

Rumble, A. C., Van Lange, P. A. M., & Parks, C. D.(2010). The benefits of empathy: When empathy may sustain cooperation in social dilemmas. *European Journal of Social Psychology, 40,* 856-866.【243】

Rusbult, C.(1980). Commitment and satisfaction in romantic associations: A test of the investment model. *Journal of Experimental Social Psychology, 16,* 172-186.【258】

Rushton, J. P.(1980). *Altruism, socialization and society.* Englewood Cliffs, NJ: Prentice-Hall.【23】

Ryan, W.(1971). *Blaming the victim.* New York: Random House.【238】

Sagi, A., & Hoffman, M. L.(1976). Empathic distress in the newborn. *Developmental Psychology, 12,* 175-176.【10】

Sanfey, A. G., Rilling, J. K., Aronson, J. A., Nystrom, L. E., & Cohen, J. D.(2003). The neural basis of economic decision-making in the Ultimatum Game. *Science, 300,* 1755-1758.【33】

Sapolsky, R. M.(2010). Peace among primates. In D. Keltner, J. Marsh, & J. A. Smith (Eds.), *The compassionate instinct* (pp. 26-35). New York: W. W. Norton.【46】

Saxe, R., & Wexler, A.(2005). Making sense of another mind: The role of the right temporo-parietal junction. *Neuropsychologia, 43,* 1391-1399.【224】

Schachter, S.(1964). The interaction of cognitive and physiological determinants of emotional state. In L. Berkowitz (Ed.), *Advances in experimental social psychology* (Vol. 1, pp. 49-80). New York: Academic Press.【33, 89, 90】

Schaller, M., & Cialdini, R. B.(1988). The economics of empathic helping: Support for a mood management motive. *Journal of Experimental Social Psychology, 24,* 163-181.【97, 163, 180, 181, 377】

Scheler, M.(1970). *The nature of sympathy* (Trans. by P. Heath). Hamden, CT: Archon Books. (Original work published 1913)［シェーラー／青木 茂・小林 茂訳 (2002).『シェーラー著作集 8 同情の本質と諸形式』白水社］【12】

Schewe, P. A. (Ed.).(2002). *Preventing violence in relationships: Interventions across the life span.* Washington, DC: American Psychological Association.【237】

Schewe, P. A., & O'Donohue, W.(1993). Sexual abuse prevention with high risk males: The roles of victim empathy and rape myths. *Violence and Victims, 8,* 339-351.【237】

Schlenker, B. R., & Britt, T. W.(1997). Beneficial impression management: Strategically controlling information to help friends. *Journal of Personality and Social Psychology, 76,* 559-573.【259】

Schonert-Reichl, K. A.(2005). Effectiveness of "the Roots of Empathy" program in promoting children's emotional and social competence. In M. Gordon, *Roots of empathy: Changing the world child by child* (Appendix B, pp. 239-252). Toronto, ON: Thomas Allen Publishers.【252】

Schroeder, D. A., Dovidio, J. F., Sibicky, M. E., Matthews, L. L., & Allen, J. L.(1988). Empathic concern and helping behavior: Egoism or altruism? *Journal of Experimental Social Psychology,*

24, 333–353. [179, 378]

Schroeder, D. A., Penner, L. A., Dovidio, J. F., & Piliavin, J. A. (1995). *The psychology of helping and altruism: Problems and puzzles.* New York: McGraw-Hill. [29]

Schultz, P. W. (2000). Empathizing with nature: The effects of perspective taking on concern for environmental issues. *Journal of Social Issues, 56*, 391–406. [254]

Schultz, R., & Beach, S. (1999). Caregiving as a risk factor for mortality: The Caregiver Health Effects study. *Journal of the American Medical Association, 282*, 2215–2219. [296]

Schultz, R., Williamson, G. M., Morycz, R. K., & Biegel, D. E. (1991). Costs and benefits of providing care to Alzheimer's patients. In S. Spacapan & S. Oskamp (Eds.), *Helping and being helped: Naturalistic Studies* (pp. 153–181). Newbury Park, CA: Sage. [267, 296]

Schwartz, C. (2007). Altruism and subjective well-being: Conceptual model and empirical support. In S. G. Post (Ed.), *Altruism and health: Perspectives from empirical research* (pp. 33–42). New York: Oxford University Press. [265]

Schwartz, S. H. (1977). Normative influences on altruism. In L. Berkowitz (Ed.), *Advances in experimental social psychology* (Vol. 10, pp. 221–279). New York: Academic Press. [28]

Schwartz, S. H., & Howard, J. (1982). Helping and cooperation: A self-based motivational model. In V. J. Derlega & J. Grzelak (Eds.), *Cooperation and helping behavior: Theories and research* (pp. 327–353). New York: Academic Press. [28]

Sedikides, C., & Strube, M. J. (1997). Self-evaluation: To thine own self be good, to thine own self be sure, to thine own self be true, and to thine own self be better. In M. P. Zanna (Ed.), *Advances in Experimental Social Psychology* (Vol. 29, pp. 209–269). New York: Academic Press. [321]

Sen, A. K. (1977). Rational fools. *Philosophy and Public Affairs, 6*, 317–344. [300]

Shafir, E., & Tversky, A. (1992). Thinking through uncertainty: Nonconsequential reasoning and choice. *Cognitive Psychology, 24*, 449–474. [242]

Shaw, L. L., Batson, C. D., & Todd, R. M. (1994). Empathy avoidance: Forestalling feeling for another in order to escape the motivational consequences. *Journal of Personality and Social Psychology, 67*, 879–887. [275, 276]

Shelton, M. L., & Rogers, R. W. (1981). Fear-arousing and empathy-arousing appeals to help: The pathos of persuasion. *Journal of Applied Social Psychology, 11*, 366–378. [53, 226, 256, 278]

Sherif, M., Harvey, O. J., White, B. J., Hood, W. E., & Sherif, C. W. (1961). *Intergroup conflict and cooperation: The Robber's Cave experiment.* Norman: University of Oklahoma Book Exchange. [246, 247]

Sherman, P. W., Jarvis, J. U. M., & Alexander, R. D. (Eds.) (1991). *The biology of the naked mole-rat.* Princeton, NJ: Princeton University Press. [69]

Sibicky, M. E., Schroeder, D. A., & Dovidio, J. F. (1995). Empathy and helping: Considering the consequences of intervention. *Basic and Applied Social Psychology, 16*, 435–453. [232]

Sikes, S. K. (1971). *The natural history of the African elephant.* New York: American Elsevier. [117]

Silk, J. B. (2009). Social preferences in primates. In P. W. Glimcher, C. F. Camerer, E. Fehr, & R. A. Poldrack (Eds.), *Neuroeconomics: Decision making and the brain* (pp. 269–284). Boston, MA: Elsevier/Academic Press. [47]

Silk, J. B., Brosnan, S. F., Vbnk, J., Henrich, J., Povinelli, D. J., Richardson, A. S., Lambeth, S. P.,

Mascaro, J., & Schapiro, S. J. (2005). Chimpanzees are indifferent to the welfare of unrelated group members. *Nature, 437*, 1357-1359.【47, 149】

Simpson, J. A., Rholes, W. S., & Nelligan, J. S. (1992). Support seeking and support giving within couples in an anxiety-provoking situation: The role of attachment styles. *Journal of Personality and Social Psychology, 62*, 434-446.【260】

Singer, T., & Lamm, C. (2009). The social neuroscience of empathy. *Annals of the New York Academy of Sciences, 1156*, 81-96.【8】

Singer, T., Seymour, B., O'Doherty, J., Kaube, H., Dolan, R. J., & Frith, C. D. (2004). Empathy for pain involves the affective but not sensory components of pain. *Science, 303*, 1157-1162.【9, 67, 72】

Singer, T., Seymour, B., O'Doherty, J. P., Stephan, K. E., Dolan, R. J., & Frith, C. D. (2006). Empathic neural responses are modulated by the perceived fairness of others. *Nature, 439*, 466-469.【50】

Slater, M. D. (2002). Entertainment education and the persuasive impact of narratives. In M. G. Green, J. J. Strange, & T. C. Brock (Eds.), *Narrative impact: Social and cognitive foundation* (pp. 157-181). Mahwah, NJ: Lawrence Erlbaum Associates.【257】

Slovic, P. (2007). "If I look at the mass I will never act": Psychic numbing and genocide. *Judgment and Decision Making, 2*, 1-17.【277, 279】

Small, D. A., Lowenstein, G., & Slovic, P. (2007). Sympathy and callousness: The impact of deliberative thought on donations to identifiable and statistical victims. *Organizational Behavior and Human Decision Processes, 102*, 143-153.【245, 279】

Smith, A. (1853). *The theory of moral sentiments*. London: Alex Murray. (Original work published 1759) [スミス／水田 洋訳 (2003). 『道徳感情論』上・下, 岩波文庫]【1, 4, 10, 14, 27, 278, 299】

Smith, A. (1976). *An inquiry into the nature and causes of the wealth of nations*. Chicago: University of Chicago Press. (Original work published 1776) [スミス／水田 洋監訳 (2000-2001). 『国富論』全4冊, 岩波文庫]【299, 308】

Smith, E. R. (1998). Mental representation and memory. In D. T. Gilbert, S. T. Fiske, & G. Lindzey (Eds.), *The handbook of social psychology* (4th ed.), (Vol. 1, pp. 391-445). Boston: McGraw-Hill.【225】

Smith, E. R., Seger, C. R., & Mackie, D. M. (2007). Can emotions be truly group level? Evidence regarding four conceptual criteria. *Journal of Personality and Social Psychology, 93*, 431-446.【315】

Smith, K. D., Keating, J. P., & Stotland, E. (1989). Altruism reconsidered: The effect of denying feedback on a victim's status to empathic witnesses. *Journal of Personality and Social Psychology, 57*, 641-650.【4, 95, 96, 102, 170, 173-176, 372】

Sober, E. (1991). The logic of the empathy-altruism hypothesis. *Psychological Inquiry, 2*, 144-147【59, 191】

Sober, E., & Wilson, D. S. (1998). *Unto others: The evolution and psychology of unselfish behavior*. Cambridge, MA: Harvard University Press.【9, 24, 25, 57, 59, 65, 69, 70, 191, 192】

Solomon, R. C. (1990). *A passion for justice: Emotions and the origins of the social contract*. Reading, MA: Addison-Wesley.【327】

Soltis, J. (2004). The signal functions of early infant crying. *Behavioral and Brain Sciences, 27*,

443–490. [11, 70]

Sorrentino, R. M. (1991). Evidence for altruism: The lady is still in waiting. *Psychological Inquiry, 2*, 147–150. [183]

Sparks, P., & Durkin, K. (1987). Moral reasoning and political orientation: The context sensitivity of individual rights and democratic principles. *Journal of Personality and Social Psychology, 52*, 931–936. [324]

Spencer, H. (1870). *The principles of psychology* (Vol. 1, 2nd ed.). London: Williams & Norgate. [10]

Staub, E. (1974). Helping a distressed person: Social, personality, and stimulus determinants. In L. Berkowitz (Ed.), *Advances in experimental social psychology* (Vol. 7, pp. 293–341). New York: Academic Press. [337]

Staub, E. (1978). *Positive social behavior and morality: Social and personal influences* (Vol. 1). New York: Academic Press. [28]

Staub, E. (1979). *Positive social behavior and morality: Socialization and development* (Vol. 2). New York: Academic Press. [28]

Staub, E. (1989). Individual and societal (group) values in a motivational perspective and their role in benevolence and harmdoing. In N. Eisenberg, J. Reykowski, & E. Staub (Eds.), *Social and moral values: Individual and societal perspectives* (pp. 45–61). Hillsdale, NJ: Erlbaum. [324]

Staub, E. (1990). Moral exclusion, personal goal theory, and extreme destructiveness. *Journal of Social Issues, 46* (1), 47–64. [321]

Steins, G., & Wicklund, R. A. (1996). Perspective-taking, conflict, and press: Drawing an *E* on your forehead. *Basic and Applied Social Psychology, 18*, 319–346. [14]

Stephan, W. G., & Finlay, K. (1999). The role of empathy in improving intergroup relations. *Journal of Social Issues, 55*, 729–743. [4, 10, 247]

Stephan, W. G., & Stephan, C. W. (2001). *Improving intergroup relations*. Thousand Oaks, CA: gage. [250]

Stich, S., Doris, J. M., & Roedder, E. (2010). Altruism. In J. M. Doris and the Moral Psychology Research Group (Eds.), *The moral psychology handbook*. (pp. 147–205). Oxford: Oxford University Press. [168, 191, 193]

Stocks, E. L. (2001). Self-other merging and empathic concern: Has the egoism-altruism debate been resolved? Unpublished master's thesis, University of Kansas, Lawrence. [90, 220]

Stocks, E. L. (2006). Empathy and the motivation to help: Is the ultimate goal to relieve the victim's suffering or to relieve one's own? (Doctoral dissertation, University of Kansas, 2005). *Dissertation Abstracts International, 66*, 6339. [197–199, 201, 202, 204]

Stocks, E. L., Lishner, D. A., & Decker, S. K. (2009). Altruism or psychological escape: Why does empathy promote prosocial behavior? *European Journal of Social Psychology, 39*, 649–665. [197, 199, 204]

Stotland, E. (1969). Exploratory investigations of empathy. In L. Berkowitz (Ed.), *Advances in experimental social psychology* (Vol. 4, pp. 271–313). New York: Academic Press. [4, 10, 13–15, 42, 52, 53, 89]

Stotland, E., Mathews, K. E., Sherman, S. E., Hansson, R. O., & Richardson, B. Z. (1978). *Empathy, fantasy, and helping*. Beverly Hills, CA: Sage. [86, 276]

Stowe, H. B. (2002). *Uncle Tom's cabin; or, life among the lowly* (Intro. by C. Johnson). New York:

Oxford University Press. (Original work published 1852) [ストウ／小林憲二訳 (1998). 『アンクル・トムの小屋』明石書店] 【252】

Strange, J. J. (2002). How fictional tales wag real-world beliefs: Models and mechanisms of narrative influence. In M. C. Green, J. J. Strange, & T. C. Brock (Eds.), *Narrative impact: Social and cognitive foundations* (pp. 263–286). Mahwah, NJ: Lawrence Erlbaum Associates. 【257】

Stroop, J. R. (1938). Factors affecting speed in serial verbal reactions. *Psychological Monographs, 50*, 38–48. 【106, 169, 171】

Stueber, K. R. (2006). *Rediscovering empathy: Agency, folk psychology, and the human sciences*. Cambridge, MA: MIT Press. 【12】

Stukas, A. A., Snyder, M., & Clary, E. G. (1999). The effects of "mandatory volunteerism" on intentions to volunteer. *Psychological Science, 10*, 59–64. 【325】

Stürmer, S., Snyder, M., Kropp, A., & Siem, B. (2006). Empathy-motivated helping: The moderating role of group membership. *Personality and Social Psychology Bulletin, 32*, 943–956. 【211, 219, 278】

Stürmer, S., Snyder, M., & Omoto, A. M. (2005). Prosocial emotions and helping: The moderating role of group membership. *Journal of Personality and Social Psychology, 88*, 532–546. 【211, 219】

Styron, W. (1979). *Sophie's Choice*. New York: Random House. [スタイロン／大浦暁生訳 (1991).『ソフィーの選択』上・下，新潮文庫] 【78】

Tajfel, H. (1981). *Human groups and social categories: Studies in social psychology*. Cambridge, UK: Cambridge University Press. 【314】

Tajfel, H., & Turner, J. C. (1986). The social identity theory of intergroup behavior. In S. Worchel & W. Austin (Eds.), *Psychology of intergroup relations* (pp. 7–24). Chicago: Nelson-Hall. 【314, 315】

Tamir, M., Robinson, M. D., Clore, G. L., Martin, L. L., & Whitaker, D. J. (2004). Are we puppets on a string? The contextual meaning of unconscious expressive cues. *Personality and Social Psychology Bulletin, 30*, 237–249. 【8】

Taylor, M. (1976). *Anarchy and cooperation*. London: John Wiley & Sons. 【300】

Taylor, S. E. (2002). *The tending instinct: How nurturing is essential to who we are and how we live*. New York: Time Books. [テイラー／山田茂人監訳 (2011).『思いやりの本能が明日を救う』二瓶社] 【58, 59, 63】

Tetlock, P. E., Kristel, O. V., Elson, S. B., Green, M. C., & Lerner, J. S. (2000). The psychology of the unthinkable: Taboo trade-offs, forbidden base rates, and heretical counterfactuals. *Journal of Personality and Social Psychology, 78*, 853–870. 【322】

Thoits, P. A., & Hewitt, L. N. (2001). Volunteer work and well-being. *Journal of Health and Sochi Behavior, 42*, 115–131. 【264, 265】

Thomas, G., & Batson, C. D. (1981). Effect of helping under normative pressure on self-perceived altruism. *Social Psychology Quarterly, 44*, 127–131. 【325】

Thomas, G., & Fletcher, G. J. O. (1997). Empathic accuracy in close relationships. In W. Ickes (Ed.), *Empathic accuracy* (pp. 194–217). New York: Guilford. 【6】

Thompson, R. A. (1987). Empathy and emotional understanding: The early development of empathy. In N. Eisenberg & J. Strayer (Eds.), *Empathy and its development* (pp. 119–145). New York: Cambridge University Press. 【10, 43, 49】

Thompson, W. C., Cowan, C. L., & Rosenhan, D. L. (1980). Focus of attention mediates the impact of negative affect on altruism. *Journal of Personality and Social Psychology, 38*, 291–300. 【95】

Titchener, E. B. (1909). *Lectures on the experimental psychology of the thought processes.* New York: Macmillan. 【7, 12】

Toi, M., & Batson, C. D. (1982). More evidence that empathy is a source of altruistic motivation. *Journal of Personality and Social Psychology, 43*, 281–292. 【53, 234, 355】

Tolstoy, L. (1987). The law of love and the law of violence. In *A confession and other religious writings* (J. Kentish, Trans.). London: Penguin Books. (Original work published 1908) 【318】

Tomasello, M. (1999). *The cultural origins of human cognition.* Cambridge, MA: Harvard University Press. [トマセロ／大堀壽夫ほか訳 (2006). 『心とことばの起源を探る』勁草書房] 【9, 18, 43, 44, 49, 62】

Tomasello, M., & Call, J. (1997). *Primate cognition.* New York: Oxford University Press. 【6】

Tomasello, M., Call, J., & Hare, B. (2003). Chimpanzees understand psychological states—the question is which ones and to what extent. *Trends in Cognitive Sciences, 7*, 153–156. 【45】

Tomkins, S. S. (1982). Affect theory. In P. Ekman (Ed.), *Emotion in the human face* (2nd ed., pp. 353–395). Cambridge, England: Cambridge University Press. 【34】

Trivers, R. L. (1971). The evolution of reciprocal altruism. *The Quarterly Review of Biology, 46*, 35–57. 【23, 25, 70】

Trivers, R. L. (1972). Parental investment and sexual selection. In B. Campbell (Ed.), *Sexual selection and the descent of man* (pp. 136–179). Chicago: Aldine. 【69】

Trivers, R. L. (1985). *Social evolution.* Menlo Park, CA: Benjamin/Cummings. [トリヴァース／中嶋康裕・福井康雄・原田泰志訳 (1991). 『生物の社会進化』産業図書] 【23, 25, 47, 70】

Tronto, J. (1987). Beyond gender differences to a theory of care. *Signs, 12*, 644–663. 【319】

Truax, C. B., & Carkuff, R. R. (1967). *Toward effective counseling and psychotherapy.* Chicago: Aldine. [トルァックス／西園寺二郎訳 (1973). 『有効なカウンセリング：その実施と訓練』岩崎学術出版社] 【5】

Tsang, J. (2002). Moral rationalization and integration of situational factors and psychological processes in immoral behavior. *Review of General Psychology, 6*, 25–50. 【321】

Turner, J. C. (1987). *Rediscovering the social group: A self-categorization theory.* London: Basil Blackwell. [ターナー／蘭千壽ほか訳 (1995). 『社会集団の再発見：自己カテゴリー化理論』誠信書房] 【209–211, 214, 278, 314, 316】

Turner, R. A., Altemus, M., Enos, T., Cooper, B., & McGuinness, T. (1999). Preliminary research on plasma oxytocin in normal cycling women: Investigating emotion and interpersonal distress. *Psychiatry, 62*, 97–113. 【63】

Uddin, L. Q., Molnar-Szakacs, I., Zaidel, E., & Iacoboni, M. (2006). rTMS to the right inferior parietal lobule disrupts self-other discrimination. *Social Cognitive and Affective Neuroscience, 1*, 65–71. 【224】

Van Boven, L., & Lowenstein, G. (2003). Social projection of transient drive states. *Personality and Social Psychology Bulletin, 29*, 1159–1168. 【14】

Van Lange, P. A. M. (1991). Being better but not smarter than others: The Muhammad Ali effect at work in interpersonal situations. *Personality and Social Psychology Bulletin, 17*, 689–693. 【321】

Van Lange, P. A. M. (1999). The pursuit of joint outcomes and equality in outcomes: An integrative model of social value orientation. *Journal of Personality and Social Psychology, 77*, 337-349.【242】

Van Lange, P. A. M. (2008). Does empathy trigger only altruistic motivation? How about selflessness or justice? *Emotion, 8*, 766-774.【241, 290】

van Lawick, H., & van Lawick-Goodall, J. (1971). *Innocent killers*. Boston: Houghton-Mifflin. [ラービック&グドール／藤原英司訳 (1989). 『罪なき殺し屋たち』平凡社]【118】

Vaughan, K. B., & Lanzetta, J. T. (1981). The effect of modification of expressive displays on vicarious emotional arousal. *Journal of Experimental Social Psychology, 17*, 16-30.【8】

Vescio, T. K., & Hewstone, M. (2001). Empathy arousal as a means of improving intergroup attitudes: An examination of the affective supercedent hypothesis. Unpublished manuscript, Pennsylvania State University, State College.【254】

Vescio, T. K., Sechrist, G. B., & Paolucci, M. P. (2003). Perspective taking and prejudice reduction: The mediational role of empathy arousal and situational attributions. *European Journal of Social Psychology, 33*, 455-472.【254, 256】

Vitaglione, G. D., & Barnett, M. A. (2003). Assessing a new dimension of empathy: Empathic anger as a predictor of helping and punishing desires. *Motivation and Emotion, 27*, 301-325.【234】

Vollmer, P. J. (1977). Do mischievous dogs reveal their "guilt"? *Veterinary Medicine Small Animal Clinician, 72*, 1002-1005.【46】

Vonk, J., Brosnan, S. F., Silk, J. B., Henrich, J., Richardson, A. S., Lambeth, S. P., Schapiro, S. J., & Povinelli, D. (2008). Chimpanzees do not take advantage of very low cost opportunities to deliver food to unrelated group members. *Animal Behaviour, 75*, 1757-1770.【47】

Von Neumann, J., & Morgenstern, O. (1944). *Theory of games and economic behavior*. Princeton, N. J.: Princeton University Press. [フォン・ノイマン&モルゲンシュテルン／銀林 浩・橋本和美・宮本敏雄監訳 (2009). 『ゲームの理論と経済行動』Ⅰ・Ⅱ・Ⅲ，ちくま学芸文庫]【300】

Vul, E., Harris, C., Winkielman, P., & Pashler, H. (2009). Puzzlingly high correlations in fMRI studies of emotion, personality, and social cognition. *Perspectives on Psychological Science, 4*, 274-290.【72】

Wade-Benzoni, K. A., & Tost, L. P. (2009). The egoism and altruism of intergenerational behavior. *Personality and Social Psychology Review, 13*, 165-193.【241】

Walker, A. (1982). *The color purple*. New York: Harcourt Brace Jovanovich. [ウォーカー／柳沢由美子訳 (1986). 『カラー・パープル』集英社文庫]【252】

Wallach, L., & Wallach, M. A. (1991). Why altruism, even though it exists, cannot be demonstrated by social psychological experiments. *Psychological Inquiry, 2*, 153-155.【191】

Wallach, M. A., & Wallach, L. (1983). *Psychology's sanction for selfishness: The error of egoism in theory and therapy*. San Francisco: W. H. Freeman.【26, 267, 295, 299】

Warneken, F., & Tomasello, M. (2006). Altruistic helping in human infants and young chimpanzees. *Science, 311*, 1301-1303.【47】

Warneken, F., Hare, B., Melis, A. P., Hanus, D., & Tomasello, M. (2007). Spontaneous altruism by chimpanzees and young children. *PLoS Biology, 5*, e84.【46, 47, 149】

Wechkin, M. S., Masserman, J. H., & Terris, W. (1964). Shock to a conspecific as an aversive stimulus. *Psychonomic Science, 1*, 47-48.【26】

Wegner, D. M. (1980). The self in prosocial action. In D. M. Wegner & R. R. Vallacher (Eds.), *The self in social psychology* (pp. 131-157). New York: Oxford University Press. 【207, 208】

Weigel, R. H., Wiser, P. L., & Cook, S. W. (1975). The impact of cooperative learning experiences on cross-ethnic relations and attitudes. *Journal of Social Issues, 31*, 219-244. 【249】

Weiner, B. (1980). A cognitive (attribution) -emotion-action model of motivated behavior: An analysis of judgments of help giving. *Journal of Personality and Social Psychology, 39*, 186-200. 【39】

Weiner, F. H. (1976). Altruism, ambiance, and action: The effect of rural and urban rearing on helping behavior. *Journal of Personality and Social Psychology, 34*, 112-124. 【38】

Weiner, M. J., & Wright, F. E. (1973). Effects of undergoing arbitrary discrimination upon subsequent attitudes toward a minority group. *Journal of Applied Social Psychology, 3*, 94-102. 【254】

Wicklund, R. A. (1975). Objective self awareness. In L. Berkowitz (Ed.), *Advances in experimental social psychology* (Vol. 8, pp. 233-275). New York: Academic Press. 【38】

Wiesenfeld, A. R., Whitman, P. B., & Malatesta, C. Z. (1984). Individual differences among adult women in sensitivity to infants: Evidence in support of an empathy concept. *Journal of Personality and Social Psychology, 46*, 118-124. 【7, 73】

Williams, B. (1981). Persons, character, and morality. In B. Williams, *Moral luck: Philosophical papers 1973-1980* (pp. 1-19). Cambridge: Cambridge University Press. 【319】

Wilson, D. S., & Wilson, E. O. (2007). Rethinking the theoretical foundation of sociobiology. *Quarterly Review of Biology, 82*, 327-348. 【69】

Wilson, E. O. (1975). *Sociobiology: The new synthesis*. Cambridge, MA: Harvard University Press. ［ウィルソン／伊藤嘉昭監修 (1983-1985). 『社会生物学』全5巻, 思索社］【23, 47, 117】

Wilson, E. O. (2005). Kin selection as the key to altruism: Its rise and fall. *Social Research 72*, 159-166. 【69】

Wispé, L. (1968). Sympathy and empathy. In D. L. Sills (Ed.), *International encyclopedia of the social sciences* (Vol. 15, pp. 441-447). New York: Free Press. 【12, 13】

Wispé, L. (1986). The distinction between sympathy and empathy: To call forth a concept a word is needed. *Journal of Personality and Social Psychology, 50*, 314-321. 【4, 5, 16】

Wispé, L. (1991). *The psychology of sympathy*. New York: Plenum. 【4】

Witvliet, C. V. O., Ludwig, T. E., & Vander Laan, K. L. (2001). Granting forgiveness or harboring grudges: Implications for emotion, physiology, and health. *Psychological Science, 12*, 117-123. 【236】

Worchel, S., & Andreoli, V. (1978). Facilitation of social interaction through deindividuation of the target. *Journal of Personality and Social Psychology, 36*, 549-556. 【276】

Worthington, E. L., Jr. (1998). An empathy-humility-commitment model of forgiveness applied within family dyads. *Journal of Family Therapy, 20*, 59-76. 【236】

Wright, R. A., Shaw, L. L., & Jones, C. R. (1990). Task demand and cardiovascular response magnitude: Further evidence of the mediating role of success importance. *Journal of Personality and Social Psychology, 59*, 1250-1260. 【92】

Wundt, W. (1897). *Ethics: An investigation of the laws of the moral life* (Vol. 1). New York: Macmillan. 【10】

Wuthnow, R. (1991). *Acts of compassion: Caring for others and helping ourselves*. Princeton, NJ:

Princeton University Press.【116】
Yamagishi, T. (1986). The provision of a sanctioning system as a public good. *Journal of Personality and Social Psychology, 51*, 110–116.【310】
Yamagishi, T., & Sato, K. (1986). Motivational bases of the public goods problem. *Journal of Personality and Social Psychology, 50*, 67–73.【315】
Yogev, A., & Ronen, R. (1982). Cross-age tutoring: Effects on tutors' attributes. *Journal of Educational Research, 75*, 261–268.【263】
Zahn-Waxler, C., Cole, P. M., Welsh, J. D., & Fox, N. A. (1995). Psychophysiological correlates of empathy and prosocial behaviors in preschool children with behavior problems. *Development and Psychopathology, 7*, 21–48.【73】
Zahn-Waxler, C., & Radke-Yarrow, M. (1990). The origins of empathic concern. *Motivation and Emotion, 14*, 107–130.【58–60, 66】
Zahn-Waxler, C., Radke-Yarrow, M., & King, R. A. (1979). Child rearing and children's prosocial initiations toward victims of distress. *Child Development, 50*, 319–330.【49】
Zahn-Waxler, C., Radke-Yarrow, M., Wagner, E., & Chapman, M. (1992). Development of concern for others. *Developmental Psychology, 28*, 126–136.【49, 56】
Zahn-Waxler, C., Robinson, J. L., & Emde, R. N. (1992). The development of empathy in twins. *Developmental Psychology, 28*, 1038–1047.【5, 10, 73】
Zak, P. J., Stanton, A. A., & Ahmadi, S. (2007). Oxytocin increases generosity in humans. *PLoS ONE*, November 7, 2007, Issue 11, e1128, 1–5.【66】
Zaki, J., Ochsner, K. N., Hanelin, J., Wager, T. D., & Mackey, S. C. (2007). Different circuits for different pain: Patterns of functional connectivity reveal distinct networks for processing pain in self and others. *Social Neuroscience, 2*, 276–291.【8】
Zeifman, D. M. (2001). An ethological analysis of human infant crying: Answering Tinbergen's four questions. *Developmental Psychobiology, 39*, 265–285.【11, 70】
Zentall, T. R. (2003). Imitation by animals: How do they do it? *Current Directions in Psychological Science, 12*, 91–95.【8】
Zillmann, D. (1991). Empathy: Affect from bearing witness to the emotions of others. In J. Bryant & D. Zillmann (Eds.), *Responding to the screen: Reception and reaction processes* (pp. 135–167). Hillsdale, NJ: Lawrence Erlbaum Associates.【257】
Zillmann, D., & Cantor, J. R. (1977). Affective responses to the emotions of a protagonist. *Journal of Experimental Social Psychology, 13*, 155–165.【50】
Zimbardo, P. G. (1970). The human choice: Individuation, reason, and order versus deindividuation, impulse, and chaos. In W. J. Arnold & D. Levine (Eds.), *Nebraska Symposium on Motivation, 1969* (Vol. 17, pp. 237–307). Lincoln: University of Nebraska Press.【276】
Zimbardo, P. G., Banks, W. C., Haney, C., & Jaffe, D. (1973, April 8). The mind is a formidable jailer: A Prandelian prison. *New York Times Magazine* (Section 6), 38–60.【276】

事項索引

この索引には、目次では確認できない「項」以下の項目と、本文中の特徴的な用語とが載せられている。後者については、その用語について十分な説明や議論のなされているページを示した。

[あ] 愛着理論　60, 259-263
　　欺き手続　145-146, 151
　　アリストテレス的科学とガリレオ的科学　127-133
　　　　ガリレオ的科学の研究方法　128-129
　　　　実験室実験についてのアリストテレス的批判　129-131
　　　　利他性研究についての意味　131-133
　　憐れみの悪用　296-297
[い] 意図せざる結果　21, 304-305
[う] ウエルビーイングの次元　37-38
　　ウオーム・グロー（心地よい満足）　311, 331
　　運動的マネ　8
[え] 英雄的な援助の事例　113-120
　　　　エンターテーナー（芸能人）　115-116
　　　　寄付者とボランティア　116
　　　　サンギータの津波体験　118-119
　　　　実業家　115
　　　　「女性の最良の友」（救助犬）　119-120
　　　　事例では十分でない　120-123
　　　　聖人と殉教者　114
　　　　人間以外の動物（昆虫・鳥類・哺乳動物）　45-49, 117-118
　　　　敏感な犠牲者と傍観者　114-115
　　　　兵士・警察官・消防士・救助隊員　114
　　　　ホロコーストの救援者　113
　　援助の機会　171-172
　　　　公的な――　160
　　　　私的な――　160
　　援助のコスト　157-159
　　援助の正当化　82
　　　　援助しないことの正当化　164-166
　　　　効果のない正当化　167-168, 181-182
　　　　不成功であることの正当化　172

[お] オキシトシン　63, 66-67
　　親の気遣い　60-68
　　　　――の神経化学　63-64
　　　　――の神経生理学　60-62
　　　　――の般化　64-68
　　親の養育性　333
　　　　――と共感的配慮　57-68
　　　　――と他者の福利の尊重　57-68
　　親本能（マクドゥーガル）　58-60
　　　　――の認知的般化　59, 333
[か] 価値　304
　　価値づけ（尊重）　55-57
　　　　外発的――　55
　　　　最終的――　55
　　　　道具的――　55
　　　　内発的――　55
　　価値拡張理論　205, 331
　　確認された犠牲者効果　245
　　喚起-低減モデル　29
　　感情移入　12
[き] 気配り本能（タイラー）　63
　　帰属理論　100
　　　　誤帰属的操作　88-89, 141, 219-220
　　気分
　　　　――の高揚　178, 180-181
　　　　――の固定　179
　　偽薬
　　　　ノルフェリン　90, 219-220
　　　　ミレンタナ　142
　　共益　285-291
　　共感　3, 5-17　→　共感的配慮も見よ
　　　　――に誘発された利他性　81-84
　　　　――による援助行動の2つの結果（表4.1）　123
　　　　――による不道徳性　284-285
　　　　――の辞書的な定義　6, 9, 12

——の正確さ　6
　　感情的——　10
　　資質的——　71-72, 194-195, 234-235
　　投射的——　2-13
　　認知的——　6, 13
　　美的——　12
　　並行的——　10
　　臨床場面での——　6-7
共感の7つの用法　5-16, 74-75
　　ここから引き出せること　16-17
　　他者の考え・感じの想像　13-14
　　他者の感じるように感じる　9-12
　　他者の苦しみ・悩みに出会っての苦痛　15-16
　　他者の姿勢を採る　7-9
　　他者の状況の直観　12-13
　　他者の立場での想像　14-15
　　他者の内的状態を知る　5-7
　　7つの共感の用法に戻って　74-75
共感−援助行動関係の証拠　87-94
共感回避　275-277
共感的悲しみ　3-5, 216-217
共感的感情　3
共感的苦痛反応（生得的・初期的）　11
共感的配慮　1, 3-17, 31-34, 80-94, 100-109, 133-145, 153-187, 212-227, 331-334
　　——と援助の必要の知覚　41-43
　　——と傷つきやすさ　40
　　——と個人差　71
　　——と責任のないことの認知　39-40
　　——に含まれる感情群　4
　　——の過剰喚起　86
　　——のジェンダー差　73-75
　　——の神経生理学　60-68
　　——の先行要因　37-75
　　——の操作　288-289
　　——の測定　290-291
　　予期的な——　192
　　誰が知覚できるのか　43-49
共感的配慮の先行要因（図1.2）　38
　　共感的配慮から利他的動機づけへ（図1.1）　31

　　他者の福利を尊重する　49-57
　　他者を援助が必要と知覚する　37-49
共感に誘発された動機と行動との関係
　　——の一覧（表3.1）　103
　　援助行動　101-102
　　効果性　102
　　他者の気づき　102-104
　　逃げること　104-105
　　認知的干渉による反応の潜時　105-106
　　フィードバック　91, 102
　　別の誰かの援助　104
　　ほかの報酬の受け取り　105
共感疲労　280-281, 296
共感−利他性仮説　3-5, 31-34, 94-109, 133-146, 153-187, 199-204, 299-303, 332-324, 347-352, 354-357, 360-361, 364-366, 368-369, 372-374, 376-380
　　共感−利他性仮説（図1.1）　31
共感−利他性仮説を検証する2つの実験例　133-146
　　実験1（観察者の役割／類似背操作／必要状況／従属変数／事情説明）　136-141
　　実験2（情動−反応の操作／逃げやすさの操作／必要状況／情動−反応操作のチェック／従属変数測度／観察することへの反応／欺くこと）　141-146
共感−利他性仮説に代わる利己的な代替仮説　94-99
　　共感特定的な報酬　94-96, 103, 348-352, 367-380
　　　バージョン1：援助への報酬の追求　80-81, 95, 103, 170-173, 348-349, 367-369
　　　バージョン2：共感的喜びの追求　95, 103, 173-176, 349-350, 371-374
　　　バージョン3：否定的状態の緩和の追求　80-81, 96, 103, 176-182, 350-352, 353-357, 375-380
　　共感特定的な罰　96-97, 103, 347-348, 359-366

事項索引　421

バージョン1：否定的な社会的評価の回避　81-82, 96-97, 103, 159-163, 347, 359-361
バージョン2：否定的な自己評価の回避　81-82, 96-97, 103, 163-169, 347-348, 363-366
嫌悪的喚起の低減　98, 103, 135, 154-158
順次的な検証　107, 182-186
「すべてが同時に」の検証　184

[く] 苦痛　15
――の立会者　28-29
個人的――　86-87, 141, 156
自己志向的――　15
他者指向的――　15
他者としての――　15
他者の状態によっての――　15
他者のための――　15

[け] 決定
公的――　293-294
私的――　293-294
ゲーム理論　242
嫌悪-喚起-低減仮説　335
原理性　303, 339, 318-325
――の実在　323-325
――の定義　303

[こ] 向社会的価値　337
向社会的動機（利己性・利他性・集団性・原理性）　309, 325-329
――の対立と協力　325-329
――の多元性　338
公正世界仮説　30
行動経済学　26, 145
合理的選択理論　242, 300-301
合理性仮説　300
価値仮説　300
国際的援助　269-271
互恵性　310, 316
こころの理論　4
シミュレーション理論　13-14
他者の意図と内的状態の知覚　43-49
個人化された接触　246
個人的規範　28

コスト-利益分析　77-87, 333
――での発見法　84-85
――と利己的な動機づけ　80-83, 333-334
――と利他的な動機づけ　77-80, 83-87, 273-274, 333-334
――に必要な時間　84-86
子どもの虐待・ネグレクト　237
コンパニオン動物　266

[さ] 罪悪感　45-46, 81-82, 96-97, 106
回避　81-82, 96-97, 310-311
予期的な――　96-97, 168-169, 172, 192
最終目標　17, 18, 20, 304-305
冷めた頭と温かな心　271
「去る者日々に疎し」　82, 190

[し] 自己カテゴリー化理論　314
自己-他者の同化（融合）　205, 212-215, 336
交換可能な代表例としての自己と他者　209-210
思考の評定　221-222
自己-他者の同一視　206-207
自己の側面を他者の中に見る　208-209
実証的証拠　210-219
神経イメージ研究　222-225
他者が自己に含まれる　207-208
自己呈示　71-72, 234-236
自己的な罰（非難）　81-82, 99-109, 163-169, 363-366
自己報告式の測度
――の問題点　72
共感的配慮の――　91, 141, 143, 156, 194-195, 216
共感の――　71-72, 194-195, 234-235
個人的苦痛の――　141, 143, 156, 216
自己報酬　99-109, 168-182, 348-349, 362-363
自己利益　I, 225-226, 287-288, 299-300, 308-311
自然観察　iv, 117-118
事情説明（デブリーフィング）　140-

422

141
実験 113-151
　――の重要性　iii-iv
　――の長所　125-126
　交差分割的変数　126, 347-380
　独立・従属変数　126, 347-380
実験室実験　334
実験的研究の限界　146-152
　オープンな構えの問題　146-148
　実験がいつも適切なわけではない　150
　実験は倫理的問題を提起する　150-152
　大学生のサンプル　148-149
実験で使用した事例
　エレインの例　133-134, 137-143, 143-145, 183
　キャンデス・ダーデンの例　200-204
　ケイティ・バンクスの例　89, 183, 215-218, 19-220
　ジャッキーの例　221
　シェリー・サマーズの例　283
　ジェニファー（マイク）の例　288-291
　スージーとフランクの例　99-100
　トレイシーの例　91, 93
実験条件
　観察条件　90, 92
　緩和（喚起）副作用条件　90
　共感条件　95, 142
　苦痛条件　142
　想像条件　90
　ベースライン条件　92, 291-292, 294
　逃げにくさ条件　140, 143, 195
　逃げやすさ条件　140, 143, 195
視点取得　53-55, 256
　「自分を想像する」――　14, 42, 221, 223
　「他者を想像する」――　13, 42, 90, 92, 221, 223
しぶちん的（倹約的）な見方　301-302
社会化　95-96
社会的アイデンティティ理論　313

社会的学習論　23
社会的カテゴリー　312
社会的ジレンマ　285-287, 291-295, 314-315
社会的望ましさ　72
社会的報酬　99-109, 169-182, 347, 369
囚人のジレンマ　240-241, 282
　1試行型の――　240-241, 285
　継時的――　240
　同時的――　239
集団間葛藤低減の手法　245-252
　「共感のルーツ」プロジェクト（ゴードン）　250-252
　ジグソー教室（アロンソン）　249-250
　平和ワークショップ・平和部隊　247-249
　ラジオ・プログラムの効果　255
集団性　303, 313-318, 339
　――の実在　316-318
　――の定義　303
条件発生的（元型）概念　127
情動　33, 307
　――のキャッチング　10
　――の情報機能　33
　――の増幅機能　33-34
　――の2要因説（シャクター）　89-90
　――のマッチング　10
　最終状態――　307
　要求（必要）状態――　33-34, 307
情動的感染　10-12, 74-75
情動的統制　70
情動的反響　12-13, 71-72
進化生物学　23, 25
　互恵的利他性　25, 70, 333
　自然選択　65
　集団選択　25, 333
　生殖的適応度　69
　文化的進化　40, 70
　包括的適応度　25, 68-70, 333
神経イメージ・スキャン（fMRI）　222-224
心理的快楽主義　19

事項索引　423

心理的リアクタンス　179
[す] 随伴的な行為 – 結果関係　45-46
　　スティグマ化された集団への態度変化
　　　252-258
　　　行動化の効果　255-256
　　　視点取得の効果　256
　　　態度改善の4ステップ・モデル　253
　　　文学作品・映画・TV番組の影響
　　　　252, 256-257
　　ストループ課題　106, 182
[せ] 制裁　294-295
　　利己性に対する——　295
　　利他性に対する——　28, 294
　　精神病質（社会病質）　49, 54, 149
　　生態的妥当性　130
　　正当性原理と対立原理　321-322
　　生理的指標
　　　血管収縮と掌部発汗　42
　　　心臓収縮期の血圧（SBP）　92
　　　皮膚電気伝導度　41, 88, 91
[た] 他者指向的感情　3-4
　　他者の福利・自己の福利　19
　　他者の福利の尊重　49-57
　　　——と視点取得　53-55
　　　——と内発的動機づけ　55-57
　　　——と類似性　51-53
　　　——についての指向（客観的・敵意
　　　的・同情的）　50-51
　　他者を援助が必要と知覚　37-49
　　　誰がこの知覚ができるのか　43-49
　　　誰がこの能力をもっているか　44-46
　　　霊長類・ゾウ・イルカ・イヌではど
　　　うか　46-49
[ち] 知覚 – 活動モデル（PAM）　7-8, 42
[と] 動機　304, 305-306
　　　——の協力と対立　306
　　　——の推測　99-101
　　　——の調整　327-329
　　　資質・要求ではない——　306-307
　　4つの動機（利己性・利他性・集団
　　　性・原理性）の一覧表（表9.1）
　　　309
　　同情　3-4, 16-17, 39-40, 55-56, 87-88

道徳的偽善　321
道徳的除外　321
道徳的推論　337
道徳的正しさ　326-327
道徳的非拘束　321
道徳と自己利益　323-325
泥棒洞窟実験（シェリフ）　247
[な] 仲間感情　10
[に] 逃げやすさ・逃げにくさ
　　——の操作　196-201
　　心理的——　189-204, 335
　　物理的——　189-204, 335
　　物理的な逃げが心理的逃げをもたら
　　　す　193-195
　　物理的逃げなしの心理的逃げ　195-
　　　204
　　認知的干渉による反応の潜時　168-
　　　169, 172, 182
[は] バーンアウト（燃え尽き）　267
[ひ] 必要　3-7, 37-49, 259-263, 277-281
　　——の知覚　3-7, 37-49, 80, 246
　　——の定義　37, 80
　　他者の——の事前経験　278-279
　　抽象的——　278-295
　　慢性的——　281
　　非個人化された——　278-279
　　非暴力的抵抗　328
[ふ] フィードバック
　　相手の条件についての——　175-176
　　援助努力の結果の——　174-175,
[ほ] 報酬
　　外的——　27-28
　　自己——　27-28
　　内的——　27-28
　　母性愛・父性愛　271-273
　　ほまち稼ぎ（サイド・ビジネス）　310-
　　　311
　　ボランティア活動　116, 263-267, 308
　　ホロコースト（大虐殺）　ii, 113, 122,
　　　327-328
　　ポンチ絵（概念図）　125, 301
[み] 密接な関係　258-263
　　交友関係　259

424

ロマンティックな関係　259-263
　　ミラー・ニューロン　8
　　民族的対立　249-255
[も]　目標　304
　　　──指向的な動機づけ　18
　　　──と意図せざる結果　18-19, 101, 121-123, 304-305
　　　行動からの推定　100-101
　　　最終──　18-19, 99-101, 121-123, 304-305
　　　上位──　246-252
　　　道具的──　18-19, 99-101, 121-123, 304-305
[や]　役割取得　6, 14, 256
　　　優しさの情動（マクドゥーガル）　58-60
[ゆ]　許し　236-237
[よ]　良い理論ほど実際的（レヴィン）　339-340
[り]　利己性　17-22, 205-206, 303-304, 308-311, 315-318, 325-329, 331-334
　　　──の定義　17, 303
　　　──の普遍性　338
　　　共益を脅かす──　291-293
　　　状態としての──　18
　　　利己性と利他性　17-20
　　　──の3つのカギ　18-20
　　　──の8つの意味　20-22
　　　利己性－利他性論争　331
　　　利己的動機づけの多次元性　182-186
　　　利己的な移行　86-87
　　　利他性　i-iv, 17-31, 120-123, 205-210, 303-304, 305-313, 315-329, 331-334
　　　　→　利他的動機づけ・共感－利他性仮説も見よ
　　　──と援助行動　25
　　　──と健康　263-267, 276-297
　　　──と攻撃性　234-238
　　　──と自己犠牲　22
　　　──と自己利益　26
　　　──と道徳性　26
　　　──と不道徳　281-285
　　　──に対する制裁　294-295

　　　──についての進化論的見解　68-70
　　　──の定義　17, 303
　　　──の不利益　269-297
　　　──の利益　231-268
　　　共益を脅かす──　285-294
　　　健康を害する──　296-297
　　　状態としての──　18
　　　進化的な──　24, 69-70
　　　心理的な──　24, 69-70
　　　利他性を妨げるもの　277-281
　　　抽象的な必要　279-280
　　　非人格化された他者　277-279
　　　慢性的な必要　279-281
　　　利他性による援助　231-239
　　　協力と思いやりの増加　239-245
　　　集団間葛藤の低減　245-252
　　　　→　集団間葛藤低減の手法も見よ
　　　積極的な交渉の効果　243-245
　　　より多くの援助　231-232
　　　より敏感な援助　232-233
　　　より不安定さの少ない援助　233-234
　　　利他性による攻撃の低下　234-238
　　　利他性による評価の低減・非難の縮小　258-259
　　　利他性の別の4つの用法　22-31
　　　動機でなく援助行動　23-26
　　　道徳的に行動すること　26-27
　　　内的報酬を得る援助行動　27-28
　　　不快喚起の低減　28-31
　　　『利他性への疑問』（前著）との違い　vi
　　　利他的動機づけ　i-iv, 17-34, 77-80, 99-109, 231-234, 299-300, 351-334
　　　　→　利他性・共感－利他性仮説も見よ
　　　──の帰結（図3.1）　78
　　　──の全体図（図3.2）　109
　　　利他的な攻撃　234
　　　利他的パーソナリティ　122, 337
　　　理論的な演繹　iv
[る]　類似性　51-53, 216
[わ]　われわれと彼ら　315-316

著者紹介

Charles Daniel Batson（チャールズ・ダニエル・バトソン）
1943 年生まれ
1972 年プリンストン大学 Ph.D.（心理学）
以降 30 年以上にわたりカンザス大学で教鞭をとり
2008 年退職、名誉教授
専門は、利他性の社会心理学、共感、宗教心理学

訳者紹介

菊池章夫（きくち　あきお）
1935 年盛岡市生まれ
1960 年東京教育大学大学院教育学研究科（実験心理学）修士課程修了
現在、フリー、教育学博士
専門は、社会心理学（社会的スキル・自己意識的感情）

二宮克美（にのみや　かつみ）
1951 年愛知県生まれ
1980 年名古屋大学大学院教育学研究科博士後期課程満期退学
現在、愛知学院大学総合政策学部・教授、教育学博士
専門は、発達心理学（社会性・道徳性）

利他性の人間学
実験社会心理学からの回答

初版第 1 刷発行　2012 年 11 月 20 日

著　者　C・ダニエル・バトソン
訳　者　菊池章夫・二宮克美
発行者　塩浦　暲
発行所　株式会社　新曜社
　　　　〒 101-0051　東京都千代田区神田神保町 2-10
　　　　電話(03)3264-4973・FAX(03)3239-2958
　　　　e-mail：info@shin-yo-sha.co.jp
　　　　URL：http://www.shin-yo-sha.co.jp/
印刷所　株式会社シナノ
製本所　イマキ製本所

© C. Daniel Batson, Akio Kikuchi, Katsumi Ninomiya, 2012
Printed in Japan
ISBN978-4-7885-1312-9　C3011